国与家

王开林 著

THE STATE AND THE FAMILY

曾国藩这么做

GUANGXI NORMAL UNIVERSITY PRESS
广西师范大学出版社
·桂林·

国与家：曾国藩这么做
GUO YU JIA: ZENGGUOFAN ZHEME ZUO

图书在版编目（CIP）数据

国与家：曾国藩这么做 / 王开林著. —桂林：广西师范大学出版社，2021.6
ISBN 978-7-5598-3293-1

Ⅰ. ①国… Ⅱ. ①王… Ⅲ. ①曾国藩（1811-1872）—传记 Ⅳ. ①K827=52

中国版本图书馆 CIP 数据核字（2020）第 191951 号

广西师范大学出版社出版发行
（广西桂林市五里店路 9 号　邮政编码：541004
网址：http://www.bbtpress.com）
出版人：黄轩庄
全国新华书店经销
河北鹏润印刷有限公司印刷
（肃宁县工业聚集区　邮政编码：062350）
开本：710 mm × 960 mm　1/16
印张：27　　字数：411 千字
2021 年 6 月第 1 版　　2021 年 6 月第 1 次印刷
定价：99.00 元

目录

CONTENTS

上篇　国有良相

下篇　家无败儿

上　篇

国有良相

良相在内，国弱可强；
良相在外，国危可安。

——作者题记

引　言

晚清时期，“是非不明，节义不讲”[①]，外敌环伺，内乱频仍。

咸丰三年春，国内局势愈益严峻，曾国藩忧心忡忡，致书江忠源、左宗棠，语意颇为沉痛：“今日百废莫举，千疮并溃，无可收拾，独赖此精忠耿耿之寸衷，与斯民相对于骨岳血渊之中，冀其塞绝横流之人欲，以挽回厌乱之天心，庶几万有一补。不然，但就局势而论之，则滔滔者，吾不知其所底也！”[②]

国势危殆，曾国藩殚心以忧国家。

咸丰十一年二月下旬，曾国藩在家书中坦然表白：“然余自咸丰三年冬以来，久已以身许国。愿死疆场，不愿死牖下，本其素志。近年在军办事，尽心竭力，毫无愧怍，死即瞑目，毫无悔憾。”[③]

戎马倥偬，曾国藩奋身以许国家。

同治元年九月下旬，在金陵城外，湘军腹背受敌，极度承压。曾国藩致书九弟曾国荃：“当弟受伤，血流裹创，忍痛骑马，周巡各营，以安军心，天地鬼神，实鉴此忱。以理势论之，守局应可保全。然吾兄弟既誓拼命报国，无论如

---

① 《湖湘文库·胡林翼集》第 2 册，岳麓书社，1999 年版，第 589 页。

② 《曾国藩全集·书信之一》第 22 册，岳麓书社，2012 年第 2 版，第 116 页。

③ 《曾国藩全集·家书之一》第 20 册，岳麓书社，2012 年第 2 版，第 585 页。

何劳苦，如何有功，约定始终不提一字，不夸一句。知不知，壹听之人；顺不顺，壹听之天而已。”①

时运凶险，曾国藩拼命以报国家。

秦汉以来两千多年，相臣不计其数，曾国藩所倾心宗仰者仅寥寥四人：蜀汉贤相诸葛亮，唐朝贤相陆贽，宋朝贤相范仲淹、司马光。“每诵其书，慨然想见其人，而平生志事规模，亦略与四贤相似。”② 刘蓉是曾国藩的老友和亲家，彼此知根知底，自然言之凿凿。四贤个个饱经忧患，留意民瘼，萦心国运。诸葛亮撰《后出师表》，自誓：“鞠躬尽力，死而后已。”陆贽回复朋友，剖明心迹：“吾上不负天子，下不负吾所学，不恤其他。”③ 范仲淹撰《岳阳楼记》，具有大关怀：“先天下之忧而忧，后天下之乐而乐。”司马光撰《谏院题名记》，提出高要求：“居是官者，常志其大，舍其细；先其急，后其缓；专利国家而不为身谋。”④ 曾国藩的德业、功业、名业与四贤相侔，对后世影响之大也不遑多让。

曾国藩扬历中外，膺任南北节相十余载，尤以枢辖两江盛极一时，手握重兵，一身牢系国家命运，倘若他暗存东晋权臣桓温的谋篡之心，江山易主，大有可能。然而曾国藩恪守儒家的行为准则，忠君而无异志，爱国不断实行。他度德量力，有所为，有所不为，所为者功过可论，所不为者成败未睹。

每当王朝命悬一线时，忠君与爱国就是一道烧脑的思考题，在极端情形下，甚至是一道二难选择题。蜀汉末年，魏军大举西进，直逼成都，谯周劝后主刘禅出降，这种做法，谓之忠君已觍颜，称之爱国必反胃。王夫之在《读通鉴论》中骂道：“周之罪通于天矣！”⑤ 袁枚赋诗嘲讽之：“将军被刺方豪日，丞相身寒未暮年。惟有谯周老难死，白头抽笔写降笺。”⑥ 忠君与爱国本可两全，谯周却

① 《曾国藩全集·家书之二》第21册，岳麓书社，2012年第2版，第65页。

② 《湖湘文库·刘蓉集》第2册，岳麓书社，2008年版，333页。

③ 《旧唐书》第12册，中华书局，1975年版，第3817页。

④ 《宋文选》上册，人民文学出版社，1980年版，第175页。

⑤ 王夫之:《读通鉴论》上册，中华书局，1975年版，第293页。

⑥ 袁枚:《小仓山房诗文集》上册，上海古籍出版社，1988年版，第306页。

单选忠君，将暗藏之私虑捎入，这样的忠只是伪忠。南宋末叶，元军大举南下，包围临安，年方六岁的宋恭帝赵㬎随太皇太后谢氏出降，及至大臣文天祥在五坡岭兵败被俘，宁死不屈，那句壮言“君降臣不降”千秋之后犹有余响。忠君与爱国难以两全，文天祥单选爱国，正气凛然且浩然，这样的爱才是真爱。

晚清时期，国势危如累卵，忠君与爱国似合而离，似离而合。有时，忠君是要和的，爱国却是要战的；有时，忠君是要战的，爱国却是要和的；真难为了那些个既忠君又爱国的臣子，其心理恒处于矛盾纠结中。曾国藩自许为“血诚儒者”，忠君乃是“题中应有之义”，爱国则出于强烈的责任心。他平乱、裁军、辞官、办案，忠君的比重高；他休养生息、振兴文教、甄拔人才、创办洋务，爱国的成分大。然而曾国藩受制于封圻，受限于年力，只足以平江南，致中兴，不足以拒列国，致富强。这个遗憾摆在明处，其门生弟子目击心伤，无计可消除。

曾国藩修身苦，律身严，持身正，但他始终是个复杂的矛盾体，称之良相则可，誉之圣相则过。在乱世，他担负的责任綦重，一念之仁救人多，一念之忍杀人夥，恁谁刻意地美化他或污化他都是徒劳，倒不如连缀真相的碎片，知其遇，觇其情，射其覆，揭其谜。

01章　批逆鳞，因祸得福

我们阅读正史和野史，很容易遭遇到玄虚的文字。在司马迁的《史记》中，刘邦是赤帝之子，醉后斩杀了拦路的白蛇，即斩杀了白帝之子，他推翻秦皇暴政，正当性和合法性能一抓一大把，还要靠这类荒诞不经、拙劣无比的传说来帮忙？至于刘家老母与神龙野合而生刘邦，更像是太史公笔下的高级黑。不是龙子龙孙不能为帝，这种认证方式历经夏、商、周而固化，秦朝尽改往昔规模，唯独保留了这道门槛，不满者弗惬于心而未敢明言。陈胜面对一群泥腿子伙伴，却斗胆吊起嗓门，即兴爆出一句"王侯将相宁有种乎"，真好比当头棒喝，令脑容量奇低的患者们直接傻眼。其后不久，青年项羽在路边热眼观看了皇家卫队的煊赫仪仗，顿时豪气干云，脱口而出的心里话竟是"彼可取而代也"，身旁的强悍大叔项梁也被这六个字唬出一身冷汗，生怕桀骜侄子的妄言会招致灭族之祸。陈胜和项羽都如愿称王，但憋得脸如通红的烙铁，仍做不成皇帝，客观和主观的原因可罗列一大堆，谁也厘不清，谁也理不顺。倘若用命相学解释就能够迎刃而解：他们不是"神圣家族"的核心成员，而只算从野路子上斜刺里杀出的搅局者。在史家笔下，皇权必经天授，连胚胎都直接出自天庭，其诞生的情形就绝非简单的呱呱坠地，要么异香满室，要么仙乐盈空，要么祥云托日，要么瑞鸟衔枝……哪有诌不出的新鲜名堂？若非如此，史家先就过意不去，帝王的迷弟迷妹们也会掀翻八仙桌，拍烂惊堂木。

神蟒或癞龙转世

帝王的来历如此出奇，大臣的来历也不可落俗，二者如何匹配是一门精妙的学问。无须多虑，自有人编。

葛虚存著《清代名人轶事》，揭秘曾国藩是神蟒转世，而且言之凿凿：曾国藩喜欢吃鸡肉却害怕鸡毛，日后执掌戎机，遇有插羽的加急文书，不敢亲手拆封，看见鸡毛掸子，也会皱紧眉头。葛虚存相当慎重，为免读者生疑，他特意引用《随园随笔》作证，说是焚烧鸡毛，长蛇巨虺闻气即死，曾国藩讨厌鸡毛乃事出有因。他以此为依据，坐实曾国藩为神蟒转世①。一个玄虚无根的说法被捏造得眉毛、眼睛、鼻子、嘴巴、耳朵齐全，就看你信还是不信。章太炎早就撰文揭露过老底："凡有成勋长誉者，流俗必传之神怪。唐人谓郑畋之生，妊于死母，其夸诬盖相似。"②若非神怪则无法建成伟业丰功，于大多数人而言，这种思维定式能产生阻遏和抑制作用，胆怯的野心家也可能会踌躇几小时。至于胆肥的妄想症患者，将更加勇锐无畏，因为他们素来就已认定自己是天选之子。

曾门弟子薛福成平生喜好"子不语"，每有惊奇，必涉神怪，他拿出过另外一款诠释，认为曾国藩器宇凝重，面如满月，须髯甚伟，如同韩愈在《殿中少监马君墓志》中所称道的马燧那样，气象若"高山深林巨谷"，气势如"龙虎变化莫测"，来历必定非凡。相比同时代的名臣大帅，曾国藩凝重、威严的特质确实具有极高的辨识度。知府张澧翰很会看相，说是曾国藩端坐注视，张手捋须，形态颇似癞龙③。曾国藩究竟是神蟒转世，还是癞龙投胎？恐怕谁也拿不出标准答案。

无独有偶，左宗棠的来历也很不寻常。别人编不出新奇的花样，他的小儿子左孝同就亲自充当操盘手，《先考事略》语出惊人："府君将生之夕，祖妣梦有神人自空中止于庭，谓牵牛星下降，惊寤而府君生。室中忽有光如白昼，灯烛皆掩，移时天始曙。"④瞧见没有，曾国藩是癞龙投胎或神蟒转世，左宗棠是牵牛星下凡，他们既赢在起跑线上，又赢在终点线上，命中注定会成为大人物，

---

① 葛虚存:《清代名人轶事》，山西古籍出版社，1997 年版，第 280 页。

② 萧一山:《曾国藩·引子》，湘潭大学出版社，2011 年版，第 2 页。郑畋是唐朝宰相，"妊于死母"的荒诞传说源于唐朝作家尉迟偓的《中朝故事》。

③ 薛福成:《庸盦笔记》，江苏人民出版社，1983 年版，第 53 页。

④ 秦翰才辑录:《左宗棠逸事汇编》，岳麓书社，1986 年版，第 1 页。

建立不世之伟业和不朽之奇勋。通常来说，吃瓜群众对这种角色派定毫无疑义，个个点头如鸡啄米。

“子不语怪力乱神”，且不管曾国藩是不是癞龙、神蟒投胎转世，单从“人看其小，马看蹄爪”的角度入手，会比较靠谱。小时候，曾国藩就显示出了与众不同之处：“国藩幼而端默，未尝啼泣，花开鸟语，注目流眄，状若有悟。”①这样的好孩子生长于半耕半读的家庭，自然能成为坚实之器。

曾国藩的父亲曾麟书是科举场上所在多见的倒霉蛋，每次入闱必铩羽而归，总共经历了十余次挫败，这才抢在曾国藩之前一年考中秀才，至此裹足不前。倒是后辈们几个箭步抢到前头：曾国藩中了进士，曾国华捐了监生，曾国荃选为优贡（国子监太学生）。曾麟书眼看着长江后浪推前浪，前浪拍在沙滩上，乐得自撰一副对联，令家中长子曾国藩挥毫书写：

> 有诗书，有田园，家风半读半耕，但以箕裘承祖泽；
> 无官守，无言责，时事不闻不问，且将艰巨付儿曹。

曾老爷子貌似轻松洒脱，内心何尝没有苦涩无奈。相比而言，林则徐的父亲林宾日题联于书斋，就比曾麟书要豪爽倜傥一百倍：“粗衣淡饭好烟茶，这个福老子享了；齐家治国平天下，此等事儿曹任之。”这有个说法，林家老辈的底气比曾家老辈的底气足，林宾日与曾麟书同为一生未仕，以舌耕为业，就凭着那口底气硬是分出了高下。

晚清文人刘声木撰《苌楚斋随笔》，针对曾麟书的这副楹联发表过一番高论：“文正在当时，确具旋乾转坤之力，扫清宇宙，几于有社稷危而复安、日月幽而复明之概。然君上倚之、众人仰之则可，若出自其家人之口，则陋矣。即使果出其尊翁竹亭茂才所撰，文正亦应避嫌，不宜直书，以涉于夸诞，岂休休

---

① 《中国现代学术经典·钱基博卷》，河北教育出版社，1996年版，第597页。见于《近百年湖南学风》。

有容之度所宜出此耶？非声木之所敢知也。”①

曾家父子显豁出真性情，所言为实，没什么不妥，也并不矫情，刘声木表示不解，是他太拘谨了。湖南人有自己的办事章法，这一点安徽人未必能够完全懂得。

得贵人之助

孔子讲：“名不正，则言不顺；言不顺，则事不成。”这段话原本还有下文，针对礼乐刑罚而议论风生。中国古代的读书人善于引申孔子金句，如此一来，它就与取名巧妙地扯上了瓜葛，不可不慎，不可不当。取名犹如注册商标，越体面越好，越吉利越好。朱元璋原名“重八”，后来改名“兴宗”，末后定名“元璋”，这三个名，哪个更像开国皇帝的尊讳？稍懂点汉文化的人都会选择“元璋”。就是这么回事。

曾国藩原名“子城”，二十七岁考中进士后，座师穆彰阿建议他赶紧改名。“子城”的格局太小，要改个格局大的名字才行。若干天后，新名横空出世。“国藩”大气高端，浑如天赐。

曾国藩的科举历程有些坎坷，院试七次成秀才，乡试一次成举人，会试三次方才过关，殿试成绩差强人意，名次只是三甲居中。正是这一年（道光十八年），左宗棠与曾国藩一同参加会试，左宗棠名落孙山，从此绝意科举。所以说，曾国藩将三甲出身视为平生一大憾事，真有点饱汉不知饿汉饥的味道。清代殿试揭榜，一甲即鼎甲，共有状元、榜眼、探花三人，“赐进士及第”；二甲包括传胪（第四名）及其后面若干名，“赐进士出身”；三甲人数较多，“赐同进士出身”。状元被直接任命为翰林院修撰，榜眼和探花被直接任命为翰林院编修。至于其他进士如何叙用，还有两道雄关必须跨越，其一是朝考，曾国藩很幸运，被道光皇帝拔置为二等第一名。野史却说，道光皇帝急着去打猎，并未看完曾国藩的卷子，随手一放，于是天意成全，这个偶然仿佛钥匙一般开启了中国近代史上许多个必然。曾国藩以高排位过了朝考这关，点为翰林院庶吉士，一年

---

① 刘声木：《苌楚斋随笔／续笔／三笔／四笔／五笔》下册，中华书局，1998年版，第582页。

实习期满，还要参加更重要的散馆考试，少数合格者继续留在翰林院，其他人则由吏部确定用为主事、中书、知县、候补知县等职。

当年，三甲进士被点为翰林院庶吉士的概率很低。湘籍名士魏源比曾国藩大十七岁，中进士反而晚了七年，名次同样是三甲居中，虽以诗文名世，却与翰林院庶吉士无缘。进士一旦下放到地方，从芝麻官做起，除非能力特别出众，又受上司赏识，否则论资排辈往上升，猴年马月才有伸脚出头之日，这正是许多三甲进士最担心的事情。

葛虚存在《清代名人轶事》讲述了一个曾国藩点中翰林的关键细节：当年，三甲进士大概率不能入翰林，曾国藩相当懊恼，也很生气，揭榜之日就打算雇车返回湘乡，索性放弃后面的朝考。劳崇光时任翰林院编修，在公卿间有名，他到湖南会馆来安慰曾国藩，执意挽留，并且答应为曾国藩尽力帮忙。劳崇光回家后，即招呼几位书法高手，安排他们住在自己府中，又从亲友处借来仆从和马匹，随时待命。曾国藩朝考刚出场，劳崇光就派人抄写他的诗作，分送京城中具有影响力的达官贵人。其后，曾国藩果然名列高等，点中翰林[①]。劳崇光的操作和炒作方法可谓直截了当——影响有影响力的人。这么说来，道光皇帝将曾国藩的朝考成绩列为二等第一名，很可能受了侍臣的影响，并非由于急着打猎、随手一放。不管怎样，曾国藩成了翰林院庶吉士，了却一桩心愿，确定了一生仕途的高起点。

道光年间，穆彰阿是大学士、军机大臣，《清史稿》本传中说他“门生故吏遍于中外，知名之士多被援引，一时号曰‘穆党’”。穆彰阿对曾国藩青眼有加，在道光皇帝面前奏保曾国藩“遇事留心”。道光皇帝当然不会轻信。某日，曾国藩奉命入宫觐见，太监将他引领到一处地方，让他等候。到了中午，内侍传谕，叫他明天再来。曾国藩出宫之后心存疑惑，便前往相府请教。穆彰阿是两朝重臣，见多识广，又了解道光皇帝的性格和做派，沉吟片刻后，他询问道：“你有没有留意壁间悬挂的字幅？”曾国藩回答说没有细看。穆彰阿怅然叹息道：“奈何！奈何！”赶紧吩咐相府管家给宫中某总管送去纹银一百两，让他将

---

① 葛虚存：《清代名人轶事》，山西古籍出版社，1997 年版，第 320 页。

壁间悬挂的字幅悉数抄来。当晚，曾国藩就住在相府中，将抄来的列朝圣训背诵得滚瓜烂熟。翌日，道光皇帝在便殿召见曾国藩，提问的内容果然全是廊壁间的列朝圣训，曾国藩应答如流，奏对称旨。嗣后，道光皇帝还当面表扬了穆彰阿："汝荐曾国藩遇事留心，真不谬也。"这件事对曾国藩的良性影响是多方面的，首先是官职升迁不成问题，其次是办事风格更趋务实，此外，遇事留心能够直接提升他的观察力和判断力，不遗漏关键细节，看人看得更准，办事办得更牢。此事见于李伯元的《南亭笔记》卷八《曾文正遇事"留心"》，小说家笔下的故事可信度兴许会低一点，但道理是这个道理，后效确实很明显。

由此可见，一个人要在职场上步步高升，光靠闷头打拼是不行的（误打误撞更没戏可唱），若先天无背景，就得后天有靠山，贵人相助必不可少。有穆彰阿这种重量级的大贵人鼎力扶掖，再辅以自身的智慧和才能，曾国藩的仕途自然就顺风满帆。值得一提的是，咸丰皇帝登基后，第一位被褫职罢黜的高官不是别人，正是大学士穆彰阿，诏书斥之"其心阴险，实不可问"。诏书上列举的罪状共有几条："保位贪荣，妨贤病国"，"小忠小信，阴柔以售其奸；伪学伪才，揣摩以逢主意"，"倾排异己"，"固宠窃权"，"自朕亲政之初，遇事模棱，缄口不言"[①]。别的不说，穆彰阿"揣摩以逢主意"，在道光朝表现确实高光，其弟子曾国藩即为受益者之一，但穆彰阿视曾国藩为顶尖人才，悉心栽培，眼光倒是毫无偏差，贡献之大，怎么夸奖都不为过。野史上说，穆彰阿临终前夕写了一幅字给曾国藩留念，内容是"好汉打落牙和血吞"，这八字参悟倒是助曾国藩撑过了人生中的至暗时刻。晚清历史地理学家汪士铎评论穆彰阿，有赞有弹，较为平允："在位二十年，亦爱才，亦不大贪，惟性巧佞，以欺罔蒙蔽为务。"[②] 由此可见，穆彰阿的人格分裂很明显，咸丰皇帝一棒子打死他失之简单粗暴。

同治年间，曾国藩膺任直隶总督，到了京城，陛见之余，即寻访穆彰阿后人，如此记恩念旧着实难得。王闿运在《王志》卷一《论道咸以来事》中讲述

---

① 《清史稿》第 38 册，中华书局，1977 年版，第 11417 页。

② 此评见于《汪悔翁乙丙日记》。

了一个怪现象，发人深思：曾国藩最初受起用是由穆彰阿保举的，获重用是由肃顺保举的，这两位保举他的大臣名声都不好，前者被斥为奸相，后者被指为强臣。与此恰恰相反，扼制曾国藩的两位大臣死后都被谥为文端，一位是祁寯藻，另一位是倭仁，均得时人尊崇敬仰，号称理学名臣。由此可见，世间并非事事黑白分明，也不可简单地给古人和今人贴上正邪、忠奸、好坏的标签，利刃切黄油固然痛快，却很容易偏失准头。

京官差不多个个都有靠山撑腰，他们要出人头地，还必须有实力备底，接下去他们比的就是精进不息的功夫。曾国藩在京城可没偷懒，他与倭仁、何桂珍结为学友，拜在湘籍大学者唐鉴门下，治义理之学；与好友梅曾亮等人常相过从，互相问难，彼此切磋，治辞章考据之学；他文学优长，书法方面也有天赋，与何绍基、何绍祺兄弟交往甚密。

做官的人必须有亨通的官运才行。曾国藩于道光十八年中进士，点翰林院庶吉士，任检讨，五年后为钦命四川乡试正考官，嗣后转侍读，迁侍讲学士，升内阁学士；道光二十七年六月，还不到四十岁，就升授内阁学士兼礼部侍郎衔，由从四品骤升至从二品，超越四级，属于破格提拔。“湖南三十七岁至二品者，本朝尚无一人。予之德薄才劣，何以堪此！”曾国藩照例要谦虚一番，但消息传到湘乡老家，乡民就没那么低调了，他们用正宗的土话点赞：“果回只怕是曾家里格祖坟开哒坼，硬是冒青烟哒！”

毛遂自荐时对平原君说过一句妙语：“使遂早得处囊中，乃脱颖而出，非特其末见而已。”人才是“锥”，须身处“囊”中，才有机会显露自己的锋芒。世间不愁人才短缺，只愁英雄无用武之地，只愁英雄所得的用武之地不大，无法尽展平生绝学。

于无声处撄逆鳞

咸丰元年，奕詝登基之初就决意收拾先皇遗存的烂摊子，做一位大有作为的君主，他遍召群臣，咨询治国之策。此时，理学名臣唐鉴（字镜海）已经致仕，年过古稀，也欣然应召入京，“凡进对十有五次”，足见待遇之厚、信任之深。对于中外利弊，镜海先生知无不言，言无不尽。有一回，咸丰皇帝向唐鉴咨询现在政事应以何者为先，镜海先生的答案是应以人才为先。翌日，咸丰皇帝嘱咐镜海先生开列一份人才清单，以备朝廷采择，唐鉴荐举的人才中就有其湘籍门生曾国藩。镜海先生提醒年轻的咸丰皇帝：“方今文恬武嬉，积习已久，既有戎事，始事必难，事变无常，必有蹉跌。惟在圣主信之确、任之专耳。”这番话说得很到位，可是咸丰皇帝疑心重，要他对臣下“信之确、任之专”，难度着实不小。

新皇登基伊始，照例要顺天应人，向满朝文武求取诤言，本来只是走走过场，孰料曾国藩在好友刘蓉等人的撺掇和推动下，竟然冒犯天威，递上《敬陈圣德三端预防流弊疏》，直陈咸丰皇帝有三个弊端“不可不预防”：其一是“琐碎”，过于苛察；其二是“徒尚文饰”，不实事求是；其三是“厌薄恒俗而长骄矜之气”，刚愎自用。奏章本身举例要而不烦，思维缜密，没有破绽，但臣子翻腾皇帝的糗事已触犯大忌，竟然还打出赤裸裸的差评，无异于挺身踩虎尾、撄龙鳞，这就得看看他祖宗十八代积累的阴德厚不厚了。咸丰皇帝敬佩老祖宗乾隆皇帝富若山海的“诗才”，也想做个天子诗人，不说一生留下四万首诗，留下一万首也不错，他刚二十岁出头，臣工奏请刊布《御制诗文集》便得到了他的首肯。曾国藩揪出这件事来，不说诗写得如何，只说这是“徒尚文饰”之举，就算真想刊刻《御制诗文集》，也应晚几年才行。

诸葛亮《兵要》简而言之：“人之忠也，犹鱼之有渊，鱼失水则死，人失忠则凶。”[①] 古人、近人为官，忠君主要有三条途径：其一，歌颂赞美君主，这类以口活、笔活邀赏的忠君者比比皆是，奸宄宵小往往掺杂其间；其二，逗君主开心，以微言使其恍然大悟，这类忠君者手法轻柔，拿捏得当，技术含量高，例如东方朔，幽默感强，以谐语、寓言启发君主，譬解的角度恰到好处，讽喻的力度妙至毫颠；其三，谏诤和开导君主，切谏者可能罹杀身之祸，这一派的忠君者路数最纯正，后果最难测。曾国藩忠君，既不肯做马屁精，又不会做弄臣，那就只能麻着胆子冒险直谏，仿佛孤注一掷。

《韩非子·说难》中有段剧透，等于给那些爱进逆耳忠言的臣子敲响了警钟：“夫龙之为虫也，柔可狎而骑也，然其喉下有逆鳞径尺，若人有撄之者，则

---

① 《诸葛亮集》，中华书局，1960年版，第41页。

必杀人。人主亦有逆鳞，说者能无撄人主之逆鳞，则几矣！”自古以来，因撄人主之逆鳞而丧命的臣子很多，比干剖心，伍子胥断头，都是显例，魏徵死后没多久，唐太宗下令仆碑，就算顶客气的了。曾国藩主动涉险，他四十岁，咸丰皇帝二十岁，从行事作风来看，倒是他更像二十岁的愣头青。

《敬陈圣德三端预防流弊疏》通篇直言不讳，措辞过于激切，惹得咸丰皇帝怫然不悦，雷霆震怒，“怒捽其折于地，立召见军机大臣，欲罪之”。幸亏大学士祁寯藻出面施救，用“主圣臣直”四字作金玉台阶，曾国藩的恩师季芝昌也及时出面为他讨恕求情，否则曾国藩刻意制造这起君臣之间的“追尾事故”，获严谴的概率会很高。

曾国藩获悉皇上震怒的内情后，惶悚不已。然而一个月后曾国藩居然因祸得福，奉上谕在王植到任之前兼署刑部左侍郎。趁此良机，他赶紧上谢恩疏自责：“窃臣材本疏庸，识尤浅陋。无朱云之廉正，徒学其狂；乏汲黯之忠诚，但师其戆。荷鸿慈之曲被，极圣量之优容，清夜默思，果有何德，堪对君父！寸心自矢，要当竭愚以答生成。”[①]吃一堑，长一智。此后，曾国藩对自己冒进冒失的言行再三反省，代之以“进思退思，无荒无怠”，忠君也就自知分寸了。在专制王朝，不管你属于三教九流的哪教哪流，臣妾之道才是生存之道，此道首在不可逾分，不可躐等，不可强聒，不可硬争。

一事总有两面，高收益常与高风险挂钩，曾国藩做了一回愣头青，他的《敬陈圣德三端预防流弊疏》成为士林中广为传诵的名篇，朝野清流大加追捧，不说别的，单纯在名誉方面，他已经收割颇丰。

咸丰元年秋天，曾国藩赋诗《送李子彦》，自道“立朝本非汲黯节，媚世又无张禹才。似驴非驴马非马，自憎形影良可咍”[②]。尽管他的官运足够亨通，但他对自己立身朝堂的政治表现仍不够满意，其抱负甚伟，其担当甚大，以儒家的三不朽（立德、立功、立言）为人生目标，若偏离了向此奋进的轨道，就算官居一品，位极人臣，他内心的成就感也会在无形中缩小。

---

① 《曾国藩全集·奏稿之一》第 1 册，岳麓书社，2012 年第 2 版，第 27 页。

② 《曾国藩全集·诗文》第 14 册，岳麓书社，2012 年第 2 版，第 76 页。

02 章　墨经从戎练湘勇

晚清时期，民心乱若棼丝，贤者难治其紊；国势危如累卵，智者易测其倾。有识之士进则忡忡忧虑，退则苦苦思索，都在寻究大动乱的根本原因。

早在道光末年，湘籍名士刘蓉即目光如炬、洞幽烛微，写过一封长信《致某官》，对“国家承平日久，武备废弛”“民穷怨起，仇报相寻”深感忧虑。他总结当时显而易见之患，计有五项之多：其一，“吏治不廉而民生之日蹙”；其二，“贿赂公行而官箴之日败”；其三，“风俗益坏而人心之日偷”；其四，“财用日匮而民业之日荒”；其五，“盗贼横行而奸民之日众”①。任何王朝从繁荣昌盛的巅峰滑向腐朽败落的渊谷，莫不是因为倒行逆施所致。刘蓉有“小诸葛”之称，以智略见长，他还在咸丰年间指出了大动乱的根本原因：当国家太平无事时，朝廷任命的封疆大臣多半是凡庸之辈，只要能粉饰弥缝就算称职，他们蝇营狗苟，为图省事而不作为。如此荒政怠政，一年又一年，也没出什么大乱子。于是朝廷赞赏他们“醇谨”，推崇他们“老成”，不知冥冥之中纲纪渐趋败坏，大祸即将临头，直到天下告警，地方糜烂，贤者、能者才有机会接手，但局势已溃决崩裂，至此要扶泰山于将倾、挽狂澜于既倒，谈何容易②。

胡林翼长期从事实际政务，做过边远省份（贵州）的知府，对民间疾苦尤其是官场弊端看得更为清楚。吏治的症结何在？他的批评一针见血：“国家之败，皆由官邪……民乱必由官贪。”“湖北军务不饬已久，无论贼之多寡

---

① 《湖湘文库·刘蓉集》第 2 册，岳麓书社，2008 年版，第 44—56 页。

② 《湖湘文库·刘蓉集》第 2 册，岳麓书社，2008 年版，第 142 页。

强弱，闻警先惊，接仗即溃。上下相蒙，恬不知耻。误于使贪使诈，而实为贪诈所使。”[①] 这就是说，贪诈者庆幸得计，最终却不得不为自己的贪诈埋单。远方刮起了龙卷风（顶可怕的，它居然是一条火龙），正在聚集能量，扩大规模，所到之处必席卷一空，付之一炬，谓之“火炎昆冈，玉石俱焚”，毫不夸张。

咸丰元年，曾国藩答复进士同年胡大任，也是一针见血，认为“粤盗”日益猖獗，本原是“有司虐用其民，鱼肉日久”和“大吏泄泄于上，一切废置不问”，这种病症久已形成，绝非一朝一夕之故[②]。大官巧取豪夺，小吏胡作非为，民不堪命，普遍归贫，一旦他们铤而走险，群起而暴乱，大灾难来袭，就会迅若洪水，凶如猛兽。

咸丰三年九月中旬，曾国藩致书座师吴文镕，将天下大变归因于“混淆是非，麻木不仁”，这种社会病况导致“志士贤人抚膺短气，奸猾机巧逍遥自得”[③]。在上位的肉食者要么胡作非为，要么毫不作为，民怨久积，野心家就会跃跃欲试。咸丰八年十一月中旬，曾国藩致书沈葆桢，重申前议，认为“自古大乱之世，必先变乱是非，而后政治颠倒”，灾害必然随之而来。屈原为何怀沙自沉而不悔？就因为“当日是非淆乱为至痛”，以奸为忠，以邪为正，所以《离骚》有“兰芷变而不芳，荃蕙化而为茅”的绝望感喟，香草不香而化为茅草，则妖异必现。屈原“伤是非之日移日淆，而几不能自主也”。倘若朝廷是非先紊，后果必定会是“小人得志，君子有皇皇无依之象”[④]。曾国藩认为，维持是非公正，官员负有不可推卸的责任。咸丰十年，胡林翼总结天下乱因，简化至八个字：“是非不明，节义不讲。”及至同治六年春，曾国藩饱经忧患之后，对吏治看得更重于前，他回复刘坤一，认为要根除盗匪，唯有勤求吏治，才能釜底抽薪。“大抵乱端未起，以一二贤牧令消之而有余；及其既成，以十万甲兵除之而不足。”

---

① 《清史稿·列传一百九十三》第39册，中华书局，1977年版，第11930页。

② 《曾国藩全集·书信之一》第22册，岳麓书社，2012年第2版，第70页。

③ 《曾国藩全集·书信之一》第22册，岳麓书社，2012年第2版，第216页。

④ 《曾国藩全集·书信之一》第22册，岳麓书社，2012年第2版，第714、715页。

防患于未然是上策，大动干戈是下策，贤能官员的作用原本比勇武将军的作用更大。

乱世夺情并不简单

咸丰元年，湖南、广西等地区，匪乱日甚一日。曾国藩于三月间向朝廷呈递《汰兵》一疏，认为绿营兵难堪大用，不仅有驱之不去、杀之不畏的恶习，而且吃空额的人太多，宜加筛汰和整顿，节省军费以编练精兵。此疏切中时弊，朝廷却未予理睬。

清政府麻木不仁，官员坐等出事，除非被外部险恶的局势倒逼，否则很难痛下变革的决心，慢郎中注定对付不了急惊风。早有两种人看清了这一点，野心家是其一，造反者是其二，他们可不会磨磨蹭蹭。烧炭工出身的杨秀清堪称军事奇才，他统领的太平军犹如龙卷风，所向披靡，清朝的绿营兵则如同残枝败叶，经不起狂飙的奋力席卷。有人这样形容太平军的畅行无阻：“到目前为止，他们都像是一支节日游行的队伍一样受到欢迎，沿途的老百姓并不在乎他们有什么样的古怪宗教，而是把他们看成是帮助自己摆脱满人统治的救星。”[①] 太平军从广西金田杀到湖南长沙，只用了半年时间，再从湖南岳阳杀到江苏江宁（今南京），只用了不到一年时间，称之为摧枯拉朽，毫不夸张。

太平军为何不乘势北上，直捣黄龙？从武昌到北京，从武昌到南京，空间距离差不太多，但战略价值相差甚远。京师空虚，人心震骇，比江南有过之而无不及。据《忠王李秀成自述》记载：“天王心欲结往河南，欲取得河南为业。”然后有一位湖南老水手（请注意，太平天国被灭，从头至尾都是湖南人在起关键作用）大声扬言：“亲禀东王，不可往河南！”这位湖南老水手是个江湖通，他的理由是“河南河水小而无粮，敌困不能救解”。江南有长江天险，现有船只万千，去一趟就跟走亲戚似的。上面是技术层面的分析，下面的话更具说服力：“南京乃帝王之家，城高池深，民富足余。”洪秀全的那颗

① 这段话引自美国作家黑尔著，李宁、李振扬翻译的《曾国藩》第四章《从广西到北方》，东方出版社，2013年版，第56页。

帝王心立刻被这句话软化成泥了，东王杨秀清也乐意舍难就易。这位湖南老水手一直是东王大船上的人，值得信赖，没人怀疑他是内奸，这也是不可忽略的因素之一。寂寂无闻的小人物偶尔也能够左右历史的走向：阴陵田父故意给迷路的楚霸王项羽指一条错道，使后者身陷大泽，被汉军追上，是一个显例；湖南老水手一句进言，改变了太平军的主攻方向和目标，则又是一个显例①。如果说太史公司马迁笔下的阴陵田父具有可信度，那么李秀成笔下的湖南水手就更具有可信度，因为前者间接采自远闻，后者直接采自近闻。

咸丰二年，太平军猛攻长沙未能得逞。咸丰三年，太平军北进，十月攻陷岳州，十一月中旬即拿下汉阳、武昌。咸丰四年正月，太平军连克江西九江、安徽安庆，二月十一日就占领了金陵，改名天京。笔记小说中有过奇谈，杨秀清所到之处烧毁寺庙，杀害出家人，因此大批和尚逃至金陵。戏剧的桥段恰恰就在这里，那些和尚全都是假的，最终他们与攻城的太平军里应外合，金陵转瞬间就失守了。太平军从拿下武昌到占领金陵，只花费了区区三个月时间，如此这般的高效率，史无前例，连南唐后主李煜那种顶级文青胡捣鼓瞎折腾，他的成绩单都比这回更好看。

湘籍名士黎吉云的日记中附有三封友人书，其中一封描述武昌城沦陷前后的惨状，提供了不少细节和数据。这封信的大致内容是：湖北巡抚常大淳本当离任前往山西履新，听说太平军将至，他急于坚壁清野，仓促之间将九门紧闭，烧毁城外的民房。数十里范围内，四天四夜火光冲天，老百姓根本来不及逃避，投水和自焚的有一万余人。官方的文报断绝了，市场上柴米已无从采购。常大淳将京口一带的守兵全部撤至武汉来防守城池，所以太平军水陆并进，未遭遇任何抵抗。清军不设侦探，抓瞎又抓狂。常大淳屡次催促军方焚毁汉口镇、汉阳城外数十里范围内的民房，即于十一月间纵火。汉口张司马夜间逃遁，四千名义勇失控，便大肆劫掠。汉阳守兵本有三千名，纷纷缒城奔溃，溺死很多，只剩下一座空城。太平军不过数十人，都是从陆路窜来的，他们靠楼梯进城，

---

① 这个水手的故事始见于《忠王李秀成自述》，可参阅《中国近代史资料丛刊续编·太平天国》第2册，罗尔纲、王庆成主编，广西师范大学出版社，2004年版，第350页。

不费吹灰之力。武昌城头从十一月初九日开炮，十二日停止，见船就打碎，总共三百余艘，船上全是良民难民[①]。太平军还没到，湖北巡抚常大淳就强力推行焦土抗敌的激进政策，派人到城外纵火，烧毁大量民房，守兵不是赶紧溜号，就是胡乱开炮，老百姓深受其害。一千守兵不可能守得住武昌城，常大淳率领全家自杀，死后被敌军焚尸，从此拉开了疆臣壮烈殉节的序幕。武昌城内光是被杀害的官员就有五百余人，"戮民积尸高与城齐"。此后，戏码就变成了各式各样的望风溃散，一个低效的官僚机构匹配一支无能的军队，根本不堪一击。

咸丰三年二月，左宗棠在武昌湖广总督署主持戎幕，收集各路信息较为便捷，他写信告诉黎吉云："贼于正月十一过九江，守兵尽溃，文武先逃。贼入城不一日旋即挂帆东下。十七日未刻抵安庆，戌刻城陷。文武先营城外，贼至不知所之。贼以空城无所得，举火延烧衙署房屋，火至七日未熄。贼于十八日登舟，驶金陵。"左宗棠感叹道："我自军兴以来，糜烂数千里，用款至二千万，未尝戮一逃将、斩一溃兵，事安得不败？"[②]清政府理应万分庆幸，太平军的狂飙卷至武昌便折转向东，沿长江扑向金陵，假若咸丰三年底太平军集中全部兵力径直向北直捣京师，清政府将得不到任何喘息之机，历史的停尸房很可能要提前半个世纪为爱新觉罗家族敞开正门和侧门了。这个推断不算离谱。

晚清时期，正规军八旗、绿营表现之差火差劲，足以提空全部库存的贬义词。名儒王先谦做过太学校长（国子监祭酒），是严谨的学问家，不可能胡编乱造，他在《东华录》中记载，皇帝亲临校场阅操，绿营兵"射箭，箭虚发；驰马，人堕地"，洋相百出，不堪一哂。清政府官修的对外关系档案资料汇编《筹办夷务始末》也承认，八旗、绿营纪律奇差、胆量奇小、战斗力奇弱，真可谓"三奇"封顶，令人大跌眼镜。咸丰十年，英法联军攻打天津、北京，"守堵之兵，人无斗志，大约一闻炮声，立时惊溃"。清朝的正规军竟然就是这副德性，还能够御外侮、平内乱吗？

咸丰年间，全国兵额多达六十四万，为对付广西金田起义所调遣的兵力源

---

① 徐一士：《一士谈荟》，山西古籍出版社，1996年版，第128页。

② 《左宗棠全集·附册》第15册，岳麓书社，2014年第2版，第219、220页。

源不绝，居然进不能攻，退不能守，一触即溃，变成新的祸害。梦醒时分，咸丰皇帝心知肚明，倘若指靠这些靡费粮饷的兵油子保卫王朝和百姓，就未免太不切实际了。当时，胡林翼任贵州黎平知府，痛感“承平日久，文恬武嬉，额制之兵，无一能御侮者”，他在书信中讲述了一个典故：元朝末年，盐枭张士诚造反，起初拢总只有十八个伙计（你没看错，只有这么多），竟然占领了高邮城，数万官兵前来围剿，却如同乌合之众，一盘散沙，任由“十八罗汉”悉数逃脱。这样腐朽的军队还能够上阵杀敌？元朝不亡，岂有天理？他感叹道：“今日之事，得毋类是！”这话的意思是：今日官兵畏敌如虎，莫非也类似元朝末年的情形！左宗棠对这场早有征兆的民间大动乱持类似的看法：“国家承平既久，官吏嬉然相承，群盗遂作。于是有利其国而盗、利其家而盗、利其身而盗者，又有利盗所有而盗乎盗者，纪纲紊，九法斁矣。”曾国藩的奏章亦以“国用不足，兵伍不精，二者为天下大患”总结现状。

国家安全不指望正规军维护，还能指望谁？得依靠乡勇，即地方上的民兵。乍听去，这是一句不负责任的玩笑话，实际上，这既不好玩，也不好笑，而是铁铸铜浇的现实。身患顽疾，旧血已坏，急待更换新血，何来新血？唯有现造。朝廷决策者的想法再简单不过了，太平军由乌合之众纠集而成，战斗力极强，南方各省训练乡勇，首先发扬的是地方保护主义，然后才是爱国主义，凝聚人心应该毫无问题。若能练出门道，树立声威，在战场上获取胜果，就可纾解南方数省的战祸。“兵伍不精”的问题勉强解决了，“国用不足”怎么办？此时，中央已无法顾全地方。战争主要消耗生命和金钱，说句难听的话，朝廷不担心消耗生命，只担心消耗金钱，要打赢这场旷日持久的恶战，军费开支的缺口大得惊人。国家拿不出钱粮，怎么办？朝廷把难题一层层往下推，地方上开设厘金局也好，加征苛捐杂税也罢，甚至贱卖功牌和职衔都行，总而言之，浩繁的军费必须自行筹措，协商解决。

值此危急存亡之秋，地方武装力量的雄起既是好事，也可能是坏事。朝廷特别害怕这股武装力量失去控制，落入某位大野心家手中，变成一柄锋利无比的双刃剑，斩掉太平军之后，再反过来灭清朝。咸丰皇帝素以苛察为能，对汉人心存戒惧，关键时刻要不要放权，难免狐疑再三。他心想：要是找准了人，既倒的狂澜还可挽回；要是挑错了对象，江山极可能易主。

咸丰二年，曾国藩母亲去世，他卸下江西乡试正考官职位，返回老家湘乡居丧，礼部侍郎一职依例开缺。此时，太平军已然作难，刀山总得有人先登，火海总得有人先闯，朝中大臣谨保自家性命，畏畏缩缩，仿佛彼此打好了商量，举荐一批在籍贤臣编练乡勇。在湖南，曾国藩是最佳人选，都夸赞他为人忠正，具备才干和胆识，能够竭力勤王，这简直就是把曾国藩往绝路上赶。

曾国藩唯勤唯谨早已有口皆碑，咸丰皇帝心中有数，就算他在籍办理团练能够办出名堂，反叛和反噬的可能性也不大，何不让他试试身手？这无疑是典型的"拿驴子当马骑"的心理。被皇帝点将，曾国藩并不开心，他宁愿在老家守丧三年（精确地说，是二十七个月），也不想接下这支令箭。此前，湘乡创立练局，请他主持其事，他以守孝为由，不肯轻出，并且声称自己于行军用兵素未娴习，恐致贻误。武昌沦陷后，湖南的官方民间大为震惊，此时，好友郭嵩焘跑来劝驾，扫除其畏难心理就不乏说辞：公向来就有澄清天下的抱负，如今不乘此时机报效君父，那怎么说得过去？况且戴孝从军，与古制并不违背。郭嵩焘长于经学，他说的古制当然是有出处的。孝顺父母的规矩全是由周公制定的，周公的儿子伯禽就违背了它。周公尸骨未寒，徐戎作乱，伯禽在守丧期间，朝夕一哭而率兵征讨徐戎，为周王室扑火，他不得不有所权变。

古制如此，清制如何？满大员持服百日即视事，汉大员持服二十七个月（不含闰月）即视事。曾国藩是汉大员，也就是说，他必须守孝两年零三个月，服满之后，才能复职。

咸丰元年，有人奏请朝廷明谕江忠源墨绖从戎，出山平乱，对此曾国藩不以为然。他在写给江忠源的信中表述得很清楚，并且指出这种古制清朝只用于武官身上，文官则皆可尽制，无须夺情。他还强调"君子大节，当为世所取法"，不可苟且草率[①]。清朝没有文臣戴孝从军的先例，曾国藩希望江忠源不要破例，以免大节有亏。江忠源破例了，果然招致外界不少非议。这才过多久，好友郭嵩焘就登门来敦劝曾国藩弃小家顾大家，捐孝心持忠心，貌似执意敦劝，实为

---

① 《曾国藩全集·书信之一》第22册，岳麓书社，2012年第2版，第75页。

挟理强求。曾国藩当然明白，“圣人制法，有礼无时则不行”，平日他尽可奉礼而行，但眼下戎事危急，就得“杀礼以从宜”，赶紧为君父排忧，为百姓解难，否则他徒持空理，怎么向外界交代？郭嵩焘劝不动曾国藩，转而游说曾麟书，竹亭翁果然深明大义，赞成儿子出山，去省城接受这桩棘手的差事。

咸丰四年，曾国藩率领数千湘勇移驻湖南衡阳，适值彭玉麟居家为母守丧，曾国藩以诚意将他招至麾下。彭玉麟赋诗《墨绖从戎》，附有自注：“道光三十年，予于新宁凯旋，笔耕足以养母。咸丰初，遭先慈大故，万念皆灰，功名事业淡如也。时洪杨烽火遍东南，曾湘乡读礼家居，来吾衡兴师讨贼，屡见召，因出建义帜焉。”曾湘乡即曾国藩，他是如何说服彭玉麟的？以身作则这一项是少不了的。雪帅的七律《墨绖从戎》值得一录：“满地干戈冷阵云，一腔热血喷斜曛。黄巾肯使长留毒？墨绖何妨再策勋。弹铗悲歌休作客，请缨投笔又从军。愧予胸少阴符术，惟尽丹诚夙夜勤。”[①] 诗中以阴符术代指智谋。据古代传说，姜子牙所作《阴符经》是兵书的鼻祖。雪帅自谦谋略短缺，但报国之赤诚和勤勉足敷所用。

曾国藩墨绖从戎之后，觉悟大增，不仅劝导彭玉麟出山取得成功，后来他还劝导沈葆桢出山：“伏冀上念国家，下念桑梓，中念友朋，翻然遽起，以慰喁喁之望。”[②] 及至咸丰十一年十一月上旬，曾国藩致书表扬叶兆兰，调门已经极为高亢：“墨绖从戎，昔有成例。当此时艰孔亟，亦宜先公后私，无庸过执古礼。”倘若郭嵩焘知悉此类情节，必莞尔一笑。

咸丰八年冬，胡林翼居家为母守丧期间，名将李续宾在三河阵亡，嗣后他在祭文中表示：“出山非礼，在山非义；涓埃无补，金革无避。”因此墨绖从戎既是忠孝之间的矛盾，也是礼义之间的矛盾，遇上兵革之事，儒生就必须以忠义为先。

同治元年十一月下旬，湘军大将鲍超获悉继母过世的噩耗，欲请假回川奔丧，曾国藩不予批准，复信中强调：“惟阁下统领雄师，独当一路，正值万分吃紧之际，即日当专折奏明，仿咸丰六年福将军在江宁丁忧之例，奉旨后在营旁

---

① 《彭玉麟集·诗词/联语/文集/书信》中册，岳麓书社，2003年版，第23页。

② 《曾国藩全集·书信之二》第23册，岳麓书社，2012年第2版，第565页。

民房穿孝二十七日。目下请节哀顺变，公而忘私，仍以军事为重，力支危局。”[①]至此，曾国藩认为将领以变通的方式守孝、不误军事乃是两面顾全，用二十七日替换二十七个月，可以视为成例，定为规矩。

墨绖从戎，若放在不重孝道的年代，甚至会将它视为宣传的强点，但曾国藩总认为这种无奈之举不够光彩体面。咸丰七年，曾国藩接到父亲病故的消息，未等朝廷批准，毅然弃军还乡，披麻戴孝，誓达终制之目的。有人说，曾国藩撂挑子，是因为他在江西太过受窘，借此要挟朝廷授予军政实权。曾国藩给出的解释是这样的：张江陵（明朝宰相张居正）夺情一次即被天下人痛骂不已，我岂能惊世骇俗、两次夺情？应该讲，曾国藩给出的这个理由是完全站得住脚的，不怕别人在鸡蛋里面挑骨头。至于他第二次守制仍未终制，依旧归因于君命难违，某些人暗地里必有微词，明面上却不好訾议什么。

团练的由来和湘勇的特点

曾国藩在省城长沙办差，“先以稽查城内土匪奸细为要务，其次则勤于操练”。曾国藩麾下共有三千壮勇，江忠源所带壮勇二千，协助省城防务，曾国藩从湘乡招募了一千零八十名壮勇，划分为三个营，由罗泽南、王鑫、邹寿璋充任营官，负责训练。这就是湘军的雏形和最初的班底。

咸丰九年十月中旬，曾国藩撰《毛寄云奏疏题语》，回忆了最初朝廷下令办理团练的情形，至今读之，仍令人为他捏一把冷汗：“咸丰三年，贼陷金陵，皇上命各省臣工办理本籍团练，凡在内曾任尚、侍，在外曾任督、抚，以至七、八品官素著声望者，皆令襄治团练。前后奉旨饬派者不下百人，而应诏出而治事者寥寥无几。惟吕鹤田侍郎在安徽、国藩在湖南、毛寄云同年在山东毅然自任，落落相望。厥后鹤田因大吏遇事掣肘，发愤赴敌，慷慨殉难。余与寄云同年勉力支撑，艰难困顿，仅而自全。古人所谓‘如痛定之人，思当痛之时，心有余悸’矣。”[②]百余名应诏者中，仅有区区三人“毅然自任”，形势之险恶、官

---

① 《曾国藩全集·书信之五》第26册，岳麓书社，2012年第2版，第245页。

② 《曾国藩全集·诗文》第14册，岳麓书社，2012年第2版，第223、224页。

员之畏葸可想而知。吕贤基（字鹤田）以工部侍郎兼署刑部侍郎回安徽办理团练，曾得到李鸿章襄助，但他势单力孤，未能获取安徽巡抚的支持，战败投水而死。毛鸿宾（字寄云）是曾国藩的进士同年，他主动请缨，以礼部给事中回家乡山东历城办理团练，虽功效平平，但勇气可嘉。

如此看来，在"官恇民怯，讹言一兴，万胆俱碎"的大环境里，曾国藩肯冒险而出，迎难而上，接下这桩艰险之极的苦差，实属不易。他写信给江忠源、左宗棠，语气沉重，对严峻的局势忧心忡忡："今日百废莫举，千疮并溃，无可收拾。独赖此精忠耿耿之寸衷，与斯民相对于骨岳血渊之中，冀其塞绝横流之人欲，以挽回厌乱之天心，庶几万有一补。不然，但就局势而论之，则滔滔者吾不知其所底也！"他要挽狂澜于既倒，扶大厦之将倾，难度之大可想而知。

团练的来历值得一说。明朝末叶，张献忠攻陷湖南，蹂躏之惨，不忍言述。后来，李自成的溃卒再度践踏湖南，以致百里无人烟。湘潭义士郭金台请求督师杨嗣昌派遣裨将训练乡勇，守御地方，"全活者以万计"。由此可见，湖南人练乡勇早有心得。据左宗棠、郭嵩焘合撰的《江忠烈公行状》所记，道光末年，江忠源"心念天下之乱将起"，在家乡新宁，"乃集诸父老为团练法。每月朔，会乡村子弟，剀切譬晓，俾知亲亲长长之义，阴以兵法部勒其众。数月，一乡肃然"。后来他率领乡勇出境截击太平军，在广西全州下游蓑衣渡伐木为堰，鏖战两昼夜，击毙数千悍敌，夺取大量辎重，太平天国南王冯云山中炮而亡，这一仗充分显示了乡勇的战斗力远胜绿营标兵。值得一提的是，在太平天国开国六王中，冯云山最能干。李秀成在其自述中说："谋立创国者，出南王之谋，前做事者皆南王也。"完全可以这么讲：如果没有冯云山在广西桂平紫荆山一带发展和完善拜上帝会组织，洪秀全就根本没有躺赢官兵和坐享其成的资本。冯云山的才智在东王杨秀清之上，野心却要小得多，他被炮毙，对清政府来说是个意想不到的利好，尽管当时还没人意识到这一点。

咸丰元年，左宗棠回复胡林翼，有一个相对成熟的看法：团练的存在价值，在于乡民互相团结，以免被乱匪掳掠裹胁。乡民保卫自己的家园，人人都有坚定的斗志，他们熟悉地形，方便设险，愚者也能出奇制胜，怯者也能奋勇争先，这就是团练的优势[①]。诚然，团丁保卫家乡，保卫亲友，保卫祖茔，势必人人奋不顾身。同时，左宗棠也指出团练最明显的短板和苦处：若让他们与狡猾的乱匪在离家数十里之外的地方较量，乡民不习战阵，不知纪律，不逃则死，优势荡然无存。况且无事之日，竭尽百姓的财力养兵；有事之日，又以其生命代替官兵冒险赴敌；最终因为训练不到位，十战十负，百姓遭殃，地方糜烂，想求一日之侥幸而不可得，仁者是不会冒险干这种事情的[②]。但祸事临头，无计可施，仁者不愿为也得为。胡林翼在贵州黎平训练团勇，收到了捕盗之效。江忠源在湖南新宁办团练，号为楚勇，除了帮助地方维护治安，他还率领楚勇出境作战，在广西全州取得了蓑衣渡大捷，改变了太平军从水路袭击湖南省会长沙的本计，为长沙保卫战赢得了宝贵的时间。这说明，只要训练有素、指挥得当，团练的表现值得期待，有时甚至比正规军的战斗力更强。“虑民心之涣散不齐也，于是乎团之；虑民之临敌不足恃也，于是乎练之”[③]。左宗棠将团练的要点和特点都提炼了出来。练成之后的乡勇能够远征，由民兵跃升为野战军，充当主战部队，这就是曾国藩特别想干好的事情。

咸丰二年，胡林翼致书贵州布政使、署贵州巡抚吕佺孙，引用了韩愈的语录“征兵满万，不如召募数千”，并且加以发挥，“召远方之惰民以充练，不如即本境之农民以自守”。这跟曾国藩、左宗棠的看法是吻合的。制兵风气已坏，习惯已差，统管甚难。胡林翼总结就地编练乡勇的优点，共有五端：其一，耳目习而地形之险要熟；其二，性情朴而自保身家之心念切；其三，小民勤苦，知恩图报；其四，驾驭散落于民间的人才，即可消弭隐患，清除内蠹；其五，乡民力求自保，守御必坚，贼无所获，气焰自衰。

起初，对于练勇，曾国藩是有些畏难的，因为训练武艺、催收捐款这两项，他知之甚少，是门外汉。枪炮一响，黄金万两，军费开支浩繁，靠募捐摊派绝非长久之计，曾国藩经过深思熟虑，向朝廷陈奏了自己的方案：访求各州

---

① 《左宗棠全集·书信一》第 10 册，岳麓书社，2014 年第 2 版，第 72 页。

② 同上。

③ 《左宗棠全集·书信一》第 10 册，岳麓书社，2014 年第 2 版，第 73 页。

县公正的绅士和德高望重的耆宿，请他们董理团练之事，使百姓尝到自卫的乐趣，不再以捐资为苦。在省城组建一个大团，认真操练，从各县曾经受过训练的乡民中挑选壮健而朴实的团丁到省城来，“练一人收一人之益，练一月有一月之效”[①]。曾国藩强调训练主要是练技和练胆，不能像绿营官兵那样见贼就逃溃，连鏖战一场、拦头一战的勇气都没有。曾国藩还建议朝廷改弦易辙，“募团丁为官勇，粮饷取诸公家”，由朝廷保障军费开支，免去统兵将帅的后顾之忧。朝廷根本拿不出这么大一笔银子，于是采纳雷以諴的创意，南方各省，无论已被兵、未被兵，均设卡征收厘金（商业税），以此项补充军费，尽管仍不免左支右绌，毕竟有了源头活水。曾国藩对此善政评价甚高：“东南用兵十年，全仗厘金一项支持。……民生乐业如故，商贾流通如故。”世间万事，利之所在，则弊之所附，二者如连体婴儿。曾国藩对设卡抽厘的利弊看得很清楚，要杜绝官员中饱私囊却并不容易。

当时，以宝庆知府魁联为代表，认为训练额兵比训练壮勇更切实用，更见实效。曾国藩不以为然，额兵习气太盛，很难再“铸其面目而荡涤其肠胃”，就算是武穆王岳飞复生，半年可教成他们的武艺；孔圣人复生，三年仍不能改变他们的恶习。清朝的绿营官兵怯于公战而敢于私斗，懦于御贼而勇于扰民，跟太平军打仗，他们“见贼逃溃，危败不救”，“仁心以媚杀己之逆贼，而很心以仇胜己之兵勇”[②]，多次伤害湘勇，具有窝里横的特质。绿营将士剿匪、御敌时是兔子，扰民、杀壮勇时却是豺狼。曾国藩举出了一个令人震惊的例子：道光二十九年，新宁李沅发据城作乱，乡勇一跃登城，即将攻破之际，绿营兵用鸟枪射击乡勇，造成他们坠城而亡，无法破敌入城[③]。兵既不敢战，又不能战，反而从背后杀害敢战、能战的乡勇，这样的军队比土匪好在哪里？曾国藩对于兵恶于匪的现象痛心疾首，却无可奈何。绿营官兵“近营则避匿不出，临阵则狂奔不止，以期于终身不见贼面而后快”，挨打的老鼠比他们胆子更大，受惊

① 《曾国藩全集·奏稿之一》第1册，岳麓书社，2012年第2版，第69页。

② 《曾国藩全集·书信之一》第22册，岳麓书社，2012年第2版，第179页。

③ 同上。

的兔子比他们跑得更慢。曾国藩编练湘勇时，处处以额兵的丑陋表演为反面教材，主以忠义之烈，辅以训练之勤，湘军战斗力强悍，就在于精诚团结，“呼吸相顾，痛痒相关，赴火同行，蹈汤同往”“胜则举杯酒以让功，败则出死力以相救”①，这样一来，湘军的战斗力就达到了峰值。

曾国藩练陆勇，首在拣择营官和将领：“带勇之人第一要才堪治民，第二要不怕死，第三要不急急名利，第四要耐受辛苦。”他认为，练勇之道，如鸡伏卵，如人炼丹，不能急性，也不能分神。曾国藩心目中主持练勇的最佳人选是左宗棠，可是后者迟迟不肯应命。

湘军由陆师和水师合成，水师是后起之秀，咸丰四年，曾国藩才开始招募水勇。他写信给湘潭知府褚汝航，提供了一段真实的笑料：湖南向来没有水师，这次开天辟地，披荆斩棘，实属万分困难。陆路的乡勇，一登上船就站立不稳，头晕呕吐的不在少数。必须等他们吃口粮的时间稍长，慢慢教导，慢慢简汰，慢慢新添，方可成事。六营副右营杨将官初次点名，便将如何前往江南杀太平军，如何号令严明，退怯者如何正法，一一讲明，乡勇闻之胆寒，纷纷告退，没有一个回头的。正前营诸将官、正左营龙将官起初点名，并不讲明各项要求，只每日分给他们口粮，教他们放炮荡桨，不过二十天，众乡勇练得开心，现在跃跃欲战②。将官招募水勇，若打开天窗说亮话，则无人响应，他们掉头就走；若换种方法诱其入彀，则人人踊跃，同声叫好。方式方法太重要了。

咸丰四年四月二十日，曾国藩在家书中告诉诸弟：三月下旬以来，水勇逃去人数颇多，弃炮船于东阳港者有之，船中钱、米、帆布被抢一空。最令人哭笑不得的是，湘潭大捷后，水师论功行赏，彭玉麟给立功水手发放功牌，水手发现积功可得顶戴，升官有望，遂纷纷自道原先登记在册的姓名为假，以备将来临阵脱逃时不被追究。曾国藩感叹道：“湘勇之丧心昧良，已可概见。”要将这样一群拉杂畏葸的乌合之众练成劲旅和铁军，曾国藩任重而道远。

唐代贤相陆贽在奏章中写道：“工欲善其事，必先利其器；武欲胜其敌，必

① 《曾国藩全集·书信之一》第 22 册，岳麓书社，2012 年第 2 版，第 188 页。
② 《曾国藩全集·书信之一》第 22 册，岳麓书社，2012 年第 2 版，第 455 页。

先练其兵。”[①] 历代练兵高手首推明朝抗倭名将戚继光，他自号南塘，人称戚南塘，于练勇有独到的心得。曾国藩读过他的《纪效新书》《练兵实纪》，将它们当成教科书，处处遵循戚氏遗法，比如“募农民朴实壮健者，朝夕训练之”，以诚意感召山野才智之士。练勇的主要内容为以下几项：“一练纵步上一丈高之屋，跳步越一丈宽之沟，以便踹破敌营；一练手抛火球能至二十丈以外；一练脚系沙袋，每日能行百里；一练每十人一队，皆习戚氏之鸳鸯阵、三才阵，以求行伍不乱；一练鸟枪、抬枪，必须打靶较准。”有趣的是，曾国藩聘请的射击教练是枪法好的猎户。

曾国藩对湘勇的长处和弱点了然于心。湘勇的长处是敬官长，有血性，士气旺盛，团队意识强。至于弱点，曾国藩总结道：“湘勇不佳处有二：一则归心极切，无长征久战之志；一则体脆多疾病，不耐劳苦。将帅亦皆煦煦爱人，少英断肃杀之气。大抵衡湘之士，狃于风气，不惯面食。冬则皮帽皮衣，炭盘手炉，刻不能离，罗、李名将，亦不免冬烘。”这两大弱点最终都在左宗棠手下被克服了。论长征久战，湘勇、楚勇在陕甘和新疆鏖兵，其征甚长，其战甚久；论吃苦耐寒，于西北凛冬作战，行于雪原，卧于冰窟，不可谓不苦不寒。湘军、楚军之所以最终能够克服弱点，是因为强烈的功名心和自豪感交互作用，他们打出了响当当的名头，谁都不愿砸烂自己的金字招牌，给父兄丢脸。

曾国藩自承是“教练之才”

王闿运《湘军志·曾军篇》对曾国藩的一项创意颇为欣赏，那就是启用书生统兵：“国藩念营将积弊不可用，纯用书生为营官，率皆生员、文童，以忠诚相期奖。”[②] 最典型的例子就是重用罗泽南，这位学者带来一群门生，初不习战，在南昌城下奋勇搏敌，阵亡数人。后来，湘军大获成功，即得益于这些书生的学习能力强，有血性，不怕死，由他们统兵，以智策勇，确实收获了奇效。咸丰十年九月底，曾国藩回复在籍翰林院编修宋梦兰，信中强调书生之拙须以勤、

---

① 《旧唐书》第12册，中华书局，1975年版，第3808页。

② 王闿运：《湘绮楼诗文集·王志/湘军志/笺启》，岳麓书社，1996年版，第585页。

慎弥补。“贼匪最谲诈，吾辈读书人大约失之笨拙，即当自安于拙，而以勤补之，以慎出之，不可弄巧卖知，而所误更甚。”[①] 曾国藩不怕书生笨拙，就怕书生滑头，脚跟立不稳。王闿运在《湘军志·营制篇》中将湘军的特质提炼成文：“将卒亲睦，各护其长。其将死其军散，其将存其军完。”[②] 因此湘军将领带兵“能用人之死力”，士兵只紧跟自己的营官，营官只追随自己的统领，统领只听命于自己的大帅，这种垂直的忠诚关系使湘军极具凝聚力和战斗力。曾国藩所总结的带勇之法是值得留意的，“用恩莫如仁，用威莫如礼，待弁勇如待子弟，持之以敬，临之以庄，泰而不骄，威而不猛”。湘军中儒将多，并不只是因为他们具有书生本色，他们所葆有的志趣和所奉行的法则铸就了他们的整体气质。杨岳斌是行伍出身的将领，也在湘军大体系中发生了脱胎换骨的变化，成为出色的军旅诗人。

《清史稿》曾国藩本传写道：“国藩为人威重，美须髯，目三角有棱。每对客，注视移时不语，见者悚然，退则记其优劣，无或爽者。”[③] 曾国藩轻财好士，鉴人如伯乐相马，选拔了许多叱咤风云的名将帅，如罗泽南、塔齐布、杨岳斌、彭玉麟、李续宾、李续宜、曾国荃、鲍超、李鸿章等，无不智勇双全。其中，曾国藩礼聘罗泽南的过程小有曲折。罗泽南未领军时，在湘中名宦贺长龄家设馆授徒。曾国藩在长沙练兵，首重择将，此前久慕罗泽南之名，知他喜阅兵书，便主动去贺家拜访，想请出这尊“大神”。贺长龄已病逝数年，曾国藩见到亲家母（曾纪泽是贺家女婿）和罗山先生，寒暄之后，涉及正题，不料罗泽南竟以授课无暇婉言拒绝。曾国藩更加尊敬罗泽南的品格。第二天，曾国藩又来贺家等候，诚意无假，罗泽南遂答应辅佐曾国藩治军。曾国藩得将伯之助，底气便有了三两分。

王闿运对曾国藩的军事指挥才能评价不太高，但《湘军志·营制篇》肯定了他在另一方面的才能：“曾国藩首建义旗，终成大功，未尝自以为知兵，其所

---

① 《曾国藩全集·书信之二》第23册，岳麓书社，2012年第2版，第794页。

② 王闿运：《湘绮楼诗文集·王志/湘军志/笺启》，岳麓书社，1996年版，第781页。

③ 《清史稿·列传一百九十二》第39册，中华书局，1977年版，第11917页。

自负独在教练。至今湘军尊上而知礼，畏法而爱民，犹可用也。观将能否，但于列队时，号三吹，军士肃肃，蚁缀而出，则胜负可见矣。是故兵法不可言，而营制不可诬也。”[①] 相比兵书、兵法，曾国藩更加重视营制、营规，强调军队纪律，他的本领主要在教练方面，“湘军尊上而知礼，畏法而爱民”，虽艰苦卓绝，总能绝处逢生。

曾国藩招募乡勇，喜欢挑选忠厚朴实者，游手好闲、心眼太滑的人均在摒除之列。忠厚朴实者听从号令，“不许独后，亦不许独先”，能够同进退，共生死。吃粮，人人欢喜；拼命，人人畏惧；曾国藩要鼓足他们的勇气，不得不讲点宿命论。他发布的公告《晓谕新募湘勇》通俗易懂：“……本部堂招你们来充当乡勇，替国家出力。每日给你们的口粮，养活你们，均是皇上的国帑，原是要你们学些武艺，好去与贼人打仗拼命。你们平日如不早将武艺学得精熟，将来遇贼打仗，你不能杀他，他便杀你；你若退缩，又难逃国法。可见学的武艺，原是保护你们自己性命的。若是学得武艺精熟，大胆上前，未必即死；一经退后，断不得生，此理甚明。况人之生死有命存焉，你若不该死时，虽千万人将你围住，自有神明护佑，断不得死；你若该死，就坐在家中，也是要死。可见与贼打仗是怕不得的，也可不必害怕。于今要你们学习拳棍，是操练你们的筋力；要你们学习枪法，是操练你们的手脚；要你们跑坡跳坑，是操练你们的步履；要你们学习刀、矛、钯、叉，是操练你们的技艺；要你们看旗帜、听号令，是操练你们的耳目；要你们每日演阵，住则同住，行则同行，要快大家快，要慢大家慢，要上前大家上前，要退后大家退后，是操练你们的行伍，要你们齐心。你们若是操得筋力强健，手足伶俐，步履便捷，技艺纯熟，耳目精明，而又大家齐心，胆便大了。一遇贼匪，放炮的放炮，放枪的放枪，刀、矛、钯、叉一齐上前，见一个杀一个，见十个杀十个，那怕他千军万马，不难一战成功。你们得官的得官，得赏的得赏，上不负皇上深仁厚泽，下即可慰本部堂一片苦心，本部堂于尔等有厚望焉。”[②] 古代军事家吴起

---

① 王闿运：《湘绮楼诗文集·王志/湘军志/笺启》，岳麓书社，1996年版，第776页。

② 《曾国藩全集·诗文》第14册，岳麓书社，2012年第2版，第385、386页。

有一句名言："法令不明，赏罚不信，虽有百万，何益于用？"曾国藩发布的这道公告列出操练的科目和赏罚的明细，"杀贼三名以上者，除功赏银三十两外，随即奏请发营，以千把总补用""临阵退缩者，斩杀；假冒功者，枭首示众"[①]，赏罚之重，均令人咋舌。曾国藩强调宿命论是大忽悠，强调操练的武艺能在战场上保命倒是一点都不假。

咸丰五年、六年间，曾国藩为湘军水师和陆师量身定制《水师得胜歌》和《陆师得胜歌》，都是白话押韵的顺口溜，文字浅显，精意俱在，令人诵唱之后就能记牢，比如"起手要阴后要阳，出队要弱收队强。初交手时如老鼠，越打越狠如老虎"。曾国藩给将士指教水战、陆战秘诀，指教得很细致，叮咛再三，唯恐有失，"荡桨要快舵要稳，打炮总要习个准""慢的切莫丢在后，快的切莫走在前""周围挖些好茅厕，免得热天臭气熏""壕沟要跳八尺宽，墙子要扒（爬）七尺高"，细致到这个程度。咸丰八年，他初定《营规》二十二条，细分为扎营（六条）、开仗（五条）、行路（三条）、守夜（三条）、军器（五条）五个方面。咸丰九年，他重定《营制》《营规》，为湘军确定了制度和规范。其中，禁止扰民、禁止洋烟、禁止赌博、禁止奸淫、禁止谣言、禁止结盟拜会都直接提升了湘军的形象和战斗力。

咸丰九年正月，曾国藩致书王文瑞，讲了一段大实话："国藩平日不善临阵，故友人相戒，但宜在远处调度，不宜至近处对敌，恐各统领营官分心以护卫鄙人，转不能冲锋应变，出奇制胜也。"[②]这年二月二十八日，他在日记中写道："又思战阵之事，须半动半静，动者如水，静者如山。又思兵不得已而用之，常存不敢为先之心，须人打第一下，我打第二下也。"[③]他还向胡林翼交过老底："鄙人教练之才，非战阵之才也。"其教练之才体现得最充分的地方，就是在战略上分析敌我双方的优势和劣势，给手下将领提供清晰的思路。咸丰十年正月下旬，曾国藩回复彭玉麟，就作出了主客异势的战局分析："来示急于进战之说，此间诸将亦多

---

① 《曾国藩全集·诗文》第14册，岳麓书社，2012年第2版，第387页。

② 《曾国藩全集·书信之二》第23册，岳麓书社，2012年第2版，第16页。

③ 《曾国藩全集·日记之一》第16册，岳麓书社，2012年第2版，第414页。

持此议。四眼狗之长技有二：一则好于日暮时杀回马枪；一则好反客为主，诱人去攻他坚垒，他坚持不出，待官军疲乏，他乃出十余支分头包抄。腊月二十二之挫，正月初六之挫、十九之挫，皆我去寻他，他主而我客也。正月十一之胜，则他来寻我，我主而他客也。目下欲操胜算，须待贼来寻我，乃有把握。”[①] 曾国藩扬己之长，避己之短，这样的分析很透彻，可以服众，并且能够取得成功。

诚然，为帅之道不同于为将之道，二者之间的区别，王闿运在《湘军志·营制篇》中总结得比较到位：“曾国藩以惧教士，以慎行军，用将则胜，自将则败。杨岳斌、鲍超以无惧为勇，以戒慎为怯，自将则胜，用将则败。《论语》曰‘临事而惧’，帅之言也。《记》曰‘我战则克’，将之言也。为将者功名成，富贵得，则知惧矣。知惧必败，水师为甚，彼不胜其惧故也。”[②] 为帅要知惧，知惧则慎；为将要无惧，无惧则勇。曾国藩知惧，是帅才而不是将才，所以他遣将则胜，带兵则败。太平军中盛传李秀成的一句话：“曾某之兵，守则有余，战则不足，如遇曾某之兵，一到即与交锋。”连曾国藩本人也爽快地承认：“此实忠酋确有所见之言，即群贼亦确有所见。”湘军大将杨岳斌、鲍超勇敢无惧，与曾国藩正好相反，带兵则胜，遣将则败。兵书是否读通了，兵法是否吃透了，就看在实战中能否解决这样的矛盾，摆正自己的位置。同治三年十月，彭玉麟写信要求曾国藩大义灭亲，捎带批评了曾国藩“将兵则紊乱”，引起激烈反弹。曾国藩自辩道：“鄙人在军十年，自问聋聩尚不至于此。”由于彭玉麟的原信已告缺失，仅从曾国藩的回信来看，他被逗火之后，心气不复平和，“紊乱”和“打败仗”不能等同视之。总体而言，曾国藩讲求条理，统领湘军的能力还是值得肯定的，他对彭玉麟的酷评不服，很正常。

薛福成的《庸盦笔记》中有一则《书剧寇石达开就擒事》，言之凿凿：“达开到成都，对簿有司，供其前后抗官军事甚悉，口如悬河，应答不穷。自称年三十三，于当世诸将负盛名者，皆加贬辞。惟谓曾文正公虽不以善战名，而能识拔贤将，规画精严，无间可寻，大帅如此，实起事以来所未觏也。”石达开

---

① 《曾国藩全集·书信之二》第23册，岳麓书社，2012年第2版，第413页。

② 王闿运：《湘绮楼诗文集·王志/湘军志/笺启》，岳麓书社，1996年版，第778页。

不惧山高路远，勇猛西征，一方面固然是有所激、有所愤，要防备天王洪秀全对他下毒手；另一方面他也是想避开曾国藩统领的湘军，开辟一条新的生路，但他没料到蜀地的劲旅仍以湘军为首，了结石家父子及其部下将士的是湘人刘蓉，时任四川布政使。“当将石逆及伪嗣君、伪宰辅共五人解省正法，馀俱骈戮于大渡河畔，竟无一漏网者。”刘蓉回复曾国荃，笼统而言，实为杀降，几千名太平军悍将悍卒，到头来，颈血流入大渡河，都化为殷红的染料。

石达开果真称赞过曾国藩的帅才吗？倘若有这方面的内容，刘蓉回复曾国荃，必定提及。在刘蓉笔下，石达开的收场戏相当漂亮：“比提石逆研讯，据供自金田发难之后一切悖逆情状，历历如绘。其枭桀坚强之气溢于颜面，而词气不亢不卑，不作摇尾乞怜之语。自言南面称王十馀年，所屠戮官民以千万计，今天亡我，我复何惜一死。临刑之际，神色怡然，实丑类之最悍者。”[①]薛福成的笔记貌似巧妙，却经不起推敲，转为弄巧成拙。既然石达开“于当世诸将负盛名者，皆加贬辞”，则曾国藩“虽不以善战名，而能识拔贤将”又何从谈起？既然湘、淮军将领中已负盛名者都难入石达开的法眼，莫非曾国藩所识拔的“贤将”皆为未负盛名者？湘、淮军名将鲜有不是经曾国藩识拔的。前言后语自相矛盾，不合逻辑，令人失笑。

主动避险，移驻衡州

曾国藩在长沙办团练，难处多多，因为皇帝给他的职衔只是“帮同办理本省团练乡民搜查土匪诸事务”，与其丁忧前的卿贰（兵部侍郎）之职并不匹配，所以“筹兵，则恐以败挫而致谤；筹饷，则恐以搜刮而致怨”，处处束手束脚。此外，他与省城的官场人物要和谐相处，这也是一件很不容易的事情。赵烈文在《能静居日记》中揭示了这个症结，大意如下：曾督帅于咸丰二年冬奉旨督练乡勇，抵达省城，三宪（抚台、藩台、臬台）都轻视他。督帅自告奋勇，请求剿匪除患，于是设局敦劝绅士、富家捐银，招兵买马。凡是百姓投诉遭到土匪劫掠的案子，督帅派人擒获强盗，立刻处决，总共杀掉数百人，乱民闻风丧

① 《湖湘文库·刘蓉集》第2册，岳麓书社，2008年版，第150、151页。

胆。湖南境内的刑事案都归集到督帅的治所，州县长官无从过问。因此督帅更加遭到忌恨，上下都掣他的肘[1]。在恶劣的环境中，曾国藩的生存能力和办事能力太强了，捕杀盗匪，慑服乱民，审结大案要案，样样出色，这岂不是要把三宪（巡抚、布政使、按察使）和州县官员的分内活计抢走吗？连曾国藩自己都承认，他在省城所办的事情“强半皆冒侵官越俎之嫌”，难怪布政使徐有壬、按察使陶恩培、提督鲍起豹都忌恨他、排斥他、打压他。湘勇是杂牌中的杂牌，只要他们结伴进城，就会遭到标兵的歧视和欺凌，打骂是家常便饭，曾国藩的仆从进城也必遭标兵恶骂痛打。湘勇中有倔强勇猛的，双方狠狠地掐过几回死架，仇怨越积越深，大有火并的危险。王闿运在《湘军志·曾军篇》中详细地描述了标兵耍狠的情形，具体脉络是这样的：

长沙协有位叫清德的副将很是骄横，他自认为武官不归文官统管，就算是巡抚，照例不过问军营的操练事宜，可是塔齐布讨好曾国藩，擅自操练士卒，败坏营制。湖南提督鲍起豹昏庸自喜，他听清德这么一说，就扬言盛夏操练士兵是虐待军人，况且提督现在就驻扎在省城，我不传令操练，谁敢再任意妄为，用军棍伺候。塔齐布闻令，既沮丧又恐惧，不敢坚持原议，地方官员都窃喜，以为这样一来，城里没人再敢多事了。提督府的标兵原本就轻侮那些受训的乡勇，现在有提督出面撑腰，更加骄纵。

刚巧湘勇试射火枪，不慎射伤了标兵长夫，标兵被激怒了，就吹号举旗列队攻击湘勇。城楼上的守军也都跳下来，市面上顿时惊恐喧哗。曾国藩为了平息事端，只好当众鞭打试枪者以道歉，标兵这才罢休。不久，辰勇与永顺兵发生私斗。辰勇是由塔齐布训练的。提督府的标兵更加傲狠狂怒，又吹号列队讨伐辰勇。于是曾国藩想到内斗没完没了，不治理标兵，官民会更加轻视他这位钦命的团练使。由于无法入营抓捕真凶，他就移牒到提督府，指名要抓捕那些行凶的标兵。提督鲍起豹大怒，却假意应承：“今天就按你的命令办，我派人将他们捆往辕门。”满街的标兵个个气势汹汹。曾国藩想处死那些违法的标兵以正军法，又担心发生兵变，因此犹豫不决。标兵日夜在城中游行聚会，文武官

---

① 赵烈文：《能静居日记》第 1 册，岳麓书社，2013 年版，第 365 页。

员都闭门不肯出来调解，巡抚也是一副事不关己高高挂起的态度。标兵就公然作乱，堵住曾国藩公馆的大门。公馆所在地是湖南巡抚署中练习射箭的地方，曾国藩料想营兵只不过在门外示威，不敢冲进公馆，他正在办公，营兵抡着兵器就杀了进来，见人就砍，见人就刺，险些伤到曾国藩。情势危迫，曾国藩就去拍打抚署的垣门，巡抚假装震惊，赶紧去府外向标兵道歉，把捆绑的人放走，对乱兵一概不予追查。布政使、按察使以下的官员都责备曾国藩手段过于简单粗暴，以至于激成兵变。如此混淆是非，曾国藩的幕僚都气不能平，怒不可遏，认为应该将事实奏报朝廷。曾国藩叹息道："时事正处处棘手，臣子既不能消灭大乱，怎敢拿自己的这点屈辱去叨烦圣上？我宁肯避开这些乱兵。"当天，他就率领湘勇移驻衡州。

这次乱兵寻衅，曾国藩命悬一线之间。他居然隐忍下来，这就叫"打掉牙和血吞"。此时小不忍则乱大谋，惹不起，总还能躲得起。

咸丰三年九月初六日，曾国藩致书湖广总督、座师吴文镕，字字句句袒露心迹，未打诳语："国藩思据实以告，为臣子者不能为国家弭大乱，反以琐事上渎君父之听，方寸窃所不安；欲隐忍濡迹长沙，则平日本以虚声弹压匪徒，一旦挫损，鼠辈行将跳踯自恣，初终恐难一律。是以抽掣转移，急为衡州之行。"[①]实力才是硬道理，当时，湘勇人少兵器差，斗不过标兵，曾国藩避其锋芒，可称上策。他致书湖南巡抚骆秉章，语句则要冠冕堂皇得多："意欲再练劲旅，重养声威，不特欲护省垣，即国家大局亦须臾未忘。"就这么回事：交情深，彼此推心置腹；交情浅，彼此虚与委蛇。

据《骆文忠公自订年谱》所叙，曾国藩得罪营兵，是骆秉章出面弹压才解了围："是时曾涤生在又一村居住。嗣因镇筸兵赌博，拿获后欲解来正法。是时兵勇鼓噪，闹至又一村，出而弹压，兵勇始散。曾涤生见兵心不服，不在省住，移节衡州矣。"曾国藩自知"不官不绅，处于承乘并疑之位"，难于施展，于是他决定息事宁人，主动让步，于咸丰三年四月移驻衡州（今湖南衡阳），他的祖籍在那里，岳家也在那里。事后证明，这个决定极其明智。

① 《曾国藩全集·书信之一》第22册，岳麓书社，2012年第2版，第195页。

当时，曾国藩对骆秉章心存不满。朱孙贻（字石翘，又称石樵）从岳州战败逃回，在宁乡又吃败仗，逃奔了数次，骆秉章非但没有处分他，还对他信任有加，令他署宝庆知府。咸丰四年四月，曾国藩在家书中倾诉道："是非之颠倒如此，余在省日日恼郁，诸事皆不顺手，只得委曲徐图。昨当面将朱石樵责备，渠亦无辞以对，然官场中多不以我为然。将来事无一成，孤负皇上委任之意，惟有自愧自恨而已，岂能怨人乎？怨人又岂有益乎？大抵世之乱也，必先由于是非不明、白黑不分。"[①] 朱孙贻是湘军的创建人之一，治理湘乡时拿出过顶好的成绩单，骆秉章用人之际，可能考虑到他的资历和行政才能，任命之前，与曾国藩沟通不够，的确是个问题。至于曾国藩明显感觉到骆秉章拆了自己的台，骂后者"是非不明、黑白不分"，应该是气头话。

"吾惟忍辱包羞，屈心抑志，以求军事之万一有济。"曾国藩说到做到了。有时候，聪明人后退一步是为了前进十步百步。赵烈文在同治六年八月二十一日《能静居日记》中提供了另外一种解释：曾国藩有很强的好胜心，在京城任职时，好友梅曾亮是古文高手，何绍基是书法圣手，他"时时察其造诣，心独不肯下之"。他拿定主意，博览群书，要将他们全都甩在身后。在湖南抚署遭遇标兵威胁而险遭不测之后，被欺侮、诽谤、嘲骂之后，他的自尊心受到了超越极限的强刺激，"因是发愤募勇万人，浸以成军，其时亦好胜而已"[②]。

曾国藩训练湘勇，并不性急，但有人心急如焚，比热锅上的蚂蚁还要焦躁。湘勇还未练成精兵，犹如一柄钢刀还未开刃，就有人急等着用它割肉；一锅饭还未收水，就有人急等着用它充饥。军机处传达上谕，催促曾国藩速与"发贼"交锋，及早挽救东南危局。君命难违，箭在弦上，不得不发。

咸丰四年初，湘军出征前，曾国藩亲笔草拟了《讨粤匪檄》。这篇雄文是他的名作，但他本人并不满意，认为此檄"文字粗浅，不足称述"。令人惊讶的是，他大张旗鼓，强调的是捍卫名教，并非保卫朝廷。洪秀全宣称要光复汉人衣冠，驱除清妖，打的是民族主义的幌子，曾国藩若以保卫朝廷为职志，则

---

① 《曾国藩全集·家书之一》第20册，岳麓书社，2012年第2版，第226、227页。

② 赵烈文:《能静居日记》第2册，岳麓书社，2013年版，第1093、1094页。

恰好掉入了对方预设的陷阱。曾国藩很高明，他打出的两张牌是文化和宗教，绝大多数国民都能够对此感同身受。请看，“举中国数千年礼义人伦，诗书典则，一旦扫地荡尽。此岂独我大清之变，乃开辟以来名教之奇变，我孔子、孟子之所痛哭于九原！凡读书识字者，又乌可袖手安坐，不思一为之所也”。[①] 曾国藩主观认为，太平天国假借洋教欺骗众多信徒，于名教为祸之烈，远甚于前朝的农民起义军。“李自成至曲阜，不犯圣庙；张献忠至梓潼，亦祭文昌”，太平军所到之处肆无忌惮，毁坏孔庙，打烂牌位，弄残关帝、岳王的金身，将江宁学宫改造成宰夫衙，以璧水圜桥之地为椎牛屠狗之场，“以至佛寺、道院、城隍、社坛，无庙不焚，无像不灭”，这就招致天怒人怨，弄得鬼哭神号。曾国藩举兵平乱，“不特纾君父宵旰之勤劳，而且慰孔孟人伦之隐痛；不特为百万生灵报枉杀之仇，而且为上下神祇雪被辱之憾”，行文至此，他历数敌罪以申天讨的主旨已极其鲜明。湘军能够不断壮大，并且最终取胜，吸引读书人带兵乃是妙招中的妙招。曾国藩鼓动并带领读书人冒死犯难，建功立业，捍卫名教，保全礼仪人伦，使数千年华夏斯文不至于坠地而毁，扫地而灭，其信念所产生的力量是不可低估的。萧一山曾作出简明的判断：“湘军是含有儒教色彩的军队，他们以维护名教为主义，卫乡卫国，必忠必信。”[②] 湘军出品儒将，还出品封疆大臣，皆以勇决智断著称，信念之强，其作用力和牵引力之大，确实匪夷所思。

举例强过说理。同治三年夏，淮军名将刘铭传率部攻克军事重镇江苏常州，在太平天国护王府的马厩里找到了一件超级国宝——虢季子白盘，它是上古礼器中的庞然大物，是西周青铜器中的极品。护王陈坤书绰号为“陈斜眼”，是个不折不扣的文盲，有眼不识稀世奇珍，将虢季子白盘扔入马厩，当成马槽使用。此辈暴殄天物，无论中华文明如何璀璨，也经不起这样的摧残。曾国藩打出捍卫名教的旗号，以保全中华民族的礼仪文物为职志，这使他抢占了道德的制高点。

---

① 《曾国藩全集·诗文》第 14 册，岳麓书社，2012 年第 2 版，第 140 页。本自然段下引数句同页，不另注。

② 萧一山：《清史大纲》，上海古籍出版社，2008 年版，第 156 页。

曾国藩“以赛代练”，派遣罗泽南率领一千二百名湘勇驰援江西，才这么一点人马，把它当成盐，不够咸；当成胡椒，又不够辣，简直就是垂饵于巨鲸之口，险些被太平军“打了牙祭”，连骨头渣子都不剩。湖北巡抚常大淳遇害于武昌，安徽巡抚蒋文庆殉难于安庆，湖广总督吴文镕败死于黄州，战局愈益不利。早在咸丰三年腊月，湖南永兴被入城的土匪抢劫一空，“阖城官员无衣无被，相对痛哭”[①]，于是曾国藩创造“难官”一词，与“难民”配对。没法子，曾国藩明知所练之数营壮勇战斗力有限，“止堪施之土匪，以御粤匪，则仍恐溃散。……未可以杯水遽救车薪”[②]，但他被迫硬着头皮，麻着胆子，亲自挂帅，冒险亮剑，去与太平军见一回真章。不幸的是，咸丰四年，湘勇北征岳州，囫囵吞下一场败仗，铩羽而归，仿佛矮脚虎王英登场，徒然见笑于高人。

① 《曾国藩全集·书信之一》第22册，岳麓书社，2012年第2版，第405页。

② 《曾国藩全集·书信之一》第22册，岳麓书社，2012年第2版，第281页。

03章　险些沦为“龙王三太子”

咸丰三年十一月中旬，曾国藩回复正在安徽编练淮勇的好友吕贤基，言及“近拟筹备炮船，水陆并进”，竟自嘲为“蚊虻负山，商蚷驰河”，意思是智小谋大，不自量力。这样自黑，颇有点玩笑意味。然而曾国藩带兵上阵杀敌，处处要动真刀真枪，非胜即败，非生即死，这个玩笑可轻易开不起啊。他一生遭遇大厄三次，地点分别为靖港、湖口和祁门。

咸丰四年二月，湘军水师网罗工匠制造大小战船二百四十艘，悉数完工。水兵炮船和辎重炮船各占一半。湘军水师从衡阳出发，“浮湘东下，军容甚壮”。当时，湖广总督吴文镕仓促应敌，在湖北黄州战败，投水塘而死，太平军掠得长江上的船只，重犯洞庭湖区，溯至宁乡，长沙告急。湘军水师收复湘阴、岳州后，在洞庭湖遭遇风暴袭击，战船漂损大半，太平军重又夺取岳州，湘军被迫退回长沙休整，状况恓惶，情形狼狈，湖南巡抚骆秉章不许湘军进入省城，曾国藩也耻于依人，将水师十营驻扎在湘江边，与敌军半日即可接仗。不久，太平军进犯靖港和湘潭，成为湖南境内的心腹大患。

靖港战败，愤而投水

在《湘军志·水师篇》中，王闿运指出省城长沙岌岌可危。“当是时，寇若从湘潭上游乘春水攻省城，及从靖港乘北风来攻，皆不过行二十刻，势危急。我军闻吹角见火光皆自惊，寇竟不来。”[①] 太平军逼近省城而不急攻速取的迟疑态势

① 王闿运：《湘绮楼诗文集·王志/湘军志/笺启》，岳麓书社，1996年版，第656页。

使湘军获得了意外的喘息之机，重新调整战略部署。三月二十八日，副将塔齐布率陆师三千人救援湘潭，表现神勇，踏破敌营三座，烧毁木城一座，杀敌六百余人。二十九日，塔齐布率军大战两次，第一次烧毁敌营两座，杀敌七百余人；第二次杀敌千余人。四月初一日、初二日继续鏖战，五仗下来，塔军共歼敌四千余人。“凡自贼中逃出者，皆言自广西起事以来，官兵从无此非常之胜。”塔齐布将自己的军事才能发挥得淋漓尽致，此战大显神威，径直闯入名将行列。

湘潭大战迫使太平军紧急调回一支业已阑入湘乡的纵队，“我县得以无恙，我家得以安全，皆塔副将之功也。”[①] 曾国藩此言不虚。同治七年，曾国藩膺任直隶总督，腊月中旬三次陛见后，于十九日拜望塔齐布的八十岁老母，晤面情形见于当天日记。塔母共有三子，均已过世，膝前只有五个孙女，“亲房无可承继之人，实为可惨。其妹其女并出拜见，泣求提拔其婿等”。曾国藩眷顾旧人，兼及其亲，虽无只字片语描述心情，惆怅混合哀悯，皆呼之欲出。同治九年九月曾国藩回任两江总督，又在陛见之后，十月初一日，“至塔军门之太夫人家久坐，归已晡矣”。一去一返，曾国藩都拜望了塔齐布的老母，由此可见他对塔齐布感铭之深。一位名将，过早殒逝（咸丰五年，因久攻浔城不下，塔齐布愤恨呕血而亡，年仅三十九岁），身后萧条，令人唏嘘。

言归正传。当年，信息传递尚处于龟速阶段，迟至三月二十九日，湘潭捷报尚未传到省城，湘勇中紧张气氛浓厚，都以为塔齐布的陆师陷入了重围，所幸军心未散，士气未落，将帅还留有后手。集议军情时，以水师营官彭玉麟为谋主，定计全军进攻湘潭。据王闿运《湘绮楼日记》光绪二年六月二十八日追记：“余议当疾发水师攻湘潭，山屺持令不行，余厉声叱之始去。”这么说来，当年狂士王闿运也在曾国藩幕府中帮忙，他厉声呵斥湘军巡捕彭山屺，要他赶紧传令，竟带有一股子恶狠狠的劲头。二十多年后，王闿运赠送一部《衡阳县志》给彭山屺，以谢昔年呵斥之过。

原计划还算周密：彭玉麟率四营于四月初一日夜间先发，翌日曾国藩率水师五营、陆勇八百接济。可是由于长沙乡团提供的情报（“靖港敌营中只有数

---

① 《曾国藩全集·家书之一》第20册，岳麓书社，2012年第2版，第222页。

百人，没防备我军攻击，可将他们赶走”）有误，曾国藩临时改变主意，决定率领水陆人马齐头并进，于四月初二日下午清剿靖港敌营。

其时，李元度是曾国藩幕府中的机要秘书，他忆述靖港之战的起因，有头有绪：曾国藩眼见太平军逼近省城，又气又恨，决定亲率留守的水陆数营进剿。李元度赶紧进谏：“兵之精者已调剿湘潭，早晚捷音必至，此间但宜坚守，勿轻动！”忍字诀蛮好，但这番劝阻无效。发兵前，曾国藩将预先准备的遗疏稿和遗嘱交给李元度，对他说：“我要是阵亡了，你就将遗疏呈递巡抚，请他代陈，将遗嘱交给我的几个弟弟；营中军械辎重，船百余艘，你要保护好。”

靖港是资水与湘江汇合处，距离省城长沙大约六十里。此地有一座铜官山，六朝时期为铜官置署之地，因此得名铜官渚。湘军在靖港与太平军交战，发现敌营兵力充足，远不止数百人，顿时惊慌失措，纷纷夺路狂奔，只恨爹妈生的腿短，水上的浮桥是用门扉、床板搭就的，哪里经得起乱兵蹬踏？湘勇落水的落水，中枪的中枪，一个个狼奔豕突，哭爹喊娘。顷刻间，靖港就变成了一口沸腾的汤锅，湘勇沦为露馅的水饺。曾国藩亲临前线，督战使出奇招，将一面令旗插在岸头，手提利剑，大声疾呼：“过旗者斩！”残兵败将见此情形，急中生智，绕过旗杆，逃得无影无踪。战局急转直下。

“申刻开仗，仅半顿饭久，陆勇奔溃，水勇亦纷纷奔窜。二千余人，竟全数溃散，弃炮船而不顾，深可痛恨！”这是曾国藩在家书中所作的现场还原。水手最胆怯，“红船之水手仅存三人，余船竟无一水手，实为第一可怪之事”，这样的完败太丢人。那时节，曾国藩到底是气昏了还是吓蒙了，早已无法求证。唯一可知的是，他羞愤交加，闭上双眼，咬紧牙关，纵身投入湘江。四月的江水还很凉，他不是钱谦益，没顾那么多。

当年，安徽巡抚江忠源和湖广总督吴文镕都是战败后投水自尽的，好过沦为敌军俘虏，受朝廷处分。所幸曾大帅命不该绝，幕僚章寿麟与陈士杰、李元度事先料到，曾国藩胜则无患，败必有忧，因此章寿麟藏身船尾，一直关注着湘军大帅的一举一动，以防意外发生。这才不过半顿饭工夫，曾大帅就不想活了，比预想的要惊险得多。所幸章寿麟水性好，力气大，“至是掖公登小舟，逸而免”，这是章寿麟《铜官感旧图自记》中的现场还原，也不会有错。曾国藩正在气头上抓狂，不禁对章寿麟大发雷霆，吼道："你怎么跑来了！"章寿麟脑瓜子机灵，随即应答，好让曾国藩安心："湘潭已获大捷，我来报喜！"其实，他并不清楚湘潭那边战况如何。塔齐布、杨岳斌、彭玉麟等水陆将领还真是给力，结结实实打了一场大胜仗。

曾国藩获救后，翌日中午才抵达长沙，身上的湿衣服仍未干透，蓬头跣足，神情阴郁沮丧。部下劝他吃点东西，他也不碰碗筷。省城的官员，布政使徐有壬、按察使陶恩培、提督鲍起豹与曾国藩积不相能，个个幸灾乐祸，对他多有揶揄，甚至要奏劾他，遣散湘勇，所幸湖南巡抚骆秉章识大体、顾大局，不肯落井下石，仍一如既往地支持曾国藩。抚署师爷左宗棠缒城而出，到江滨炮船中探望曾国藩，劝慰道："初战小负，大事犹可为，寻死绝非明智之举！"曾国藩圆瞪两眼，一言不发，叫从人拿来纸笔，开列军械、弹药详单，嘱托左宗棠保管。左宗棠写信告诉周夫人："惟涤公进攻靖港失利，回泊南湖港。仆缒城出视之，则气息奄然，盖愤而投水两次，皆得救以免，而其志仍在必死。仆以大义责之，又日日至其舟中絮聒之。此公忠诚笃实，正灭贼之人，偶遇挫折，殆天之所以玉成耳。"[①]此信内容显示：曾国藩投水不止一次，而是两次；他羞于上岸，住在船中；左宗棠称赞曾国藩笃实，认定他就是太平军的克星，天将降大任于是人也，必先让他多遭受点磨难，多品尝点苦头。

嗣后，曾国藩到高峰寺重写遗嘱（这是曾国藩的习惯，每遇棘手事，就写下遗嘱存档），处分后事，打算第二天自裁。他于咸丰四年六月十六日夜二更草成《致幕友》，如此"交代后事"："一、作遗折，具陈办理军务不善，并抄檄文进呈御览。一、赶紧送灵柩回家，愈速愈妙，以慰父亲之望。不可在外开吊。受赙内银钱所余项，除棺殓途费外，到家后不可剩一钱，概交粮台。右二条求幕中诸友照办。"[②]曾国藩不成功则成仁的精神至此表现得淋漓尽致。

靖港之战失利对曾国藩的精神打击极大。左宗棠在《铜官感旧图序》中颇采用纪实之笔："其晨，余缒城出，省公舟中，则气息仅属。所着单襦沾染

---

① 《左宗棠全集·附册》第 15 册，岳麓书社，2014 年第 2 版，第 397 页。

② 《曾国藩全集·书信之一》第 22 册，岳麓书社，2012 年第 2 版，第 467 页。

泥沙，痕迹犹在。责公事尚可为，速死非义。公瞋目不语，但索纸书所存炮械、火药、丸弹、军械之数，嘱余代为点检而已。”[①] 照左宗棠的说法，事隔一夜曾国藩仍未回过神来。在此序中，左宗棠还补充了一条有趣的材料，说是曾麟书在湘乡老家听闻消息，儿子吃了败仗后打算自杀，立刻写了一封措辞严厉的家书派人火速送到省城，信中撂下这样的狠话："儿此出以杀贼报国为志，非直为桑梓也。兵事时有利钝，出湖南境而战死，是皆死所；若死于湖南，吾不尔哭也！”[②] 闻者无不肃然起敬。老爷子这回真的动了肝火，发了脾气，竟怒斥道：你堂堂男儿，报国捐躯，死哪儿去不行？现在吃了败仗，硬要在家门口弄死自己，岂不是让祖宗十八代都陪着你丢人现眼？要是你就这样自尽了，休想我为你流下一滴眼泪！曾老爷子擅长做思想工作，一手软，一手硬，火候拿捏得恰到好处。

李详在《药裹慵谈·曾文正靖港之败》中添加的则是麻辣调料："左文襄自抚署视文正，见污泥满身，笑言：'好像猪子！'”[③] 这并不是骂曾国藩蠢，而是调侃他那副狼狈相。依左宗棠的脾气和做派，真要骂人就不是这样了。王闿运赋诗《铜官行，寄章寿麟，题感旧图》，其中就有出人意表的怪句："刘郭苍黄各顾家，左生狂笑骂猪耶。”刘是刘蓉，郭是郭嵩焘，左生是左宗棠，曾国藩初练湘勇时，请金兰之交刘蓉、郭嵩焘辅佐，他们迟迟不肯出山。咸丰四年七月二十七日，曾国藩在家书中讲得很清楚："霞仙定于本月内还家。渠在省实不肯来，兄强之使来。兵凶战危之地，无人不趋而避之。平日至交冯树堂、郭云仙等尚不肯来，则其他更何论焉！”[④] 刘蓉号霞仙，郭嵩焘字筠仙，别称云仙，云、霞二仙被曾国荃调侃为“云霞出海曙”，却被左宗棠直接骂成胆怯的“猪”，这一骂，左宗棠的性情鲜活如画。这个时期，刘蓉致书曾国藩，也在帮他找原因："窃怪老兄光明俊伟之识，豁达深渊之量，盖非时彦所及，而豪杰之士或反

---

① 《左宗棠全集·家书/诗文》第13册，岳麓书社，2014年第2版，第239页。

② 同上。

③ 李详：《药裹慵谈》，江苏古籍出版社，2000年版，第63页。

④ 《曾国藩全集·家书之一》第20册，岳麓书社，2012年第2版，第239页。

不乐为之用，虽夙昔有相知之雅者，亦或思引避而无景附之情，可不一思其故乎？求之不竭其诚，遇之不优其礼，用之不尽其才；三者，古今所由失士之大端也。”[①]众人趋避的原因找到了，忠言逆耳利于行，曾国藩照单全收，虚心采纳。没过多久，刘蓉就追随曾国藩从巴陵至九江，转战江西，屯军南康，“孟容皆辗转相从，三年奔走，夷险共之”。转折点在咸丰七年，刘蓉的弟弟刘蕃攻打湖北蒲圻时中枪伤重而亡，刘蓉悲痛难禁，回家清修，直到三年后骆秉章才将他请出，一同入川。

塔齐布、彭玉麟率领湘军陆师和水师主力奋勇攻克湘潭城，杀敌逾万，焚毁敌船过千，取得了咸丰年间自军兴以来所未曾取得过的一场大捷，靖港的太平军随后闻风宵遁。曾国藩喜获捷报，方始如逢大赦，破涕开颜。他感叹道：“死生盖有命哉！”立刻派人收拾破旗烂鼓，重整军实。

曾国藩对靖港之战的描述是怎样的？我们不妨看看。咸丰四年四月十二日，他在《会奏湘潭靖港水陆胜负情形折》中提供了许多细节：“是日卯刻，亲率大小战船四十余只，陆勇八百，驰赴靖港上二十里之白沙洲，相机进剿。午刻，西南风陡发，水流迅急，战船顺风驶至靖港，不能停留，更番迭击，逆贼炮台开炮，适中哨船头桅，各水勇急落帆，收泊靖港对岸之铜官渚。贼众用小划船二百余只，顺风驶逼水营，水勇开炮轰击，炮高船低，不能命中贼船，被毁十余只，随风漂散数只。各水勇见势不支，纷纷弃船上岸，或自将战船焚毁，恐以资贼，或竟被逆贼掠取。臣曾国藩在白沙洲闻信，急饬陆勇分三路速扑靖港贼营，冀分贼势。陆勇见水勇失利，心怀疑怯，虽小有斩获，旋即却退。臣曾国藩见水陆气馁，万难得手，传令撤队回营。此又初二日靖港剿贼失利之实在情形也。”[②]这道奏折中全无湘军主帅投水自杀的字样，是不应写，也是不宜写，至于湘军溃散的情形也被巧妙地处理为“撤队回营”。同日，曾国藩还单衔呈递了《靖港败溃自请治罪折》，自责自疚，情见乎辞：“臣整军东下，本思疾驱出境，乃该逆大举南犯，臣师屡挫，鄂省危急不能速援，江面贼氛不能迅扫，

① 《湖湘文库·刘蓉集》第2册，岳麓书社，2008年版，第117页。

② 《曾国藩全集·奏稿之一》第1册，岳麓书社，2012年第2版，第158、159页。

大负圣主盼望殷切之意。清夜以思，负罪甚大。愧愤之余，但思以一死塞责。然使臣效匹夫之小谅，置大局于不顾，又恐此军立归乌有，我皇上所倚以为肃清江面之具者，一旦绝望，则臣身虽死，臣罪更大，是以忍耻偷生，一面俯首待罪，一面急图补救。……一两月间，水师当有起色。但微臣自憾虚有讨贼之志，毫无用兵之才，孤愤有余，智略不足，仰累圣主知人之明，请旨将臣交部从重治罪，以示大公。并吁恳皇上天恩，特派大臣总统此军。臣非敢因时事万难，遂推诿而不复自任，未经赴部之先，仍当竭尽血诚，一力经理。如船只已修，水勇可恃，臣亦必迅速驰赴下游，不敢株守片刻。”[①] 曾国藩原本准备附上遗折遗片，后来打消了这个念头，凡事过犹不及。

有湘潭大捷垫底，湘军纵然在靖港失利，曾国藩引咎自责，满纸惭愧，仍可轻松过关。王闿运赋诗《铜官行，寄章寿麟，题感旧图》，表达相当到位：“岂料湘潭大捷来，千里盗屯汤沃雪。一胜申威百胜从，塔罗如虎彭杨龙。”难得的是，咸丰皇帝明见万里，对上章请罪的曾国藩温诏抚慰，并无厉斥苛责；冒领军功的湖南提督鲍起豹则受到严谴，就地夺官；塔齐布功勋卓著，连升数级，以副将署湖南提督。省城标兵知新提督无修怨之心，与湘勇的对立也从此归零。最有意思的是，湖南按察使徐有壬本欲会同巡抚参劾曾国藩，这下惭愧不已，主动拜访曾国藩，向他顿首致歉。经湘潭一仗，湖南的局势转危为安。

靖港之战，是湘军早期在家门口打的一场窝囊仗，曾国藩投水没死成。后来，湘军水师在湖口大败，他情急心慌，又要纵身一跃，投湖寻短见。较之往昔靖港的本色演出，湖口这回明显多了几许真人秀的成分。两次自杀，均毫发无伤，“跳水冠军”的头衔，曾国藩拿定了，也没人怀疑或诬陷他服用了兴奋剂。英雄不问出身，也不问过程，所以兵败跳水的“案底”并非耻辱纪录，反倒为曾国藩的非凡人生增添了一抹浓厚的传奇色彩。

《铜官感旧图》引发诸多争议

且说章寿麟把湘军大帅的那条老命（曾国藩不算老，时年才四十四岁）从

---

① 《曾国藩全集·奏稿之一》第 1 册，岳麓书社，2012 年第 2 版，第 164、165 页。

鬼门关捞了回来，这个功劳太大了，以至于功高不赏。据左宗棠《铜官感旧图序》所记，“于章君及三兵皆不录其功”，章君即章寿麟，三兵是驾驶小船载着曾国藩逃回长沙的三位勇丁，他们有功而故意不计功，痕迹明显，因此有人背后议论曾国藩矫情和寡恩。“论者乃以章君手援之功为最大，不言禄而禄弗及，亦奚当焉？”左宗棠先以庄子的“一生死，齐得丧”去推测曾国藩的心迹，但随后的质疑还是隐晦地表达了自己的看法，这样做并不妥当。春秋时期，晋文公重耳在外流落十九年，回国正位后，他遍赏追随左右的功臣，介之推不言禄所以漏赏，左宗棠认为章寿麟具有春秋贤人介之推的高风，这个评价还是蛮中肯的。曾国藩一生举荐过的文武官员不计其数，经其巨手高擎于青云之上的官员二三十个巴掌都数不过来，但他从未举荐过章寿麟，这确实令人费解，有点说不过去。

多年后，李元度撰文称赞章寿麟（字价人）：“呜呼！援一人以援天下，功在大局不浅，价人虽不自以为功，天下后世必有知价人者，遇不遇乌足为价人加损哉！”[①] 当年，曾麟书写信给儿子曾国藩，信中殷殷叮嘱：“章某国士，宜善视之！”还让冯卓怀为他传话，三复斯言。戊午（咸丰八年）、己未（咸丰九年）之间，李元度多次向曾国藩谈起章寿麟，曾国藩怃然感叹道：“此吾患难友，岂忘之哉！”李元度揣度曾国藩的心思：若显擢章寿麟，就是他深以章君救命为恩德，他本人决意为国牺牲的壮举反而近乎作秀，令人质疑。这道顾虑迟迟未能打消，欲迁延于异日再报答，久经耽搁，便遥遥无期。李元度得曾国藩心思而道之，可谓洞见其肺腑。于是有人认为，曾国藩熟虑深思，行事力求滴水不漏，即使因此辜负救命恩人，也在所不惜。救大人物的命未必就能妥妥地获取厚报，章寿麟的例子太扎眼了。一个有圣贤情结的人要完善自己的道德拼图，其中必定会有一些拼块由牺牲品充当，章寿麟很不幸，他就是这样的牺牲品。就算李元度私底下多次提醒过曾国藩，曾国藩也并未报答章寿麟的救命之恩，以免留下一个明显的漏洞给某些不怀好意的政敌和铁笔御史去钻。

---

① 徐凌霄、徐一士：《凌霄一士随笔》第5册，山西古籍出版社，1997年版，第1746页。

章寿麟才情不俗，身为曾国藩的救命恩人，并未获得曾国藩的赏识和提拔，妨碍其前程的东西恰恰是他引以为傲的资本，欲求正常对待而不能得，其反常剧情佐以荒诞意味，简直一言难尽。章寿麟在官场沉浮多年，漂荡无根，晚年心灰意冷。光绪二年，曾国藩去世后的第四个年头，章寿麟返回家乡善化（今长沙县），请丹青高手绘制了一幅《铜官感旧图》，纪念咸丰四年的靖港之战，他救起曾国藩的壮举乃是题中应有之义，真有点哪壶不开拎哪壶的意思。章寿麟人脉甚广，他敬邀诸多湘籍巨公名流为此画作序，后来扩而广之，作者不复限于湖湘一地。章寿麟在《铜官感旧图自记》中写道："光绪丙子秋，予归长沙，道靖港，舟中望铜官山，山川无恙，而公已功成事赍，返马帝乡。惟时秋风乍鸣，水波林壑尚隐隐作战斗声，仿佛髣公之灵爽呼叱其际，因不禁俯仰畴昔，怆然动泰山梁木之感，故为兹图而记之，以见公非偶然而生即不能忽然而死，且以见兵事之艰，即仁智义勇如公者，始事亦不能无挫，虽挫，而不挠困焉，而益励，垂翅奋翼，则非公之定力不及此，至于大臣临敌，援桴忘身，其为临淮之靴刀与蕲王之泗水，均有其义之至当焉。"[①] 由于靖港之战于曾国藩关系甚大，题材独特，一时间应征者相当踊跃。章寿麟去世后，仍有不少政界大佬、文坛高手继续跟进，各抒己见，畅所欲言，历年积累，篇目之富、作者层次之高，令人咋舌。

相比曾国藩的不报恩，胡林翼的做法更具人情味。咸丰五年八月，胡林翼督师湖北奓山，士卒索饷哗变，遇敌即溃。胡林翼愤恨不已，决意单骑直闯敌阵，一死了之。圉人发现胡林翼神色不对，赶紧扯转马头，朝向旷野，连抽几鞭，战马驮着胡林翼飞速跑到大江边，被鲍超的援军救下，于是集合溃卒，重整旗鼓，合屯大军山。鲍超对胡林翼的救命之恩远不如章寿麟对曾国藩的救命之恩来得直截了当，但胡林翼感戴于心，日后视鲍超为爱将，极力维护和栽培。光绪年间，王闿运为章寿麟撰墓志铭，有句"昔鲍拯胡，功超五等"，鲍超以军功得封子爵，固然因其战力爆表，但与胡林翼的爱重关系不浅。清末名御史胡思敬撰《铜官感旧图记》，结尾处独抒己见：论者以此责曾公负恩，"是妇妪箪豆之见"，既不符合章寿麟请人绘制《铜官感旧图》的原意，也不符合曾公以

---

① 徐凌霄、徐一士：《凌霄一士随笔》第 5 册，山西古籍出版社，1997 年版，第 1744、1745 页。

国士看待章寿麟的本心。这个见解有点糊弄人。乱世乃用人之际，内举不避亲，外举不避仇，岂有放着现成的国士不加重用的？

吴汝纶撰《铜官感旧图记》[①]，所持观点有三：救人是仁者的常规举动，君子施援手，不以为功，自然也就不求回报。章寿麟是君子，不可能因为曾国藩没举荐他而郁闷，此其一。曾国藩“非一世之人，千载不常遇之人也”，不为时空阻隔，能与他并世而生，亲接音容，朝夕相处，这是至为荣幸的事情，能够在他遇到危险时救上一把，还需要什么报酬？此其二。李元度揣度曾国藩之意，要是显著擢拔章寿麟，“是深德君以援己，而死国之为伪也”，这是儿童之见，此其三。前面两个观点有些绕，读者不晕船晕车就算不错了，恰恰是吴汝纶所嗤笑的儿童之见，可能击中了曾国藩的软肋，因为这本就是一个二难推理：章寿麟救了曾国藩，曾国藩要是报答，就说明当初他为国而死近乎作秀；如果他不报答，就被人误会为忘恩负义。两害相权取其轻。皇帝的新装顶怕儿童之见去揭穿，儿童之见并非全是不值一哂的。

吴汝纶还有一封信《答章观瀛书》，对于李元度《铜官感旧图序》中曾帅获悉湘潭大捷后的喜极而叹“生死盖有命哉”，吴汝纶断之为“决非事实”，他认为“文正公生平趣舍，一不以利钝顺逆撄心，其治军一不以胜负为忧喜”[②]。吴汝纶将曾国藩视为稳如泰山的神人了，既然这样的神人“千载不常遇”，又何至于投水自杀？逻辑不通啊！当年，李元度置身于曾国藩幕府，是耳闻目睹的见证人，吴汝纶斥其为“妄言”，是因为他有一个成见：曾国藩参劾过李元度，后者不慊于心，便有意为章寿麟鸣不平，对曾国藩的描写难免连涂带抹漫画化。

假若曾国藩在靖港投水后不幸丧命，喂肥了翘白子鱼，怎么办？别人都会说，那可就大事不妙了，继起者谁有偌大的本领收拾此后愈益糟糕的局面？绝大多数人的观点都是这样。但有一位牛人毫不悲观，他的看法与众不同，此人就是与曾国藩瑜亮一时的左宗棠。

光绪八年，左宗棠膺任两江总督，于百忙之中抽出时间来用心撰写《铜官

---

① 《吴汝纶文集》上册，上海古籍出版社，2017 年版，第 92 页。

② 徐凌霄、徐一士：《凌霄一士随笔》第 5 册，山西古籍出版社，1997 年版，第 1751 页。

感旧图序》，他高踞题巅，意态轩昂，论及曾国藩获救，自有话说："夫神明内也，形躯外也。公不死于铜官，幸也；即死于铜官，而谓荡平东南，诛巢馘让，遂无望于继起者乎？殆不然矣。事有成败，命有修短，气运所由废兴也，岂由人力哉！"[①]言外之意是，曾某人死了，不仅地球照样转，天下也会照样澄清，还有我左某人在，又岂能袖手旁观？靖港之战失利后，湘军名将罗泽南念及曾国藩兵单力薄，慨叹道："天苟不亡本朝，公必不死。"曾门弟子吴汝纶也认为，以"量足容之，学足师之"八字而论，于晚清大乱局中，无人可与曾国藩比肩。摆明了，左宗棠对这些说法是不会苟同的，因此章士钊等人给他贴上"悻悻争名"的负面标签，就像狗皮膏药一样粘在身上，甩也甩不脱。

胡思敬的《铜官感旧图记》对左宗棠的看法有一个反驳："文襄谓文正即死，诛剿或缓，不患无继起之人，亦安知始事之艰，非积诚不能挽天下之极弊，虽才智无所措手乎？文正尝自言之矣：'躬履诸艰而不责人以同患，浩然捐生，如远游之还乡，而无所顾悸。'由是众人效其所为，亦皆以苟活为羞，以避事为耻。呜呼！湘军之所以兴，洪杨之所以灭，此数语尽之矣。……士大夫出任军国大事，唯一死足恃，余皆付诸天命气数，而不敢自堕其修。"[②]胡思敬认为，湘军初建时，处处荆棘，曾国藩是以血诚感召将士，这才是湘军之魂。当日，相比血诚，智勇尚在其次。左宗棠有傲人之智，也有兼人之勇，固然没错，用于得势之后则优，施于发轫之际则拙。应该说，胡思敬的这个观点倒是耐人寻味，能够自圆其说。多年后，胡林翼说："涤帅忠实，久在圣明赏鉴之中，其事上信友，全凭一诚。"这是知交之言，未打半字诳语。

钱基博在其著作《近百年湖南学风》中如此评价曾国藩："其过人识力，在不摇定见。当死生存亡之交，持孤注以争命；值危疑震撼之际，尤百挫而不挠。盖其所志所学，不以死生常变易也。"[③]作为盖棺之论，这段话并无疑义，但其形成决非一蹴而就，有一个较为曲折的过程。早在靖港，曾国藩一气之下，险

---

① 《左宗棠全集·家书／诗文》第13册，岳麓书社，2014年第2版，第239页。

② 徐凌霄、徐一士：《凌霄一士随笔》第5册，山西古籍出版社，1997年版，第1759、1760页。

③ 《中国现代学术经典·钱基博卷》，河北教育出版社，1996年版，第598页。

些沦为“龙王三太子”，如果章寿麟捞救不及时，曾国藩很可能会以偾事者的反面形象嵌入那段灰暗的历史，连烈士的名谱都难以进入，钱基博的高度评价也就没有一个字站得住脚了。这说明什么？一个人在充分证明自己的生命价值之前，自杀决非明智的选项。

04 章　恶补兵书，不尚成法

咸丰年间，适合做湘军统帅的头号人选是谁？理应是江忠源（字岷樵），在这一点上，曾国藩、胡林翼、左宗棠三人都可轻松达成共识。江忠源极具血性、胆魄、侠义精神和军政才能，在南方他练楚勇比湘勇早，而且实战有功。曾国藩起先编练陆师、水师近万人，本就是打算交付给江忠源指挥的。可惜安徽庐州城破，江忠源投水自杀。咸丰四年正月十五日，曾国藩回复湖南巡抚骆秉章，倾吐心声："侍十三夜接寄谕，知岷樵殉难，心绪万分作恶。侍所以办理一切，规模宜大、条理宜明者，意将交付此人。以渠为大帅，而以侍参酌其间，或有小补耳。今斯人既亡，侍之精神、才力、度量、阅历四者，皆不可以为大帅，而浪得虚名，京师之人以耳为目，动辄保奏侍出办军事，此事不知作何了局也。昨夜奉到批折，云'成败利钝，固不可逆睹，然汝之心可质天日，非独朕知等因'，此等嘉奖，如何承受？如何报答？真正愧死！"①江忠源死前已实授安徽巡抚，朝廷破格重用反而将他送入绝境。曾国藩原本打算辅佐江忠源平定淮南，收复江东，不料中途发生偌大变故，只得勉为其难接下千斤重担，统领湘军东进。

从心理排斥到及时恶补

有时候，历史就好像是《醒世恒言》中那位乔太守，喜欢乱点鸳鸯谱，心血来潮时乱点的竟比深思熟虑后精挑细选的更合卯榫。晚清乱世，河决鱼烂，

① 《曾国藩全集·书信之一》第 22 册，岳麓书社，2012 年第 2 版，第 436 页。

曾国藩通晓内圣外王之学，具备民胞物与之量，视救民于水火、解民于倒悬为己任，此心此志，可昭告日月星辰。他不遗余力，博求济世良方，于文史哲典籍涉猎甚广，总结“天下之大事，宜考究者凡十四宗”，其中就有“兵制”和“兵法”。但咸丰年前，他对兵书的兴趣并不浓厚，日记、书信里罕见踪影，直到咸丰二年五月初一日，才见他在日记中写明“夜，读《纪效新书》十八页”，嗣后数日，都有他阅读此书的记录。《纪效新书》的作者是明朝军事家戚继光，此书是他抗倭期间练兵治军的经验总结。有意思的是，同治九年正月中旬，曾国藩年至花甲，重读《纪效新书》，并非简单地温故而知新，因为他紧接着又硬啃戚继光的《练兵实纪》。

年轻时，曾国藩不爱读兵书，原因是“天地好生，而用兵之道在杀；人道宜和，而用兵之道在争”，于其平生所学所信多有抵牾。历史仿佛有意要与世人开一个天大的玩笑，竟让一位长期不爱阅读兵书的人带兵去“办此滔天之贼”。曾国藩足够敏锐，他顺应时代的需要，恶补自己的军事知识。戚继光是训练民团的顶尖高手，曾国藩起手先读《纪效新书》，就是一位经世者务实的表现。同治五年二月初十日，他开始阅读《文献通考》中的《兵考》，至二月二十九日，读毕《兵考》十三卷，其中数次是在轿中、舆（马车）中阅读的，急迫感不亚于临时抱佛脚的考生。戎马倥偬，军书旁午，剿捻可谓千头万绪，他没有完整的时间阅读《兵考》，而这番恶补又是不可或缺的。

同治二年三月初八日，曾国藩回复部下李榕，坚信一点：“临事而惧，好谋而成，足以包括古今兵书。”八字方针胜过《孙子兵法》，这真是经验主义者的高调。

“凡人之作为、成就，皆在有心，若其丧心，何所不至。”俗谚也说：世上无难事，只怕有心人。曾国藩就是一位有心人，一位用心人，尽管他在咸丰八年的家书中感叹过“余生平之失在志大而才疏，有实心而乏实力，坐是百无一成”，但这只是就处境而言，谦虚的成分居多。常州学者周腾虎博古通今，一度与左宗棠齐名。曾国藩在江西苦撑，艰于度日，要钱没钱，要权没权，谁都不看好湘军的前景。周腾虎加入曾国藩幕府之初即断言：“自古成事，皆用心人。某遍历下游，无一人知此，必至溃败而后已。公虽兵微将寡，然成事者必公也！”[1]曾国藩于“用心”二字最得要领，忽闻周腾虎一言道出，当即视之为“异才”。

有心者当以仁心为上。湘军名将罗泽南有诗《读兵书》，开头四句是“至仁原无敌，汤武兵书祖。惟使三军心，共知百姓苦。”仁者统军，必使将士爱民，此之谓有心，真有心也。

胡林翼将兵学视为儒学之至精，这一见解颇具新意。咸丰十年秋，胡林翼回复淮军统领李鸿章，直接批评了江南士子既离不开兵将又看不起兵将的荏弱心理和傲慢态度[2]。在乱世，不知兵者愧为君子，这个说法并不过分。

儒臣好礼而多不习兵，能像韩琦、范仲淹那样奋勇戍边，或像王阳明那样干练剿匪的，着实不多。兵不厌诈，贵在出奇，东汉名家荀悦论兵，道是“权不可预设，变不可先图，与时迁移，随物变化”，此为兵家之至言。然而出奇使诈恰恰是曾国藩的短板，他在家书中对儿子坦白相告：“行军本非余所长，兵贵奇而余太平，兵贵诈而余太直。”宋元之际的史学家胡三省注释《资治通鉴》时尝言：“凡儒者多务为舒缓，而不能应机，以趋事功。”机不可失，时不再来，倘若三军统帅不能随机应变、当机立断，错失胜果就是大概率的事情。晚清名士周腾虎当面批评过曾国藩“儒缓不及事”，曾国藩“亦深以舒缓自愧”。咸丰年间，左宗棠多次批评曾国藩“于兵机每苦钝滞”，就是说曾国藩太过笨拙和儒缓，临机而不善应变，当机而不能立断。曾国藩也在家书中承认这一点：“古人用兵，最贵变化不测。吾生平用兵，失之太呆。”二十年间，曾国藩用功苦读了不少兵书，有一部专门讨论为将之道的军事著作《将苑》据传为诸葛亮所作，其中就有一篇《应变》，曾国藩琢磨的次数肯定不少。

咸丰十一年九月，曾国藩颁布《劝诫绅士四条》，第三条为“禁大言以务实”，即专门针对麾下幕僚而作，在所有的大言中，纸上谈兵最容易误人误己，甚至误军误国。“以诸葛之智勇，不能克魏之一城；以范、韩之经纶，不能制夏之一隅。是知兵事之成败利钝，皆天也，非人之所能为也。近年书生侈口谈兵，

---

① 赵烈文：《能静居日记》第2册，岳麓书社，2013年版，第1066页。

② 《湖湘文库·胡林翼集》第2册，岳麓书社，2008年版，第601、602页。

动辄曰克城若干，拓地若干，此大言也。孔子曰：‘攻其恶，无攻人之恶。’近年书生，多好攻人之短，轻诋古贤，苛责时彦，此亦大言也。好谈兵事者，其阅历必浅；好攻人短者，其自修必疏。今与诸君子约为务实之学，请自禁大言始。欲禁大言，请自不轻论兵始，自不道人短始。”[①] 曾国藩如此审慎是有道理的：兵凶战危，乃是以热血生命为筹码的豪赌，岂可轻言成竹在胸，妄谈胜算在握？稍稍浮躁，则为患不浅，贻祸无穷。

同治元年七月二十三日，曾国藩在日记中这样写道："阅《通典·兵类》十五叶……读《孙子》‘鸷鸟之疾，至于毁折者，节也’句，悟作字之法，亦有所谓节者，无势则节不紧，无节则势不长。"[②] 由此可见，曾国藩阅读兵书时仍有点心猿意马，用兵法去悟书法，真是用宝剑雕花。但无论如何，曾国藩恶补了军事理论知识，又积累了实战经验，指挥大兵团作战的时间够长了，学费交足了，就可望游刃有余。

咸丰、同治年间，湘中书生拯大难，立勋名，令天下人刮目相看。这充分说明：知书与知兵并不矛盾，所知之书包容广阔，并不局限于兵书。咸丰三年十二月，曾国藩回复夏廷樾，说他以前在京城时，很喜欢与比自己更强的高手交往，有什么事情要办，便与他们合作。及至咸丰四年初，曾国藩奉命东征，他致书陈士杰，实话实说："仆此次东行，博求吾乡血性男子有忠义而兼娴韬略者，与之俱出。"[③] 但念及兵凶战危，朝廷以遗黎托命于他，如果那些豪俊之士不是慨然相许，他也不想强人所难。

湘军大将罗泽南以知兵善战著称，他是一位真正的学问家，知识渊博，对孟子（孟轲）、张子（张载）、周子（周敦颐）和朱子（朱熹）之学都深有钻研，著书授徒，不亦乐乎。早在道光二十四年春，曾国藩就在家书中写道："罗罗山兄读书明大义，极所钦仰，惜不能会面畅谈。"咸丰三年腊月，曾国藩与罗泽南见面畅叙，邀他一同远征，罗泽南爽快地答应下来。嗣后，曾国藩称赞罗泽

① 《曾国藩全集·诗文》第 14 册，岳麓书社，2012 年第 2 版，第 449 页。

② 《曾国藩全集·日记之二》第 17 册，岳麓书社，2012 年第 2 版，第 311 页。

③ 《曾国藩全集·书信之一》第 22 册，岳麓书社，2012 年第 2 版，第 419 页。

南“德气深厚”，极表钦佩，“若朝夕偕行，不特可为干城腹心，而亦可为龟鉴药石”。从曾国藩撰写的《罗忠节公神道碑铭》来看，罗泽南胸襟广阔，视天下为一体，“在军四年，论数省安危，皆视为一家骨肉之事”。曾国藩欣赏罗泽南的学问蓄积和忠心勇气，更欣赏其道义精神。

曾国藩特别佩服胡林翼的治术和左宗棠的谋略。咸丰十年九月十八日，胡林翼回复阎敬铭，担忧曾国藩用兵“防患过深”会妨碍功名，“窃恐德足以入文庙，功必不足入太庙”[①]，吴人日渐怨恨曾国藩救援迟缓，将来稗官野史必多有贬词，一代苦节名臣，将蒙千古之忧。胡林翼病逝后，曾国藩在治军教战方面有长足的进步，最终不仅能进文庙吃冷猪头肉，还能进太庙享馨香供奉，胡林翼地下有灵，必定会笑叹自己预测失准。

论知兵，左宗棠胜过曾国藩，此乃公允之论。咸丰十年十月上旬，曾国藩回复左宗棠：“弟自知用兵失之太呆，故请教于阁下及润帅，今来示详及得机得势之说，益觉豁然开悟。”润帅是胡林翼。看此信的意思，曾国藩将胡林翼和左宗棠视为战略、战术大师，他心服口服。曾国藩自知“长虑却顾，因谨慎而拙滞”是其用兵短处。然而拙与巧不可一概而论。同治元年二月，曾国藩回复王茂荫，缕述皖、赣、浙三省的军事形势，有一段辩解文字：“兵家进易退难，倘后路布置未定，鼓行而前，一有疏失，前功尽弃。鄙人有鉴于寅冬湖口之挫、午冬三河之覆，多方慎重，兢兢自守，亦遂失之迟缓。”咸丰四年冬在江西湖口，咸丰八年冬在安徽三河，湘军水师、陆师分别吃过大败仗，就连最能打硬仗的常胜将军李续宾也战死沙场，教训不可谓不大。胡林翼在咸丰九年三月二十七日致刘蓉的信中总结道：“三河之败，由分兵太多，攻坚太苦，精锐已损，疮痍未复。”曾国藩身为湘军统帅，必须牢记前车之鉴，慎之又慎才行。他张弛有度，给手下将领提醒较多，遥制较少，充分发挥自己虑事周全的优势，不断拾遗补阙，因此他手下的将领既不会畏首畏尾，也不会束手束脚。左宗棠固然批评过曾国藩“兵机滞钝”，但从未抱怨过他横加干涉。

有意思的是，咸丰八年九月二十八日，曾国藩给儿子纪泽开列必读书，除

---

① 《湖湘文库·胡林翼集》第2册，岳麓书社，1999年版，第671页。

开四书五经，另有十一种，《史记》《汉书》《庄子》《韩愈文集》《文选》《通典》《说文解字》《方舆纪要》《古文辞类纂》，这九种很正常，还有曾国藩抄写的《十八家诗》，最出人意料的一种是《孙武子》，即《孙子兵法》。曾国藩年轻时不爱读兵书，及至年长给二十岁的儿子曾纪泽开列必读书目，其中包含了《孙子兵法》，可见他已改变主意，在乱世学习兵法宜早不宜迟[①]。

幕府人才混杂而鼎盛

咸丰十年七月，曾国藩实授两江总督，曾国荃在安庆前线写信给兄长，要他“多置好官”“遴选将才”，老大称赞老九的建议“极为扼要”。两点顾全而无偏废，还得老九帮忙，“然好人实难多得，弟为留心采访。凡有一长一技者，兄断不敢轻视”。从曾国藩墨经从戎到他遽然谢世，二十年间，其麾下卧虎藏龙，若论人才出品之既优且众，可谓一时无两。

据朱孔彰《中兴将帅别传》统计，除开洋将戈登等人外，以军功起家的将帅共有一百二十人，湖南就多达八十七人，其他各省合在一起居然只有三十三人，还不及湖南一半。没有对比就没有鉴别，这话不假。

另据《曾国藩幕府》一书作者刘建强详细统计，曾国藩幕宾“官至出使大臣五人，军机大臣二人，尚书二人，大学士二人，侍郎三人，北洋大臣一人，总理衙门大臣二人，船政大臣二人，总督十六人，出任总督三十人次，巡抚二十八人，出任巡抚五十人次。……还有布政使十一人，按察使七人，提督二十一人，总兵十七人，副将十四人（均为实授，不包括记名）。知府、知州、知县、参将不计其数。”直接出自曾国藩幕府的一、二品大臣竟多达百员，其中就有李鸿章、沈葆桢这样的佼佼者。

《清史稿》这样评价曾国藩：“国藩事功本于学问，善以礼运。公诚之心，尤足格众。其治军行政，务求蹈实。凡规画天下事，久无不验，世皆称之，至谓汉之诸葛亮、唐之裴度、明之王守仁，殆无以过，何其盛欤！国藩又尝取古今圣哲三十三人，画像赞记，以为师资，其平生志学大端，具见于此。至功成

① 《曾国藩全集·家书之一》第20册，岳麓书社，2012年第2版，第383页。

名立，汲汲以荐举人才为己任，疆臣阃帅，几遍海内。以人事君，皆能不负所知。呜呼！中兴以来，一人而已。”[①] 曾国藩识拔人才以济久远，成功率高，失误率低，这一点，就连最不肯低首下心的左宗棠也肯服气，确实难得。

为什么曾国藩能够网罗如此之多的人才，在他墨经从戎、艰难开局时期，就如同磁石吸铁一般产生了人才汇聚的效应？王闿运的《王志·论儒吏》提供了一个不错的解答：“曾文正成功大于胡（林翼）、左（宗棠），以其作侍郎有文学廉正之名，人肯从之游也。故欲求贤，虽折节礼请，不若以气类感召。己既能贤，始可致贤士。”[②] 同气相求，同声相应，贤者感召贤者，乃是必然之理；何况曾国藩还能辅以折节下士的诚意，效果之显著就更能产生马太效应。

梁溪坐观老人《清代野记》中有一篇《道学贪诈》[③]，将曾国藩幕府中的人物分为两派：名士派的代表人物有莫友芝、张裕钊、李鸿裔、薛福成、吴汝纶、赵烈文等人，皆风流儒雅，以诗文著称，而且人品相对可靠；道学派的代表人物有何慎修、程鸿诰、涂宗瀛、倪文蔚、方宗诚，此派人物良莠不齐，其中多以贪诈著称，他们用道学蒙脸，没有不敢捞的银钱。作者引用京城谚语讽刺道：“黄金无假，道学无真。”其实，除开以上两派，还有更重要的务实派，代表人物为李瀚章、李鸿章、沈葆桢、陈士杰、许振祎、李兴锐等人。在曾国藩的日记中，“僚属不和顺”之类的愤懑语句多次出现，虽无具体描述的内容，亦可见名士派、道学派与务实派之间并非水乳交融。三派相比较，务实派在官场晋升最快，名士派在仕途表现最孬。曾国藩有言：“天之待名士者，每不若庸庸之多厚福，毋亦丰于此必啬于彼例固然耶？”说是天妒英才，实为人妒英才，英才多吃苦头，庸人才能心理平衡。

同治元年九月十八日，曾国藩在日记中自责：“实则处大乱之世，余所遇之僚属尚不十分傲慢无礼，而鄙怀忿恚若此，甚矣，余之隘也！余天性褊激，痛自刻责惩治者有年，而有触即发，仍不可遏，殆将终身不改矣，愧悚何

---

① 《清史稿》第39册，中华书局，1977年版，第11918页。

② 王闿运：《湘绮楼诗文集·王志》，岳麓书社，1996年版，第508页。

③ 梁溪坐观老人：《清代野记》，山西古籍出版社，1996年版，第142页。

已！”[①]有触即发很难办，与李鸿章、冯卓怀发生龃龉时都弄得不欢而散，李鸿章回了头，冯卓怀则一去不复返。直到同治十年三月十八日，曾国藩去世前一年方才与冯卓怀在金陵重逢。“三十年前老友，自祁门一别，至是忽十年余矣，畅叙一切”，曾国藩羡慕老友“绝无老态，在山中善于调养也”。冯卓怀远离官场肯定会得到一些额外的补偿。嗣后，曾国藩写信给两位老弟，道是“渠昔在祁门，余与之口角失欢，至今悔之。今年渠至此间，余对之甚愧也”，冯卓怀人品好，估计相逢一笑后，心中已了无芥蒂。

同治二年二月初一日，曾国藩细思自己待人处事方面的不当之处，找出的漏洞是“知之不明”。“若巨细周知，表里洞澈，则处之自有方术矣。吾之所以不能周知者，以不好问、不善问耳。”[②]兼听则明，不好问，不善问，偏听则暗。曾国藩得尽幕僚之才，居然还说自己未能周知，可见知人的难度很高。

不尚成法而尚变化

湘军猛将鲍超以协标兵起家，受曾国藩知遇，一年之内就提拔为守备加都司。其经历与诸将不同，富有趣味。

据吴光耀《华峰庚戌文钞》所记：曾国藩初练湘勇时，鲍超是帐下的戈什哈（护卫）。有一次，曾帅派鲍超持令箭去某地调兵，鲍超骑马前往。路过一处哨卡时，哨兵是熟人，请他吃牛肉喝酒，结果鲍超醉饱酣睡，误了调兵大事，依法当斩。其好友雷脱皮抱脚大哭不放，曾国藩下令同斩。正喧哗之际，文案陈士杰窥见鲍、雷都是贵人之相，赶紧约集众幕僚出具担保书，救下二人。死罪可免，活罪难饶，鲍超被军棍打得皮开肉绽，又是陈士杰出钱为他疗伤。此后，鲍超在杨载福的水师效力，某日，大鱼跳进船舱，鲍超焚香谢天，凡是船上吃了那条鱼的水勇后来都官至提督。吴光耀见过鲍超的画像，他的描绘是：“长不中人，丰颧，须抟微锐，目敛其光殆欲合者，威神俨然。”[③]

① 《曾国藩全集·日记之二》第17册，岳麓书社，2012年第2版，第343页。

② 《曾国藩全集·日记之二》第17册，岳麓书社，2012年第2版，第392页。

③ 汪康年：《汪穰卿笔记》，中华书局，2007年版，第283—287页。

况周颐《眉庐丛话》中有一则《鲍忠壮事曾文正始末》[1]，情节引人入胜：鲍超做了胡林翼的部将，鲍超的四川老乡李榕是曾国藩的门人，他将鲍超推荐给曾国藩。不久，胡林翼给鲍超咨文，要他助湘军杀敌。鲍超初次进见，曾国藩只给他两营士兵。鲍超嫌少，回去对李榕说："从前胡帅对我推心置腹，超过其他将领，要兵有兵，要饷有饷，我要是打了胜仗，犒赏从不延迟；部下若是患病，医药也及时送到；我缺少衣甲，胡帅解下自己的衣甲给我穿；我缺少鞍马，胡帅将自己的骏马给我骑。因此我心怀感激，乐意为胡帅效命驰驱，往往能够出师告捷。现在我观察曾帅，不如胡帅待人诚恳。况且只给我区区两营，我能拿它干什么？你要是对我友好，赶紧办咨文，让我回归胡帅麾下。"于是李榕一边安慰鲍超，一边去向曾国藩汇报情况。曾国藩说："鲍超刚来，寸功未立，抱怨什么兵少？他暂且先带两营，倘若能打胜仗，我就是再给他增加十倍的兵力，又有什么舍不得的。"曾国藩看在李榕的面子上，还是给鲍超增加了一个营。李榕对鲍超说："曾帅待人之诚，未必不如胡帅，公初来乍到，尚欠融洽，请稍安勿躁，等等再说。"鲍超口中不再说要走，心里还是不悦。隔天，曾国藩设宴款待鲍超，他喜欢吃肚脍（可能是湘菜炖猪肚条或牛肚条），配以寻常的鸡鱼鸭肉。席间，鲍超老是抱怨兵少，曾帅说："今天不谈兵，只吃肚脍。"鲍超吃完饭，又在李榕面前嘀咕："胡帅请我吃饭，必开盛宴，必上山珍海味，岂是有人贪求口腹之欲？而是胡帅的礼信到家，把我看得重。曾帅只请我吃肚脍，岂不是存心怠慢我吗？美酒美食都拿去款待大贤了吧？好不容易有个面谈的机会，他又不让我畅快地说出心里话。我是一介武夫，喜欢直来直去，哪能长期在这里受窝囊气？你真要是爱护我，就赶快给我办咨文，还是回到胡帅那里效力，才叫正办！"鲍超就不知道，胡林翼是贵介公子出身，以盛馔美食为常，曾国藩是耕读之家出身，肚脍就是上品。李榕好一番苦劝，以至于舌敝唇焦。在去留之间，鲍超正在犹豫，突然警报传来，敌军攻扑某处，军情危急，曾帅派鲍超赴援，全胜而归。曾帅立刻重赏，拨给鲍超数营，优礼有加。从此，鲍超绝口不提离开曾帅、另起炉灶的话头了。

---

① 况周颐：《眉庐丛话》，山西古籍出版社，1996年版，第40、41页。

野史稗钞上的故事写得很热闹，也写得很精彩，但杜撰的嫌疑大，或者采自多番转述的传闻，因此可信度偏低。从《清史稿》鲍超本传来看，鲍超并未做过曾国藩的戈什哈，也并非由胡林翼拨给曾国藩。“鲍超，字春霆，四川奉节人。咸丰初，以行伍从提督向荣广西剿匪，寻入湖南协标。（咸丰）四年，曾国藩治水师，调充哨长。勇锐过人，每以单舸冲贼队，当者辟易。”[①] 无论野史、正史，称赞鲍超勇猛善战倒是同一口径。

鲍超打仗确实是行家里手，经常能以少胜多，以弱胜强。胡林翼写信夸赞他：“老弟孤忠贯日月，义气薄云霄，可感可敬！”不过，胡林翼也担心他“胸无道理，为小人、坏种所愚弄而不知”。在《湘军志·曾军后篇》中，王闿运描写鲍超的文字堪称精彩：“既复三城，或谏超曰：‘宁国城未破，而公自追贼至六十里，城寇若攻公营，进有强寇，退失所据，此危道也。’超笑曰：‘吾但知兵势，不知兵书。’盖超之战专剽锐，其持重、坚忍不如多隆阿，而终未尝败没，其军在湘军为无纪律，然亦能相维系，乃竟以功名终云。”[②] 多隆阿（字礼堂）能谋能断，有胆有略，堪称晚清旗将第一人，他曾放出豪言：“愿得马步一万人，可以横行天下！”胡林翼对多隆阿的赞赏更高于鲍超，咸丰九年十一月十七日，胡林翼回复李榕，信中有这样一段话：“至多公之为人，其临阵料贼，明决如神，骁果冠伦，实有可凭。”[③] 多隆阿与鲍超齐名，人称“多龙鲍虎”。身为大将，鲍超“但知兵势，不知兵书”，仍然打了一堆胜仗，幸运之外，还有哪些合理成分？陈士杰称赞鲍超是天生将才，行动自然合乎兵法。在平原作战时，鲍超让勇者冲锋，慎者接应；在险地作战时，他让慎者冲锋，勇者接应。鲍超喜欢用望远镜观察战场，有功者赏于阵前，记功于册，明细可查，提拔哨官、营官，公正无私，因此士卒奋励。“善安营，登高而望，强寇所经，必驻精兵，无一误者。”还是陈士杰看得准，鲍超是天生将才，不用读书，也能胸罗将略。

有时，学战与读书难以两全，怎么办？咸丰十年七月中旬，曾国藩回复李

---

① 《清史稿》第 39 册，中华书局，1977 年版，第 11981 页。

② 王闿运：《湘绮楼诗文集·王志 / 湘军志 / 笺启》，岳麓书社，1996 年版，第 644 页。

③ 《湖湘文库·胡林翼集》第 2 册，岳麓书社，1999 年版，第 369 页。

元度，在信中给出了答案："吾辈均属有志之士，亦算得忍辱耐苦之士，所差者，且夫尝思咬文嚼字之习气未除。一心想学战，一心又想读书，所谓'梧鼠五技而穷'也。仆今痛改此弊，两月以来，不开卷矣。阁下往年亦系看书时多，料理营务时少。其点名看操、查墙子等事，似俱未躬亲，此后应请亲任之。"[①] 曾国藩矫枉过正，湘军的特色就是多由书生带兵，好处是较之赳赳武夫他们更有良知，更明道理，更懂谋略，更知廉耻；坏处是有些将领做学问的兴趣比带兵的兴趣还浓，难免本末倒置。李元度就是书呆子型的将领，曾国藩批评他"轻躁""心不入理""违众"，实则批评他驭下无方，对军事漫不在意。李元度大力推荐的吴士迈也是名士派的类型，因此曾国藩很担忧。一个月后，徽州失守，李元度生死不明，曾国藩致书胡林翼，哀叹道："此人吾用之违其才！"言外之意是：李元度只有著作之才而无统领之才，他用此人为将，完全用反了方向。后来，曾国藩多次强调自己决不会再让李元度带兵，以免他重蹈覆辙，李元度手下的八千多名平江勇也被裁撤了三分之二。

同治二年八月下旬，曾国藩回复李榕，谈到李榕队伍的闪失，教他不要忽略安营扎寨的重要性："行军以失陷营盘为大辱，罗、李诸公以比诸妇人之小产损胎，言失陷一次，后即惯陷而不以为耻也。"[②] 屡屡被人夺走营盘就如同习惯性流产，这个比喻令人印象深刻。

同治六年六月十五日，曾国藩与机要秘书赵烈文畅谈兵事，说出了他的心得："言胜负不在形而在气，有屡败而无伤，亦有一蹶而不振，气为之也。余出兵屡败，然总于未战之先，留一退步，故尚不至覆巢毁卵。为将者设谋定策，攻则必取，不然毋宁弗攻；守则必固，不然毋宁弗守；攻之而为人所逐，守之而为人所破，虽全军不遗一镞，其所伤实多。"[③] 行军打仗，布兵御敌，首重士气，士气一失，则全军无形瓦解。曾国藩屡败屡战，终于大功告成，原因何在？他总是在战前就预留了回旋余地，所以能够挫而复振，败而不馁，这就避免了崩

① 《曾国藩全集·书信之二》第23册，岳麓书社，2012年第2版，第663页。

② 《曾国藩全集·书信之六》第27册，岳麓书社，2012年第2版，第132页。

③ 赵烈文：《能静居日记》第2册，岳麓书社，2013年版，第1064页。

盘的危险结局。

老子说："祸莫大于轻敌，轻敌几丧吾宝，故抗兵相加，哀者胜矣。"兵者为阴事，将士须有哀戚之意、肃敬之心，不宜有欢欣之象，和悦、骄盈有一则败。齐将田单守即墨，与强大的燕军对抗，将军有必死之心，士卒无苟活之意，所以大破燕军。后来，田单攻狄，黄金横带而骋乎淄渑之间，傲骄之态毕显，有生之乐，无死之心，结果囫囵吞下败仗。曾国藩治军，专主忧勤之说。他常给人讲这样一个故事：嘉庆年间，名将杨遇春屡立战功，他对胜败的预见极其灵验，久而久之麾下将士不免好奇。杨遇春也不卖关子，把谜底公之于众："吾每临阵，行间觉有热风吹拂面上者，是日必败；行间若有冷风，身体似不禁寒者，是日必胜。"兵主肃杀，阴胜于阳，顺之者昌，逆之者亡。

在水中学会游泳，在战争中钻研战略战术，曾国藩的许多收获都是极其痛切的，比如咸丰八年十月，李续宾统领的湘军精锐之师在安徽三河镇全军覆没，阵亡将士共有六千余人，"李即山颓，弟乃梁坏"，主将李续宾和裨将曾国华（曾国藩胞弟）均在死难者之列。经此惨败，曾国藩深刻领悟到古人所说的"常胜之家难与料敌""常胜之师不足深恃"字字在理。许多人都总结过三河之役的惨败原因，胡林翼的总结见于咸丰十年八月二十九日他回复名将多隆阿的信中，见解颇为独到："昔年李忠武以地道得九江，而士卒多伤，兵气顿弱，即得桐城、舒城而不得手也。尝论孺子之戏猪脬，贯以气而缚以绳，当其盛时，千锤不破；一针之隙，全脬皆消。兵事以气为主，兵勇之气，殆如孺子猪脬之气，此中盈虚消息之故，及蓄养之法，节宣之法，提唱之法，忍耐之法，惟大将能知之。"[①] 猪脬即猪的膀胱，俗称猪尿泡，被吹大之后，用细绳扎紧，它比氢气球要结实得多，轻易锤不破，但只需一口针那么小的缝隙，气就全跑光了，软成一团。胡林翼用这个比喻来形容士兵的勇气，盛时不怕锤，但稍稍松懈就会完蛋。李续宾统领的常胜军攻打九江时士气很盛，尔后节节取胜，也就松懈了，勇气泄光了，在三河镇突然遭遇数倍于己的劲敌，竟难逃全军覆没的命运。

兵无常势，水无常形，若墨守成规就只有死胡同可入、牛角尖可钻。曾国

① 《湖湘文库·胡林翼集》第 2 册，岳麓书社，1999 年版，第 640 页。

藩论“成败无定”，以史实为据，令人耳目一新，稍加迻译，大意如下：汉朝晁错建议削藩，其后吴楚七国反叛，汉景帝迁就叛方的无理要求诛杀晁错，最终削藩事成。明朝齐泰、黄子澄建议削藩，其后燕王起兵南犯，建文帝迁就叛方的无理要求诛杀齐泰、黄子澄，最终削藩事败。我朝米思翰等人建议削藩，其后平西王吴三桂、平南王尚可喜、靖南王耿精忠相继反叛，圣祖康熙皇帝不迁就三藩的无理要求，保全米思翰等人，最终削藩事成。这三个削藩大案最为相似，或诛杀或保全，或成功或失败，参差不一。士大夫处置大事，决断大疑，只应熟思是非，不必拘泥于往事的祸福成败，而迁就一时的利害得失。[①] 尤其难得的是，曾国藩能够以史为鉴，反省自己的过失，他说：“我治军时，有时与人议定作战方案，其后吃了败仗，受了挫折，不免有些归咎于他人，于辞色之间露出不满，这也是因为我见理未明。……大抵事败而归咎于谋主，这是庸人之常情。”掌雄兵者须有主见，谋士划策或言此或言彼，在乎主帅之裁择。

咸丰八年后，朝廷三番四次催促曾国藩率军东进，驰援浙江，江东父老莫不望穿秋水，但曾国藩规划全局，回复朝廷：“谋金陵者，必据上游，法当舍枝叶，图本根。”他建议三道进兵，以规复安徽全境为头号目标，即使苏浙沦陷，大局为之震动，朝廷授予曾国藩总制江南四省的军政实权，他仍然坚守本谋。在这个根本点上，胡林翼与曾国藩高度一致，强调用兵“以水道为纲，得江、淮、河、汉之要，则脉络通而气势乃振”，湘军收复淮河流域的战略要地，“非徒为富计，亦为强兵计耳”[②]。湘军主战部队花费两年时间围困安庆，深壕高垒，铁桶钢箍，最终拔掉了太平军在江北最坚固的据点，对金陵形成高屋建瓴之势，全局为之振奋。直到这时，曾国藩才派遣李鸿章统领刚刚成军的淮勇驰援上海，派遣曾国荃统领能征善战的湘军直扑金陵，湘军水师居间接应，再加上左宗棠统领的楚军在浙江站稳了脚跟，杀开了血路，虽然此后的战事进展仍有点一波三折，但扭转全局乃至平定江东已是大势所趋。吴汝纶称赞曾国藩治军“谋定后动，折而不挠，坚如金石，重如山岳”，固然有所溢美，但确实不算谬誉。

---

① 《曾国藩全集·诗文》第14册，岳麓书社，2012年第2版，第428页。

② 《湖湘文库·胡林翼集》第2册，岳麓书社，2008年版，第563页。见于《复厉云官》。

曾国藩仅开销两千一百多万两白银的军费，就创造了以少胜多、平定江南的奇迹。曾国藩是凭借着清晰的思路、坚忍的耐心、谨慎的品格和渊博的知识完成这一奇迹的。传记《曾国藩》的作者美国人黑尔直接认定“他不懂兵法”，殊不知，兵无常法，曾国藩不仅在战争中参悟了兵法，而且对兵法有不少新的补充和贡献，这也是他早年的那些知交好友都始料未及的。

05 章　总揽东南战区的军政大权

我们设想一下：倘若带兵的大帅手中没有财权，会怎样？则必身陷困境，脖子挨掐，喉咙被锁。倘若带兵的大帅麾下兵力太少，又会怎样？则必面临大敌，驱羊搏虎，胜算极低。咸丰十年前，湘军在江西转战数载，跟水缸里摁葫芦差不多，摁住这个，那个浮起，拘守一地，失控多地，根本解决不了任何问题。原因只有一个：曾国藩手中没有行政权，没有财权，虽有兵权，湘军拢总才两三万人，叫他如何腾挪？至于发展，更是一个虚愿。

所有的变局都离不开外部契机的促成，有时候着力点不用太多，一个就够。

百炼钢化作绕指柔

在南方战场上，曾国藩饱经磨砺，再怎么吃苦遭罪，再怎么憋屈挨骂，他都必须隐忍。隐忍的最高境界是“百炼钢化作绕指柔”，可是谁都会有忍无可忍、是可忍孰不可忍的时候。咸丰皇帝多疑善忌，若非迫不得已，岂肯轻易赏赐给一员汉臣制衡江南的兵权？这位万岁爷的顾虑，曾国藩洞若观火。尤其可怕的是，还有朝中大臣时不时地在皇帝耳朵边熏上几句阴险的谗言。咸丰四年，湘军将领塔齐布统兵获得湘潭大捷，咸丰皇帝很高兴曾国藩手下有如此出色的将才，他对师傅祁寯藻说：“朕欲专任曾国藩，训练乡兵，相时赴敌，毋许各省督抚牵制，何如？”祁寯藻顿首回答：“曾国藩以在籍侍郎号召乡兵，长驱东下，非国家之福也。”这一大瓢冷水泼下去，咸丰皇帝热气腾腾的兴致立刻降温，默然不复多言。此后，曾国藩的奏章皆蒙严旨切责。在好友刘蓉面前，曾国藩忍不住大发牢骚："祁某京师旧交，何中伤之如此？"[1]如果李详在《药裹慵谈》中的记载八九不离十，祁寯藻替皇上担忧曾国藩拥兵自重，这波猛如虎的非常规操作让后者多受了好几年要权没权、要钱没钱的折磨，真非社稷、苍生之福。

祁寯藻与曾国藩交情不薄，咸丰元年四月下旬曾国藩直言切谏惹得龙颜不悦，祁寯藻还帮他说过情，缓过颊。节骨眼上，祁师傅讲这种话，真是出于忠君的赤诚，给皇上提个醒，降个温，还是另有忮心恶意？确实难以断定。

祁寯藻是个胆小的人。咸丰十年秋，僧格林沁的蒙古铁骑在八里桥遭遇惨败，英法联军逼近北京。大内传谕："叫师傅来！"殊不知，祁寯藻已闻风而逃，比任何一位高官大佬都跑得快。此时他与家眷逃到了卢沟桥，其门生、江宁人端木埰赶来进谏："老师备位大臣，奈何先去，何以为民望？"祁寯藻回答："吾非不知忠孝，然方寸已乱矣。"咸丰皇帝听说祁寯藻不能随行，怒骂道："什么师傅，叫他滚出京城！"[2]尤其吊诡的是，早在道光年间，军机大臣祁寯藻反对签署五口通商条约，固然反对无效，但留下了爱国的清名。半个世纪后，义和团大师兄仍惦记着这位病故多年的山西祁相国，引为"扶清灭洋"的同志，尊奉他为诸坛所供之大神，殊不知祁寯藻以溜功著称，《诗经》三百零五篇，他专诵《桃夭》。

咸丰四年，曾国藩率兵北上，连续收复武昌、汉阳，一度署理湖北巡抚，为期仅短短七天，就改署兵部侍郎衔带兵东征。此前此后，江忠源实授安徽巡抚，胡林翼实授湖北巡抚，曾国藩却与实授督抚无缘，朝廷的这个"以湘制湘"的策略，聪明人不难看出其中深藏不露的戒心。曾国藩的忍耐到了极限，恰巧曾麟书于咸丰七年二月初四日作古，他便委军不顾，仓促赶回湘乡奔丧。曾国藩的理由相当充分：上次母亲病逝，他墨经从戎，奉旨出办团练，已经夺情一次，这回父亲归山，怎能再次夺情？清朝标榜"以孝治天下"，曾国藩的做法算不上乖谬。明朝名臣李贤、张居正和本朝名臣李光地一度夺情，便分别被罗

---

① 李详：《药裹慵谈》，江苏古籍出版社，2000年版，第73页。见于该书卷四《祁文端忌曾文正》。

② 同上。

伦、吴中行和彭鹏劾了个灰头土脸，我岂敢两度夺情，招致天下唾骂？朝廷总算知道了，这位湘军统帅并非软柿子，他也有倔强的驴脾气。咸丰皇帝不蠢，干脆顺水推舟，批准三个月假期给曾国藩治丧，让他忠孝两全。

中国社会普遍拜权拜金，“势利”二字甚吃重，曾国藩在外面过得不舒坦，老爹曾麟书在家乡也不免受气，他去世前的日子过得很糟心。咸丰七年二月，左宗棠致书王鑫，讲了几句公道话：“昨夜得湘乡公牍，曾老伯已于二月初四日病故，殊为涤公悲。此老心地甚厚，惟不晓世故，多为人所欺蒙，以故多为乡人所诟责，然究是老辈典型也。”[①] 曾麟书病故，倒是无意间给儿子曾国藩争取到一次喘息之机。

咸丰七年五月二十二日，曾国藩呈上奏章，请求终制，其中一语，可谓话中有话：“添臣一人，未必有益；少臣一人，不见其损。”表面看上去，这话不像是抱怨抱屈，实则暗藏弦外之音：我无实权，待在江西，处处呼应不灵，多我一个不多，少我一个不少，还不如让我在家守墓。含蓄的表达意思有限，该吐的苦水还得吐，于是在六月初六日，曾国藩连上两道奏折，一道为《恭谢天恩并吁请开缺折》，另一道为《沥陈办事艰难仍吁恳在籍守制折》。这位失意的湘军主帅索性把话挑明了讲，专拣重点、要点发言，多年来他只挂个兵部侍郎的虚衔，别说实权比总督、巡抚小得多，甚至连提督都不如，这样处处受到掣肘，粮饷苦无着落，每每朗诵苏东坡诗句“饥火烧肠作牛吼”，又如何能加大力度平定太平军？话已讲到这个份上，意思再明白不过了：陛下要是仍不肯给卑臣实授东南战区的兵权和行政权，卑臣就继续请假在家闲居，终老于牖下，不打算出山了，陛下赶紧另请高明来收拾烂摊子。曾国藩这三道奏折岂不是半明半暗地要挟朝廷吗？

天京内乱前，清军江南大营被太平军攻破，全局受到震荡，形势岌岌可危。天京内乱后，太平天国元气大伤，清政府获得喘息之机，赶紧重整旗鼓。当时，江西战局确实有了起色，九江、湖口相继被湘军收复，内江外湖的水师也已会合，好运气都落到了别人身上，与曾国藩无关。咸丰皇帝重拾信心，居然有了

① 《左宗棠全集·书信一》第10册，岳麓书社，2014年版，第199页。

吹牛的豪气："谅兹穷寇，不难一鼓荡平！"他就不信没有曾国藩这根咸萝卜，嘴里会淡出鸟来。曾国藩被撇在湘乡，一撇就是一年多。在此期间，他撂下儒家宝典，拾起道家要籍，领悟老庄思想。道法自然，以退为进，以柔克刚，"知其雄，守其雌"，无为而无不为，经过这段日子的深思敏悟，他养足了静气。

出山后仍旧是"四无大帅"

咸丰七年九月二十六日，湖北巡抚胡林翼向朝廷呈递《起复水师统将以一事权并密陈进剿机宜疏》，说明湘军水师"建议于江忠源，创造于曾国藩，而整理扩充，至近年而始大"，"杨载福、彭玉麟，经曾国藩拔识于风尘之中，自湘潭出师，以至今日，久已分为两部，即不能统为一军"，必须请出在家守墓的曾国藩，湘军水师才能分而复合，统一号令。胡林翼强调："东南大局，时不可失，移孝作忠，出而任事，天下后世，将益信其忠，而不能责其不孝。事必见其大，而时必乘其先。应请饬下曾国藩迅速起程，由鄂抵浔，即日督同杨载福、彭玉麟、李续宾等水陆各军，会合将军都兴阿，长驱东下。"① 胡林翼的这道奏疏引起朝廷的高度重视。

当然，真正"请出"曾国藩的并非胡林翼，而另有其人——李秀成和陈玉成。这两位太平军大将联合作战、集团作战，他们相继攻下安徽庐江、湖北黄梅等军事要冲。太平军如饿虎扑食，江南、江北的形势急剧恶化。这回，烂摊子靠谁来收拾？咸丰皇帝已经不可能再按常理出牌，由于漳州镇总兵周天受资望较浅，江宁将军和春病体未愈，只好敕命忠勇可嘉的湘军统帅曾国藩出山，驰援浙江。

《易经》早有明言："贵而无位，高而无民，君子不用也。"曾国藩于咸丰八年六月初三日奉旨，四天后从老家启程，乘船抵达长沙，立即找寻街头匠人镌刻一方木印"钦命办理浙江军务前任兵部侍郎关防"，明眼人一看就知道，曾国藩仍旧是"无土、无财、无位、无民"的四无大帅，他以这种样式和名目的木质关防办理重大军务，必然事事被掣肘，处处遭冷遇，难有例外。曾国藩乘

---

① 《湖湘文库·胡林翼集》第1册，岳麓书社，2008年版，第306、307页。

船绕经湖北，抵达武昌，与湖广总督官文和湖北巡抚胡林翼均有会晤，个个忧虑满怀。嗣后，他乘舟抵达湖口，与水师统领杨载福、彭玉麟叙谈，筹商转运事宜。

这一年注定不寻常，发生了两件事情，彻底改变了曾国藩的援浙计划：其一，七月十一日，胡林翼的母亲锦堂弃养；其二，十月十日，李续宾统领的精锐湘军于安徽三河镇被陈玉成率领的太平军主力部队围攻，全军覆没。胡林翼丁忧后，湖北的军政由谁接手，令曾国藩忧虑丛生。劝好友夺情，他说不出口，何况一年多前他弃军回家守制时，胡林翼并未劝过他立刻夺情任事。而湖北军政交由官文掌舵，后果将不堪设想。恰在胡林翼回家守墓期间，湘军遭遇了自建军以来最大的一次惨败，三河镇之战，李续宾麾下此前屡战屡捷的六千精锐子弟兵被十万太平军围歼，主将李续宾、裨将曾国华均殁于此役。三河镇之战改变了南方战局的重心，援浙、援闽都不再是关键，援皖、护鄂势在必行，而且十分紧迫。咸丰九年，曾国藩从江西移师安徽，正式开启了一个新的战略单元。咸丰十一年冬，左宗棠在江西境内接下援浙的艰巨任务，并且经历两年多时间的苦战光复了浙江全境，完成了曾国藩援浙的未竟之业。

值得一提的是，两江总督何桂清本是晚清官场中步步莲花的贵宠，二十岁就考中进士，点翰林院庶吉士，比曾国藩早七年；三十三岁就升为兵部侍郎，比曾国藩早四年；四十二岁膺任两江总督，比曾国藩早八年。有比较才有鉴别，可见其仕途之顺坦。他做浙江巡抚之前，即有谣谶流行，“江南若遇人丁口，江南就是鬼门关”[①]，人丁口合在一起是“何”字，何桂清俨然成了两江地区最大的灾星。

咸丰十年，杭州、苏州相继沦陷，浙江巡抚罗遵殿自杀，两江总督何桂清弃城逃遁。一直钳制金陵的江南大营被太平军攻破，大将张国梁在丹阳受伤落水而死，江宁将军和春逃至苏州境内浒墅关，一命呜呼。胡林翼闻讯之后感叹道：“军国之事，越办越坏，实堪痛哭！”这年四月十三日，苏州失守，全吴沦陷，京师仓廪已竭。祸不单行，英法联军的舰队越洋逾海呼啸而至，津、京两

① 赵烈文:《能静居日记》第1册，岳麓书社，2013年版，第149页。

地危迫于呼吸之间，迁都西安之议甚嚣尘上，兴师勤王势在必行。大局如此险恶，咸丰皇帝奕詝也只好采纳肃顺的建议，打消重重疑虑，重用曾国藩。

总揽东南战区的军政大权

咸丰十年四月，苏州突然沦陷，京城里的衮衮大公们坐不住了，朝廷赶紧诏加曾国藩兵部尚书衔，署两江总督，责成他出兵江东，力挽狂澜于既倒。倘若放在以往某个时点，曾国藩还可推宕，现在他是两江总督，收复境内的失地责无旁贷。《湘军志·曾军后篇》对于胡、曾二公的策略调整和心理变化均有描述，其大致脉络如下：

胡林翼很高兴曾国藩能够获得朝廷重用，于是写信去讨论军事部署，大意为：兵事当布远势，忌近谋。公言南岸分兵，一军由池州取芜湖，一军由祁门出徽州、宁德，一军专守广信，防御江西，这些都是内军的分布。从江西取饷，却只考虑厘捐，将洋税和漕折归于巡抚，我认为这样太受限制了。以湖南、湖北为大后方，以江西为筹饷的区域，等待三省协防到位后再谋求伐吴，没有一年时间不能办妥。吴、越两地绅民的毁誉怨望虽不必在意，但我等悲悯之怀，与吴、越两地人仰望之苦，情面上最过不去。两江总督的权力很大，以包揽把持、恢廓宏远为用，盐运和漕运得人，何事不济？根本不愁贫苦。苏州、常州失守以后，总督、巡抚、布政使、按察使或者死了，或者未死，或者已补缺，或者未补缺，进用贤良，斥退宵小，正当其时。现在应当发兵两支，一支以杭州为目的地，一支以扬州、淮南为目的地，先调遣屯守的平江军五千人驰入杭州，拯救其急难而取得其钱财，命令李元度招募五千人继续向杭州挺进，龟缩在广信防守毫无必要。杭州一旦有失，就驻扎在衢州；杭州若能幸存，就进驻湖州，这是平定吴地的前期步骤。刘蓉、左宗棠应当各自招募六千人，为皖南、扬州提供兵力，或为江西提供兵力，为随征东吴提供兵力。李鸿章可以掌管淮军，水师陆师总共有一万五六千人，而以多隆阿、都兴阿统领马队，沈葆桢应奏保为江西巡抚，李续宜、李元度或任江宁布政使，或任江苏布政使，如此一来，兵饷就尽在掌握之中。大局安危，主要看公敢不敢放胆一搏。近期，叶名琛任两广总督，而不知广西巡抚是谁；何桂清任两江总督，却割弃皖南、皖北，并且要割弃长江以北的地区；福济任安徽巡抚，却割弃南岸给浙江，又割弃淮北给袁甲三，他日蹙百里就理所应当了。徽州、宁德还完整无失，布置初定，就应当鼓行而前，与怀宁、桐城的驻军会师于当涂，然后湖州军出于苏州、常州，扬州的战马饮于江浦。我虽孱弱，不觉得这话是不着边际的。倘若急病缓治，大题小做，则恐怕无济于事。

"国藩得书，壮之。然其再出也，行兵持重，必无后顾而后动，谨官守，和众心，以惩补前失，不能用其议。将进宁国，犹恶其险，乃移驻祁门，乞鲍超全军以行，而自将朱品隆、张运兰合万一千人。五月戊申，渡江。六月癸酉，至祁门。"[①] 曾国藩对胡林翼的部署怎么看？所谓"壮之"，即表明他佩服胡林翼胆大心雄。但他再度出山，充分吸取了李续宾急攻冒进的教训，以行兵持重为本谋，不敢长驱直入，以免留下后顾之忧，因此他并未采纳胡林翼的大计，而是率军驻守安徽祁门，向外界发出打持久战的信号。

胡林翼强调"破除情面，援引正人，扶植善类，方可有为"，主张向浙江、江苏进军，盐运、漕运得人，不愁军饷匮乏，这个速战速决的方案确实要冒风险。此时，曾国藩初膺大任，以持重为先，不敢轻于一试。胡林翼胆量大，魄力足，他还于咸丰十年五月中旬致书曾国藩，敦劝他勇于包揽："天下事误于正人怕包揽之名，庸人得推诿其间。……丈不包揽，天下事尚可为乎？"[②] 曾国藩当然清楚，包揽是必须的，但只宜低调，不宜高调。

咸丰十年五月初四日，胡林翼致信曾国荃，视曾国藩获膺封疆重寄为湘军转霉运为好运的大关键："凡江督之辖境，兵事、饷事、吏事一并总揽，然后武惠之名，长沙之勋可保也。"[③] 北宋大将曹彬，谥武惠，一生大功为平定江东，攻克金陵，逼令南唐后主李煜降宋。东晋大将陶侃，封长沙郡公，统率联军平息苏峻之乱，收复金陵。以上两个典故都与金陵有关，胡林翼用它们来明示曾国藩将要建立不可磨灭的功勋。

---

① 王闿运：《湘绮楼诗文集·王志/湘军志/笺启》，岳麓书社，1996 年版，第 634 页。

② 《湖湘文库·胡林翼集》第 2 册，岳麓书社，2008 年版，第 533 页。

③ 《湖湘文库·胡林翼集》第 2 册，岳麓书社，2008 年版，第 522 页。

巧的是，仍为咸丰十年五月初四日，曾国藩回复彭玉麟的贺信，这样写道：“国藩当精力极疲之余，值大局糜烂之际，忽而膺兹艰巨，若涉大水，茫无津涯，爱我者固将为我惧，不为我喜也。”同年六月十三日，曾国藩致书亲家、好友刘蓉，仍是苦命人口气：“国藩于四月杪奉承乏两江之命，精力极疲，翻膺艰巨，前乎此者，骏马轻车，覆辙相寻，况以驽骀而历峻坂，又值泥潦纵横，大惧颠蹶，诒知好羞。”何桂清前车已覆，曾国藩看在眼里，忧在心头。

同治二年五月初七日，曾国藩写信给九弟国荃，称赞机要秘书赵烈文“识高学博，文笔俊雅，志趣不在富贵温饱”，也指出其缺点是“藐视一切，语少诚实”。当时，曾国荃急需一名首席文案，想请赵烈文帮忙，曾国藩当然无条件支持九弟。赵烈文果然“语少诚实”吗？他给后世留下了一部史料价值颇高的《能静居日记》，不仅史实有根有据，而且细节鲜活，主观误判是存在的，但要指证他故意撒谎，显然不是一件容易的事情。赵烈文有个习惯，不同于绝大多数日记作者，他除了记录当日的所见所闻所思所省，而且对往事多有追记追评。同治三年四月初八日，赵烈文就对曾国藩在咸丰末期受到重用，发表了自己的看法，大意是：曾帅从咸丰二年奉命练勇，以及后来用兵江西，七八年间坎坷备尝，疑谤丛集。待到咸丰末叶，江西多数名城沦陷，朝廷才授予他两江总督一职，他受命于危难之间。其时朝廷四顾无人，不得已而重用他，并非皇上真能简选他，军机大臣真能推荐他①。当时，如果满蒙籍的高官中有人能够胜任这个要职，就绝对轮不到汉籍侍郎曾国藩脱颖而出。据薛福成的《庸盦笔记》所载，正式任命之前还有一番曲折：苏州、常州已经沦陷，何桂清因弃城获咎，咸丰皇帝想用胡林翼总督两江。肃顺进言：胡林翼在湖北措置完善，不宜挪动，不如用曾国藩总督两江，则上下游俱为得力疆臣。咸丰皇帝对这个人事安排表示认可②。如此说来，最初是肃顺推荐了曾国藩，咸丰皇帝也觉得妥当，这才定盘。赵烈文的断言“非负扆真能简畀，当轴真能推荐也”属于主观误判。从当时的情况来看，也并非四顾无人，至少还有胡林翼，胡林翼虽痼疾难瘳，

---

① 赵烈文：《能静居日记》第2册，岳麓书社，2013年版，第771页。

② 薛福成：《庸盦笔记》，江苏人民出版社，1983年版，第14、15页。

但极其能干。只要朝廷着眼长远的未来，曾国藩就是两江总督最合适的人选。

既然曾国藩是肃顺推荐到位的，咸丰皇帝驾崩后不久，为何慈禧太后与恭亲王联手做掉八位顾命大臣，肃顺首当其冲，却超越常规重用曾国藩，不仅任命他为钦差大臣，实授两江总督，甚至还让他兼办浙江军务，苏皖赣浙四省巡抚、提镇以下并归节制？对于这个问题，欧阳昱的《见闻琐录》透露了重要的信息："咸丰末，肃顺当国，内外官争相趋炎附势，倚为泰山，甚或进重金营善地，几不可以数计；即无此弊，而书信往来，无人无之。及得罪，籍其家，搜出私书一箱，内惟曾文正无一字。太后太息，褒为'第一正人'。于是天下督抚皆命其考核，凭一言以为黜陟。"别人都攀龙附凤，唯独曾国藩与权臣肃顺没有一词一字的书面交往，这就令慈禧太后大为放心，大为开心，也令她对湘军集团骤生好感，大加信任。咸丰十一年十一月十四日，曾国藩乍闻朝廷政变，八位顾命大臣，三人被拿问正法，五人被逐出枢垣，"不知是何日事，又不知犯何罪，戾罹此大戮也"。三天后，他在日记中写道："……服皇太后之英断，为自古帝王所仅见，相与钦悚久之。"[①] 一是钦佩，二是悚惧，都笑妇人之仁，在波诡云谲的政界，妇人之仁倒真是稀缺之物。

一事总有两面：曾国藩与权臣肃顺没有一词一字的书面交往，说明他没有感谢过肃顺，更没有打点过肃顺，肃顺却依然善待他、高看他，可见肃顺也很了不起啊！是忠臣，也是良臣，可惜沦为了权力斗争的牺牲品。

曾国藩总揽南方战区的军政大权后，仍然度过了一段艰苦日子，"如扶醉汉，如坐破舟，焦灼万状"，其后步调才慢慢走顺。

祁门移营势在必行

咸丰十年六月十一日，曾国藩率军抵达皖南祁门，将大本营安扎在这个三面环山的地方，只有一条水路与外界相通。李鸿章论其地形如在釜底，即阴阳家眼中的绝地，不如及早移营，以求进退自如。曾国藩则认为祁门地势险要，易守难攻，目前全局艰危，军心并非铁稳，本动则枝摇，"军民纷乱，米盐无买，各

---

① 《曾国藩全集·日记之二》第 17 册，岳麓书社，2012 年第 2 版，第 228 页。

军皆不方便”，坚守大本营才是上策，并且放出话来：诸君要是胆怯，可以各自散去！当时，帅府幕僚劝谏曾国藩改弦更张，个别人有点急不择言，说什么“祁门非应殉节处”。曾国藩一听这话，心里暗自乐了，居然有了兴趣开个玩笑，他回应的是“何根云去常州时，大约左右亦如此说耳”。要弄明白曾国藩此言的幽默意味，还得了解“何根云”究竟是谁、“去（离开）常州”到底是怎么回事才行。

何桂清，字丛山，号根云，殿试状元出身，在曾国藩之前，他膺任两江总督，驻节常州。咸丰十年春，太平军攻破金陵大营，何桂清畏敌而弃城，逃往上海，致使举国哗然，声讨詈骂之声不绝，朝廷决定严惩不贷。由军机大臣祁寯藻领衔，共有十七位京官力保何桂清不死，说什么“一品大员，用刑宜慎”，其堂而皇之的理由则是“国人皆曰杀，臣亦国人，未敢谓其可杀”。由于英法联军攻入北京，咸丰皇帝病死热河，这桩重案悬置了两年之久。何桂清“一朝迷误，万事瓦裂”，自有其取死之道：他畏敌脱逃，擅离职守，这是明面上的；他任两江总督期间轻视湘军、不肯接济粮饷、多方排斥曾国藩则是暗面下的。

同治元年八月二十九日，曾国藩拜发《查复何桂清退守情形折》，虽未明确建议处决何桂清，其中二语却暗藏霜刃：“疆吏以城守为大节，不宜以僚属之一言为进止；大臣以心迹定罪状，不必以公禀之有无为权衡。”这话是什么意思呢？何桂清想脱罪或减罪，靠谱的理由只有一个：他并非擅自离开两江总督府所在地常州，前往苏州，而是司道官员用禀牍请求他前去的，这与弃城而逃的性质完全不同。曾国藩对此理由并不认可，他以自己在外多年、忝任封疆的经验说话，总督、巡抚的权力很大，能够对司道的升降、荣辱拥有话语权，司道官员迎合总督的想法乃是正常现象，他们建议何桂清离开常州赴苏州并不奇怪。何桂清身为疆臣，负守土之责，明知守城是天职而弃城不顾，士绅攀留，且有十余人被枪杀，心迹不仁不忠，这就罪不可赦了。曾国藩的“诛心大法”可谓一石二鸟，既清算了何总督苛待湘军的旧账，将何氏集团的残余势力兜底铲除，又令祁寯藻大丢颜面，报了祁某昔日暗进谗言的旧仇。曾国藩固然腹黑，但他以理学的令箭布堂堂之阵，立正正之旗，即使苏秦、张仪复生，也难骋舌辩。

把“何根云”这人、“去常州”这事弄清楚了，我们就不难明白曾国藩那句风趣话的幽默意味了：当初，何桂清离开常州，他的幕僚可能就说过那里不是殉节的地方吧！言外之意是：你们劝我离开祁门，万一祁门失守，大局恶化，我就会像何某那样身败名裂，这难道是大家乐意看到的结局？何桂清这个反面例子是人人知悉的今典，曾国藩晓以利害，湘军帅府的幕僚们赶紧闭嘴，无人再提“撤离”二字，军心稳定了，营盘也稳固了。

何桂清被处决后，同治元年七月，清政府颁布《逃官议罪章程》，最引人注目的律条是“各省督抚提镇如遇省城及驻扎地方不行固守，辄即闻警先逃者，即照失陷城寨本律，拟斩监候，倘情节重大，应请旨于军前正法”[①]。杭州陷落之日，浙江巡抚王有龄、学政张锡庚自杀，浙江布政使林福祥、提督米兴朝却苟且偷生。其后，他们征得太平天国忠王李秀成同意，护送王有龄、张锡庚的尸棺至上海，不敢投至曾国藩大营，改投左宗棠大营，仍难逃斩首的命运。并非左宗棠无好生之德，实因《逃官议罪章程》已经颁布，林福祥、米兴朝沦为祭品，即俗语所谓“挨头刀”。

在这个时期，曾国藩最担心的是：老百姓对他期望极高，犹如大旱之望云霓，但湘军兵力有限，收复失地不可能一蹴而就，如果战局不利，进展甚微，他的名誉必遭贬损。咸丰十年十月，曾国藩回复翰林前辈张集馨，将自己的忧虑和盘托出：“苏、常骤罹浩劫，火热水深。谬采虚名，以为楚军一至，倒悬立解，大旱之望，不虞之誉，均萃于鄙人之身，而不知此间苦况。兵须循序而进，饷须裹粮而行，皆有不能奋飞之势，将来望极而怨生，誉过而毁来，惴惴私衷，良不知所以善其后！”这种担忧是无计可消除的，只能走一步看一步。

局面宽绰好办事，局面狭窄不易施展身手，局面危急又当如何？近现代诗文家汪辟疆对同治、光绪年间的诗人事迹了如指掌，这方面的著述甚多，他讲过一个有趣的故事：咸丰十年，湘军大本营在祁门陷入重围，王闿运恰巧在幕府中做客。曾国藩总揽全局，深知军情凶多吉少，打算疏散一部分幕僚，以免被敌军一锅端。机要秘书李鸿裔对曾国藩的心思洞若观火，他试探着询问道：“壬秋在军中，何不让他早点避险？”曾国藩慨叹：“我幕府中的文士，以差事

① 秦翰才辑录：《左宗棠逸事汇编》，岳麓书社，1986年版，第232页。

派遣出行，不露形迹，军心不至于摇动。壬秋是这里的客人，倘若我仓促间将他送走，恐怕会惊动将士，致使外间哗然。壬秋肯定打算好了何去何从，你不妨到他住处看看他在做什么，立即来告诉我。”李鸿裔领命前往，只见王闿运正在埋头读《汉书》。曾国藩得悉此节，捋须微笑道：“不用我送，壬秋快要自己动身了。”王闿运果然早有准备，在山溪里藏好了一条船，仆人就是舟子，眼下风声渐紧，于是不告而别。李鸿裔不解曾国藩何以未卜先知，曾国藩就给他揭开谜底：“壬秋学识渊博，读《汉书》又何必注视凝思？摆明了，他读书是假，拿主意走人才是真。”从细节看出苗头，曾国藩的推断堪称神准。

事实上，当时的情形不可能如此轻松。从《十三峰书屋全集》中李榕写给王闿运的信件来看，王闿运会试落第后南下祁门，住在李榕处，想到曾帅幕府任事，请李榕代达己意。曾国藩的拒绝一点也没有绕弯子：“王某言语夸张，万一军事上有个败挫和闪失，他必定大发议论，动摇军心。与其日后失欢，不如此时失欢。”应该说，当时的军事形势异常吃紧，太平军（李秀成、陈玉成的联合部队）大举进攻，拿下祁门的战略意图十分明显，曾国藩早就做好了最坏的打算，把宝剑挂在床头和船上，遗书也写好了。曾国藩一向求才若渴，却并未挽留王闿运，他顾忌王闿运狂野不羁的性格和好发议论的毛病，让这位笔底生风的才子眼看湘军苦撑受罪，日后必有大堆是非。

另据欧阳兆熊笔记《水窗春呓》所述，众委员惶惶不可终日，纷纷收拾行李，放在船中，随时准备散伙逃命。幕僚程尚斋“奄奄无气”，私下对欧阳兆熊说：“死在一堆如何？”可见士气之低落，人心之悲观。曾国藩将众人的肚肠看得分明，干脆发话：“贼势如此，有欲暂归者，支给三月薪水，事平仍来营，吾不介意。”① 众人听话听音，且惭且愧，反而不好意思成天琢磨三十六计的最后一计了。曾大帅雍容坐镇，仍有雅歌投壶的静气，每日围棋一局，人心始定，安戢如堵。不过一事总要看两面，曾国藩示人以镇静从容，内心并非毫无忧惧。虎将鲍超统军驰援大本营，“超下马，将行礼，国藩遽趋前抱持之，曰：‘不想仍能与老弟见面！’言毕泪下，盖喜慰之极，不能自持矣”。这与淝水之战时

---

① 欧阳兆熊、金安清：《水窗春呓》，中华书局，1984年版，第2页。

东晋名相谢安棋局中收到捷报不动容、棋局后雀跃折断屐齿可谓异曲同调，人之常情、事之常理该当如此，曾国藩毕竟不是铜浇铁铸的无畏战神。

咸丰十一年初，曾国藩决定亲率所部攻打徽州，帐中军师欧阳兆熊极力劝阻，不听。湘军到了徽州城外，立足未稳，太平军猛扑过来，营官叶光岳、胡玉元阵亡，湘军二十二营中有八营惊溃，士气顿减。曾国藩统领余部退驻休宁，既羞且忿，很难为情，他命令祁门守将朱品隆修筑坚固的堡垒，自己却迟迟不回大本营，甚至写好了遗嘱，部署后事。湘军新败，人心危悚，众将士无所适从。欧阳兆熊从祁门致书曾国藩，专论死生之道、进退之义，要点是："死有重于泰山，凡欲求死者，必得死所。休宁非死所也。"[①] 曾国藩是两江总督，安徽、江苏、江西都是他的辖区，在自己的辖区之内哪有什么进退可言？欧阳兆熊认为祁门处于万山丛中，乃是兵家眼中的绝地，不如将湘军大本营移驻东流，兼顾南北两峰。曾国藩理应消除忿恨之气，早日回到祁门确定大计，这并非一件羞耻的事情。欧阳兆熊的书信以理服人，对症下药，效果明摆着。数日后，曾国藩率军回到祁门。又过了十余天，湘军大本营移驻东流。对欧阳兆熊的来信，曾国藩无一字回复。这不难理解，毕竟他是湘军大帅，要保全面子。

最终，曾国藩将敦劝他移营东流的功劳全记在胞弟曾国荃名下，说是曾国荃"不顾自己之艰危，专谋阿兄之安全"，写信"殷殷至数千言""情词恳恻"，劝说大哥及早移营，起到了一锤定音的作用。咸丰十一年三月二十一日，曾国藩在家书中感叹道："昔人云：'读《出师表》而不动心者，其人必不忠；读《陈情表》而不动心者，其人必不孝。'吾谓读弟此信而不动心者，其人必不友。"[②] 曾国藩遂定于咸丰十一年三月二十四日（实际动身日期为二十六日）将湘军大本营移驻安徽省东流县，在家书中说是以此举答谢国荃、国葆两位胞弟的情意。移营东流的建议始发于欧阳兆熊，继发于曾国荃，对曾国藩下决心、作决定是两波助力，至于把功劳记在谁的名下，倒是无关紧要的。欧阳兆熊笔下纪实而无怨诽，也未失君子风度。

---

① 欧阳兆熊、金安清：《水窗春呓》，中华书局，1984年版，第3页。

② 《曾国藩全集·家书之一》第20册，岳麓书社，2012年第2版，第599页。

06 章　狂风恶浪打熬苦人儿

在不知情的人看来，湘军大帅曾国藩威风八面，能够呼风唤雨，旋乾转坤，伟人、圣人、完人的高帽子早已在更衣室中预备妥当。殊不知，三顶高帽他悉数奉还，一顶也不戴。他自视为劳人、苦人和病人，有一点记得很清楚，“挤之者未尝无亲好，毁之者未尝无圣贤”，连亲好和圣贤都踩过他的痛脚，处境和心境之苦可想而知。

咸丰九年十月十四日，李榕（字申夫）从湖北黄州回到江西南昌湘军大营，与湘军统帅谈论时事。曾国藩说：眼下难处大，苦处多，必须竖起骨头竭力撑持才行。三更时，他睡不着，披衣起床，点灯磨墨，撰写了一副对联，上联是“养活一团春意思”，下联是“撑起两根穷骨头”。苦人要挣脱苦境，摆脱苦地，首要的是精神不能自行垮掉。把“一团春意思”养活了，把“两根穷骨头”撑牢了，就算距离希望颇为遥远，也仍然有逐渐靠近它的那一天。

梦境是潜意识的全息映象，这一点早已为世人所知。同治五年十二月二十四日，曾国藩在日记中写道：“余数十年来，常夜梦于小河浅水中行舟，动辄胶浅；间或于陆地村径中行舟，每自知为涉世艰难之兆。本夜则梦乘舟登山，其艰难又有甚于前此者，殊以为虑。”①浅水行舟，村径行舟，山地行舟，足见辛苦、艰难不断升级。曾国藩一生中最艰苦、最艰难的时期，一为咸丰五年左右，一为同治五年左右。

---

① 《曾国藩全集·日记之三》第 18 册，岳麓书社，2012 年第 2 版，第 356 页。

忠清坚苦，四者齐备

从咸丰五年到咸丰七年，曾国藩统领湘军主力在湖北、江西与太平军周旋，要权没权，要粮缺粮，要饷乏饷，湘军长期客寄虚悬在外，朝夕煎熬，日夜危疑，饱受诟病。以力行者大禹的话来形容，就是“懔乎若朽索之驭六马，栗栗危惧，若将陨于深渊”；以亲近者李榕的话来总结，就是“好汉打脱牙和血吞”；以旁观者王闿运的话来描绘，就是“寒月漠漠如塞外沙霜”。其时，刘蓉在幕府中帮忙，亲耳听到曾国藩愤然感叹道：“当世如某公辈，学识才具，君所知也，然身名俱泰，居然一代名臣。吾以在籍侍郎，愤思为国家扫除凶丑，而所至龃龉，百不遂志，今计日且死矣！君他日志吾墓，如不为吾一鸣此屈，泉下不瞑目也！”① 凡事有对比就会有伤害，朝堂上使奸耍诈的名臣活得滋润，战区里履险担危的忠臣活得憋屈，曾国藩之悲愤竟只能对苍天言，对契友言。

曾国藩最感痛心和无助的是，一向倚为心膂的大将塔齐布、罗泽南相继殒逝。湘人有一句口号百分百纪实：“拆掉一座塔，打碎一面锣，穿坏一部罾。”“塔”指塔齐布，“锣”指罗泽南，“罾”指曾国藩，可见其处境之艰危。曾国藩的奏折中有激楚语：“闻春风之怒号，则寸心欲碎；见贼船之上驶，则绕屋彷徨。”论处境之悲苦，心境之凄凉，几人有过于他？咸丰七年腊月，曾国藩在家守制，致书正在江西围攻吉安城的九弟曾国荃，总结自己在江西三年倍感郁闷的三大原因：“第一，不能干预民事，有剥民之权，无泽民之位，满腹诚心无处施展；第二，不能接见官员，凡省中文武官僚晋接有稽，语言有察；第三，不能联络绅士，凡绅士与我营款惬，则或因吃醋而获咎（万篪轩是也）。坐是数者，方寸郁郁，无以自伸。”② 这三块绊脚石不搬除，他就始终跌跌撞撞。

光绪四年二月二十七日，王闿运著《湘军志》期间，《湘绮楼日记》有言：“夜览涤公奏，其在江西时，实悲苦，令人泣下。然其苦乃自寻得，于国事无济，且于渠亦无济，反有损。”③ 尽管这样，他还是认为“《出师表》无此沉痛”。咸

---

① 《湖湘文库·刘蓉集》第2册，岳麓书社，2008年版，第333页。

② 《曾国藩全集·家书之一》第20册，岳麓书社，2012年第2版，第321页。

③ 王闿运:《湘绮楼日记》第1卷，岳麓书社，1997年版，第643页。

丰九年四月初七日，曾国藩在日记中追忆道：“念吾在江西数年，五年在南康，景象最苦，六年在省城，亦以遍地皆贼，同事多猜疑，心不舒鬯。此外，四年在九江月余，七年在瑞州月余，亦无佳兴。”[①] 唯有湘军驻扎在建昌和抚州时他的日子要好过一些。咸丰九年八月十九日，胡林翼致书李续宜，对曾国藩的处境深表同情：“此老有武侯之勋名，而尚未得位；有丙吉之阴德，而尚未即报，是可慨也！”[②] 武侯是蜀汉名相诸葛亮，丙吉是汉武帝时的名相，胡林翼将曾国藩看得很高，功德均已具备，权位尚未匹配，令人怅叹。

咸丰十年四月，曾国藩奉旨署理两江总督，权重任务亦重，他的背运并没有走完。十月初五日，他回复湖北巡抚胡林翼，自承调度乖方，有“三失”之大过：“广德失而无以屏蔽浙江，宁国失而无以更谋苏境，徽州失而皖南几无立足之地，五、六、七、八等月所奏诸疏，竟无一语能践，无一句不假。中夜愧愤，何地自容！”[③] 心境之苦，可想而知，就算朝廷不追责，御史不弹劾，他自己愧愤攻心，滋味也不好受。

咸丰十一年七月二十日上午，赵烈文乘船抵达安徽省东流县，找到湘军大营，拜见钦差大臣、两江总督曾国藩。在当天的日记中，他记录了自己的初步印象：督帅四月初从祁门移至东流，城内外驻扎大营三座，共有一千五百人。听督帅说，现在整个湘军共有五万余人，每月正饷就要二十万两，加上赏金、抚恤金和官员的薪水，以及军需杂费，非三十万两白银不可，而所依赖的只有从江西、安徽抽取厘金一项，各营口粮已亏欠半年多。饷源支绌到了这个程度，令人焦虑。又听营卒说，营中规矩甚严，黎明就起，每日操练两次，勇丁都是赤脚穿草鞋，营中无一人吸食鸦片。全营办事及供应饮食，都使唤公家人，无私家随从，应酬简易，巡捕官报告情况，都穿长衫。曾督帅崇尚简约朴素，所穿衣服不过是粗疏的缯帛，帽子和靴子破旧，与士卒同时睡觉，同时起床，不求安逸。他每夜亲自出去巡查，察听更号，有违误的，也不兴严厉指责，好言

① 《曾国藩全集·日记之一》第16册，岳麓书社，2012年第2版，第427页。

② 《湖湘文库·胡林翼集》第2册，岳麓书社，1999年版，第325页。

③ 《曾国藩全集·书信之三》第24册，岳麓书社，2012年第2版，第7、8页。

好语训导一番。民间诉讼，虽案情简单细微也必定亲自过问，小民直接到总督衙门递交呈文，不用花销一文钱的费用。其忠清坚苦，达到如此程度，令人感动不已。大概上天鉴于下界有此忠臣，幡然悔祸，百姓实受其福。像曾督帅这样的志士，就算大业无成，其人也已千古①。

胡林翼曾说："兵之利钝，视饷为转移，尤必预先筹给，方能有恃无恐，而勇气自倍。"他还说："兵以食为大命，早到一日，即早受一日之赐，安危之机，间不容发。"男儿当兵打仗，吃粮领饷，天经地义，都是拿血肉性命去做交换，可是湘军的粮饷奇绌，苦不堪言，将士卒伍居然肯抱团，不散伙，并非人人个个政治觉悟高，也不是曾国藩给他们洗脑洗得干净彻底，而是说明了两个问题：其一，战乱年代大家找不到多少生趣和活路；其二，年轻人从军入伍比待在家乡被各种坏消息困扰包围更感觉安全。湘军只是民兵组织，战斗力却比清朝的正规部队绿营强得多。如果说士兵早起、每天操练两次、打赤脚穿草鞋都不算难事，那么湘军大营中"无一人吸食鸦片者"，相比绿营将士烟鬼成群，绝对有天壤之别。此时，曾国藩已是一品封疆大吏，是东南战区的总指挥，他在吃穿方面相当俭朴，身体多病，却事必躬亲，既能严以律己，又能宽以待人，"躬尚约素"，"忠清坚苦"，难怪赵烈文深受感动，愿意留在湘军大营中吃苦效力，他从曾国藩身上看到了九州转危为安的一线曙光。

王闿运在《湘绮楼日记》中写道："昔曾涤公治军，愀然如秋，有愁苦之容。胡文忠军熙熙如春，上下欢欣而少礼纪。两军皆兴盛有功，诸军则不能然。愁则溃，欢则慢，余庶几其胡群耳。"② 王闿运的比喻用得好：曾国藩治军，军中秋气足，所以很严肃，有愁苦之容；胡林翼治军，军中春气足，所以很活泼，有欢欣之色。他说他大概会加入胡林翼的那个群。赵烈文没的挑，没的选，追随曾氏兄弟干了好些年。

同治元年闰八月，曾国藩回复晏端书，实话实说："今岁全境（指江西）肃清，自四月至八月，通计省局仅解四万余两。皖省凋敝而收数日增，江西完善

---

① 赵烈文:《能静居日记》第1册，岳麓书社，2013年版，第344、345页。

② 王闿运:《湘绮楼日记》第2卷，岳麓书社，1997年版，第993页。

而收数大减，其得失不待深究，悉由用人之不当耳！”[1] 曾国藩在江南举步维艰，既要注意敌方掘的堑，又要留神己方挖的壕。对他的处境，别人只看到权倾一时，未看到危机四伏，望之弥殷，责之弥切，精神压力极大。

同治三年四月初，曾国藩致书江苏巡抚李鸿章，前段提及军中欠饷，后段谈到外界疑他兵权、利权太重，措辞颇为愤激。外界不了解湘军缺兵缺饷的苦况，都认为曾国藩呼应极灵，何况长江三千里几乎每艘船只都张挂着他的旗帜，自然怀疑他“兵权过重，利权过大”。曾国藩气愤难平，打算将钦差大臣、两江总督的印把子交出去，请别人来接手，自己“统兵万余，专办一路”，仍像咸丰八年、九年那样干[2]。这些话当然只是气话，曾国藩好不容易拥有了实权，就得硬着头皮干到底。

更可忧的是，南方战区军事形势稍有好转，朝廷对曾国藩的信赖就明显减弱了，以至于疑谤丛生。曾国藩不肯迎合恭亲王和军机大臣，与他们的关系较为疏离，一旦御史寻摸到什么把柄，群起而攻之，将无人“亲之顾之”，为曾国藩力排众议，奋舌奋笔解围。孤者危，困者苦，曾国藩想过上几天高枕无忧的好日子，不知门开在何方，窗敞在何处。

沈葆桢釜底抽薪

同治二年冬，江西巡抚沈葆桢决定以本省厘金用于本省防务，保证江忠义、席宝田二军饷需。这样一来，湘军饷项立刻露出一个大窟窿。原本就日形窘迫，积欠如山，每月仅能发放三四成军饷，倘若江西将漕折、洋税、厘金悉数截留，给本省防军发放八成军饷，势必会影响到金陵大营的士气，一旦哗溃，谁来负这个责任？曾国藩既焦虑又愤懑。同治三年三月，他上奏朝廷，控诉沈葆桢此举是“专尚客气，不顾情理，令人难堪”，此处所谓“客气”并非讲礼貌，而指意气用事。曾国藩最恼火的是，自己既是两江总督，身为钦差大臣，可节制四省军事，江西在自己的管辖范围之内，地面所出之财税均有权提取。沈葆桢

① 《曾国藩全集·书信之四》第 25 册，岳麓书社，2012 年第 2 版，第 564 页。

② 《曾国藩全集·书信之六》第 27 册，岳麓书社，2012 年第 2 版，第 564 页。

以下犯上，如此重大的军政要务，竟然事前不打商量，事后不做解释，就将厘金一锅端，他这样独断专行，欲置朝廷二百多年的规矩于何地？

赵烈文在同治三年三月十二日的日记中剖析了曾国藩与沈葆桢的矛盾根源，值得参考。江西茶厘牙税原归曾国藩派人设局征收，每年可征收一百余万，军需恃为正款。江西旧设防军较少，遇有警信，都是曾国藩派劲旅驰援，鲍超、左宗棠两军截剿尤为得力。沈葆桢膺任巡抚后，增募兵员一万余人，且移调精毅、精捷等军万余人，兵数日增而费用无出，所以他奏请收回江西境内的茶厘牙税，以用于本省防务，这就与大局发生了冲突。“沈心地端纯，遇事敏练，而局面未免狭隘。……平心论之，中堂荐列贤才，原期为国任事，沈之奋发有为，不可谓之越职。惟江西饷需虽迫，而皖台竭蹶尤甚，且中堂于江西军务未尝稍置漠视，则东征大局攸关，沈亦不当以距江省较远，遂生畛域。当此沧海横流，公私涂炭，体国大臣虽彼此如头目手足之相护，犹虑不济，而分崩如此，不能不为贤者责矣。”[①] 强敌窥伺，外侮侵逼，父子兄弟还能闹分家？赵烈文肯定沈葆桢“心地端纯，遇事敏练”，但批评他格局狭小，任性使气。

沈葆桢的性格刚多柔少，说好听点叫固执己见，说难听点叫刚愎自用，他自恃截留本省厘金理由充足，名义正当，江西绅民抱怨湘军久用江西厘金而仓促间有可能驰援不及，本省除了招兵买马竭力自救别无他法。他就不想想，曾国藩极力保举他为江西巡抚，是个心照不宣的双保险，于公于私，在大事上都应该有商有量，有容有让。可是他偏偏就钻进了牛角尖，拉都拉不回头。曾国藩写信告诉左宗棠：“幼丹截留江西厘金，敝处抗疏争之，以此间需饷之迫，实有不能不争之势。”[②] 一旦曾国藩具折争之，矛盾立刻在朝野间公开，金陵大营的成败也就变得不那么确定了，沈葆桢不堪重压，悻悻然辞去江西巡抚，回家赋闲，曾国藩与沈葆桢的情谊就此抹净归零。

翌年五月十二日，曾国藩致书郭嵩焘，谈及此事，仍余怒未消：“昔年与籲门、石翘恼终隙末，犹得曰彼此皆有过当，情状令人难堪。至幼丹则自问实无

---

① 赵烈文:《能静居日记》第 1 册，岳麓书社，2013 年版，第 752、753 页。

② 《曾国藩全集·书信之六》第 27 册，岳麓书社，2012 年第 2 版，第 518 页。

开罪之处，而其相逼已甚，迥出意外。”曾国藩与骆秉章（字籲门）、朱孙贻（字石翘）闹过别扭，彼此都有不对的地方，但他百思不得其解：自己从未得罪过沈葆桢，对方为何要给他苦头吃？

官场很难有真朋友，曾国藩能遇到胡林翼，结为知己，惺惺相惜，这样的福气不可多得。胡林翼魂归道山后，这样的人不会再出现在曾国藩面前。不说沈葆桢，且说倭仁，他与曾国藩是进士同年，早年结伴修身，彼此连最私密的日记都乐意给对方看，关系够铁了吧。他们在仕途上的发展同样超预期，曾国藩做了钦差大臣、两江总督，挂兵部尚书衔，倭仁做了户部尚书，按理说，他们有进士同年这层特殊关系和青年时代那份深厚友谊托底，倭仁又是著名的理学家，应该可以互相扶持，实际情形却令人大呼看不懂。曾国藩在南方为饷匮粮乏而愁苦不堪，户部尚书倭仁不仅无意帮他渡过难关，而且给外界造成一种印象，曾国藩可调集苏浙皖赣四省资源，还有四川、两湖三省协饷，可谓绰有余裕。同治三年三月二十六日，曾国藩终于发飙，他回复倭仁，不再虚与委蛇，而是实话实说：“顷接户部大疏，言湖北每月协我五万，四川月协五万，湖南月协二万五千，江西月协三万云云。实则四川、两湖三省四年以来并无丝毫协我之款，江西除厘金外亦别无月解之款。去年浔关解到一月洋税万五千金，因沈中丞盛怒，已退还矣。不知户部何以疑我得此巨款？自古柄兵之臣，广揽利权，无不获祸谪者。侍忝附儒林，时凛冰渊，而使人以广揽利权疑我，实觉无地自容。”[①] 曾国藩的语气虽不愤激，但聪明人都能听出弦外之音——你老兄不帮我就算了，别变着法子害我啊！

同治三年三月下旬，总理衙门奏拨上海饷银五十万两，专解金陵大营，实得三十万两应该不成问题，“足济燃眉之急”。江西厘金之讼也很快有了结果，督抚各得其半。尽管朝廷对沈葆桢曲为体恤，有厚彼薄此之嫌，曾国藩也基本满意了。他致书九弟曾国荃，有喜出望外之感：“向使官司全赢，则目下江西糜烂，厘金大减，反受虚名而无实际。”他还欢笑着对二三好友说：“官司虽输，和得一注现钱。”这年四月十六日，曾国藩回复李鸿章，讲了实话：“幼丹中丞与敝处私交已绝，自问数年以来，未尝挟权市德，稍有触犯，此心可质鬼神。

---

① 《曾国藩全集·书信之六》第27册，岳麓书社，2012年第2版，第553页。

阁下不与左帅争意气，远近钦企。此间意气孰盛，则壹听公论耳。”[1]李鸿章与左宗棠关系不和谐，但总是让着对方，都说“左公咄咄逼人，李公休休有容”。曾国藩认为他与沈葆桢失和，以至于绝交，盛气凌人的一方绝对不是自己。

现在来看，沈葆桢釜底抽薪，将曾国藩和湘军置于异常艰危的境地，于公于私都非智举。两公从此分道扬镳，形同陌路，亦殊为可惜。

群疑众谤，赤舌烧城

两宫皇太后、恭亲王和满族权贵对汉人领兵充满疑虑与戒备，小用则小防，大用则大防，随着江南战区的形势渐入佳境，曾国藩受到的攻讦有增无减。赵烈文指出：曾国藩的奏章中多为权宜之计，疏而不密，也容易授人以柄。朝臣多方尝试之后，认为曾国藩“宽厚可侮”，不复敬畏。曾国藩天性“孤特独立”，不喜攀附，在朝廷中缺乏奥援，主眷既衰，则进退两难。

同治三年四月初八日，赵烈文在日记中着重描述了曾国藩身陷群疑众谤、赤舌烧城的困境，曾氏的兵权、财权、事权太重，尽管朝廷一时不得不放手，但并不放心，这个现实瞎子都能看明白，因此御史们肆无忌惮地攻击他。江西巡抚沈葆桢既是他举荐的疆臣，又是他的下属，却在这节骨眼上截留本省厘金，不乐意通融，这并不是孤立偶然的事件。据葛虚存《清代名人轶事》所记：“沈葆桢以一九江道，赖曾文正力得至两江总督。嗣以江西协饷事严词劾曾，清廷下诏劝和，亦创闻也。或责沈负恩，沈怒曰：‘予之有今日，予命所固有。天盖假手于曾，曾遂贪天之功以为己功耶？且予知有国，不知有曾。予为国计，即有恩亦当不顾，何况无恩耶？”[2]沈葆桢不肯承认曾国藩对他有恩，只肯承认上天借曾国藩的手来成全他，曾国藩的微劳薄德不值一提。这个逻辑足够新颖，令人脑筋急转九十九道弯，晕头转向。

沈葆桢得曾国藩力荐，由道台骤升至巡抚，这是当年人尽皆知的事实。光绪元年，沈葆桢被朝廷任命为两江总督、南洋通商事务大臣，已在两人交恶之

① 《曾国藩全集·书信之六》第 27 册，岳麓书社，2012 年第 2 版，第 590 页。

② 葛虚存:《清代名人轶事》，山西古籍出版社，1997 年版，第 416 页。

后十余年，曾国藩也已去世三年。不过，江西巡抚这个台阶确实重要，曾公的公心和私恩不该受到无视。沈葆桢办事有干才，但处理人际关系较为别扭。据刘禺生《世载堂杂忆》所记，当年江南人士有一共识："李文忠有礼，沈文肃无情。"李鸿章与沈葆桢是道光二十七年进士同年，李鸿章与房师孙锵鸣亲洽，执礼甚恭，沈葆桢则与孙锵鸣较为疏远。孙锵鸣罢职后任钟山书院山长，取课卷前十名，照例要交给两江总督批阅，确定名次。换成别人也就走走过场，沈葆桢却认真阅完，重新排序，在房师的短批之后加长批，甚至指出房师所批不当。孙锵鸣受不了这一恶补，愤然辞馆。有人由此推断，沈葆桢是天生的反骨仔，指望他记取曾国藩的恩德，怎么可能？

同治三年夏，湘军主力攻克金陵，东南局势有了翻天覆地的改观，可是苏浙两地士绅中不肯买账的大有人在，直接给予差评的并非个别。江阴陈子怀痛斥曾国藩驭下无方，认为"自湘军平贼以来，南民如水益深，如火益热"。同治五年九月初，御史朱学笃上疏弹劾曾国藩误国、庸陋等六条罪状，疏中措辞极尽挖苦嘲讽之能事。这并不奇怪，幕后有人授意，朱某只不过是出面踢馆的"打手"。奇怪的是，西太后将此折转交廷臣议处，态度似晦而明，她对曾国藩的信任已经衰减，此时有卸磨杀驴的打算，也符合逻辑。于是赵烈文日记中出现了以下字样："曾侯为御史朱学笃痛诋，乞假一月，既急且愤！"经过一番暗中较量和掂量，西太后慑于捻军在北方大范围的奔袭和窜扰，仍要倚赖曾国藩带头平乱，因此对大功臣敲打完毕之后，她又装模作样，斥责朱学笃，安抚曾国藩。她要弄政治手腕，如翘兰花指，不唱不作都是戏。

同治六年二月十三日，曾国藩在日记中写道："阅邸钞，见御史阿凌阿劾余骄妄，虽蒙圣谕鉴原解释，而群疑众谤，殊无自全之道，忧灼曷已！……进退两难，展转焦思，深叹高位之不易居耳！"[①] 三月初四日，曾国藩回信告诉杨岳斌：从同治五年秋到同治六年春，自己"屡被言路弹劾至六次之多""寄谕责备者七次"。倘若没有顶层人物怂恿和纵容，局面不可能如此失控。

曾国藩晚年不耐烦剧，消极怠工，因久未奏事，遭到"严旨诘责"，功臣、

① 《曾国藩全集·日记之三》第18册，岳麓书社，2012年第2版，第375页。

大臣之体面也就那么个破烂旌旗的样子，急时做不了挡箭牌。及至同治五年十月，曾国藩剿捻无功，再次遭到严旨诘责，“郁抑久之”，皇帝、太后和朝中衮衮诸公，谁会关心他“治事太多，用心太劳，疲乏之至，腰疼心亦疼”？老境益增，深以为苦，这年他做噩梦甚多，“夜间梦魇，仍无佳眠”“不甚成寐”差不多成了他日记中的标准配置。“余以衰病辞位不获，从违两难”，“心中郁郁，常思解去要职，以免疑谤。不觉梦魇，声粗非常，从人皆为惊起。自是竟夜不得安眠，殊自愧学养之未深耳”，曾国藩做噩梦做到大喊大叫，把随从都惊醒了，那会是一个怎样的噩梦？在日记中，曾国藩记录了一条异闻：幕僚李鸿裔的堂兄李石兰乘船时做噩梦，百呼不醒，竟于次日中午死去。曾国藩可能担心自己也会深陷梦魇不能自拔。

一壶水，放在猛火上烧，水沸腾了，都说好；倘若不将壶子从炉头拎下来，继续烧，水快烧干了，还好不好？再烧下去，壶底快熔穿了，那就该叫好惨了。曾国藩此时便担心猛火不停，水快烧干了，接下去会如何？不敢多想。

07 章 “剃头”不闻落发声

在《水浒传》中，梁山泊一百单八条好汉个个皆有绰号，绰号与姓名挂钩，如同酷炫的品牌，特别带劲，比如托塔天王晁盖、入云龙公孙胜、豹子头林冲、霹雳火秦明、小李广花荣、黑旋风李逵、浪里白条张顺、一丈青扈三娘、母夜叉孙二娘、浪子燕青、鼓上蚤时迁，令人印象深刻。

曾国藩颇具英断肃杀之气，他的江湖绰号为“曾剃头”。其意究竟是褒是贬？视乎各人的立场而定。

乱世用重典

咸丰三年正月，曾国藩回复湘籍易学家彭申甫，认为当时的要务只有“练兵”和“除暴”这两件事：练兵呢，就像治疗七年的痼疾，寻求三年的陈艾；除暴呢，就是借一方的良士，锄除一方的乱党。稍后，他写信给好友冯卓怀，找出祸根祸源：“三四十年来，应杀不杀之人充满山谷，遂以酿成今日流寇之祸。”若再姑息优容，养贼作子，则贻患必大。咸丰三年，乱民蜂起，伏莽丛生，曾国藩整军练勇，除暴安良，都是必须尽心尽力的职责和任务。这年二月，他写信给湘乡县令朱孙贻，告知近况：现在我设法悬赏捉拿各劫案的首要各犯，捉到就立刻处决，不再拘守常例，这般高压态势，巨案或许可以减少。如今民穷财困，我辈别无救民养民之术，唯有奋力剔除害群之马，让百姓能自孳自活。在写给徐嘉瑞的信中，曾国藩决意对土匪和痞棍大开杀戒，“择其残害于乡里者，重则处以斩枭，轻亦立毙杖下”，以起到震慑作用。只要百姓少许得到安恬，他不怕得到“武健严酷之名”，也不怕“有损于阴骘慈祥”[1]。当时，曾国藩给湖南各地的知县、知府和绅士名宿写信，解释他为何要以严刑峻法捕盗治匪，他在给宝庆知府魁联的信中这样强调：对造谣者、作乱者、劫掠者和轻蔑官长者，他将施以严刑峻法。曾国藩还自明心迹：他决意残忍，是希望挽回颓风于万一。“书生岂解好杀，要以时势所迫”，不这样做就无法除暴安良[2]。曾国藩极有主见，能办大案，敢做大事，他心狠手辣，执法如山，抓到抢劫案要犯和帮会头目，全部磔死、杖毙，可谓杀气腾腾，“即时讯供，即时正法”，其霹雳手段震慑湖南全境。

咸丰三年十月，曾国藩写信给好友刘蓉，披沥胸臆，全无遮拦：“国藩入世已深，厌阅一种宽厚论说，模棱气象，养成不白不黑、不痛不痒之世界，误人家国，已非一日。偶有所触，则轮囷肝胆，又与掀振一番，非吾弟亦无以发吾之狂言。”[3]这才是剃头师傅的口气。四十二岁，曾国藩内心仍存黑白痛痒，不世故，不圆滑，尚有义愤填满胸膺。

曾国藩初练湘勇时，即立三等之法，对付内奸、抢掠者、拜会者、结盟者和贪恣的胥隶，情节严重者斩，次者杖毙，末者小鞭责释之，审讯就在他的行馆进行，三个月内总共杀掉五十多人。一时间，“文法吏大哗”。湖南巡抚骆秉章对曾国藩的激进做法心存疑虑，但他发现曾侍郎的奏章颇得咸丰皇帝的褒赏，也就听之任之。谁也想不到一介儒生曾国藩行起法政来，严酷之风足以震慑远近。湖南境内治安状况明显好转，这也是骆秉章不干涉曾国藩行法的重要原因。

儒家亚圣孟轲的告诫言犹在耳：“行一不义，杀一不辜，而得天下，皆不为也。”所谓“不辜”就是无辜，未犯罪的良民。然而掌刑者务求苛猛，就算未杀过无辜者，杀掉罪不至死的人就能心安理得？曾国藩手握生杀予夺之权，这个度还真不好掌握。咸丰三年三月，他回复弟子李瀚章，为此给出解释：“生用法从严，非漫无条律，一师屠伯之为，要以精微之意，行吾威厉之事，期于死

---

① 《曾国藩全集·书信之一》第22册，岳麓书社，2012年第2版，第124页。

② 《曾国藩全集·书信之一》第22册，岳麓书社，2012年第2版，第125页。

③ 《曾国藩全集·书信之一》第22册，岳麓书社，2012年第2版，第279页。

者无怨，生者知警，而后寸心乃安。”[1] 其所谓“精微之意”，旁人是很难揣摩得透的，死者有没有怨恨也无从考稽。“生者知警”如何？按照曾国藩回复江忠源的说法，“虽无大补，亦少快人心也”，但人心多变，很容易再度玩忽。

“积玩之后，振之以猛。”乱世用重典，古有明例，魏绛戮乱行之仆，吕蒙诛取铠之人。有时掌刑者、统兵者大动杀机，实属迫不得已，但这“迫不得已”四字所藏算计最深，狠辣之处令人弹赞两难。

令人惊讶的是，咸丰四年五月初一日，曾国藩在家书中来了个形象大逆转：“沅弟言我仁爱有余威猛不足，澄弟在此时亦常说及，近日友人爱我者人人说及。无奈性已生定，竟不能威猛。所以不能威猛，由于不能精明，事事被人欺侮，故人得而玩易之也。”[2] 沅弟是曾国荃，澄弟是曾国潢，他们都说兄长心肠不够狠，手段不够辣。这就有意思了，难道他们认为曾国藩杀人还太少？平日全都刮的是习习风，下的是毛毛雨，不够令人胆寒？

忠君爱国的血性男儿才算得上人世间堂堂大丈夫，这样的宣传词，曾国藩跟将领讲得通，士卒拼命打仗，只为吃粮领饷，更高的希望则如奢望，比较渺茫。咸丰十年八月十七日，曾国藩致书李元度：“顷接筱帅信，知十五日索饷者闹至公馆，务恳阁下查明，迅即正法，愈多愈好，愈速愈好。若此次能杀至二十人则以后之事迎刃而解。不特筱帅卸防之事易了，即仆与阁下接防，亦争此下手一着。平日煦煦之仁，必须力改。”[3] 筱帅是吴长庆。曾国藩的话充满狠辣味，杀掉索饷者、闹饷者，“迅即正法，愈多愈好，愈速愈好”，多至二十人，连数目都预先确定了。乱世用重典，诚非虚言，见于实行。同治三年三月，曾国藩杀营官杨受成，就是因为他暗中克扣兵勇饷银，“近日各路兵勇辛苦，营官克扣致富，不得不惩一儆百也”。曾国藩拿贪婪的营官祭刀，士卒倒是会叫好。

---

① 《曾国藩全集·书信之一》第 22 册，岳麓书社，2012 年第 2 版，第 134 页。

② 《曾国藩全集·家书之一》第 20 册，岳麓书社，2012 年第 2 版，第 228 页。

③ 《曾国藩全集·书信之二》第 23 册，岳麓书社，2012 年第 2 版，第 712 页。

处决湘军将领李金旸

薛福成在曾国藩麾下做过七年幕僚，在湘军大本营中亲眼见到过一件惨事：某日午饭后，曾国藩照例与幕僚下围棋，忽然有人急匆匆跑来告密，说是某统领打算叛变投敌。告密者是某统领的部下营官，消息来源绝对可靠。出人意料的是，曾国藩闻言大怒，对告密者吼道：“你诬告上官谋反，罪该处死！”他立刻下令，将告密者推出辕门，开刀问斩。嗣后，他若无其事，继续下棋。动静着实太大，一军皆惊，某统领闻讯后，立刻前来道谢。曾国藩招呼他进入帅帐，某统领叩首谢恩不迭：“幸亏大帅知道我的为人，否则我就会沦为冤死鬼。”不等话音落地，曾国藩就命令左右将某统领拿下，立斩不赦。这会儿，幕僚们都面面相觑，纷纷为某统领求情：“要是告密者的消息可靠，大帅就不该斩杀告密者；要是告密者的消息不可靠，大帅就不该斩杀某统领啊！”幕僚们的逻辑推理全都是 1.0 版本，曾国藩的逻辑推理才是 2.0 升级版。他笑道：“我这样做不是你们所能明白的。”直到某统领被斩首示众后，他才从容揭开谜底：“告密者的话句句可信，然而我要是不斩杀告密者，某统领就会立刻哗变，所以我用杀掉告密者的方式将某统领诱来大本营谢恩，一举成擒。”经此一番解说，幕僚们恍然大悟，对这回的杀人游戏终于有了更深刻的理解，莫不佩服曾大帅算无遗策，手段高明，虽然残忍，却保全了大局。

薛福成的这则笔记与欧阳兆熊的另一则笔记《李金旸》可以相互参照。前者笔下，被杀的统领没记录具体姓名，后者则指向真人实事，前因后果颇为分明，很可能他们写的是同一个人同一件事。欧阳兆熊的笔记《李金旸》全文如下：

> 李金旸，年未三十，勇悍绝伦，群以为跋扈将军，绰号“冲天炮”，积功保至副将，赏勇号统兵，在江西战败，被陷贼中，旋又逃归。营官张光照，在毓抚军处控其通贼，遂将其二人并解至东流大营。文正力辩其冤，谓张光照诬告统领上司，先行正法。是日，李来谒，盛称中堂明见万里，感激至于泣下。不料旋又传令：李金旸虽非通贼，既打败仗，亦有应得之罪，着以军法从事。即派亲兵营哨官曹仁美绑至东门外处斩，闻者无不骇怪。李

本以符水治病，最著神验，曹受其法，有师弟之谊，又怜其无辜罹法，故令行刑者身首不殊，尸诸江干，覆以芦席，亲兵十人守之。适予小厮往观，闻呻吟之声，方知未绝。傍晚即扬帆而去，不知所之。后闻其削发入空门，号为更生和尚，姬妾三人亦均为比丘尼，斯亦奇矣。

予尝从容问李金旸何以事白而见杀，文正曰："左季高、赵玉班俱称其材可大用，若不能用，不如除之。且江西纷纷言其通贼，吾既违众而戮张矣，亦何能不稍顺人心乎？"文正此等举动，真有非恒情所能窥测者矣。

曹（仁美）后随郭子美征捻湖北阵亡，又已数载，故敢笔之以广异闻。[①]

李金旸兵败被俘，从敌营逃回后，营官张光照举报这位统领是投敌分子，曾国藩认为张光照败后先奔，架言诬上，意在掩罪，他的话属于不实之词，为稳定军心着想，将他杀掉乃是题中应有之义。接下来，曾国藩一不做二不休，又将李金旸正法，就似乎有点违背常情常理了。

咸丰十一年三月二十九日，曾国藩回复江西巡抚毓科，对李金旸极表不满："李金旸援建（昌）败挫，诿过于人；此次援吉（安），不能为一日之守，实属可恶！弟拟奏参，令带勇回湘革职，不准留营。"[②]李金旸在瑞州全军溃败，不能殉节，居然偷生于敌营，曾国藩对李金旸的印象不可能再差了。曾国藩杀李金旸有两条理由：一是"既打败仗，亦有应得之罪"，二是"左季高、赵玉班俱称其材可大用，若不能用，不如除之"。湘军将领谁都打过败仗，曾国藩还一度激赏过那些屡败屡战决不气馁的部属，但李金旸缺乏忠肝义胆，这一点要了他的命。左宗棠（字季高）和赵焕联（字玉班）称道李金旸大才可用，若不能用不如除之，是担心他为敌所用。奇怪的是，李金旸原本有机会投敌，却并未投敌，逃了回来。曾国藩要杀李金旸的理由依然未变。咸丰十一年五月初三日，在处决李金旸、张光照的当天，曾国藩回复江西巡抚毓科，给出的法理解释颇为官方化："李金旸在抚州、吉安，官绅士民皆深恶之。张光照未战先逃，不顾

① 欧阳兆熊、金安清：《水窗春呓》，中华书局，1984年版，第5、6页。

② 《曾国藩全集·书信之三》第24册，岳麓书社，2012年第2版，第309页。

主将，此次同正典刑，当足惬乎人心之公。”[①]

欧阳兆熊在笔记中称赞李金旸“勇悍绝伦”，似乎有些夸张。在这则笔记中，他并未明判是非，隐含的意思更偏向于李金旸是被曾国藩冤杀和屈杀的，但湘军大帅的做法颇有违背人之常情、常识之处，执法者是哨官曹仁美，这位低级军官认为师傅李金旸是无辜受戮，因此他冒着极大的风险，让行刑者挥刀处斩时打了马虎眼。李金旸能够死里逃生，会不会是曾国藩曲意成全？曾大帅明知被处决者与执行者为师徒关系，怎会马虎到让曹仁美执法，而不派专人核查？其中曲折，真是一言难尽。

李金旸被正法不久，千总黄胜林也因为闹饷、不战自退、纵勇抢掠被正法。曾国藩杀武将算是谨慎的了，但依然难免会有些疑是疑非的地方，权术和手段，时机和心情，都在交互作用，有道是“慈不掌兵，义不养财”，好生之德可不是军营中常见的东西。

杀俘戮降争议大

身为湘军主帅和东南战区的总指挥，曾国藩手握生杀予夺之权，以军法置人于死地，不足为奇，纵有可议，偏离理性范畴尚不太远。他主张在战场之外以多加杀戮取得更大的胜果和安全系数，则会引发人道主义者的不安和不适。

同治二年五月初一日，曾国藩回复彭玉麟，信中有这样一段话：“鄙意克城打仗，总以能多杀贼为贵，远如九江、安庆之役，近如金柱关之捷，诛戮最多，贼中至今胆寒。去岁春夏间，所克地方未甚杀贼，当时颇切隐忧，来书深恨未能痛剿，实与鄙见相符。”[②]彭玉麟说的“未能痛剿”指的是在战场上未能杀个痛快，战后还是要善刀而藏为好。

曾国藩真正受人诟病的是他主张杀俘戮降，多次宣称“国藩向不轻于受降，以其利少而害多也”。咸丰八年五月初五日，他在家守制，写信指示九弟曾国荃：“吉贼无路可走，收功当在秋间。较各处独为迟滞，弟不必慌乱，但当稳围稳守，

① 《曾国藩全集·书信之三》第24册，岳麓书社，2012年第2版，第390页。

② 《曾国藩全集·书信之五》第26册，岳麓书社，2012年第2版，第596、597页。

虽迟至冬间克复亦可无碍，只求全城屠戮，不使一名漏网耳。若似瑞、临之有贼外窜，或似武昌之半夜潜窜，则虽速亦为人所诟病。如似九江之斩刈殆尽，则虽迟亦无后患。愿弟忍耐谨慎，勉卒此功。至要至要！”[①] 咸丰八年，李续宾攻克九江后，下达屠城令，敌军将士无论降与不降，均斩尽杀绝，不少老百姓也跟着遭了殃。

湘军水师统领彭玉麟赋诗《攻克九江屠城》，纯为写实，毫无虚夸：“燧道潜通屡破谋，我军水陆用深筹。活围寇垒虽三月，死守浔城已七秋。九派涛红翻战血，一天雨黑洗征裘。直教殄灭无遗种，尸拥长江水不流。”咸丰二年，江西九江城为太平军所据，至咸丰八年春已经七个年头，守将林启荣极耐战，极能守。咸丰五年，湘军名将塔齐布率军围攻九江不下，愤极吐血而亡。雪帅此诗附有自注：“逆首林启荣，坚忍狡悍，能战善守。城破，数万贼犹巷战于烈风雷雨之中，我军用命，悉歼之，鸡犬不存。”[②] 屠城直屠到这种地步，“尸拥长江水不流”的描述也就丝毫不算夸张了。

曾国藩希望老九曾国荃向湘军名将李续宾学习，攻克吉安后，也来这么一次干净彻底的屠城。同治二年十月初十日，曾国藩回复彭玉麟：“收降诚难于打贼十倍，诚甘苦阅历之言。降卒总以少留为贵，遣散给资，需费虽多，然一了百了，毫无后累。”[③] 关键还是缺钱，遣散资金不够，便干脆杀人，钱比命大，说穿了就是为了节省军费开支。

大规模杀俘、戮降、屠城是战争中最血腥的内容，湘军、淮军都有“杰作”：湘军大将李续宾在九江屠城，曾国荃在安庆杀降，在金陵屠城，淮军大将程学启在苏州杀降。曾国荃杀降卒，程学启杀降王，二者都属于背弃信誓。

在《史记·李将军列传》中，裨将王朔告诫主将李广“祸莫大于杀已降”，李广未能封侯，归因于此。然而后人观察曾国藩、曾国荃、李鸿章，他们杀已降闯下莫大之祸，却未见其后果如何可怕，封侯封伯全然不成问题。李广之未

---

① 《曾国藩全集·家书之一》第 20 册，岳麓书社，2012 年第 2 版，第 345 页。

② 《彭玉麟集·诗词 / 联语 / 文集 / 书信》中册，岳麓书社，2003 年版，第 37 页。

③ 《曾国藩全集·书信之六》第 27 册，岳麓书社，2012 年第 2 版，第 215、216 页。

能封侯，非关杀降，是因为汉武帝吝惜重赏，太史公司马迁故意运用曲笔，明眼人自能见及。

咸丰六年秋，太平天国高层爆发内讧，天京城内血流成河，东王杨秀清死了，北王韦昌辉死了，燕王秦日纲死了，翼王石达开还活着，却灰了心，也寒了心，决定远离“洪炉”。李秀成在《自述》中写道：“那时各有散意，而心各有不敢自散，因闻清朝将兵，凡拿是广西之人，斩之不赦，是以各结为团，未敢散也。若清朝早肯赦宥广西之人，而散久矣。”[①]李秀成此言差矣，就算清政府抓住时机，大赦天下，太平军中的骨干分子（广西人）也不敢散，不敢降，毕竟他们蹚着血河上岸，已没有回头路可走，赦令不是救命符，仍旧难逃一锅烩的劫数。李秀成《自述》中的这段话是在槛车中写下的，未必是他内心真实的想法。

咸丰八年，左宗棠尚在湖南巡抚衙门主持戎幕，写信回复湘军将领赵焕联，涉及杀降，他认为江西上游带兵的诸公未能将擒获的太平军精兵锐卒悉数活埋，令人不爽。造反者长年抗拒官军，到头来仍可免死，谁不想作乱？“妇人之仁，但见杀降之不可，不知良善之受其荼毒者已多也。”[②]杀降能对造反者起到阻吓和惩戒作用，不杀降乃是妇人之仁，有害无益，这也算是当时的公论了。后来，左宗棠统领楚军作战，他试用过一些新的处置办法。咸丰十年，他回复四川总督骆秉章，讲解了这种新办法：他处置数千名降卒，区别对待，“老弱资遣归籍，择其骁桀分置各军”，将那些不逞之徒安置在不同的地方，以免他们“转瞬仍为盗贼”，造成远忧近患[③]。咸丰十一年，楚军收容了几百名降卒。左宗棠写信给湘军将领刘长佑，想法、办法齐出：将数百名降卒附入数千人的楚军中，“令其散而不能为贼，且可得其死力”[④]。后来，他还有更加形象的说法：“鬼有所归，乃不为厉。”

---

① 罗尔纲、王庆成主编：《中国近代史资料丛刊续编·太平天国》第2册，广西师范大学出版社，2004年版，第354页。

② 《左宗棠全集·书信一》第10册，岳麓书社，2014年第2版，第279页。

③ 《左宗棠全集·书信一》第10册，岳麓书社，2014年第2版，第377页。

④ 《左宗棠全集·书信一》第10册，岳麓书社，2014年第2版，第391页。

在湘军大集团中，胡林翼对招降素存疑虑。咸丰六年，胡林翼实授湖北巡抚，幕友中有人主张招抚太平军将士，可收事半功倍之效，胡林翼不以为然。他在家书中对此有个完整的说法："大凡受降之事，较打仗为难；受降之祸，亦较败仗为烈。彼贼寇原属亡命，素不知礼法为何事，既已潢池弄兵，是叛民也。大张挞伐，方足以歼彼小丑而保治安。若当穷无所之之时，为网开一面之举，是苟且目前之图也，异日必将贻无穷之祸。"咸丰九年三月初一日，胡林翼写信给将军袁甲三，谈到受降，特举明朝兵部尚书熊文灿为例，此公热衷于招降纳叛，却闹出天大的笑话，惹来无穷的麻烦，敌将敌帅投诚是假，官军被敌将敌帅欺骗是真，结果相当于官军投敌。熊文灿招降敌帅张献忠就出了大糗，他自以为立下奇功，实则帮张献忠争取到养精蓄锐的宝贵时间，一旦猛兽伤口愈合，元气恢复，势必卷土重来。熊文灿的抚局彻底失败，他因此被朝廷处决，结局固然很惨，但并不冤枉。

胡林翼认为，招降是高难度的手段，历史上只有东汉光武帝、唐太宗时期的将帅能够运用自如，到了北宋末叶，名将宗泽招降已不免捉襟见肘。所以今人妄效古人成法，必自取大祸[①]。同年十二月二十七日，胡林翼写信给大将多隆阿，将这个问题谈得更透："闻老兄营中有贼中伪职，此辈首鼠两端，反复无定，贼败则依官军以自活，官军败则又投入贼中；平时以贼情告之官军，亦以官军情形告之贼匪，俗所谓'两头蛇'也，须严防之，免致漏泄。"[②]大致同期，胡林翼还写信给曾国藩，涉及招降的话题，批评旗籍将军胜保好做冤大头，"胜帅以招降为计，盖亦今之熊文灿也"。胜保最大的败笔就是招抚反侧无常的蛇蝎秀才苗沛霖和无恶不作的白骨制造者李世忠。曾国藩在日记中写道："李世忠本捻匪之最无赖、最殃民者，其罪恶百倍于苗沛霖，二人皆为胜帅所招抚。"同治元年四月，曾国藩写信给九弟，指点他与李世忠的相处之道，要一手软一手硬："应宽者，利也，名也；应严者，礼也，义也。四者兼全，而手下又有强兵，则无不可相处之悍将。"胜保的命运跟熊文灿如出一辙，最终天怒人怨，被朝

---

① 《湖湘文库・胡林翼集》第 2 册，岳麓书社，2008 年版，第 257 页。

② 《湖湘文库・胡林翼集》第 2 册，岳麓书社，2008 年版，第 407 页。

廷斩杀。咸丰九年八月初一日，胡林翼致书钱宝青（字萍矼），对胜保有一段完整的负面评价：“胜帅难任事，其人本不知兵，尤不晓事，徒乱人意耳。自降于贼，而美其名曰贼降，盖其一生本领，以熊文灿为祖师，而昏懦刚愎，又过之矣。”[①]山东人讨厌胜保，称之为“败保”。胜保治军，“胜不相让，败不相救，轻而不整，贪而无亲”，因此谁也不乐意与他合作，甚至不愿意接近他。

曾国藩要为全局负责，有时候，杀降兵降将可能大祸临头，但不杀降兵降将则大祸立至。他手上也有过优选方案，收降纳叛之后加以甄别：能打仗者当勇，不能打仗者当夫，分别发放粮饷。他幻想过，以此良法招降，“若使办理顺手，源源而来，或如东汉初年赤眉百万同时归降，积甲齐山，则国家非常之福也”。当年，湘军欠饷动辄八九个月，多者十四五个月，吃饭都成问题，曾国藩反复强调“不使无用之兵，糜此极艰之饷”，降兵降将可用者少，可疑者众，何况根本无钱养活，既然放虎归山绝对不行，以残忍的杀戮彻底淘汰之便成为唯一的优选法则。由此可见，唯有书生安坐书斋方能高谈阔论人间道义之类的“美事”。曾国藩身为湘军统帅，必须作出决断，于两害之间权衡轻重，区处得失。他敢担“残忍严酷之名”，多半是被迫无奈。

无论是冷兵器时代，还是热兵器时代，杀降这样的残忍事都会有人干得极欢。战国末期，秦军与赵军在长平决战，白起统领的秦军大获全胜，四十万赵军将士弃甲投降，等待他们的命运却是“悉坑之”，全部活埋。秦朝末年，楚军大将项羽在河南新安下令坑杀已降秦军二十万，丝毫没有商量。由此可见，英雄也好，非英雄也罢，古代的战将都把杀降当成自己的本职工作，他们的手段越是野蛮，成绩单就越是漂亮，其残酷程度就越是令人毛骨悚然，“一将功成万骨枯”的效果就越是强烈。他们伫立在由万千白骨垒成的髑髅塔上，俯视众生如蝼蚁，那种雄风胜概叫人如何赞美和欣赏？世俗社会极度崇拜威权，都是因为祖祖辈辈累积下来的恐惧感已化为“基因”所致。

“天地父母之恩，必以养人为本。”这一点，曾国藩心里比谁都明白。起先，“杀人如麻”四个字令他深感不安，但他很快就调整思路，找到了自宽自解的

---

① 《湖湘文库·胡林翼集》第 2 册，岳麓书社，2008 年版，第 320 页。

途径。咸丰十年六月初十日，他写信给九弟曾国荃，道是："吾辈不幸生当乱世，又不幸而带兵，日以杀人为事，可为寒心，惟时时存一爱民之念，庶几留心田以饭子孙耳。"① 半年后，他还说："吾家兄弟带兵，以杀人为业，择术已自不慎，惟于禁止扰民、解散胁从、保全乡官三端痛下工夫，庶几于杀人之中寓止暴之意。"② 为保护百姓而杀人，这使曾国藩拥有了足敷所用的道德勇气。然而从解散胁从的角度而论，许多降兵都不该杀，加害于他们，既不仁，也不义，但为了省事和省心，说白了，为了省钱，他还是主张一刀切。这样的问题，放在今天，我们可以从容讨论一番；放在当时，一团乱麻，千头万绪，没人有时间有耐心去理顺它。杀了也就杀了，在战争中，一念生人，一念死人，不仅在于枪口高低一厘米，也在于笔头快慢几秒钟，哪有许多道理可讲？

湘军大将鲍超的做法可谓简单粗暴。咸丰十一年夏，鲍超率领霆军击败太平军名将刘玱林的劲旅。刘玱林"悍鸷著名"，攻破过清军的江南大营，陈玉成倚之为心膂，他被湘军水师生擒后，胡林翼非常满意，认为这是"所杀渠魁死党，与塔（齐布）杀曾天养、迪（庵）杀林启荣同功"。鲍超率霆军破集贤关外四垒，为围攻安庆的湘军吉字营扫清外围，堪称一场完胜，"降者四千余，疑其内应，尽杀之"，"点名按册而杀之，皆死党也，差快人意"。此后，湘军吉字营得湖水暴涨之天助，将菱湖两岸的十八座敌垒悉数荡平，生擒五千多敌军将士，斩尽杀绝，击毙、溺毙的敌军士兵三千余人则要另算。

咸丰十一年五月十八日，曾国藩致书九弟曾国荃，嘱咐他杀降敌要下狠心："三万贼同归浩劫，谈何容易！而弟作可必之词，余窃不敢遽信。目下收投诚之人，似不甚妥善，如挤疖子不可令出零脓，如蒸烂肉不可屡揭锅盖也。克城以多杀为妥，不可假仁慈而误大事。"③ 当年打仗，冷兵器、热兵器混合运用，杀人如割草，遇上大热天，打扫战场、处置尸体是个令人直挠头的大难题。这年六月初四日，曾国藩致书老九，就谈到了这个疑难点："弟处杀人甚多，腥臭

① 《曾国藩全集·家书之一》第20册，岳麓书社，2012年第2版，第491页。

② 《曾国藩全集·家书之一》第20册，岳麓书社，2012年第2版，第572页。

③ 《曾国藩全集·家书之一》第20册，岳麓书社，2012年第2版，第651页。

之气，炎暑熏蒸，恐易生病，又加日夜防守，余实不放心。宜将贼尸设法埋之，或用旧船载弃大江之中，何如？”[①] 长江和淮河变成处理尸骸的天然墓场，那种污染势必祸害千里。嗣后，曾国荃写信给大哥，说自己杀人太多，自觉罪孽深重，懊悔不已。咸丰十一年六月十二日，曾国藩回信开导老九：“既已带兵，自以杀贼为志，何必以多杀人为悔？此贼之多掳多杀，流毒南纪；天父天兄之教，天燕天豫之官，虽使周孔生今，断无不力谋诛灭之理。既谋诛灭，断无以多杀为悔之理。”[②] 曾国荃在安庆城外杀人太多，尸骸堆积成山，由于处置不及时，引发了一场瘟疫，一些湘军士兵染病身亡。

当时，安庆城内断粮已有一段时间，饥饿到吃人肉的地步，守将叶芸来依然不肯投降。彭玉麟赋诗《攻克安庆省城》，其中两句怵目惊心：“釜中余炙存人脯，屋上饥乌作鬼声。”其附注为：“我军水陆围两载，贼以人为食，城破，釜中尚余人脯，可惨之极。”[③] 曾国藩的机要秘书赵烈文也亲眼看到了这类惨象，在日记中留下了实录：“城破入贼居，釜中皆煮人手足，有碗盛嚼余人指，其惨至此。”[④] 彭玉麟的诗句与赵烈文的日记互相印证，如合符契。

在一个时时处处都在比拼悲惨的年代，残忍的极限和尽头究竟在哪里？谁也讲不清。佛家试图以十八层地狱和因果报应阻遏信徒作恶的冲动，然而在咸丰、同治年间，任何一个战区都如同地狱，吃人的怪兽敞开血盆大口。长期生活在地狱中的人，作恶无须冲动，纯属本能，在某些变种的恶魔身上，制造人间地狱的“工匠精神”甚至会转化成遗传基因。

安庆城的降兵降将逾万人，这是一个极不安全的因素。曾国荃忧心忡忡，询问麾下爱将朱洪章：“悍贼太多，如何处置才可杜绝后患？”朱洪章胸有成竹，应声而答：“惟有斩尽杀绝，才能高枕无忧！”曾国荃说：“降匪扎堆，稍有风吹草动，就会哗变，军中动手，很难做到神不知鬼不觉。”朱洪章立刻献计：

---

① 《曾国藩全集·家书之一》第20册，岳麓书社，2012年第2版，第658页。

② 《曾国藩全集·家书之一》第20册，岳麓书社，2012年第2版，第661页。

③ 《彭玉麟集·诗词 / 联语 / 文集 / 书信》中册，岳麓书社，2003年版，第39页。

④ 赵烈文：《能静居日记》第1册，岳麓书社，2013年版，第355页。

“派人缓开营门，谎称发放遣散费，每次唤进十名逆匪，半天即可砍完。”曾国荃心知此计可行，马上“转包业务”，轻描淡写地说：“大开杀戒，我于心不忍，这份差事就交给你办了。”这朱洪章值得多书一笔，他退休后，著成《从戎纪略》一书，曾国荃为他作序，道是“余伯兄太傅文正公雅号知人，于诸将中独伟视焕文。焕文忠勇性发，战绩半天下”[①]。朱洪章（字焕文）既是勇将，又是智将，曾国藩“伟视”他，即高看他。

咸丰十一年八月十三日，赵烈文在《能静居日记》中留有如下记载：“闻收城之日，五鼓攻陷，杀戮至辰巳时，城中昏昧，行路尚须用烛，至今阴惨之气犹凝然不散，尸腐秽臭，不可向迩。”[②]于杀戮之后不久，赵烈文作为曾国藩的幕府成员进入安庆城巡视，他的所见所闻是不会有明显出入的。

曾国荃在安庆屠杀降兵降将犹如砍瓜切菜，消息传出，天下哗然。他率军攻克金陵后，又大肆烧杀抢掠，因此遭到了舆论的严厉谴责。湘军水师统领彭玉麟于咸丰十一年冬间和同治三年十月两次致书湘军大帅曾国藩，建议他大义灭亲，以息神人之共愤，这让曾国藩非常恼怒，回信时反诘道：“舍弟并无管、蔡叛逆之迹，不知何以应诛？不知舍弟何处开罪阁下，恨之若是？……舍弟之贤否，吉中营之好歹，鄙心亦自泾渭分明，亦自能访察外间之议论。痛诋吉中营者，以阁下为最。”[③]彭玉麟以刚直不阿、疾恶如仇著称，当然不会恶意诋毁湘军主帅的胞弟，区别只在：他敢讲，别人不敢讲，或不愿讲。

同治二年十一月初，曾国藩在安庆得到淮军克复苏州的捷报，初闻大喜，继而愀然不乐，想到诸降王拥兵之多、余势之盛，不禁为淮军感到危悚。幕僚入帐祝贺，他却绕室彷徨，脸上只见忧色，不见喜气。直到后续的捷报传来，李鸿章的部将程学启诛杀了八位降王，他才长舒一口气，心头那块高悬的巨石终于落地为安，称赞李鸿章办事英明果决。同治二年十一月二十三日，曾国藩在日记中写道：“阅本日文件，见李少荃杀苏州降王八人一信稿、一片稿，殊为

---

① 《曾国荃全集·文集》第6册，岳麓书社，2006年版，第106页。

② 赵烈文：《能静居日记》第1册，岳麓书社，2013年版，第356页。

③ 《曾国藩全集·书信之七》第28册，岳麓书社，2012年第2版，第216页。

眼明手辣。”[1]李鸿章何止杀八降王，据吴汝纶《程忠烈公神道碑》所述，“逆党惊扰，杀二千人而定”[2]，都是由淮军大将程学启执行。

李鸿章在苏州听从程学启的秘计，设局斩杀太平天国八位降王，一度节外生枝。常胜军首领戈登是八降王的担保人，激愤不平，传说他持枪去找李鸿章算账。戈登向清政府严正交涉，控告李鸿章背信弃义，犯下了战争罪。曾国藩的态度如何？他以密寄奏折护犊子。同治二年十二月十九日，赵烈文在《能静居日记》中写道："十一月十三密寄：苏州乞降之贼种种要求，立予骈诛，并无不合。乃戈登忽以该抚诛锄部云官等为非是，洋人不明事理，性多谬执，往往而然。戈登助剿出力，自不能不加之笼络，此等唇舌不值与之深辩。李鸿章办理甚为允协，断无将其议罪之理。方当事机顺手之时，岂能妄为外国人牵掣？将来英公使如向总理衙门议及此事，亦必据正理驳斥之也。”[3]曾国藩认为李鸿章杀降王之举是“允协”的恰当的，无错而有功，当然不能向洋人道歉。曾国藩的这个态度明确而强硬。

曾国藩对清代学者、思想家王夫之推崇备至，誉之为湖湘大贤。王夫之在《宋论·李继捧之降》中探讨过“受降”的问题，强调“受降之祸深于受敌”，曾国藩谨记此言，他赞许曾国荃和李鸿章屠杀降兵降王，为的就是防大患于未然。

关于战将杀降，王夫之在《读通鉴论》卷二十六中有一个相对圆通的看法，他固然认为“杀降者不仁，受其降杀之不信”，但具体情况还得具体分析，如果“不揆其时，不察其故，不审诸顺逆之大义，不度诸好恶之公心”，一味恪守古代仁人君子的准则，就会受到蒙蔽，“仁蔽而愚，信蔽而贼”，后果不堪设想。他提醒胜利者，加害以下四种投降者既是不道德的，也是不祥的：第一种是敌方起义倒戈的将士，第二种是泥足并未深陷尚能自拔的胁从，第三种是并非铁下心来干坏事的人，第四种是除了求生的念头之外别无恶意的人。在这四

---

① 《曾国藩全集·日记之二》第 17 册，岳麓书社，2012 年第 2 版，第 487 页。

② 《吴汝纶文集》上册，上海古籍出版社，2017 年版，第 129 页。

③ 赵烈文:《能静居日记》第 2 册，岳麓书社，2013 年版，第 721、722 页。

种人中，若有优秀人才，理应录用，给他们洗心革面、赎罪立功的机会。管仲和魏徵那样的古代名臣都曾是敌对阵营的骨干分子，转为新主所用，忠诚度更高。有两种人则非杀不可，一是逆首，二是反复无常的乱人。王夫之说："杀一二人而全天下，仁也；杀无恒之人以行法，信也。"[①] 真正的仁、信不是不杀人，而是决不胡乱杀人，决不一锅焖。因此曾国荃不加甄别，下令杀害一万余名降兵降将，湘军攻入金陵后，又杀害数以万计的平民，确实犯下了反人道、反人性、反人类的战争罪行。从这个方面去认识其严重性，彭玉麟建议曾国藩大义灭亲，并不为过。

守信未杀此人，留言仍杀之

世事固有出奇者，曾国藩以残忍嗜杀著名，却偏偏有一人理应千刀万剐，他也老早就认定此人与苗沛霖"同是江淮祸患"，却为了"守信"而未杀，令人唏嘘不已。李昭受原为捻军悍将，所部被清将何桂珍击败后，率众归降，改名世忠，历官至提督。投诚之后，李世忠狼戾如故，干了许多不法勾当。咸丰五年，李世忠截取安徽巡抚福济的密信，信中嘱何桂珍除去李世忠，早绝祸患。李世忠遂做好软硬两手准备：一方面，他内不自安，匍匐诣何桂珍，自陈无叛意；另一方面，他怀恨在心，伏兵于英山县小南门，趁何桂珍毫无防备，戕害他和随从四十余人，将他们的尸骸悉数焚毁。李世忠叛变之后，日子难过，又寻求归降，他害怕曾国藩为何桂珍报仇，先驰书约定既往不咎，曾国藩许以不死。从大局着眼，也从降低战争成本着眼，曾国藩书面允准了李世忠的请求。此后，李世忠变本加厉，蹂践地方，与盗贼无异，众议诛之以安民，曾国藩遵守信约，仍恕其罪，饶他不死。咸丰十一年七月初四日，曾国藩在日记中写道："袁帅屡保李世忠之忠勇奋发，出于至诚；又不明正苗沛霖之罪；又以秦荣护理安徽布政使。此数事者，皆颠倒是非，大拂人心，言之慨然！"[②] 袁帅即袁甲三，是袁世凯的叔祖，他驻军淮上，李世忠认他为

① 王夫之：《读通鉴论》下册，中华书局，1975 年版，第 803、804 页。

② 《曾国藩全集·日记之二》第 17 册，岳麓书社，2012 年第 2 版，第 182 页。

保护伞，曾国藩要参劾李世忠，还得掂量一番。同治二年秋，曾国荃主张收拾李世忠，曾国藩担心此举会扯动鲍超的兵力，甚至会扯动金陵城下的兵力，他向九弟解释道："……故余于李（世忠）则专主安慰，于苗（沛霖）则专主坚守，腾出兵力以专谋金陵，专谋皖南。譬弈家之腾出先手，专保一块，不得不姑丢一块也。"[①] 曾国荃也喜欢下围棋，这话一听就懂。同治二年，反侧小人苗沛霖被诛杀后，其部下头目被僧格林沁的部下擒斩殆尽。李世忠这下老实了，赶紧向曾国藩递送文书，愿将衢州、六安等数座城池一一交出，将枪炮缴出，由湘军去接管他的地盘。

没过多久，李世忠又似乎被人下了降头，依旧狂妄无忌，有一事可为佐证，同治九年，张文祥刺死两江总督马新贻，李世忠居然冒天下之大不韪，为张文祥题写墓碑，碑文为"大清义士张文祥之墓"。大清律例中有这么个做法，专门针对大逆不道的罪犯，给他们的名加上"氵"或"火"的偏旁，所以在官方文书中张文祥就写成张汶祥，赖文光就写成赖汶光。这种做法相当滑稽，并没有什么惩戒作用。李世忠为张文祥题碑而官方并未问罪，着实蹊跷。

曾国藩不杀凶恶之徒李世忠，既可以说是守信，也可以说顾忌多种利害关系。此外，信与义的平衡点该如何界定？也言人人殊。曾国藩给奸人"剃头"，莫非也存在盲区？李世忠何其幸运，居然能够躲开锋利的剃刀，殊不知，曾国藩埋下伏笔，李世忠仍逃不出如来佛的掌心。

同治十年，李世忠与陈国瑞构衅，自知理亏，四月中旬从扬州跑去金陵，求见曾国藩。曾国藩恼怒其"无赖行径"，未与相见。旋即将他革职，交由安徽巡抚管束。李世忠羁居安庆期间，尚坐拥巨资，私蓄健儿，横行不法。他开设赌场，赌兴极豪，胜负常巨万，贵游子弟趋之若鹜。光绪七年，吴通判之弟在这家赌场中被凶暴赌徒打死，李世忠遭到控诉，被捕入囚牢。裕禄时任安徽巡抚，并无主见，幕僚刘传桢进言："李世忠怙恶不悛，屡奉严惩之旨，犹不敛迹，今又以赌博酿人命，当据实上陈，勿回护。"裕禄无可无不可，让刘传桢起草劾章，特意引用了当初曾国藩接受李世忠投降时的语录："该逆虽已投诚，

① 《曾国藩全集·家书之二》第21册，岳麓书社，2012年第2版，第205页。

其心叵测。嗣后各督抚当随时察看，如果有不安分之处，一面奏闻，一面即行正法。”这才是要紧的话、要命的话，一劾即灵，裕禄奉旨将李世忠就地正法，永绝后患。曾国藩“剃头”，见血封喉，当场不验，留有后手，此为显例。[①]

① 梁溪坐观老人:《清代野记》，山西古籍出版社，1996年版，第133页。

08章　被李秀成逼出私念来

太平天国轰轰烈烈十四年，险些将清王朝推进万劫不复的深渊；实事求是地讲，在文化建设和经济发展方面，太平天国的作为乏善可陈；在军事表现方面，太平军的成就则有目共睹。以核心作用和政治地位为参照坐标，后世公允的评判是：开国六王中，南王冯云山、东王杨秀清、翼王石达开的本领最强；卫国百王中，英王陈玉成、忠王李秀成、侍王李世贤的手段最高。六人皆死于盛年：冯云山殒命于狂飙初起，杨秀清殒命于内讧大作，石达开殒命于流窜之途，陈玉成因轻信苗沛霖而遇害，李秀成因保全幼天王而落网，李世贤因投奔汪海洋而被戕。在天朝雪崩堤决之际，李秀成之死等于拉下了曲终人散的帷幕，引人注目的兴趣点最多。

曾国藩以残忍著称，“曾剃头”的绰号似乎比那顶通红的“擎雨盖”更醒目，但仅仅以“残忍”二字发落他，未免失之简单。同治三年夏，曾国藩杀李秀成，就有不少曲折和讲究，毕竟他是湘军统帅，是两江总督，要翼蔽的人、要掩覆的事、要平衡的点都很多，不可能不动用远超常人的心机和睿智。

倾覆之前，天京城内情形如何

同治元年四月，曾国荃孤军挺进，驻扎江宁镇下的板桥，距离江边的秣陵关仅有五十里。他写信告诉曾国藩：“两日登大、小牛头山俯视，金陵地脉之大，我兵到此，渺若沧海之一粟，盖与围吉安、景镇、安庆迥乎两样规模，大约非三万、四万人不能尽合围耳。若能于七月以前调集大兵，不使城外之粮进城，则可多省一年半载之兵力，否则又成累世莫究之局矣。”[1]湘军于这年夏天攻克秣陵关后，直逼金陵城。翌年四月十七日夜间，湘军将领李臣典率领四十位亲兵奇袭雨花台，攻占了这处十余年未得之要隘。雨花台距离金陵只有三十里地，但因曾国荃的吉字营兵力满打满算只有两万人，暂且无法对天京形成钳制之势，更别说包围了，但这个楔子扎下去，对天京的威慑作用就牢不可拔。同治三年正月，湘军攻下钟山之巅的天保城，此处可俯瞰全城，离城墙和太平门很近。曾国荃绰号“曾铁桶”，围城打援是其拿手好戏，胡林翼称赞他“坚忍强毅如亚夫”。须知，周亚夫是汉代大将中的头号强硬派，连汉文帝都要敬畏他三分。太平天国江北的头号堡垒安庆以坚固著称，曾国荃率军围攻两年多，将它攻克，名震遐迩。适值溽暑时节，曾国荃顿兵于金陵城下，湘军很快就遭受到疫病袭击，非战斗减员日益严重，“勇夫病者日多，几于十人而五病，死者往往有之”，但这支劲旅仍然能够以寡敌多，四十六个昼夜间，屡次击退忠王李秀成、侍王李世贤的疯狂反扑，扎牢了营寨，站稳了脚跟。

当曾国荃统兵围攻天京时，太平天国英王陈玉成正踏上一条不归路，被反侧之徒、安徽军阀苗沛霖诱捕出卖，死于清军统领胜保之手。天朝呼啦啦似大厦倾，李秀成独木难支。当时，天王洪秀全重病不起，他信任的人不多，只剩下胞兄信王洪仁发、勇王洪仁达、堂弟干王洪仁玕，还有一位神秘兮兮的沈真人（沈桂，隐藏在幕后的高参或神棍）。这些人都不会打仗，不能统兵，要保卫天京，根本指靠不上，而真能指靠上的军事统帅则是他并不怎么信任的忠王李秀成。李秀成有两方面的难处：一方面，湘军大将曾国荃挺过至艰至险的日子后，开始不断增兵；湘军大帅曾国藩洞察全局，及时调遣虎将鲍超率领霆军前往增援；湘军水师与陆师的合作也取得了显著成效，天京被清军重兵合围、粮尽援绝已是不可逆转的事实。同治二年十月二十五日，苏州易手，李秀成加紧劝说洪秀全放弃天京，另谋生路，就连曾国藩都在随后不久致左宗棠的信中也做了剧透，“苏城克复，闻伪忠王之计，将赴金陵挈洪逆以上窜，除却皖南、

① 《曾国荃全集·家书》第5册，岳麓书社，2006年版，第135页。

江西，更无他路”[1]，但洪秀全执意不允。另一方面，苏州是李秀成的地盘，受到李鸿章统率的淮军猛攻，随时可能易手，在天京与苏州之间他难以兼顾，注定只能顾此失彼。实际上，同治二年冬，李鸿章统领淮军光复苏州已造成多米诺骨牌效应。同治三年春，左宗棠统领楚军光复杭州，使太平军的根据地丧失殆尽，天京沦为一座孤城，洪秀全和李秀成都变成了瓮中之鳖。

据《李秀成自述》所记，天京城破之前，已“内外不通，无粮养众”“阖城男女饥饿，日日哭求我救”。李秀成迫不得已，“即已强行密令，城中寒家男妇，准出城外逃生”。这道密令是忠王李秀成擅自下达的，天王洪秀全并不知情。当时，天京的治安状况大坏，“逢夜城内，炮声不绝，抢劫杀人，全家杀尽，抢去家内钱财，国败出此不祥”，尽管军令愈益严酷，对付内奸，“抄斩全家”“剐（剥）皮法治”，仍然防不胜防，慰王朱兆英等人仍惹上了叛国通敌的嫌疑。离奇的是，李秀成的妻舅宋永琪是个不靠谱的玩家子，他去过城外湘军大营，向曾国荃的师爷夸口，他可以诱劝李秀成投降。宋永琪回到天京城内，将这番意思说给李秀成听，由于没见到曾国荃的亲笔书信，李秀成一笑置之。宋永琪好酒贪杯，跟他的狐朋狗友谈论此事，又添油加醋，大肆渲染，因此被人告密。松王陈德风半信半疑，行文至忠王府，询问李秀成此事之真假，密件送到之时恰巧忠王府正在召开粮务会议，补王莫仕暌扯开一看，众人犯疑，宋永琪旋即被捕，出重金贿赂方才免死。“此事连及我身，幸合朝人人与我情厚，不然，合家性命不到今日之亡。”“自此之后，四时有人防备，恐我变心。”若非《李秀成自述》记载这段变故，旁人不可能知道天京城破之前居然上演过这么一出。

同治三年四月二十日凌晨，天王洪秀全病故，由宫女黄氏掩埋在新天门外御林苑东岭，仅以绣龙黄缎遍身包裹，掘土浅葬，居然连棺椁都免用了，更别说举行盛大的葬礼（秘不发丧很可能是害怕动摇军心），可见其时天朝主政者何等草率、惊慌。嗣后，洪秀全的长子真主洪天贵福继位登基，天朝臣民称之为幼天王。幼天王只有十六岁，读书不多，连句子都写不通，智力不及正常人。

---

① 《曾国藩全集·书信之六》第 27 册，岳麓书社，2012 年第 2 版，第 274 页。

由于双方信息不对称，清朝封疆大吏难免瞎子摸象，奏折之中对幼天王称呼不一，曾国藩称之为洪福瑱，左宗棠称之为洪瑱福。原因很简单：幼天王继位前，外界并不清楚他的名字，只能根据缴获的天朝文件来猜测，其玉玺印文为“救世幼主洪天贵福真主”，“真主”二字横刻于名字下方，以致揣摩有误。据《洪天贵福亲书自述》所记：他原名天贵，老天王特意加恩，赐予“福”字收尾，“老天王有八十八个妻。我有两个弟，一个光王洪天光，一个明王洪天明。”① 八十八个妻只有三个儿，根本不成正比，可谓极端浪费资源。有一点值得留意，据洪天贵福供述：“天朝内有一青鹦鹉，所住是银笼，他会讲话，鹦鹉唱云：‘亚父山河，永永崽坐，永永阔阔扶崽坐。’”② 在天朝，人人皆知，亚父即上帝。青鹦鹉天天欢唱没有用啊，在数万湘军的猛攻之下，天京城即将沦为半城瓦砾半城死尸的人间地狱。

倾覆之后，天京城内情形如何

同治三年六月十六日一大早，湘军轰开龙脖子处城墙二十余丈，攻破神策门和聚宝门，焚毁西门营和中关营，全城告破，湘军与太平军旋即进入互相绞杀的巷战阶段。曾国荃赶回大本营，身穿短布衣，赤着脚，汗泪交下，让众人先别庆贺，他拿出传单给金陵大营的首席文案赵烈文看，叫他赶快草拟奏折。赵烈文在日记中感叹道：“……生世不幸，逢此多艰，既以干戈将定为喜，复以昆冈一炷为悲，五中纷乱，惝恍无主。”他提供了许多鲜为人知的细节：傍晚时分，湘军攻入金陵城，因为贪财掠夺，队伍凌乱。中军留营的勇丁都跑去搜刮，甚至各棚杂役也闻风而动，路上担东西的人络绎不绝。赵烈文担心事态会发生不测，劝曾国荃再次出营去弹压，当时曾国荃很疲惫，听罢劝告，相当恼火，瞪眼问道：“你希望我去哪里？”赵烈文说：“听说缺口很大，恐怕有失，中丞应当亲自前往指挥堵截和防御。”曾国荃摇首不答。到

---

① 罗尔纲、王庆成主编：《中国近代史资料丛刊续编·太平天国》第2册，广西师范大学出版社，2004年版，第425页。

② 同上。

了晚间戌时，龙膊子至孝陵卫一带放炮，赵烈文知道有太平军逃窜。当时城池虽已收复，而敌军首领尚未就擒，同党李秀成、林绍璋等都不知下落，大事并未处置妥当。赵烈文又去卧榻边摇醒曾国荃，请派马队阻截。曾国荃不以为然[①]。曾国荃睡了很久，起床后索看赵烈文草拟的奏稿，要求将诸将战功一一详奏，生怕对他们有所亏负。他交代完毕后，仍去睡觉。到四鼓时，城北派人来报告，有太平军骑兵二百多，步卒上千，易服假冒官军，携带妇女从缺口冲出。理应防守此地的昆字营及湘后左右营精锐多半在城内尚未返回，留守者都疲顿不堪，无力阻拦，仅仅击杀数十人。出城后，由孝陵卫福字营李泰山、节字营萧孚泗等营的关卡冲出，也没被阻挡，这些逃出的太平军将士朝句容方向奔去。报告的人不敢惊扰曾国荃的睡眠，赵烈文猜测，首犯要犯必在其中无疑。他顾不了那么多了，敲门将曾国荃叫起，商定在奏折内增加数语，为后来留地步，曾国荃称好，并飞快通知马队营官伍维寿追剿逃遁的敌军将士[②]。

城破之日，最令人莫名诧异的事情是主将曾国荃由于兴奋过度和疲劳不堪，居然在营房中"闭门酣卧"，并未亲临前敌。赵烈文反复提醒这位主将要防止敌军首领逃窜，他也未能及时下达在各城门各缺口严密防堵的命令，总指挥官与攻城部队如此脱节和隔膜，反应如此迟钝，态度如此松懈，简直不可思议。半个月后，朝廷算起旧账来，曾国荃奏章中"遽回老营"四字成为口实，遭到厉责和严谴。

六月十七日，破城之后第一天，赵烈文递上条陈，建议曾国荃立刻采取四项紧急措施：一是"请止杀"，二是"设馆安顿妇女，毋使尽遭掠夺"，三是"立善后局"，四是"禁米麦出城"。曾国荃"允后三条，缓前一条"。曾国荃统领湘军主力，打一场偌大的恶仗，而且打了两年多，居然未曾拟定攻破坚城之后的预案，A方案、B方案全都没有，更别提C方案、D方案。当时，城中天王府、忠王府等还在，其余的王府多数被焚，太平军高呼"城中不留

① 赵烈文：《能静居日记》第2册，岳麓书社，2013年版，第800页。

② 赵烈文：《能静居日记》第2册，岳麓书社，2013年版，第800、801页。

半片烂布给清妖享用”。官军进攻，同样四面放火，太平军焚烧的面积为十分之三，湘军焚烧的面积为十分之七，黑烟升起数十道，盘结在空中，如大山一般积聚，呈紫绛色。及至中午，城中两座王府都着了火。下午，探报到，追击逃贼的马队回来了。这才知道，逃贼实有二三千人，官军疾追未能追到，仅仅抓获一人，此人供称幼天王洪天贵福、忠王李秀成都已逃走①。太平军和湘军先后纵火，城中老百姓遭殃，数座王府和大片民居均被焚为赤地，这座六朝故都也就在两三天之内被焚为废墟，半城瓦砾，半城死尸。头号主犯幼天王洪天贵福和第二号主犯忠王李秀成侥幸逃出了金陵，对于主将曾国荃来说，这绝对是个刺耳揪心的坏消息。

六月十九日，破城之后第三天，根据赵烈文的日记来看，城中有一些地方太平军仍在顽强抵抗，四座王府里面的守卫并未逃跑，冲进去的湘军勇丁多半丧命。太平军将士自知被擒后必死，防守颇为严密，湘军将士贪图财物，多半散开行走。这天曾国荃调动大队去攻打，尚未奏捷。嘉字营武赞臣告诉赵烈文，城中官兵拽曳妇女，哀号之声不绝于耳，令人不忍听闻②。善后事宜难办，曾国荃委任的善后总办彭毓橘、陈湜、彭椿年、易良虎等文武官员都不愿接手这个极易得罪人的苦差事，并且诋毁此举是不识时务，最后由赵烈文邀请黄少昆主理善后事宜。这天还发生一事，有位文案委员进城，看见别人的八岁幼子容貌清秀，强行夺取而归，孩子的母亲哭追数里，被一顿鞭打赶走了。多位委员都去争购赃物，各人贮存一箱，整天交相显摆，兴致不浅。只有见到赵烈文的面，他们才略知羞愧，用身体挡住箱子。文案宋生香感叹道：“此地不可久居了！”③拽曳妇女，抢夺儿童，搜刮财物，湘军中的武夫这么干，文员也这么干，军纪无从谈起，人道也惨遭践踏。

其实，仔细一想，湘军破城后的所作所为都符合血酬定律。湘勇跟着曾国荃打了几年苦仗，饷银积欠如山，他们仍肯拼命，不肯散伙，为什么？就因为

---

① 赵烈文:《能静居日记》第 2 册，岳麓书社，2013 年版，第 801 页。

② 赵烈文:《能静居日记》第 2 册，岳麓书社，2013 年版，第 802 页。

③ 赵烈文:《能静居日记》第 2 册，岳麓书社，2013 年版，第 802、803 页。

一个念想支撑着他们：打下金陵发大财，立大功，后半辈子享清福。古代战争中，胜方以大掠三日替代屠城，就算比较人道了。近代情况稍好一些，但也好不了太多。金陵是敌方的首都，财货汇聚之多，容易激发将士的想象力，曾国荃不加约束，甚至催化他们的念想，以提振士气，是因为他深知，人为财死，鸟为食亡，这是最原始的驱动力，可不能让它熄火。“道义”二字，放在事前事后或置身事外都好讨论，也容易臧否，但当事人的想法只有一个：我为国家流血拼命了，必须获得足够的报酬。朝廷当然也考虑到了这一层，不宜追究，何况法不责众。那些暴于野、邻于死的将士以血换酬，以命换酬，价码能低吗？你用空对空的道义去忽悠他们能管用吗？如此一来，“兴也百姓苦，亡也百姓苦”就揭示了血淋淋的真相，老百姓全是待宰的羔羊。

身为湖湘雄杰，谭嗣同绝对不肯为湘军讳恶，他在《仁学》中痛下手术刀，批判道：“中国之兵，固不足以御外侮，而自屠割其民则有余。自屠割其民，而方受大爵，膺大赏，享大名，瞯然骄居，自以为大功者，此吾所以至耻恶湘军，不须臾忘也。”[①] 曾国荃将“止戈为武”的古训抛之脑后，他所统领的究竟是仁义之师，还是虎狼之群？这位主将纵容部下烧杀抢掠，在历史上留下了极不光彩的一笔。谴责很容易，深究一番，悲剧的制造者也同样是悲剧角色，为了终结一个更大的悲剧，于是上演一场玉石俱焚的浩劫，历史的逻辑就是如此，其中很难找到两全其美的影子。

六月二十一日，破城之后第五天，赵烈文在日记中写道：“是日城中火渐灭，犹一二处尸骸塞路，臭不可闻。中丞令各营掩敛其当大路者，曳至街旁草中，以碎土覆之，余皆不问。”[②] 湘军将士在城中掘地三尺，遍挖陵墓和地窖，搜寻金银珠宝。赵烈文将实情告知曾国荃，后者派人去查，只不过做做样子。

六月二十三日，破城之后第七天，赵烈文在日记中写道：“计破城后，精壮长毛除抗拒时被斩杀外，其余死者寥寥，大半为兵勇扛抬什物出城，或引各勇挖窖，得后即行纵放。城上四面缒下老广贼匪不知若干，其老弱本地人民不能

---

① 《谭嗣同全集》（增订本），中华书局，1981 年版，第 346 页。

② 赵烈文：《能静居日记》第 2 册，岳麓书社，2013 年版，第 805 页。

挑担，又无窖可挖者，尽情杀死，沿街死尸十之九皆老者，其幼孩未满二三岁者亦斫戮以为戏，匍匐道上。妇女四十岁以下者，一人俱无，老者无不负伤，或十余刀，数十刀，哀号之声达于四远，其乱如此，可为发指。中丞禁杀良民，掳掠妇女，煌煌告示，遍于城中，无如各统领彭毓橘、易良虎、彭椿年、萧孚泗、张诗日等惟知掠夺，绝不奉行。不知何以对中丞？何以对皇上？何以对天地？何以对自己？”[①] 虐杀老幼，劫取金银，淫掠妇女，这岂不是土匪才干得极欢的坏事吗？湘军却在金陵城内干得更加出色。尽管曾国荃派人在全城各处张贴了煌煌告示，但只是装模作样，他的部下个个心照不宣。如果曾九爷真想严明军纪，杀几个触犯军令的将领，效果势必大不相同。

六月二十五日，曾国藩乘船抵达金陵。七月初八日，他写信给冯志沂，描述了自己亲眼所见的战后惨象：“……而昨者东来金陵，且睹万室烧焚，白骨山积，益复惨不成欢。自五季以来，生灵涂炭，殆无逾于今日。国藩忝窃兵柄，又窃虚名，乃一筹而莫展，如何！如何！梅言翁及各世家室庐荡然，而贡院幸存，亦可异也。”[②] 六、七月间正值酷暑盛夏，满城尸臭味浓郁得化不开，说是人间地狱，都算轻描淡写了。

七月初五日，赵烈文对破城之役做了一个小结，其中有“全军掠夺，无一人顾全大局”的字样，可见他对湘军将领失望之深。曾国荃攻克金陵，本是大功一件，但他虎头蛇尾，险些把一手好牌打得稀巴烂；若不是方山百姓捉住李秀成，他将很难“交卷出场”。赵烈文依照情理来推测，萧孚泗刑讯讹索方山村民，令远近闻者无不寒心，就算幼天王在别处被民众活捉了，他们也会暗中放行，多一事不如少一事。

从曾国藩战后的奏报来看，湘军的战果是辉煌的：湘军共歼敌十余万人（自焚自溺的不在此数），湘军共伤亡八九千人；太平军仅有六七百人（实际不止此数）冲出重围，逃至湖熟镇，被尾追的湘军马队悉数斩刈，更无余孽；从天王府和其他王府中并未搜出巨量财宝，太平天国的财富去向不明；忠王李秀成城

① 赵烈文：《能静居日记》第2册，岳麓书社，2013年版，第805、806页。

② 《曾国藩全集·书信之七》第28册，岳麓书社，2012年第2版，第41页。

破受伤，匿于山内民房，被总兵萧孚泗搜出就俘。这份捷报有三大疑点：其一，幼天王究竟是死了还是活着？其二，金陵城中的巨量财富是怎么蒸发一空的？其三，李秀成果真是萧孚泗搜出就俘的吗？

李秀成被擒的经过

据《洪天贵福亲书自述》所记，城破之前，君臣逃亡并没有做过明确的预案，而是临时动议的，撞大运的成分居多。“六月时，我闻得垅口响，我就上楼看，却见官兵入城，上城内小山，又见顾王吴如孝统兵来敌打不利，我乃下楼，同光王、明王到荣光殿。我要出朝，守朝门之女官不畀我出，后忠王同黄享乾侍卫两人入朝，忠王言能救我出城，我乃同忠王出朝。忠王畀白马，我坐骑到忠王府，忠王乃齐兵欲去太平门交战。临到太平门时，忠王又率众回，欲出大南门，后又细思南天门外有雨花台，正是多营盘之处，乃回头上西门城上，却看西门外尽是水，又不曾出。东门、南门官兵总上了城，我们乃去清凉珊（山），各王议俟头更时冲太平门垅口出。后冲垅口出，从淳化镇去直至广德州。”[①] 由此可见，湘军将领李臣典带人炸开太平门城墙的缺口后，太平军顿失凭依，固守之志全无，陷入了各自为战的困局。夜间，忠王李秀成和尊王刘庆汉带领千余兵马，护卫幼天王冲出太平门缺口。很幸运，他们并未遭到城外湘军的迎头痛击。当时，城内的巷战并不激烈，湘军将士急于搜掠财物，竟将抓捕天朝君臣的头号要务抛之脑后。

早在突围前，李秀成就将自己那匹雄骏的白色战马让给幼天王骑，自己换骑一匹驽马。他折回忠王府辞别母亲、胞弟和侄儿，起初还有数千兵马追随，但他们在城内兜转多时，难以找到安全出口，“随行之文武将兵，自乱如麻”，及至冲出太平门缺口，已失散不少。由于马匹不良，路径不熟，李秀成很快就落了单，身边只剩下两员随从。据《李秀成自述》所记：“走到天明，人人具（俱）散，马不能行。那时无法，自己无马，又不能行，是以逃上荒山暂避，又未得

---

① 罗尔纲、王庆成主编：《中国近代史资料丛刊续编·太平天国》第 2 册，广西师范大学出版社，2004 年版，第 424 页。

食，肚中又饿，万不能行。”[1] 六月中旬，天气酷热，李秀成又饿又累，与随从逃入方山的破庙里歇息。一时大意，将捆在身上的宝物吊在树下，他想宽身乘凉，结果被附近的农民发现，认出他就是忠王。起初，当地百姓想解救李秀成，劝他剃头，好做伪装，李秀成不肯，他说：“我为大臣，我国破主亡，若不能出，被获解送大清帅臣，我亦不能复语（活）。若果有命，能逃出去，亦难对我官军。”僵持半晌后，李秀成被逼依从，还是剃去了些许头发。由于风声走漏，人越聚越多，最终那些宝物引起了争端，李秀成被方山民人陶大兰缚送至湘军将领萧孚泗营中。萧孚泗是湘军中有名的贪将，据赵烈文《能静居日记》同治三年六月二十三日所记，萧孚泗贪财，连天王府的财宝都敢派兵搜掠，连天王府的宫殿都敢纵火焚烧，方山民人陶大兰缚送忠王李秀成来领赏，注定是走错了营门。萧孚泗先是“掠美”，谎报擒获之功，然后把陶大兰全家抓获，逼问财宝的下落，结果弄得方山百姓“空村窜匿”。萧孚泗的劣迹，肯定有人向上举报，但中丞（曾国荃）无意惩处此类恶行，理由是“免寒将士之心”。

湘军攻克金陵后，曾国藩获一等侯爵之封，曾国荃获一等伯爵之封，李臣典因带兵轰开太平门缺口，立下首功，获一等子爵之封，萧孚泗因“擒获”李秀成获一等男爵之封。若非赵烈文在日记中保全原始证据，李秀成被擒的底细恐怕会彻底模糊，真相石沉海底。当时，曾国藩在奏章中为湘军诸将请功邀赏，特意把“擒获伪忠酋”的大功记在萧孚泗名下，赵烈文对此愤愤不平，所以在日记中骂萧孚泗“丧良昧理”，咒了一句“吾不知其死所”。

薛福成的《庸盦笔记》中有一则《李秀成被擒》，比赵烈文《能静居日记》里的相关记载更具戏剧性，其大致脉络是：金陵城破后，李秀成带着仆从逃逸至方山，与八位打柴人狭路相逢，有人当即识破了忠王的身份。李秀成也被迫放下架子，哀求八位樵夫给他们主仆引路，前往湖州，愿以三万两白银报恩。八位樵夫贪欲不小，胆子不大，一番交头接耳，最终决定舍远求近，舍迂求捷，将李秀成缚献大营，好尽快领取一笔重赏，以免夜长梦多。至于李秀成与其仆

[1] 罗尔纲、王庆成主编：《中国近代史资料丛刊续编·太平天国》第 2 册，广西师范大学出版社，2004 年版，第 394 页。

从随身携带的财物，约值白金数十万两（这似乎有点夸张），先不急于将它平分。于是八位樵夫以捆柴的手法捆住李秀成，把他拘禁在涧溪村。樵夫中有位姓陶的，因其族人在湘军将领李臣典手下当差，他自告奋勇充当信使。陶某路过钟山时，肚子已饿得咕咕叫，他下到山麓驻军萧孚泗营中找寻认识的伙夫讨点吃食填饱肚子。结果饭菜堵不住大嘴巴，口风一漏，伙夫赶紧告诉亲兵，亲兵赶紧告诉统领。萧孚泗眼见偌大的功名从天而降，赶紧吩咐，好酒好肉款待姓陶的，可别让他迈出营门半步。接下来，事情就好办了，萧孚泗带领亲兵前往涧溪村将李秀成和财宝一并起获，回头还要杀陶某灭口。好在伙夫天良未泯，趁天黑放走了这位脑残的熟人。直到萧孚泗封为男爵之后，曾国荃才风闻此事，为了安抚民心，他下令赏给八位樵夫白银八百两，他们最终到手的却只有区区五十两。[①]薛福成的这则笔记采自民间传闻，可与赵烈文的日记形成互补。

曾国荃攻克金陵本是绝顶功勋，但由于告捷的奏章有重大疏漏，将攻城之日曾九帅赶回大营“躺胜”的实情公之于众，受到廷寄谕旨的批评，再加上幼天王逃脱，湘军的丰功伟绩大有转为罪责的可能。赵烈文于《能静居日记》同治三年七月初五日写道：“所恨中丞厚待各将，而破城之日，全军掠夺，无一人顾全大局，使槛中之兽，大股脱逃，幸中丞如天之福，民人得忠酋而缚之，方得交卷出场，不然，此局不独无赏，其受谴责定矣。”[②]由此可见，“擒获”忠王李秀成乃是湘军大将曾国荃得以“交卷出场”、受封伯爵的关键底牌。

李秀成之死

今天，我们能够知道李秀成被囚之后的详细情形，首当感谢赵烈文。当年，他是湘军大将、浙江巡抚曾国荃的首席文案，相当于机要秘书，从李秀成被擒获算起，直到李秀成被杀害，共计十六天，在赵烈文的《能静居日记》中，可谓有闻必录，细大不捐。

同治三年六月二十日，赵烈文的日记信息丰富，内容令人印象深刻：李秀

① 薛福成：《庸盦笔记》，江苏人民出版社，1983 年版，第 30 页。

② 赵烈文：《能静居日记》第 2 册，岳麓书社，2013 年版，第 809 页。

成被关押在特制的大木笼里，这种木笼的学名叫作槛车。曾国荃骄横之态活灵活现，他打算用刀锥细割狠刺的残酷手段使朝廷要犯饱受皮肉之苦，由此可见曾国荃脾气暴躁，行事鲁莽，他效法狱吏所为，有失大将风度。赵烈文急忙以耳语劝阻曾国荃，后者盛怒不戢，一意孤行，非得给李秀成放血不可。李秀成毕竟是经历过大阵仗的硬汉，臂股被割被刺，血流不止，仍然不动声色。洪秀全的胞兄洪仁达受到同样的伤害，也没有屈服求饶。赵烈文见劝阻无效，只好退出刑讯室，眼不见心不烦。稍后，曾国荃恍然大悟，听从赵烈文的建议，备文咨告湘军大帅、钦差大臣、两江总督曾国藩。

同日夜间，赵烈文与周阆山结伴，去李秀成的大囚笼前，面对面交谈了一番，所获得的原始信息价值不菲：忠王李秀成是苦出身，做过烧炭工，这点与东王杨秀清相同，他年长石达开八岁，做过后者的部下，最佩服的人也是石达开。他清楚太平天国不能久存，但骑虎难下。之所以不早日投诚，情义和爵位都是羁绊。“至于用兵所到，则未尝纵杀”，李秀成管束部下显然比曾国荃更严，军纪也更好。赵烈文还询问了一些军事部署和天朝内部事务的问题，李秀成一一解惑。令人感叹的是，天京城中各王府米粮充足，太平军守城将士却在忍饥挨饿，所以战斗力日益下降。李秀成给出的解释是“我家人心不齐之故”。李秀成不相信天朝覆灭后，国家就能太平，赵烈文以朝政清明期诸异日，也难以服其心。李秀成打算驰书给老部下，停止杀戮，各自回家，这个愿望最终未能实现。李秀成被囚之后的命运，说是取决于朝旨，实则由曾国藩独断。

同治三年六月二十五日，曾国藩抵达江宁，见到九弟曾国荃，心情大好，会客一直忙个不停。晚上九点钟后，他才亲自审讯李秀成，仅“鞫讯数语”而已，并没有太费口舌工夫。他让李秀成原原本本写个长篇供状，这样办案，较之讯问，既实在得多，也清省得多。

七月初二日，赵烈文去拜访曾国藩，两人谈论了一些敏感问题，交换了意见。按常理说，像李秀成这种级别的要犯，必须押送京城，交刑部审决，朝廷明谕也是这样指示的；何况献俘本身能够大显威风，但北方还有强悍的捻军窜扰，水陆三千多里长路，难保不出差池。李秀成不同于陈玉成和石达开，他脑袋里面装着天京的财富总账，真要是吐露无遗，对曾氏兄弟，对湘军将领，都极为不利。何况御史贾铎已经陈奏，断言金陵城内积有巨款，廷寄也已关注此事，“若如该御史所奏，金陵积有巨款，自系各省脂膏，仍以济各路兵饷赈济之用，于国于民，均有裨益”。当年，金陵城内短缺粮食是实，但并未短缺金银。湘军水师与湘军陆师在城外合围前，洋商从水路用轮船频繁运输粮食、军火到金陵城下，尽管价格高昂，但太平军与之贸易，从未拖欠款项（以常理推论，洋商也不可能在战争期间赊账）。战后，曾国藩要让湘军将士舟车囊橐满载而归，不受朝廷制裁，奏章就必须做得严丝合缝。曾国藩向朝廷汇报：“臣弟国荃以谓贼馆必有窖藏，贼身必有囊金，勒令各营按名缴出，以抵欠饷。臣则谓勇丁所得贼赃，多寡不齐，按名勒缴，弱者刑求而不得，强者抗令而遁逃，所抵之饷无几，徒损政体而失士心。因晓谕军中，凡剥取贼身囊金者，概置不问。凡发掘贼馆窖金者，报官充公，违者治罪。”[①] 曾国藩说明自己这样做是为了“悯其贫而奖其功”，此举得体，朝廷也不便挑剔。

同治三年七月二十日，曾国藩回复“押解来京”的寄谕，首先作出风险提示：金陵城破后，李秀成“窜逸乡间，乡民怜而匿之”，可见他得民心；李秀成被关在囚笼里，伪松王陈德风被擒后看到旧主，立即长跪请安，可见他得旧部心。曾国藩强调“恶其民心之未去，党羽之尚坚”，决计就地正法。就算营中文武官员纷纷请求将李秀成押解京师，李秀成自称能招降江西、湖州各股太平军，众人又纷纷请求免其一死，留为雉媒，以招抚余党。曾国藩还是“力主速杀，免致疏虞，以贻后患”，于七月初六日将李秀成正法[②]。此举循的是胜保杀陈玉成、骆秉章杀石达开的成例，朝廷也难以怪罪他抗旨不遵。

曾国藩下令处决李秀成，传首各省，以绝流言。同治三年七月初六日，赵烈文在日记中透露：曾国藩怜惜李秀成的才能。初五日亲自审问了一次，李秀成有乞求宽恕的意思，曾国藩答复这种事要听旨而行。初六日曾国藩派李眉生去告知李秀成：国法难容，不能开脱。李秀成说：“中堂厚德，铭刻不忘，今世已误，来生愿图报！”傍晚时分，李秀成被押赴刑场，他作绝命词十句，交给

---

① 《曾国藩全集·奏稿之七》第7册，岳麓书社，2012年第2版，第327页。

② 《曾国藩全集·奏稿之七》第7册，岳麓书社，2012年第2版，第329、330页。

监刑官庞省三，叙其尽忠天朝之意。曾国藩下令免除了凌迟酷刑，而是斩首传示各省，用棺材装殓他的尸身，可算很仁慈了。

同治元年，清军统帅胜保下令将太平天国英王陈玉成凌迟处死。同治二年，四川总督骆秉章下令将太平天国翼王石达开凌迟处死。凌迟，是极其惨酷的死刑，刽子手当众将一个大活人千刀万剐，受刑者痛不欲生，却求死不得。据史料记载，陈玉成和石达开遭受凌迟酷刑时，面无惧色，口无呻吟，确实是罕见的硬汉子。同治三年七月初六日傍晚，曾国藩下令将太平天国忠王李秀成处决，却并未循例采用凌迟酷刑，而采取斩首的方式，在这一点上，他的仁慈之心（且不说人道主义精神）显然超过了胜保和骆秉章。李秀成死得比好兄弟陈玉成、老上司石达开更干脆，虽无法保全首级，但至少保全了躯体，得以棺葬。赵烈文称之为幸运，也不算大谬。

世间有的趣事，就算给你十个脑袋也想不出来。同治三年七月二十一日，赵烈文在日记中记下了一则新闻：富明阿将军于七月十九日来到金陵，借口查看旗城，其实是僧格林沁亲王交给他一个差事，让他查访李秀成被擒的消息是真是假，以及城内的各种情形。富明阿将军的船泊在水西门，见城上不断吊出木料、器具，颇有不满之言。富将军逢人就询问伪忠王是否真身。幸而李秀成关在槛车中长达半个月之久，经中堂亲自询问口供，万难伪造，又洋人和各路人物见访者很多，众人的疑议尚且如此。若当日擒当日处斩，就算剖心示众，也无法证明虚实[①]。富明阿将军是明末名将袁崇焕的六世孙，其祖上归顺清朝很彻底，入了旗籍。僧格林沁郡王不相信太平天国忠王李秀成被湘军擒获正法了，特派富明阿到金陵来明察暗访，着实荒唐可笑。这充分说明，乱世之中信任感极其稀薄，朝廷对曾氏兄弟的怀疑有增无减。

据刘禺生《世载堂杂忆》所记："忠王家属于城破时皆逃匿民间，百姓隐不告人。忠王有妹，正在青年，百姓认为己女，为之择婿出嫁。旧部某提督随忠王者，每年暗地送钱，此即王壬秋所看之皇姑也。"[②] 查光绪二十年十二月十日

---

① 赵烈文：《能静居日记》第 2 册，岳麓书社，2013 年版，第 816 页。

② 刘禺生：《世载堂杂忆》，中华书局，1960 年版，第 35 页。

《湘绮楼日记》，王闿运在金陵游览，毗卢寺、华林园、玄武湖、鸡鸣寺、同泰寺、志公台、燕脂井皆在其笔下显影，“还看皇姑，李秀成妹也，再送茶，谈事，颇谙官礼。”[①] 清政府并未将李秀成灭族，这也是个事实，要说查不着蛛丝马迹，怎么可能？连王闿运都可去寻访，皇姑也肯出面见客，就说明她的身份是半公开性质的。

《李秀成自述》被删节

在天朝内，喜欢写诗的大将大臣有好几位，石达开、李秀成、洪仁玕三人较为突出。石达开的诗歌水准较高，他的《答曾国藩诗》五首之三就很耐读：“扬鞭慷慨莅中原，不为仇雠不为恩。只恨苍天昏聩聩，欲凭赤手拯元元。十年揽辔悲羸马，万众梯山似病猿。我志未成人已苦，东南到处有啼痕。”李秀成的诗作水平参差不齐，头面较好的几首应该是由他人润过色，比如其《感事诗》之一：“举觞对客且挥毫，逐鹿中原亦自豪。湖上月明青箬笠，帐中霜冷赫连刀。英雄自古披肝胆，志士何尝惜羽毛。我欲乘风归去也，卿云横亘斗牛高。”这个判断可从研读《李秀成自述》得来，其文字表达能力确实不及格，连粗通都算不上。

李秀成一生最引人注目的事迹，既不是挥师攻下苏州，也不是率军保卫天京，而是他被俘后写下了长达数万字篇幅的自述。有人简单地视之为变节之举，其实细揣其心迹，只不过想给后代留下一段信史罢了。至于细节稍有出入，观点不无偏颇，则是读者不应该苛求的。

近代名士罗惇曧著《太平天国战纪》，博采异闻，其中有一节文字涉及李秀成撰写自述的经过，笔墨从容，值得留意：“……国荃盛陈仪卫，讯焉。秀成背立言曰：‘何必尔，速以纸笔来，吾当书焉，吾史馆实录，尔曹焚掠尽，吾不述，奚以传后？’乃囚之木屋，为置几榻，令二竖侍之。日给甘馔，授纸笔。秀成日书七千余言，自六月十七日至二十七日，凡十日而毕。”[②] 这段描述有一

① 王闿运：《湘绮楼日记》第3卷，岳麓书社，1997年版，第1977页。

② 罗惇曧：《罗瘿公笔记选》，山西古籍出版社，1997年版，第174、175页。

处明显的瑕疵。李秀成撰写自述的起始时间并非六月十七日。他于六月十九日被擒，六月二十日萧孚泗将他押解到曾国荃大营。据曾国藩的批跋所记，李秀成撰写自述的时间为六月二十七日，草草杀青的时间（留存的自述是一副未完成的模样）为七月初六日（当天即被处决），每天他完成七千字左右的定额。湘军攻入金陵后，纵火烧毁了天王府，太平天国的诸多原始史料皆付之一炬，李秀成有意给后人留下一篇实录，如此强烈的愿望和责任感不仅值得肯定，而且值得钦佩。巧的是，过了七十一年，瞿秋白撰写《多余的话》，也是在狱中，也是在夏天，他的待遇稍好，不像李秀成那样被囚禁在局促的槛车（木笼）中，比困兽更像困兽。相同的是，他们拿起笔来，铺开纸，“写一点最后的最坦白的话”，既是对自己的交代，也是对后人的交代，其豪情壮概乃是任何一位在书斋中“挥毫落纸如云烟”的文人所无法逼真模仿的。

同治三年七月初六日，李秀成被曾国藩下令处决。七月初七日，曾国藩在家书中告诉儿子曾纪泽：“伪忠王自写亲供，多至五万余字。两日内看该酋亲供，如校对房本误书，殊费目力。”[①] 赵烈文的《能静居日记》可同步参照，七月初六日：“伪忠酋李秀成伏法，渠写亲供五六万字，叙贼中事，自咸丰四、五年后均甚详。虽不通文墨，而事理井井，在贼中不可谓非桀黠矣。”[②] 请注意，李秀成的亲供是“五六万字”。七月初七日：“中堂属余看李秀成供（状），改定咨送军机处，傍晚始毕。折中声明李秀成自知必死，恐中途不食，或窜夺逸去，转逃国法，故于当地凌迟处死云云。”[③] 瞧见没有，文中有“改定”二字，可能不只是改正病句和错别字这么简单。曾国藩对外还是要宣称将李秀成凌迟处死了，以免显示异同，诱发非议。七月初七日，曾国藩在日记中写道：“将李秀成之供分作八九人缮写，共写一百三十叶，每叶二百一十六字，装成一本，点句画段，并用红纸签分段落，封送军机处备查。”[④] 照此计算，曾国藩上报军机处的李秀成供词，只有二万八千字，与他告诉曾纪泽的和赵烈文亲眼见过的供词原

① 《曾国藩全集·家书之二》第21册，岳麓书社，2012年第2版，第307页。

②③ 赵烈文：《能静居日记》第2册，岳麓书社，2013年版，第810、811页。

④ 《曾国藩全集·日记之三》第18册，岳麓书社，2012年第2版，第71页。

稿五六万字相比，已缩水一半。曾国藩的曾孙曾约农保存的家藏《李秀成亲供手迹》（台湾世界书局影印），字数为三万六千字，也可断定这并非完整的原件，而只是节本。曾国藩如何将违碍部分删除、涂改或索性抽出销毁，抽毁的内容究竟是些什么，不免引人遐想。

同治三年八月，淮军主帅李鸿章已率兵克复湖州，正在追击堵王黄文金残部，突然收到曾国荃的来信，末段文字旁敲侧击，意味尤深："李秀成擒获后，弟遍刺以锥，流血如注，随即传置槛车中。后数日，家兄来营，提讯数次，呈亲笔供词数万言，内有谓尊处关税极多等语。李秀成屡经雄师击败，所陷江浙诸郡县亦皆为部下攻克，积愤已久，故作此诋毁之词。家兄忙中未及删改，弟则毫未闻及此事，至今亦未阅过一遍，可想见其疏矣。乞恕乞恕。"[①] 李鸿章的大将程学启诱降苏州八王，并且设计将他们一锅烩，李秀成内心必定痛恨不已，他在自述中透露了李鸿章大发战争财的老底，最终让朝廷看到，自然对李鸿章不利。李秀成要报东门之役，这也是最后一手了。试想，李鸿章读了曾国荃信中的这段文字，会不会打翻五味瓶？曾国荃说是家兄曾国藩因为事务繁忙、疏忽而忘记删改这些颇为扎眼的文字，李鸿章岂能不感到恼怒和别扭？

曾国藩在同治三年七月初六日的日记中写道："余皆阅李秀成之供，约四万余字，一一校对。"第二天，他在家书中告诉曾纪泽的是"五万余字"，不减反增？奇怪的是，七月初八日，曾国藩回复蒋嘉棫、钱应溥、程鸿诏，字数统计又发生了变化："李酋八日之内，在囚笼中共写三万余字，删其重复谀言，尚近三万字。"[②] 七月初六日，赵烈文日记称《李秀成自述》为"五六万字"，不管它是五万多字、四万多字，还是三万多字，最终缩水至两万多字，删削者动用了大刀阔斧，至于对字句的改动，倒是不会多，因为技术上难度较高，很容易弄巧成拙。这篇自述尚未结尾就戛然而止了，也说明曾国藩无意让李秀成写完它，因此自述中无一字涉及金陵城内的财富账，这样一来，湘军就可以"脱敏"了。曾国藩让李秀成写自供状，不过是走走过场，绝对不允许添出任何对湘军集团

① 《曾国荃全集·书札》第3册，岳麓书社，2006年版，第387页。

② 《曾国藩全集·书信之七》第28册，岳麓书社，2012年第2版，第42页。

不利的麻烦来。与之相反，李秀成将撰写自述当作内心积郁的最后舒吐和生命能量的终极释放。两人的想法根本没有交集点。因此李秀成要尽可能地写得完整和翔实，虽然文化水平不高，但他明显铆足了劲，提供了一些别人提供不了的史料和细节。曾国藩则要尽可能删去那些可能引发读者遐想、对湘军形象不利的文字。这是一场实力不对等的较量，《李秀成自述》最终“暴瘦”到身轻如燕的程度，也就不难理解了。

曾国藩杀害太平天国忠王李秀成，删削其供状，招致了不少非议和猜测。在李秀成的供状后面，曾国藩亲撰批跋，对自己的删削作出了几点说明：“（李秀成）自六月二十七日至七月初六日每日约写七千字，其别字改之，其谀颂楚军者删之，闲言重复者删之，其宛转求生乞贷一命，请招降江西、湖北各贼以赎罪，言招降事宜有‘十要’，言洪逆败亡有‘十误’者，亦均删之。其余虽文理不通，事实不符，概不删改，以存其真。”我们现在看到的《李秀成自述》，“十要”“十误”仍在其中，这是因为曾国藩首次呈递时，稿件莫名其妙地在驿途中丢失了，补送时，又将它们补入进来，具体有什么猫腻，早已变成一个谜，中国历史上多的是这种揭不开谜底的谜。

我们不妨做一道简单的算术题：照曾国藩提供的说法李秀成每日完成七千字计算，八天内他能写出五万六千字左右的草稿，算作五万余字，是比较靠谱的。既然供状的全豹不为外界所知，只见过节本的读者便难免会猜测，被曾国藩删削的所谓“闲言重复者”“宛转求生乞贷一命”“十要”“十误”，可能只是幌子和烟幕弹。曾国藩老谋深算，素来爱惜羽毛，在这件事情上他亲自操刀，岂会粗心大意？至于对历史负责，风格常被当事人巧妙切换，毕竟私心杂念占到上风，真相残损便无法避免。后来，坊间有所谓《李秀成自供状》足本，“十误”“十要”皆在其中，细按之纯属赝品，尽管作伪的技术比许指严伪造《石达开日记》要稍稍高明些，但仍然破绽百出。

曾国藩极其慎重，派人将《李秀成自述》送至安庆，交由儿子曾纪泽（最信得过的人）做必要的编排修饰，然后付梓刻印。同治三年七月二十一日，曾纪泽在家书中告诉父亲：“李秀成亲供须二十四（日）下午乃能刻就。”五天后，他又在家书中告诉父亲：“李秀成亲供修饰未能尽妥，且刷四十本呈阅。”曾国藩将这些刻印一新的《李秀成自述》呈递给军机大臣，寄送给封疆大吏。最奇葩的做法是让被捕的太平天国干王洪仁玕过目并亲笔签驳。洪仁玕是洪秀全的堂弟，曾在香港居住过四年，做过洋人学馆的教师，通晓天文、地理、医术、历数，能舞文弄墨，才情不俗，是天朝内难得的高级知识分子和改革家。很显然，洪仁玕对《李秀成自述》是不以为然的。在他看来，李秀成自身有不少失误，都已铸成大错，比如任人唯亲（"将滁州交李昭寿镇守"），比如用人不当（"苏州之谭绍光不服军民，以致杭、嘉各专己见，皆不遵忠王之令"），比如听信佞人之言（"专靠章王柔猾之言为之耳目，不认王长次兄为忠正人，不信本军师为才学之士"），因此他将《李秀成自述》定性为"屡多非上推罪之言"。诚然，李秀成的自述为自己洗脱太过用力，结果适得其反。洪仁玕指责李秀成"平日变迁不常，临急号令不验"，可谓诊病得症。其总结语更耐人寻味："今观其传，于得胜时细述己功，毫不及他人之策力，败绩时即诿咎于天王、幼西王及王长次兄、驸马等，虽世人不知内事，而当时兵粮之权归谁总握，谅内外必（有）闻之者。"[①] 这意思是：天朝末期，李秀成总握兵粮大权，完全诿过于人是不合逻辑的。应该说，今人阅读《李秀成自述》，参考一下洪仁玕的亲书签驳，确实可以增加一个视角，增长一层认识。

《李秀成自述》永远不可能恢复其完整的本来面目了，粗线条的历史乃是由诸多人为割裂的片段组成，某些敏感部位已被刻意屏蔽。事实固然胜于雄辩，但并非所有的事实都能水落石出。

令人困惑的问题不止一个，下面这个最撩人：曾国藩亲手删削《李秀成自述》，其用意多半为了保全湘军集团的利益，与忠君爱国岂不是有很大的冲突吗？难点确实在此凸显无遗。同治三年，李鸿章的淮军、左宗棠的楚军已堪称劲旅，皆可独当一面，但与湘军相比，仍未具备鼎足之势，湘军是国内最强大的军事骨干力量，虽然湘军集团的利益与国家利益并非完全重合，但也没有形成正面冲突；湘军将士将金陵的财富搜刮一空，国库固然受损，但这支饥军肚

---

① 罗尔纲、王庆成主编：《中国近代史资料丛刊续编·太平天国》第2册，广西师范大学出版社，2004年版，第420、421页。

子里填饱了酒肉，手头捞足了银子，军心也就稳定下来。此时，曾国藩苦思再三的事情只有一桩：既然朝廷日益忌惮湘军之威，害怕被它反噬，这支武装力量继续存在和壮大就会使皇帝、两宫皇太后寝食难安。于是他主动抛出“暮气”一说，下狠手裁撤湘军，令四分之三的士卒解甲归田，并且为湘军主将、自家胞弟曾国荃请假养病。他还扶植淮军，由这支新生力量填补湘军裁撤之后留下的空白。湘军集团大获而小损，国家小损而大获，如此一举两得，体面和利益全都顾全了。你说他忠君就是忠君，你说他爱国就是爱国，选取的立场、角度不同，答案也会迥异。

李秀成撰《自述》，于供状中隐藏机心，所述事实对湘军、淮军的主脑人物构成了实实在在的威胁，曾国藩删削其文字，保全的范围较宽，否则牵连甚广，必然涂抹出一大片黑，折腾出一大团糟，造成不可逆转的多米诺骨牌效应。

有人一口咬定，曾国藩删削《李秀成自述》难脱欺君之嫌，这个指控貌似眉目分明，实则一根筋。金陵财富疑案牵涉湘军主战部队，督帅曾国藩奉命办理，瞒天过海的话，他可能遭受朝廷严谴，也可能安然无事；如实禀奏的话，则必定满盘皆输，还有各种难看。因此他在体制盲区内做下手脚就属于常规操作，出以“善意”行之，甚至还会有人暗中喝彩。曾国藩一贯标榜自己是血诚儒者，忠君乃必选项目，其定位是尽量不给皇上和两宫皇太后添忧、添乱、添堵、添惧，但并非自身铁定要做个十足的透明人。

09 章　湘军爱民是无解的难题

古人讲得好："苟无民，何有国？"孟子的思想尤为犀利："民为贵，社稷次之，君为轻。"民是国家的第一要素，与土地、政治、文化、经济、风俗相结合，生生不息。因此谈爱国，讲爱民，二者正相关，误差最小。自咸丰三年编练湘勇开始，曾国藩就极其重视军民之间的鱼水关系，这方面他的精言妙谛散见于奏折、书信、日记、文告和诗歌。曾国藩给湘军将士灌输爱民观念，非常用心，从未懈怠过。我们来看看他留下的几条著名语录：

"兵勇以不扰民为第一要义。"

"治世之道，专以致贤养民为本。"

"剿贼为第二着，爱民为第一着。"

"统兵而不知爱民，即百战百胜，也是罪孽；居官而不知爱民，即有位有名，也是罪孽。"

"每谓骚扰为人鬼关，贪财为生死关。盖言爱民则人，扰民则鬼；力战遗财则生，贪财忘战则死。"

湘军由乡勇编练而成，农家子弟较为朴实，曾国藩要求他们遵守纪律，服从长官，并不太难，只要粮饷充足，一切好办。问题往往也就出在这里，由于民间凋敝，国库空虚，湘军筹饷艰难，军队欠饷成为常态，将领克扣兵勇原本菲薄的粮饷遂成为积弊，久而久之，即使以严酷的军法施加惩罚，骚扰良民、抢掠富户、勒索行商，诸如此类的恶行也难以禁止，更别说杜绝。军队饥噪，溃营的后果不堪设想，地方遭受蹂躏之害，轻则以方圆数十里计，重则以方圆数百里计。

曾国藩强调军纪，采取了五大措施：第一，他以儒家仁民爱物、民胞物与的思想教育将领，促使他们在道德上严格自律。湘军中儒生起家的统领和营官较多，行伍起家的统领和营官较少，将领的文化水平普遍较高，这种教育应该说是行之有效的。第二，粮台有款即拨款，有粮即拨粮，总是将粮款先拨给欠粮欠饷最多最久的部队，相对的公平使将士心平气和，不做攀比，不起怨恨，统帅曾国藩过问每一笔粮饷，将这一大盆水尽可能端平。第三，曾国藩亲自作词，请人谱写《爱民歌》，教兵勇传唱，仗打到哪里，歌唱到哪里，久而久之，歌词浸润兵勇的心灵，扰民掠民时总会有一重心理障碍。第四，在湘军中讲求廉耻，统帅示范，曾国藩厉行俭朴，如苦行僧，虽恶衣恶食，不改常度；将领示范，水师统领杨岳斌、彭玉麟长期居住在兵船上，不搞特殊化。第五，严惩贪将，对克扣兵勇粮饷的营官实行零容忍，发现一个杀一个，发现两个杀一双。

"兵如烈火，不戢则焚。"曾国藩深知兵变的危害极大，因此他在这方面忧虑颇深，每有书信来往，总是对将领叮咛再四，指出爱民就是爱兵，爱兵就是爱民，民与兵是二也是一，不可忽略，不可草率。他在咸丰十年四月下旬致书九弟曾国荃："当此大乱之世，吾辈立身行间，最易造孽，亦最易积德。吾自三年初招勇以来，即以爱民为第一义。历年以来，纵未必行得到，而寸心总不敢忘'爱民'两个字。"① 世间万事如毛，口到、笔到可能有假，心到则真，心到则诚。

曾国藩是一位优秀的桐城派散文家，也是一位出色的诗人，其诗情诗才诗艺为晚清诗坛的众多名家所认可。诗人普遍不屑于创作白话顺口溜，曾国藩却毫不忸怩，毫不矜持，他用自己的诗笔，用尽可能通俗的语言创作朗朗上口的白话顺口溜，并且谱成歌曲，让兵勇传唱，以此鼓舞士气，营造同舟共济的氛围，起到提醒警诫的作用。对于《陆师得胜歌》《水师得胜歌》《解散胁从歌》，湘军将士全都耳熟能详，最引人注意的军歌首推《爱民歌》。咸丰十年十一

---

① 《曾国藩全集·家书之一》第20册，岳麓书社，2012年第2版，第483页。

月，曾国荃回复李瀚章："十月二十六日肃布一函，并请代刷《得胜》《爱民歌》三万余部，计日内可达台鉴。"[①] 一次印刷这么多，可见当年湘军将士人人手中皆有歌词。

曾国藩创作《爱民歌》，应该受到了多方面的影响。南宋的岳家军行师千里，秋毫无犯，鸡犬不惊，在民间口碑极佳。岳家军有两句响亮的口号："冻杀不拆屋，饿杀不打掳！"岳飞要求将士冻死不拆民房，饿死不抢民粮，这当然是爱民。明朝的戚家军威震东瀛，同样以军纪严明著称，戚继光用通俗的语言文字教育士卒，以"安国保民"为军人职志："兵是杀贼的东西，贼是杀百姓的东西，百姓们岂不是要你们杀贼？设使你们果肯杀贼，守军法，不扰害，他如何不奉承你们？"言浅理明，就是庄稼汉也能听得懂。

曾国藩最艰难的军旅岁月是在江西度过的，大约四年之久，《爱民歌》即创作于这一期间的咸丰八年，在江西建昌大营完成。《爱民歌》共八十句，五百六十字，绝对是一首长歌，要唱完它真得有点气力和气势才行。歌词是这样的：

> 三军个个仔细听，行军先要爱百姓。贼匪害了百姓们，全靠官兵来救人。
> 百姓被贼吃了苦，全靠官兵来作主。第一扎营不要懒，莫走人家取门板。
> 莫拆民房搬砖石，莫踹禾苗坏田产。莫打民间鸭和鸡，莫借民间锅和碗。
> 莫派民夫来挖壕，莫到民家去打馆。筑墙莫拦街前路，砍柴莫砍坟上树。
> 挑水莫挑有鱼塘，凡事都要让一步。第二行路要端详，夜夜总要支帐房。
> 莫进城市占铺店，莫向乡间借村庄。人有小事莫喧哗，人不躲路莫挤他。
> 无钱莫扯道边菜，无钱莫吃便宜茶。更有一句紧要书，切莫掳人当长夫。
> 一人被掳挑担去，一家号哭不安居。娘哭子来眼也肿，妻哭夫来泪也枯。
> 从中地保又讹钱，分派各团并各都。有夫派夫无派钱，牵了骡马又牵猪。
> 鸡飞狗走都吓倒，塘里吓死几条鱼。第三号令要严明，兵勇不许乱出营。
> 走出营来就学坏，总是百姓来受害。或走大家讹钱文，或走小家调妇人。

① 《曾国荃全集·书札》第3册，岳麓书社，2006年版，第64页。

邀些地痞作伙计，买些烧酒同喝醉。逢着百姓就要打，遇着店家就发气。
可怜百姓打出血，吃了大亏不敢说。生怕老将不自在，还要出钱去赔罪。
要得百姓稍安静，先要兵勇听号令。陆军不许乱出营，水军不许岸上行。
在家皆是作良民，出来当兵也是人。官兵贼匪本不同，官兵是人贼是禽。
官兵不抢贼匪抢，官兵不淫贼匪淫。若是官兵也淫抢，便同贼匪一条心。
官兵与贼不分明，到处传出丑声名。百姓听得就心酸，上司听得皱眉尖。
上司不肯发粮饷，百姓不肯卖米盐。爱民之军处处喜，扰民之军处处嫌。
我的军士跟我早，多年在外名声好。如今百姓更穷困，愿我军士听教训。
军士与民如一家，千记不可欺负他。日日熟唱爱民歌，天和地和又人和。①

《爱民歌》不讲深奥的道理，只讲官兵是老百姓的救星、官兵不扰民不害民的规矩有哪些、扰民害民的后果是什么、官兵与贼匪的区别何在。曾国藩采用通俗易懂的韵语解答了这些问题，官兵牢记不忘，其整体气质自然不同以往。一支打着爱民旗帜的仁义之师更受老百姓待见，更得地方绅士支持，良性的外部环境给了湘军将士更足的底气。应该说，《爱民歌》一度提升了湘军的软实力。

营规、军律甚严

咸丰九年，曾国藩制定《营规》三十三条，其中有一条“禁扰民之规”：“用兵之道以保民为第一义。除莠去草，所以爱苗也；打蛇杀虎，所以爱人也；募兵剿贼，所以爱百姓也。若不禁止骚扰，便与贼匪无异，且或比贼匪更甚，要官兵何用哉？故兵法千言万语，一言以蔽之曰爱民。”② 军法千条万条，总而言之要归结到“爱民”上来，否则湘军就会丧失人心，丧失它的合法性。曾国藩强调爱民，就是强调湘军的道德价值。

咸丰十年五月，曾国藩颁布《谕巡捕门印签押三条》，开宗明义：“凡为将

① 《曾国藩全集·诗文》第14册，岳麓书社，2012年第2版，第398、399页。
② 《曾国藩全集·诗文》第14册，岳麓书社，2012年第2版，第409页。

帅者，以不骚扰百姓为第一义。”[①] 同年六月上旬，曾国藩将湘军大本营迁移至安徽祁门，连日经过之处，都是统领萧翰庆所带唐训方旧部和降将韦志俊营经过之处，沿途的老百姓纷纷控诉：历年过兵二十多次，萧翰庆的部下极尽骚扰之能事，无人可出其右。县官张贴告示，劝导百姓出门做买卖，布告中明确表态：“必不似韦、训之扰民。”曾国藩获悉此情，面子无处可挂，回复彭玉麟时，他说：“鬴臣大损楚军之名，以后用人，不可不慎。”没过多久，萧翰庆在驰援湖州时血战而死，总算是功罪相抵了。

咸丰十一年正月二十九日，曾国藩回复杨岳斌：“不吸烟，不扰民，二者是吾辈办事根本。”在信中，他提到两位水师裨将吸食鸦片，因为是有功之人，“故迟迟未奏，终不能不严禁耳”。吸烟与扰民有没有正关联？吸烟违反营规，扰民也违反营规，吸烟的人更有可能扰民。这年八月十七日，曾国藩日记中明确将领之道共有四条：“一曰戒骚扰以安民，一曰禁烟赌以儆惰，一曰勤训练以御寇，一曰尚廉俭以率下。”[②] 他将“戒骚扰以安民”放在首要位置，可见其重视度之高、难度之大。

同年八月，曾国藩颁布《劝诫州县四条》，第三条是“重农事以厚生”。百姓安生，方能耕种，民以食为天，兵勇同样不可一日无粮。他晓谕州县官员：“军兴以来，士与工商生计或未尽绝，惟农夫则无一人不苦，无一处不苦。农夫受苦太久，则必荒田不耕。军无粮，则必扰民；民无粮，则必从贼；贼无粮，则必变流贼，而大乱无了日矣！故今日之州县，以重农为第一要务。病商之钱可取，病农之钱不可取。薄敛以纾其力，减役以安其身；无牛之家，设法购买；有水之田，设法疏消。要使农夫稍有生聚之乐，庶不至逃徙一空。”[③] 曾国藩常对人说：“官不爱民，余所痛恨。”州县官员要重农轻商，要尽可能减轻农民的负担，帮助他们重建家园。这年曾国藩作出了一个重要的决定，在两江地区减收丁漕（按人头收取的漕粮），减轻了贫困农民的负担。在粮饷匮乏的战争期

① 《曾国藩全集·诗文》第 14 册，岳麓书社，2012 年第 2 版，第 440 页。

② 《曾国藩全集·日记之二》第 17 册，岳麓书社，2012 年第 2 版，第 197 页。

③ 《曾国藩全集·诗文》第 14 册，岳麓书社，2012 年第 2 版，第 445 页。

间有此举措，实属不易。凡是湘军将领驻扎的州县，曾国藩时不时会写信去询问地方官："纪律何如？有无骚扰？"这也间接地监督了湘军将士的行为。

在同一时期，曾国藩还颁布了《劝诫营官四条》，第一条是"禁骚扰以安民"。贼匪与官兵的区别就在于前者扰民害民，后者救民安民，一旦混淆不分，百姓的苦难就会加倍，甚至十倍百倍。曾国藩晓谕湘军将士："所恶乎贼匪者，以其淫掳焚杀，扰民害民也。所贵乎官兵者，以其救民安民也。若官兵扰害百姓，则与贼匪无殊矣。故带兵之道，以禁止骚扰为第一义。百姓最怕者，惟强掳民夫、强占民房二事。掳夫则行者辛苦，居者愁思；占房则器物毁坏，家口流离。为营官者，先禁此二事，更于淫抢压买等事一一禁止，则造福无穷矣。"①

曾国藩爱民，为此制定营规、军律，三令五申，其部下纵然不能彻底贯彻和落实，打个六折五折，也总比付之阙如、熟视无睹要好得多，至少没有副作用。然而王闿运并不这样认为，他还要钻一下空子。同治九年七月二十三日，王闿运在《湘绮楼日记》中写道："朝廷有失政为民所挟持，大臣士人当疏通而掩覆之，固不可抑民气，尤不可长民嚣。曾侯未足以知之。"②他将国家陷入内战的泥潭归因为"朝廷有失政为民所挟持"。这个结论太过笼统，将官场、军界的严重腐败仅仅视为"失政"，未免有点轻拿轻放。实际上老百姓的初始诉求并不过分，以他们薄弱的力量也不可能挟持朝廷，若非苛政猛于虎，恶政狠于狼，虐政毒于酖，但凡老百姓还有一条生路，决不会铤而走险。曾国藩强调爱民，王闿运不以为然，他认为，如此一来，民气固然得伸，民嚣（百姓的嚣张气焰）也会大长，民间的合力将会威胁到官方的势力。这就变成了一个悖论。官府虐民，所以官逼民反；官府爱民，难道也会官诱民反？王闿运说曾国藩"未足以知之"，只因自己脑袋里沟回太多，结果反而迷失了路径。

有诚意而不扰民

曾国藩自始至终强调湘军的自律自治，他多次表态，自己所欣赏的将领必

---

① 《曾国藩全集·诗文》第 14 册，岳麓书社，2012 年第 2 版，第 445、446 页。

② 王闿运：《湘绮楼日记》第 1 卷，岳麓书社，1997 年版，第 121 页。

备两点素质：一是“有血性而不忘本”，二是“有诚意而不扰民”。

咸丰三年二月二十六日，湘勇成军不久，曾国藩致书手下将领刘长佑、王鑫，明确指示：“军士所过，有取民间一草一木不给钱，即行正法，望两君日以斯言训儆之。至要至要！千万千万！”曾国藩严明纪律，起初用的是霹雳手段，那股狠劲，读者透过字面都能够感觉到。这年重阳节，曾国藩致信署湖广总督张亮基：“练勇之举，亦非有他，只以近日官兵在乡，不无骚扰，而去岁潮勇有奸淫掳掠之事，民间倡为谣言，反谓兵勇不如贼匪之安静。国藩痛恨斯言，恐民心一去不可挽回，誓欲练成一旅，秋毫无犯，以挽民心而塞民口。”[①]

训练，训练，有训有练。湘军操练之前，曾国藩都要前往训话，他认为训话比练操更为重要，“训打仗之法、训作人之道”，士卒才能心地明白，脑子清楚，知道如何打仗、为何打仗，否则辛苦练成数以万计的糊涂兵，终究还是乌合之众。难能可贵的是，曾国藩的训话充满了师长般的人文关怀，“切不可使其因扰民而坏品行，因嫖赌吸鸦片而坏身体。个个学好，人人成材，有殷殷望其成立之意”，“盖欲感动一二，冀其不扰百姓，以雪兵勇不如贼匪之耻，而稍变武弁漫无纪律之态”。他自承：“不敢说法点顽石之头，亦欲苦口滴杜鹃之血。练者其名，训者其实。”湘军出外作战，曾大帅总要再三叮嘱将领：“诸勇在外，须约束严明，秋毫无犯。至要至要！”

万事开头难，严明军纪理应一刀切，却又不可如此鲁莽。曾国藩与老湘营统领王鑫失欢，就是因为湘潭铁行一案，王鑫违令扰民，且有杀戮，曾国藩闻讯后大加诘责。此后，罗泽南、王鑫带兵，均力禁扰民。可见曾国藩的严厉批评起到了作用。他总结道：“窃谓带兵与百姓交接，择术不可不慎，善于用奖，不如善于用激也。”对于具足血性的儒将而言，褒奖有用，激将法确实更灵。

咸丰五年，曾国藩在认识上有一个新的突破：那些谋反者，怙恶不悛的、实有罪行的，抓到就杀，没有商量，但不要伤害他们的妻儿，不要焚毁他们的房屋。大江南北，沦陷的州县很多，这些州县听命于太平军、接受伪职的

---

① 《曾国藩全集·书信之一》第22册，岳麓书社，2012年第2版，第200页。

不下千家，每家既有亲党，又有仇怨，亲党声称他们被裹胁可怜，仇怨则扬言他们从逆可诛。官兵哪有那么多精力去一一甄别？其实，这些人多半都是良民，依附太平军并不是他们的过错，应该多加体谅，予以保全。曾国藩下令，湘军打了胜仗，不许滥杀，只诛首恶，解散胁从，这种做法深得民心。彭泽县令郭毓龙到湘军大营来参见曾国藩，说着说着，忽然双膝下跪，禀告道："将来大兵至彭泽时，求禁弁勇滥杀，毋焚房屋，为民请命。"曾国藩的认识业已更新，"以其仁人之言，极口允许"。由此可见，湘军也走过弯路，滥杀胁从的事有之，焚烧房屋的事亦有之。曾国藩强调军纪以不扰民为要义，但何者为民，何者为匪，在判断方面前后并不一致，前以为匪者后以为民，民房是不准焚毁的，保全者自然随之增多。从民不堪命到民能活命，这是一个显著的进步。

咸丰十一年，曾国藩在安徽祁门湘军大本营作《解散胁从歌》，让士兵传唱，使这项军中良法更加深入人心，可谓活命无数。歌词如下："莫打鼓来莫打锣，听我唱个解散歌。如今贼多有缘故，大半都是掳进去。掳了良民当长毛，个个心中都想逃。官兵若杀胁从人，可怜冤枉无处伸。良民一朝被贼掳，吃尽千辛并万苦。初掳进去就挑担，板子打得皮肉烂。又要煮饭又搬柴，上无衣服下无鞋。看看头发一寸长，就要逼他上战场。初上战场眼哭肿，又羞又恨又懵懂。向前又怕官兵砍，退后又怕长毛斩。一年两载发更长，从此不敢回家乡。一封家信无处寄，背地落泪想爷娘。被掳太久家太贫，儿子饿死妻嫁人。半夜偷逃想回家，层层贼卡有盘查。又怕官军盘得紧，跪求饶命也不准。又怕团勇来讹钱，抢去衣服并盘缠。种种苦情说不完，说起阎王也心酸。我今到处贴告示，凡是胁从皆免死。第一不杀老和少，登时释放给护照。第二不杀老长发，一尺二尺皆遣发。第三不杀面刺字，劝他用药洗几次。第四不杀打过仗，丢了军器便释放。第五不杀做伪官，被胁受职也可宽。第六不杀旧官兵，被贼围捉也原情。第七不杀贼探子，也有愚民被驱使。第八不杀捆送人，也防乡团捆难民。人人不杀都胆壮，各各逃生寻去向。贼要聚来我要散，贼要掳来我要放。每人给张免死牌，保你千妥又万当。往年在家犯过罪，从今再不算前账。不许县官问陈案，不许仇人告旧状。一家骨肉再团圆，九重皇恩真浩荡。一言普告州和县，再告兵勇与团练。若遇胁从难民归，莫抢银钱莫剥衣。”[①] 大帅贵能设身处地为平民着想，曾国藩的歌词把胁从者的悲苦毕现无遗，湘军将士唱此歌时便会油然生出同情心。

咸丰九年八月，曾国藩致书陈鼒：“此间军事殊乏起色，惟约束士卒，不敢骚扰；勤于操练，不敢懈弛；二者兢兢自持，行之有年，借以报慰知己。”湘军吃败仗难免，士气低落也有可能，但军纪不可松弛，用牛栏关猫是绝对不行的。能以爱民报慰知己，也很体面，也很自豪。

这年十二月，曾国藩致书吴坤修：“用兵既久，民间厌苦，吾辈宜格外体恤。凡兵勇与百姓交涉者，总宜伸民气而抑兵勇，所以感召天和者在此，即所以要获名誉者亦在此，望阁下实心行之，幸勿视为老生常谈也。”[②] 湘军把老百姓看得重，民气得伸，戾气则少。中国的老百姓是世界上最善良的老百姓，只要兵不欺民，什么话都好说。

咸丰九年冬，曾国藩听说老九曾国荃旗下的湘军吉字中营“近颇有骚扰之名”，并且亲眼见到老百姓跪在道路旁叫冤，他告诉表弟、裨将彭毓橘，严加警戒，以防兵勇骚扰百姓。翌年四月，曾国藩写信给老九，希望他对部下将士勤加教育，爱民是长远可久之事，不可败坏，他说：“庶胜则可以立功，败亦不致造孽。当此大乱之世，吾辈立身行间，最易造孽，亦最易积德。”这话并不难听，老九曾国荃也不是顽石，肯定能入耳走心。

咸丰十年八月下旬，曾国藩回复翰林前辈刘绎：“侍家世寒素，深知一粒一丝之匪易。近年从事戎行，每驻扎之处，周历城乡，所见无不毁之屋，无不伐之树，无不破之富家，无不欺之穷民。大抵受害于贼者十之七八，受害于兵者亦有二三。目击心伤，喟然私叹。行军之害民，一至此乎！故每与将官委员告戒，总以禁止骚扰为第一义。”[③] 曾国藩是在耕读之家长大的，能体恤生民之疾苦、稼穑之艰难，于他而言，不扰民、不害民既是军中律条，也是

① 《曾国藩全集·诗文》第 14 册，岳麓书社，2012 年第 2 版，第 441、442 页。
② 《曾国藩全集·书信之二》第 23 册，岳麓书社，2012 年第 2 版，第 339 页。
③ 《曾国藩全集·书信之二》第 23 册，岳麓书社，2012 年第 2 版，第 725 页。

心间诚意。不诚则无物，他对一部分湘军将士扰民害民的所作所为痛心疾首，也是这个缘故。

湘军统帅的难处在哪里？在于你既认军法又认人，既认军法又顾时机，不同情况还得区别对待，或者用别的方法解决问题，或者睁一只眼闭一只眼。还有最坏的一种情形，官兵可能会错杀平民，残害百姓，曾国藩也只能默认。

咸丰十年十月初六日，曾国藩致书江西巡抚毓科，指出黎献一营“怯于战阵，勇于扰民”，在饶州一带声名狼藉，请求毓科将此营裁撤，以慰民情。这就是用别的方法解决问题。

咸丰十一年二月，曾国藩致书湘军粮台李桓：“陈馀庵于二十一日至景德镇，窘苦异常，因其缺乏食米，亦殊难禁其骚扰。”此时，曾国藩最担心的是粮饷不济会导致军心涣散，至于骚扰百姓，就只能睁一只眼闭一只眼。

咸丰十一年三月初四日，曾国藩回复唐义训：“明日进剿，切莫轻进，须村村搜伏，搜出即杀。乡贼搜尽，城贼自站不住。不可以其为难民而赦之。村中之民尽可逃至休宁，与贼混处，决非难民。尤不可生擒一人，恐占住兵力也。”[①]他担心“城贼逼于前，伏贼抄于后”，须防患于未然。这样一来，就很可能错杀平民。

同治四年六月十八日，曾国藩回复王正谊：“兵勇虽贱，亦人子也。彼负血肉之躯，正与吾辈同耳！饥寒之不免，而欲其争先死敌，秋毫无犯，此必不可得之数。”[②]这句话也可理解为，在粮饷匮乏的状况下，在饥寒交迫的处境中，将领不可能约束士兵秋毫无犯。其实，更大的困难是：苦战之余，鏖战之后，湘军攻克了名都大邑，将领禁止兵勇烧杀较易，禁止兵勇抢掠奸淫则很难，欲厉行军法又不忍。因此曾国荃的吉字营五万余人攻破金陵之后，军纪荡然无存，不计其数的平民在战后遭殃。理想很丰满，现实很骨感，曾国藩对此爱莫能助，死难的平民当然也就被轻易捎进了战争成本，无法追究过错，更无法清算罪行。

湘军都唱《爱民歌》，爱民的表现总有不尽如人意的地方。淮军的军纪如

---

① 《曾国藩全集·书信之三》第 24 册，岳麓书社，2012 年第 2 版，第 246、247 页。

② 《曾国藩全集·书信之七》第 28 册，岳麓书社，2012 年第 2 版，第 588 页。

何？同治元年三月底，曾国藩回复李鸿章，郑重叮咛道：“爱民乃行军第一义，须日日三令五申，视为性命根本之事，毋视为要结粉饰之文。”这番叮嘱李鸿章果然听进去了吗？执行力如何？

赵烈文在《能静居日记》中记载了淮军害民扰民的典型事例。同治三年七月十六日，赵烈文的同乡丁听彝来看望他，谈起淮军收复江阴后的情形，种种行径令人发指。淮军破城后五十多天，仍未收拾干净城中的尸骸，臭气四塞。房屋被士兵占住或拆毁，居民敢怒不敢言。张树声的树字营把守城门，不许乡民入内，每日士兵去乡下扰民。某乡团防队合力捆绑胡作非为的淮勇到城里来告状，淮军将士二话不说，就将团防队员当成土匪处决了。居民要住回自己的房子，必须缴纳赎金。江阴知府李仲良别无善政，只在门外挂牌施舍防暑药。两位县令如同哑巴，连响屁都不敢放一个。乡间没什么人烟，尽管有三年不用缴粮纳税的政策，但耕种者寥寥无几。李鸿章最厌烦别人跟他讲淮军纪律差，听到了就勃然大怒。锡匠杨艺舫是李鸿章的年侄，向来颇得信任，他也讲淮勇纪律太差，好为不法，这可怎么办？李鸿章就用气话噎他：“不必言，吾皖人皆当诛！”杨艺舫战栗而出。赵烈文揭露道：“自常（州）以东及松（江）郡道路，剽掠无虚日，杀人夺财，视为应然。”①

同治十年二月初四日，王闿运在湖北境内游历，《湘绮楼日记》中留下了他的采访实录：“……以须两渡，觅舟溯滠口，驿馆寂然，旧垒弥望。居人言：‘官兵过，无不扰民，曾军与僧军同横，惟胡抚军差戢耳。’论兵贵智，非料敌也。智足以知情伪，则兵将不敢骄，涤老不智，故不如文忠矣。”② 曾军是湘军，僧军是僧格林沁的蒙古铁骑，胡抚军是胡林翼，涤老是曾国藩。王闿运认为，湘军将领敢违犯军纪，是因为曾国藩不智，不智则失察；胡林翼更精明，所以部下较为收敛，不敢放肆。王闿运著《湘军志》，对湘军的批评毫不留情。曾国荃的门人怒于市而色于室，险些动粗。李榕谴责王闿运更是不遗余墨。王闿运回复李榕，不无滑稽地说：“他日阎王殿下，亦惟有俯伏认罪，自投油锅，不

---

① 赵烈文：《能静居日记》第2册，岳麓书社，2013年版，第813、814页。

② 王闿运：《湘绮楼日记》第1卷，岳麓书社，1997年版，第178、179页。

知可平旦夕之气否？”《湘军志》的触爆点主要有两个：一是湘军中贪将多于廉将，二是湘军害民多于爱民。有人说，王闿运纯粹以个人爱憎驱遣笔墨，此言不全对。应该看到，王闿运对湘军爱之深而恨之切，《湘军志》虽非公认的信史，但它绝对没有马屁的芬芳气味。

霆军始终令曾国藩又爱又恨

鲍超是湘军体系中一员威名赫赫的虎将，他统领的霆字营（号称霆军）以敢打恶仗、能打胜仗著称。曾国藩非常赏识鲍超，对他的长处和短处了如指掌。鲍超喜爱黄白之货，对于发洋财言之津津，曾国藩即斥之为“恶道”。

咸丰九年十月十九日，湖北巡抚胡林翼致书鲍超：“养兵所以卫民，兵不爱民，何乐有兵？粮饷军火，营中要需也，然可以体恤民情，节省民力之处，务须极意谋之，乃不负杀贼安民之本志。”[①]胡林翼是鲍超感戴的恩人，按理说，他的话，鲍超多少会听进去几分。

咸丰十一年六月十二日，曾国藩回复湘军水师统领杨岳斌，谈起爱将鲍超，不免头痛：“春霆之才，善于战守而不善于料理外事，惯于平原而不惯于深山穷谷，宜于坐营而不宜于屡次移动。”表面看去，谈的全是军事，但鲍超的部队纪律很差，不移动还好，移动就会沿途骚扰。霆军赴瑞州时，掳掠民船千余只，“无分有货无货，有眷无眷，一概强掳，几于人怨神怒，声名狼藉”。稍后，曾国藩写信给鲍超，并未呵责，只是郑重其事地叮嘱他：“贵部此次掳船太多，声名大损。一至九江登陆之后，务须约束严肃，禁止骚扰。至要！至嘱！”

咸丰十一年九月十二日，左宗棠致书曾国藩：“鲍军已回江西，所部游勇滋扰特甚，数十里内巷无居人，行径大与《爱民歌》倍，恨不及面为言之。若循此不改，竟可危也。敝军严禁游勇随营，故流弊差少，然以方古人纪律严明者，十不逮一。”[②]信中的“倍”通“背”，批评霆军背离了《爱民歌》的本意。左宗

---

① 《湖湘文库·胡林翼集》第 2 册，岳麓书社，2008 年版，第 348 页。

② 《左宗棠全集·书信一》第 10 册，岳麓书社，2014 年第 2 版，第 419 页。

棠麾下的楚军较为规矩，但他承认，相比古代纪律严明的军队，差得远。

同治二年四月中旬，曾国藩回复刘建德："近来兵勇掳船，几成风气，鄙人深恶其害，亟应严行禁止，截断众流。敝营距各处太远，势难周知，间有发觉之案，必俟到营根究，尤恐辗转推延。惟有就地拿办，庶法在必行，而人知畏惮。当备公牍一件、告示四纸，于十六日发交尊处。以后兵勇强掳船只，即请拿讯枭示，再行通知敝处。无论何营部下，自有鄙人主持，不必稍涉瞻徇。"[1] 曾国藩准许刘建德拿办扰民害民的官兵，先斩后奏。

这年七月中旬，有人报告曾国藩，鲍超的霆字营极不整齐，"家眷船泊河下者，闻有千余号之多，将弁多不在营歇宿"。曾国藩立刻写信给九弟曾国荃询问霆军表现"究竟如何"。当年，鲍超麾下裨将彭尚安在辰河、沅江一带掳船滋事，曾国藩下令"提省严讯，即予参革"，丝毫不袒护部曲，其恤商爱民之举措有目共睹。他还分别写信给水师统领杨岳斌和彭玉麟，要他们随时照料和劝导鲍超，勿以财物为意，"约束部曲"，"保全名声"。后来，他写信给杨岳斌，非常生气："近日霆军到处骚扰，各处来咨及绅民控告者甚多，皆归咎于鄙人。国藩愧而且憾，情愿不打贼了，不愿部下有此风气！"扰民不休，为患甚大，曾国藩却苦于无法禁止，原因只有一个：霆军的战斗力爆表，身为湘军统帅，曾国藩只好"取其长而略其短"。鲍超的长处是忠君，短处是扰民。两者看来逻辑不通：忠君者应该爱民才对啊，但因为君王素来以奴役百姓、压榨百姓为能事，并非真心实意地爱民，所以忠君与扰民又似乎并不矛盾。要弄懂这个荒谬透顶的逻辑勾连，必须脑筋急转弯才行。

封建王朝家天下，始终没厘清的逻辑勾连还很多，烧脑成炭也想不通。比如说，忠君与爱民究竟是一码事，还是两码事？二者到底可拆分还是不可拆分？若据《诗经·小雅·北山》之句"溥天之下莫非王土，率土之滨莫非王臣"来推断，忠君与爱民实为一码事，二者不可拆分；若按《孟子·梁惠王下》之言"闻诛一夫纣矣，未闻弑君也"来掂量，忠君与爱民应属两码事，二者可以拆分。《周易·革卦·彖辞》大胆断言："汤武革命，顺乎天而应乎人。"这个说

① 《曾国藩全集·书信之五》第26册，岳麓书社，2012年第2版，第567页。

法极圆活，有时候顺应天意、民心，就可以不忠君，甚至可以用革命的霹雳手段改朝换代，杀掉暴君昏君等于杀掉独夫民贼。然而“天意从来高难问”，可靠的测试指标就只剩下人心向背。每逢王朝衰微之际，大帅统兵，策励将士忠君爱民即属于一道心理学难题。曾国藩想把忠君爱民落到实处，但麾下有鲍超这类猛将，口头也讲忠君，心头却念念不忘功名利禄，至于爱民，鲍超根本不走心，甚至认为，必要的时候，为了提升士气，补充给养，骚扰百姓实属迫不得已的举措。曾大帅给鲍超讲道理根本讲不进油盐，驰书责备而不采取军法追究，也起不到任何惩戒作用。

同治三年七月十七日，曾国藩致书鲍超：“阁下前敌十年，转战数省，凡有艰难之事，棘手之处，均赖贵军独当其冲，转危为安。”同治元年四月，鲍超统领的霆军已有过前科，自安徽青阳赴援无为州时，本可走陆路，偏要走水路，掳船一千多号，耽搁七天，致使大通、荻港厘金为之顿歇。据受害者控诉，霆军“连船并米从姑塘掳来，逼令送营给价，实与抢夺无异”。曾国藩将此扰民大案写信告诉湖南巡抚毛鸿宾，并且明确表示：“弟痛心疾首，誓必斩枭数案，挽此浇风！”

同治四年五月二十六日，郭嵩焘回复夏献云：“鲍军剽悍能战，而历来不知有纪律，所过滋扰，人皆苦之。接湖北来信，直以不愿西行，反戈回驰月余之久，蹂躏四省数千里之地，迅疾如风雨。兵犹火也，念之为增忧惧。”①

霆军是一支常胜军，骄横惯了，一旦闹起兵变来，其凶险程度出乎所有人的预计。据赵烈文《能静居日记》同治四年四月二十二日所记：“是日闻鲍军兵变详细。先是鲍帅奉旨赴甘肃，请假由川省本籍绕行。其勇分二起，头起鲍自带，已先入川。二起八千，宋国永带，过江西时，索饷鼓噪，捆缚营官，裸辱其妻女，戮伤粮道段起。西省城门昼闭，搜刮得银二十余万金，与之而后定。由西赴楚，沿途不堪其扰。四月初六日，过鄂省六十里金口地方，各营齐心，不肯开船，必要还清欠饷百余万，方肯赴甘。宋国永无计约束，旋即一哄而溃，并结队大掠，窜至咸宁县，将一县之官杀完，闻已至江西义宁州界。楚督、西

① 《郭嵩焘全集·书信》第 13 册，岳麓书社，2012 年版，第 141 页。

抚已俱奏报，而中堂得信，既不闻奏，复不遣员招抚，事殊不妥。”[①] 曾国藩在四月十六日致江西巡抚孙长绂的信中说：“霆军昔在鄂省四年，欠饷无多。自十年六月调至敝处，至去夏已满四年，积欠本已不少。而该营官、哨官每于发饷之时，借划还米价为名，又复多方克扣，早虑其有溃散之祸。而新疆万里之外，人人闻之胆寒，不独霆营惮于远征。故弟三月十五密片非劾鲍帅也，力阻该军，不宜出关也。”[②] 曾国藩担心“此祸之烈恐尚过于苗沛霖”。四月二十七日，曾国藩致书鲍超：“阁下系专统该军之员，国藩亦总辖多年，一旦生此大变，吾与阁下声名俱毁。务望台旆即日赴鄂，极力设法挽回大局。切盼切盼！”[③] 曾国藩致书孙长绂，自道“霆营之变，皆由弟平日处置不善，恩信不孚，惭对江西士民”。溃兵为祸甚烈，曾国藩却未能及时采取措施，因为鲍超是其爱将，欠饷太巨而致兵溃，非将之罪也，他唯有自责自劾。仅过两个月，霆营叛卒即被官军剿灭了一大半，残剩的一千多人投靠太平军余部，侍王李世贤、康王汪海洋却拒不收留，终归是死路一条。

爱民的广度和厚度未达峰值

乱世之中，“匪过如梳，兵过如篦”，终端受害者全是平民百姓。曾国藩具备爱民的道德基础和思想准备，他采取各种方式教育湘军将士爱护升斗小民，《爱民歌》响彻云霄，然而在他的直接监督下，实际效果仍难免大打折扣。更要命的是，在某些关键时刻，为了取得更大的军事利益，曾国藩的爱民之心竟然也会雪化烟消，瞬间泯灭，这才是最令人心寒的地方。

同治三年二月初，曾国荃派出兵力攻克了紫金山顶和山麓的敌垒，登高俯瞰，金陵城内的景象一目了然，只见城中新种麦苗，青翠弥望。自正月中旬开始，城中从太平门每日放出妇孺，恒有数百人，都说城中米价七十余串一担，百姓挨饿者众多。忠王李秀成带头捐出谷米，很快用完。他带领诸王大臣去向

---

① 赵烈文：《能静居日记》第 2 册，岳麓书社，2013 年版，第 891、892 页。

② 《曾国藩全集·书信之七》第 28 册，岳麓书社，2012 年第 2 版，第 408 页。

③ 《曾国藩全集·书信之七》第 28 册，岳麓书社，2012 年第 2 版，第 416 页。

天王洪秀全汇报，洪秀全却说：军民肚饿，可食甘露。《李秀成自述》透露了个中消息：“我等朝臣奏云：‘此物不能食得。’天王云曰：‘取来做好，朕先食之。’所云如此，众又无法，不取其食。我天王在其宫中阔地自寻，将百草之类，制作一团，送出宫来，要阖朝依行毋违，降诏饬众遵行，各而备食。”[①] 世上哪有靠吃杂草守城打仗的军队？人心一凉，大势已去，万事瓦解。

这年三月二十四日，曾国藩给曾国荃下达了一条严酷的命令：“城内放出之妇幼，迪庵前在九江一概不收，仍送进城内。一则城内饥饿者多可致内乱，二则恐贼之眷口从此得生也。望弟参酌。”[②] 曾国藩希望曾国荃参考李续宾攻打九江时的老办法，将金陵城内放出的妇孺仍驱赶回去，以增加敌方的内耗，也可避免让敌军将士的眷属趁机逃生。在这方面，老大的心肠要比老九的心肠狠多了。老九服从老大的命令将金陵城放出的妇幼送回去了吗？据同治三年三月曾国荃写给湖广总督官文的信来看，他收留了这些妇幼，请求官文给予资助：“侧闻中堂在鄂垣谕捐，抚恤难民之赀，月有常入之款。局中收养妇婴人数尚不甚多，计每月必多余项。夙仰中堂博施济众，视四海如一家，伏乞俯念金陵城内逃出难民妇幼之苦，在于所捐吴中为官为幕于鄂省者集捐抚恤项下，酌量分拨二三成，计每月可得数百串，以济此间抚恤之穷……”[③] 此外，老九顶住压力办赈，施粥救助三山夹洲边数十万饥民，老大也不大赞成，理由是怕授人以柄，正在闹别扭的江西官方会说湘军并不缺钱缺粮。老大一向标榜爱民，到了战场上，反不如悍将老九慈悲为怀。那些妇幼有没有被塞回去？未见明文记载，他们的生命真是比江边的苇草还要卑贱啊！就算躲得过兵燹战火，也未必躲得过寒冷和饥饿。

爱民并非难在口说心动，而是难在时时刻刻都有保护平民百姓生命财产和人身安全的自觉意识，既不让他们受盗匪的蹂躏，又不让他们遭官兵的侵欺；

---

① 罗尔纲、王庆成主编：《中国近代史资料丛刊续编·太平天国》第2册，广西师范大学出版社，2004年版，第387、388页。

② 《曾国藩全集·家书之二》第21册，岳麓书社，2012年第2版，第266页。

③ 《曾国荃全集·书札》第3册，岳麓书社，2006年版，第369页。

难在将民命民财看得跟己命己财一般要紧。人性朝着向上之长梯攀登总是比沿着向下之峭崖坠落更难。理想主义者试图改变这个事实，历代圣贤亦饶舌多言，成功的范例却鲜有而罕见。曾国藩从现实的废墟边走过，理想之音更像是萦耳绕梁的仙乐，令人有过冲动，有过感动，但人性的某些盲区（麻木不仁的所在）依然雷打不动。他果然是十分爱民的吗？至少他对民的认定是狭隘的，放下了刀枪的就是民，被放出围城的妇幼也是民，爱他们并不需要太大的道德勇气来说服自己。所以曾国藩爱民的广度和厚度仍未达到峰值。

同治八年，曾国藩膺任直隶总督，战后爱民依然是左右为难："北人困于差徭，亦欲稍与平减。若大加整顿，即恐州县无以自给，刻核太至，必有不肖之心应之。缘民困固深，而官贫亦迥异寻常，若爱其赤子，而饿其乳母，则是两毙之道。地方瘠苦过甚，即宽大之令亦不能遽下也。"[①] 抓财政收入稍狠即害民，给百姓活路稍宽即妨官，爱民要适度，相当于走钢丝，平衡不易啊！曾国藩先后劾去直隶境内贪官、庸官、劣官数十人，振刷吏治，也算给百姓做了件好事。

《李秀成自述》中也有太平军整肃军纪的内容："何官何兵，无令敢入民房者，斩不赦。左脚踏入民家门口，即斩左脚；右脚踏入民家门口者，斩右脚。"[②] 果真能够做到这样，始终爱民，太平军与湘军较量的结果可能会大不相同。同治十年二月初七日，王闿运在《湘绮楼日记》中有一个分析："廿年巨患，倏然而消，非兵力能胜也，民寇不合，而官兵四出，寇不能存，所谓坚壁清野之效也。若洪寇稍与民合，故必大胜而后定。"[③] 王闿运是亲眼见证过当年生民疾苦的人，又恰好不是那种乐意偏袒官兵的人，这么说来，太平天国缺乏行之有效的政府职能，太平军主要靠抢夺度日，扰民害民较官兵有过之而无不及，被湘军击败也就无话可讲了。

---

① 《曾国藩全集·书信之九》第 30 册，岳麓书社，2012 年第 2 版，第 583 页。

② 罗尔纲、王庆成主编：《中国近代史资料丛刊续编·太平天国》第 2 册，广西师范大学出版社，2004 年版，第 350 页。

③ 王闿运：《湘绮楼日记》第 1 卷，岳麓书社，1997 年版，第 180 页。

清朝末叶，袁世凯在天津小站练兵，练的是新式陆军，配备的是进口武器，他还请徐世昌用白话文创作了《大帅练兵歌》，借用的是《德皇威廉练兵曲》，“第三行军莫把民骚扰，我等饷银皆是民脂膏”，爱民的内容一语带过。北洋军阀有样学样，都作《练兵歌》，较著名的有奉系军阀张作霖的《大帅练兵歌》，但其中已找不到爱民的内容，连爱民的幌子都不打了，这算不算另类诚实？蒋介石任黄埔军校校长时，精心改造曾国藩的《爱民歌》，将它当作黄埔军校的校歌，此举也可算作他对自己终身偶像的一次致敬吧。

10章　洋务棘手，要在远虑深谋

道光年间，魏源以其“八卦炉”炼出了三粒救国金丹——“以夷攻夷”“以夷款夷”“师夷长技以制夷”，前面的两粒金丹只是安慰剂，后面的那粒金丹才是救心丸。从此中国近代洋务运动勃然而兴，识洋务者方为识时务者，识时务者方为俊杰。那个年代的大小官员，不管他们情愿不情愿，都被引导着去做脑筋急转弯的题目。近代中国的自强运动将制器练兵设定为命门所在，俨然与政治正确直接画上了等号，犹疑的只是制器与练兵应以何者为首，又应以何者为急。有了制胜之器，还须有制胜之兵，逆推理同样能够成立。

令人瞠目结舌的是，朝野之间保守派将近代制器之术讽刺为“逢蒙之术”。在中国古代神话传说中，逢蒙是后羿的得意弟子，尽得后羿之真传，遂反噬恩师，成为射术天下第一的顶尖高手。那么不言自明，逢蒙之术乃是反噬之术，即恶徒反杀恩师之术，缺德带冒烟，保守派用它来嘲骂洋务派，可谓诛心。

近代洋务的范畴其实很广，办兵工厂制造武器、办造船厂制造军舰乃是其中的要项。在同一时期，日本人正实行明治维新，敞开国门，干同样的事情，他们使出了吃奶的劲。当年，清朝官员办洋务多半是三心二意的，不乏幼稚之言，不乏荒唐之举。当然，他们也有他们的难处：处置不当吧，顶戴不保，有妨仕进；处置适当吧，则可能被骂为汉奸、卖国贼，有损清誉。地方官员跟洋人打交道，军务较少，商务、教务居多。曾国藩既是湘军大帅，又先后膺任两江总督、直隶总督，管辖范围都是中国的核心地区，不仅绕不开洋务，而且洋人还会找上门来，他如何应对，持什么态度和观点，都为时人所关注。

曾国藩一生，对于自己足以胜任的事体，皆挺然不辞；对于自己难以胜任的事体，丝毫不敢逞能。“驭夷”是难中之难，他避无可避，至于“制夷”，在他的有生之年，纯粹是一个梦。应该说，曾国藩对洋人的感情相当复杂，洋人对他的感情则十分简单，简单到只有两个字，就是“佩服”。据美国人黑尔所著的传记《曾国藩》披露：在日本，在美国，曾国藩都被有识之士称赞为“远东的华盛顿”。你没看错，就是“远东的华盛顿”。黑尔说：“曾国藩的确可以被称为华盛顿，他靠着自己对理学和良心的执着追求，以自己个人的努力，通过运筹帷幄的指挥和以弱胜强的战斗，避免了中国的分裂和陷入更深的灾难。”① 这样的比拟不算恰当，华盛顿率领大陆军打败了英国殖民统治者，赢得了独立战争的完胜；他主持制宪会议，确定了美国宪法，为缔造美利坚合众国立下了盖世奇功。曾国藩则统率湘军、楚军、淮军剿灭了割据江东的太平天国，使面临崩塌和破碎危险的王朝保持了完整，但他从未与外国军队有过正面交锋。二者的历史作用固然无法等量齐观，但洋人由衷地佩服曾国藩，这一点倒是千真万确。

将洋务纳入经世之学

咸丰元年九月二十日，曾国藩在日记中写道：“近为书籍二个，中为抽屉十八。将凡经世之务宜讲求者，分为各屉，以便抄存各件纳于屉内，备缓急之用。”曾国藩特意请木匠打制了两个书籍，安装十八个抽屉，为的是将“经世之务宜讲求者”明细分类，以便查找和研究。十八门类中肯定有洋务，晚清时期，“经世之务”最绕不开的就是军务和洋务。

咸丰十年六月初三日，曾国藩署两江总督之初，致书郭嵩焘，敦请后者谈论洋务时务必以浅显的语言明白相告，大意是：西洋之事，屡接来书，俱称御之有道，其底细却从不一一说破，是宜战还是宜和？或者另有一种应对之术出于战与和之外？就像谈论风水的人动辄称道口诀，谈论兵法的人动辄称道锦函。此函要赶紧听从，而彼函暂时不可打开，令人急死。我所处的位置，渐渐担心

---

① （美）黑尔著，李宁、李振扬译：《曾国藩》，东方出版社，2013 年版，第 2 页。

要与洋人交涉，请阁下详细明白地指点：康庄之道何在？荆棘之路又何在？可以不战的途径何在？战而胜之与胜负皆无所悔的诀窍又何在？请你告诉我浅显的情况，莫故作深妙之语，至为重要！至为感谢[①]！

郭嵩焘是晚清洋务派中的激进分子。如果说在咸丰十年时洋务派官员仍普遍只有小学生水平，那么郭嵩焘已是初中毕业生；直到光绪初年他出使西洋，也仅为高中生水平；在欧洲当钦差大臣和驻英、驻法公使的那段时间，他确实深造有得，能拿到学士、硕士文凭。从上面这封信来看，曾国藩的洋务知识相当匮乏，他渴求了解洋务方面的准确信息，心情急迫。郭嵩焘研究洋务较早，所持心态较绝大多数国人更为开放，但他与曾国藩相比，此时并没有云泥之判、霄壤之别，所以言语、书信中常有模棱之语、游移之词，就像讲风水的人每到不灵光处就念叨口诀，谈兵法的人每到太复杂处就强调锦囊妙计，所以曾国藩请求郭嵩焘明确解答以下疑问：在洋务方面，易办的事是哪些？难办的事是哪些？如何才能不战而和？如何才能战而胜之，以及胜败皆可无悔？实际上，郭嵩焘此时仍然在黑暗处摸索，根本拿不出一整套成熟的方案来。

咸丰十年，曾国藩产生了"制洋器"的念头。这年十一月，他在奏折中公开表达了"将来师夷智以造炮制船"的想法。当然，与冯桂芬系统的理论阐释相比，曾国藩的认识显得较为零碎。正因为如此，咸丰十一年冬天，曾国藩看到《校邠庐抗议》中有关洋务的系列论说时，茅塞顿开，欣喜不已。日后，他追忆道："至其拊心外患，究极世变，则又敷天义士所切齿而不得一当者，一旦昭若发蒙，游刃有地，岂胜快慰！"冯桂芬《校邠庐抗议》以理性的论辩取胜，其中"采西学""制洋器"的洋务理论，对曾国藩洋务思想的深化和系统化，起到了旁人旁书无法替代的启蒙作用。曾国藩逢人说项，冯桂芬的洋务论著也因曾国藩鼎力推荐不胫而走。曾国藩珍藏冯桂芬的《校邠庐抗议》，吸引了大量传抄者，北京和长沙均有人从曾家抄录副本。同治元年初，曾国藩为江西生童驱逐洋人一案，分别向王必达、沈葆桢寄去冯桂芬撰写的《驭吏当议夷情议》，并称"近传冯敬亭《驭吏当议夷情议》一方，实为洞见垣方，附抄一览，于泰

---

① 《曾国藩全集·书信之二》第23册，岳麓书社，2012年第2版，第597页。

西交涉事件，不至动生疑骇也”[①]，冯桂芬的救场作用竟如此之大，曾国藩的推毂作用不可低估。

咸丰十一年正月，冯卓怀与曾国藩闹别扭后，负气离开湘军大营，他带走了一些书籍，其中有一部徐继畬编纂的《瀛寰志略》，是世界地理方面的启蒙读物。曾国藩写信要郭崑焘帮他索回，迅速寄至湘军大营。这年五月二十日，他久等《瀛寰志略》无着，又致书郭氏兄弟：“云公所见谈夷务之书，以何者为最得要领？乞示。欧公文云：‘遂即万鬼而为邻。’今不免耳。”[②]云公是郭嵩焘，曾国藩请他介绍最得要领的洋务书籍，还引用欧阳修《祭尹师鲁文》中的句子“遂即万鬼而为邻”开起玩笑来，把列国洋人合视为“万鬼”，倒也算是将旧典翻成了新典。

知之为知之，不知为不知，曾国藩于军政方面一向讲求实事求是，不兴瞎子摸象、盲人扪烛，在洋务方面同样如此，从不强不知以为知。同治元年正月二十六日，曾国藩回复毛鸿宾，不惜自黑：“国藩愚陋，于夷务无所通晓，即各国通商条约，亦未尝悉心研究。浅之如起货、落货、验货、剥货、舱单、税单、红单、保单之类，均不能缕晰其名，确指其地。”曾国藩的优势在于他肯学、好学、善学，不用太久，他就会成为明白人。

曾国藩具有历史眼光，不过他对西方文明的进程所知甚少，评论起来难免有较大的偏差。同治元年，他回复毛鸿宾，信中有这样一段话：“至秦用商鞅，以‘耕战’二字为国，法令如毛，国祚不永。今之西洋，以‘商战’二字为国，法令更密如牛毛，断无能久之理。然彼自横其征，而亦不禁中国之榷税；彼自密其法，而亦不禁中国之稽查，则犹有恕道焉。咸丰三年刘丽川攻上海，至五年元旦克复，洋人代收海关之税，犹交还七十余万与监督吴道。国藩尝叹彼虽商贾之国，颇有君子之行！”[③]秦国过度使用严刑酷法，欧美社会严格讲求契约精神，二者并没有可比性，也没有共同点。咸丰三年，刘丽川领导的小刀会攻

---

① 《曾国藩全集·书信之四》第 25 册，岳麓书社，2012 年第 2 版，第 130 页。
② 《曾国藩全集·书信之三》第 24 册，岳麓书社，2012 年第 2 版，第 423 页。
③ 《曾国藩全集·书信之四》第 25 册，岳麓书社，2012 年第 2 版，第 48 页。

占上海城，中国官员吓得逃之夭夭。上海海关由洋人守卫，运行如常。等到咸丰五年小刀会被彻底镇压后，洋人依约交还海关监督吴煦七十多万两白银，一分一文都没赖账，因此曾国藩称赞道：“彼虽商贾之国，颇有君子之行！”殊不知，这恰恰是欧美契约精神的正常体现，在洋人看来，破坏契约与践踏法律并无区别，与中国古人讲求的“恕道”风马牛不相及。在中国，一个人把自己的分内事做好了，就往往能获得“君子之行”的赞美，这同样令洋人大惑不解。毕竟中国人讲诚信已讲了三四千年，却对契约精神相当陌生，就连曾国藩都对洋商的诚信大为惊诧。晚清时期，东方社会，不赖账的人被誉为君子，多乎哉不多也。西方社会，不赖账的人被称为公民，极其普遍。曾国藩的隔膜，愈加见出这种迥然不同。

萧一山在《清史大纲》中对曾国藩的经世之学评价不低：“他一生的事业，都从经世学出来的：一方面要革新，那就是接受西洋文化的一部分；一方面又要守旧，那就是恢复我国固有的美德。革新守旧，同时进行。所谓‘有体有用’之学，这是曾国藩对我国近代史的大贡献。若徒然恢复旧礼教而不接受西洋文化，还不能打破民族的大难关，因为我们绝不能‘以忠信为甲胄，以礼义为干橹’，来抵抗帝国主义的机械侵略。同时徒然接受西洋文化而不恢复我国固有的美德，也不能救国家救民族，因为‘用兵在人不在器’‘精神重于物质’，何况腐化的旧官僚根本就不能举办事业呢。双方兼顾的中庸之道、经世之学，至今还值得我们服膺。”[①] 萧一山甚至大胆地认定孙中山的旧三民主义是从曾国藩的经世之学发扬而出的，相比而言，李鸿章虽是曾门大弟子，直接继承了曾老师的精神衣钵，但他“应付环境，捉襟见肘，不免貌合神离了”。多年后，新洋务派领袖张之洞明确强调“中学为体，西学为用”，这其实与老洋务派领袖曾国藩的主意一脉相承，区别只在于，较之以往，“体”与“用”的配比较为均衡了。

岂容洋商为敌军续命

湘军围困安庆时，胡林翼曾去城外视师，策马登上龙山，眺望形势，高兴

① 萧一山：《清史大纲》，上海古籍出版社，2008年版，第153页。

地说：“此处俯视安庆，如在釜底，发贼兵力虽强，不足为忧。”嗣后骑马再抵江滨，忽然看见两艘洋船鼓轮西上，迅如奔马，疾如飘风。胡林翼脸色突变，不再言语，勒马回营，中途呕血，几乎坠马。胡林翼此前已患大病，从此症状加重。不过数月，他就在军中去世了。对于太平军的必然灭亡，胡林翼已有成算，但他眼睁睁地看着洋人的势焰愈加炽热，已致膏肓之疾，难于着手治疗，想不忧虑都不可能。阎敬铭（字丹初）做过胡林翼的幕僚，每回与胡林翼谈论时事，只要涉及洋务，胡林翼就会摇手闭目，很长时间神色不快，叹息道：“这不是我辈所能深知的！”世变无穷，外患方棘。胡林翼“虑之者深，故其视之益难，而不敢以轻心掉之”[①]。胡林翼不喜欢谈论洋务，深知此中多荆棘，非勇智可以争，非口舌可以辩，所以只要阎敬铭谈及洋务，他就闭目摇手，面露不愉之色。胡林翼并不是顽固的保守派分子，但他对洋人戒惧极深，认为洋人向中国内陆渗透，乃是膏肓之疾，药石难除，因此他为国家的前途和命运忧心如焚。

洋商牟利，无所不用其极，比如与交战双方同时做生意，高利润促使他们冒险为之而不惧。咸丰十一年二月二十四日，曾国藩回复水师统领杨岳斌：“洋船与城贼勾结，诚为可恶。然渠不先来犯我水师，我军亦不必先发。恐先发而不胜，则见笑于夷，见笑于贼，并见责于京师，自以坚忍为是。见如未见，闻如未闻。遍嘱水陆哨勇，绝口不提一‘洋’字，静坐以观其变。若渠无故先来犯我，直寻战船或凌辱，或开仗，则无论能胜不能胜，不得不与之痛战一场矣。”[②]此后，他回复另一位水师统领彭玉麟，感叹道：“若洋人不作祟，安庆终可速克耳！”洋商跟安庆城内的太平军做生意，貌似刀口舔蜜，但他们受本国军舰保护，有恃无恐。曾国藩还担心外国舰只斗胆挑衅湘军水师。他指示杨岳斌，静观其变，真要是他们先动武，湘军水师不管能否取胜，唯有一拼。这年四月二十一日傍晚，曾国藩接到九弟曾国荃的公牍，发现洋船仍在运送米盐接济安庆城内守军。“费尽移山气力，围困安庆城贼，始令粮尽援绝，今忽有洋船代为接济，九仞功亏，前劳尽弃，可叹可恨！天意茫茫，殊不可知，扼腕久

① 薛福成：《庸盦笔记》，江苏人民出版社，1983年版，第16、17页。见于《荩臣忧国》。

② 《曾国藩全集·书信之三》第24册，岳麓书社，2012年第2版，第225、226页。

之！”曾国藩望“洋”兴叹，不知计从何出。

这年四月底，曾国藩写信告诉九弟：“安庆不怕柴狗子，只怕洋鬼子。”当时，曾国荃围攻安庆，三面如加铁箍，唯有水路网开一面，太平军没有战船，原本是一道天堑，可是洋商来做粮食生意，给敌军输血续命，老九想困死、饿死敌军的计划就宣告流产了。陈玉成绰号“四眼狗”，在太平军将帅中能打指数排在第一，曾国藩不怕他，然而洋鬼子犹如铁壳钢针的刺猬，湘军水师无从下嘴。洋商用轮船源源不断地接济安庆守军，除了粮食、医药和生活用品，很可能还包括武器弹药，此举足足让敌军守将叶芸来硬撑了半年以上。曾国藩拿洋商真没办法，动武打不得，行文交涉毫无用处。曾国藩说：“每看通商条约则灰心。”这是一句大实话。

洋人日益坐大，得罪不起，曾国藩担心他们开了这个先例，今后更会处处与湘军为难，为敌军所用。既然采取强硬的手段容易引起国际纠纷，那就改用攻心之计。咸丰十一年六月初八日，曾国藩回复水师统领杨岳斌，娓娓道来：“洋船过境，劝其不必装米，婉言开导当可顺从。从前刘丽川作乱，占据上海县城，官军围攻不下，亦系洋船接济米粮。厥后以银四万赂洋商，洋商转为我用。上海贼粮尽断，遂于咸丰五年正月元旦克复。洋人最爱财利，最讲交情。凡有洋船在旧县等处经过，请嘱贵部各营好好款接。礼节宜谦恭，酒席宜丰厚，即有馈送水礼，亦不可过于菲薄。……若探明洋船有米，恐其接济，然后以好言劝之，以正言阻之。如再不听，然后以重利啖之。”[①] 曾国藩答应拨给水师接待费，与洋人交好。洋人卖米，太平军付什么价，湘军也付什么价。洋人“平日感我厚情，临时贪我厚利，自无不允之理”，把粮食都买下，一举两得，既充实了自己，又打击了敌军。曾国藩反复叮嘱杨岳斌：“断不可与洋船构衅。一经构衅，后患方长，阁下亦不能回籍矣。”不跟洋人闹翻脸，这一点很关键。应该说，曾国藩的办法灵活有效。这年七月上旬，曾国藩下令封江半月，更是锁喉之举。安庆城中的太平军一旦被湘军釜底抽薪，援绝粮尽，内讧频发，叛逃者增多，其结果就是斗志全无，以往困兽犹斗的那股子勇气荡然无存。曾国

---

① 《曾国藩全集·书信之三》第24册，岳麓书社，2012年第2版，第442页。

荃固然是军界响当当的“曾铁桶”，有本领攻打坚城，若非曾国藩在应付洋商方面做出一篇巧妙文章，湘军将士遭受的抵抗将会更加长久，付出的代价将会更加惨重。

同治年间，曾国荃围攻金陵，又有洋商从长江水道接济太平军，曾国藩有了安庆的经验，对付他们就绰绰有余了。何况大局非同往昔，金陵危如累卵，湘军的底气更足，曾国藩的话语权也就更大，与洋商交涉的难度已明显降低。

留意西方制器之精

曾国藩留意西方制器之精，是在膺任两江总督之后。

江西人吴嘉善，咸丰末年任职翰林编修，与曾国藩通信，曾国藩得悉他研究过欧美制器之方，“每思觌面一谈，借窥奥秘”，还邀请他东游。

咸丰十一年十二月二十一日，曾国藩在日记中记下一件新鲜事：冯浚光（字竹如）从广东购置了两架望远镜，寄给曾国藩。曾国藩收到洋礼物后，登楼试用，果然精绝，观看半里外的人物如在户庭咫尺之间。曾国藩感慨，铜铁、树木之类，一经洋人琢磨成器，往往精曜夺目。他还进而思索有得：“凡物加倍磨治，皆能变换本质，别生精彩，何况人之于学，但能日新又新，百倍其功，一何患不变化气质，超凡入圣。”[①]曾国藩的自我批评随即拍马赶到：“余志学有年，而因循悠忽，回思十五年前之志识，今依然故我也，为之悚惕无已。”一个人要与时俱进，光说不练是不行的，唯有真心实意地发愿努力，其补救空间才会敞开。

同治元年七月初四日，曾国藩在日记中记下了一件更新鲜的事情：这天中饭后，华蘅芳、徐寿将他们制造的火轮船发动机运来安庆当场演示。这是一部蒸汽发动机，曾国藩仔细观察其运行原理和步骤，默记甚牢：“以火蒸水，气贯入筒。筒中三窍，闭前二窍，则气入前窍，其机自退，而轮行上弦；闭后二窍，则气入后窍，其机自进，而轮行下弦。火愈大则气愈盛，机之进退如飞，轮行

① 《曾国藩全集·日记之二》第17册，岳麓书社，2012年第2版，第239页。

亦如飞。”[1]工程师华蘅芳、徐寿大约试演了一个小时，曾国藩内心喜不自胜，他亲眼见证了一个事实：洋人的智巧，中国人也能做到，洋人就不能再高高在上，目空一切，以其有知傲视我之无知了。尽管近代机器制造业中西差距极大，但中国人迈开了第一步，就必然会迈开第二步，就可望步步紧跟。

同治元年，容闳到安庆拜访曾国藩。此人不简单，他原本是广东香山的农家子弟，很早就出去闯荡江湖，他是最早留洋的中国人，被誉为“中国留学生之父”。容闳回国后，出于强烈的好奇心，于咸丰十年冬去天京拜会了太平天国干王洪仁玕，提出一整套整军治国的方案，共有七条：组织文官政府、建设新型军队、开办武备学堂（陆军学校）和水师学堂（海军学校），建立银行体系，创建基础教育和实业学校体系。干王洪仁玕颇为倾服，天王洪秀全却毫无兴趣，草草见过一面，即将容闳的金玉良言悉数抛之脑后。容闳在天京城内待了四十天，拜晤了不少传教士，详细了解情况后，大失所望，赶紧走人。假若洪秀全肯倚重容闳这种有世界眼光的改革派，将七条方案一一付诸实施，不再凭借装神弄鬼的那套把戏自欺欺人，太平天国的性质和气质将发生脱胎换骨的剧变，曾国藩、左宗棠、李鸿章等人的功名成就很可能要改用除法而非乘法去计算了。但历史不容假设，洪秀全是学渣，岂能容忍一位学霸（而且是留过洋的学霸）来当面指导他如何治国？神棍的心思在彼不在此。容闳的天京之行顶多只算是在死水中投入了一颗小小的石子，激起了几朵小小的浪花和几圈浅浅的涟漪。容闳在欧美学习、游历多年，确有所见，确有所识，深得西学要领。曾国藩与容闳一见如故，他写信给郭嵩焘，说自己很赏识这位洋派的书生，想借助其力招致智巧洋人来中国做事，如果容闳招徕的工程师渐多，便可在湖南、湖北近水偏僻之县开办工厂，比如湖南的常德、澧县，湖北的荆州、襄阳，滨江市县不乏善地；两江之地有华蘅芳、徐寿这样优秀的工程师，不缺良匠。曾国藩请郭嵩焘与容闳熟商，促使其出洋办事，广为罗致外国人才。如果容闳要多带资金前往，就与李鸿章打商量，不宜吝啬数万两白银。那些善造洋火、铜

---

① 《曾国藩全集·日记之二》第 17 册，岳麓书社，2012 年第 2 版，第 306 页。

帽的工程师，“尤以多募为要”[①]。

同治二年十月二十三日，容闳再次来到安庆，与湘帅坐谈颇久。这回，曾国藩将容闳的简历都弄准确了，写进了日记。容闳，字纯甫，原名光照，一名宏，广东人，“熟于外洋事，曾在花旗国寓居八年，余请之至外洋购买制器之器，将以二十六日成行也”。曾国藩只是地方总督，不可能在政治、军事、金融、教育的制度上进行顶层设计，但很显然他非常赏识和信任容闳，授信巨款请他去国外购买“制器之器”。江南机器制造总局于同治四年秋在上海成立，绝对不是偶然的，曾国藩于两年前就开始筹备，中国近代军事工业从此开篇。这既是曾国藩、李鸿章这对师徒努力的结果，也是聚合了容闳、华蘅芳、徐寿等一批先进头脑的结果。

同治十年四月十五日，曾国藩回复李鸿章，专谈幼童赴欧美留学事宜：幼童到达欧美之后，应专心学习西洋技术，不再兼修汉学。道理很简单：目不能两视而明，耳不能两听而聪。曾国藩致书总理各国事务衙门，认为官方选派聪颖幼童赴西洋各国书院留学，应学习军政、船政、步算、制造等专业，为期约十年，学业完成后归国，使西洋人擅长的基础学科，中国人都能谙悉，然后可以徐图自强。由刑部主事陈兰彬负责此事。首尾二十年，通计用费一百二十万两白银，每年六万两[②]。这笔钱数额并不大，却在近代科技领域播下了壮实的种子（中国近代最著名的翻译家严复就是清朝派遣的首批留欧幼童中的佼佼者），可惜规模太小，中断太快，见效较迟，曾国藩未能亲睹其善果。

借洋兵助剿

淮军东征，保卫上海时，与欧美雇佣军合作，共同对付太平军，有过比预想更愉快的经历，李鸿章驾驭洋枪队、常胜军，手腕颇为灵活，与华尔、戈登的私交也不错。洋枪队及其后身常胜军成分复杂，有洋人，也有中国人，武器精良，跟太平军作战占据了较大的硬件优势。清政府显然看到了这一点，顾虑

① 《曾国藩全集·书信之五》第26册，岳麓书社，2012年第2版，第525页。

② 《曾国藩全集·书信之十》第31册，岳麓书社，2012年第2版，第494页。

当然也是有的：洋兵骄悍，难以羁縻，一旦失控，后果不堪设想。因此经曾国藩、李鸿章、左宗棠等封疆大吏以书信形式多番讨论后，中央政府决定，既要借洋兵助剿，又要适当控制其规模，调遣权在我不在彼。

咸丰十年十二月二十日，曾国藩回复湖北巡抚胡林翼："承奖赞'借夷助剿'一疏。此系左季翁捉刀为之，鄙人不办此也。至于大败之后，力不能拒，和好之初，情不宜拒，此则鄙见与季翁相同。此时该夷以甘言德我，我乃以峻辞拒之；异时该夷以恶言加我，我反哀辞求之，不亦晚乎？似宜虚与委蛇，与之为婴儿，与之为无町畦，犹为少足自立之道。"[①] 当时的背景是英法联军攻入了北京，咸丰皇帝及其中央政府逃往热河，清政府全权代表议政王奕䜣与英国政府全权代表额尔金、法国政府全权代表葛罗交换了《天津条约》，分别签订了中英《北京条约》、中法《北京条约》，英法联军旋即撤出京城。这件大事理应震荡全国，如同天雷勾地火，圆明园就是这次被焚毁的，现在回头来看，简直不可思议，当年仿佛只是下了一场毛毛雨。《北京条约》生效不足两个月，曾国藩就让左宗棠草拟奏章，建议朝廷借洋兵助剿。

咸丰十一年隆冬，曾国藩回复兵部郎中潘曾玮："敝处东下之师，非仲春不能集事。刻下杭垣危急，沪城孤立。苟有保全之术，不得不从权办理。借助外国，自古为患。然今日泰西诸国，久已遍行内地，又非初入中原者可比。一切利害，均经灼见鉴及，暂与羁縻，深合权变。惟既以借助，则当坦然以至诚相与，虚心相待，不可猜疑。尤不可自矜自炫，存敝处兵力可恃之见。中孚以涉大川，忠信可行蛮貊，能得其心，然后能得其力也。"[②] 他还特别强调，"与外国交涉，以不占小便宜为第一要义"。以诚意相交，以大度相处，他相信这样做，能得洋人之心则能得洋人之力。

对于清政府打算花钱请雇佣军到江苏境内作战，黑尔的《曾国藩》中有一个很好的比喻："在这种情况下，官军就会犯窘，就像自家子弟到科场考试，如果稍通文墨而请人润色，多少还说得过去。假如不通文墨，也不入场，只是请

---

① 《曾国藩全集·书信之三》第 24 册，岳麓书社，2012 年第 2 版，第 111 页。

② 《曾国藩全集·书信之三》第 24 册，岳麓书社，2012 年第 2 版，第 643 页。

人做枪替，那无论最终是否考上，都会沦为他人的笑柄。”[①] 当然，以洋枪队和常胜军的规模来看，仍只是“润色”，而非“枪替”。值得一提的是，洋枪队保卫上海时，华尔得到授权，可将洋枪队扩编至六千人，更有谣言风传，将有大批印度兵会运至中国。针对这种舆情，同治元年六月下旬，曾国藩与左宗棠商议后，呈上《议复调印度兵助剿折》，不赞成洋枪队扩编和印度兵来华，奏章中有一句名言：“即使事机未顺，贼焰未衰，而中华之难，中华当之！”既有骨气，又有理智。“彼以助我而来，我若猜忌太深，则无以导迎善气。若推诚相与，又恐其包藏祸心。观于汉口焚船等案，片言不合，衅事立兴。嫌衅一开，全局瓦裂。臣始终不愿与之会剿者，盖亦筹之至熟。”[②] 这道奏章起到了应有的作用，洋枪队的规模未能扩编，李鸿章统领淮军，在上海连战连捷，借洋兵助剿也就由大题目变成了小题目，不仅做枪替的可能性全无，就是润色的功能也被逐渐削弱。

在关税方面协商是一回事，在军事方面合作则是另一回事。同治初年，国内局势乱如蜩螗，自治不力，自顾不暇，曾国藩主张，在关税方面“苟可与洋人相安无事，似不必别寻衅端”，争之不得，“则是壮頄而启侮”，争之不休，“则且废好而兴戎”。曾国藩真正要争的是军事方面，洋人可以组织劲旅保卫上海，因为上海是通商口岸，财货之富赡为中外共有，理宜共御外敌，但他不太赞同借洋人之武力攻打金陵。李鸿章极力笼络常胜军，付给丰厚的报酬，确实收到了奇效。有一段时间，曾国藩对此持观望态度。同治元年九月，华尔在浙江慈溪阵亡，常胜军由美国人白齐文接掌，他带头索饷闹事，关闭松江城门。其后又回上海打伤中国官员杨坊，劫走饷银四万两，挟持镇江的轮船回松江，李鸿章赶紧派裨将李恒嵩接统常胜军，撤去外国兵头。白齐文为此与李鸿章闹翻，带走二十余人，先后投靠太平天国慕王谭绍光和侍王李世贤，被封为桂王，专与淮军为敌，最终李鸿章给他留了个全尸，算是客气了。曾国藩感叹道：“鉴白齐文之事，挟洋人自重者，当可爽然自失。”诚然，清政府请洋兵助剿无妨，

---

① （美）黑尔著，李宁、李振扬译：《曾国藩》，东方出版社，2013 年版，第 160 页。

② 《曾国藩全集·奏稿之四》第 4 册，岳麓书社，2012 年第 2 版，第 363 页。

靠洋兵做主心骨就打错了算盘。白齐文的叛变给朝廷上了一课，雇佣军只认钱，毫无忠诚可言。此后，常胜军的萎缩和撤销就完全合理，毫无争议了。

早在同治元年三月下旬，曾国藩写信叮嘱李鸿章："派兵交洋人训练，断不可多，愈少愈好。""形迹总以疏淡为妙。我疏淡足以自立，则彼必愈求亲昵。"这年闰八月，华尔锐意赴金陵剿敌，统领洋枪队在浙江慈溪直逼敌垒，竟大败亏输，华尔中枪而死。尽管慈溪失，宁波危，但经此一战，曾国藩的自信心不降反升，洋人的武器占尽优势，却未必能够所向披靡，无往不利。他回复李鸿章，已做好软硬两手考虑："华尔慈溪之挫，实亦不甚足畏。吾辈当细心察看，师其所长而伺其所短，不说大话，不疏礼节。彼若讲信修睦，吾不稍开边衅；彼若弃好败盟，吾亦有以御之。"[①] 那些辱骂曾国藩为汉奸的人应该看看这番话，此老并非无原则讲和，也不是不肯打、不敢打，但前提必须是知己知彼。这年十二月下旬，曾国藩回复王家璧，对于好事者草檄痛诋天主教，滋事而起争端，发表了他的看法："鄙意我苟求胜于彼，不必锱铢较量，尤不在语言文字，但令中国之官必廉必正，中国之兵能战能守，自上至下，事事可以对人，使彼无轻视之心，而后有敬服之渐，庶几潜移默运，转弱为强。今审势量力，茫无足恃，一时快意，不过扬汤止沸，将来召侮，仍不免掩耳盗铃。"[②] 这就把道理讲透了，在中国近代史上，有过几次"一时快意"，甚至同时向十一国宣战，这样烧脑的戏码都上演了，扬汤止沸，结果如何，大家有目共睹。

同治元年四月初九日，曾国藩回复军机大臣奕䜣、桂良关于湘军、淮军会剿的询问，仍然不大情愿，说起理由来，共有两点：一是所选将才必须智虑深远、号令严明、能耐劳苦，三者皆备，才够资格，他们认为武将多隆阿、文臣左宗棠二人能够胜任，李鸿章、杨岳斌与左宗棠相近而耐劳少逊，鲍超与多隆阿相近而智略不如，但他们各当一面，防剿数百里，很难抽身与洋人会剿某一处。二是湘军、淮军都怕丢面子，怕伤自尊心，因此"情愿独战而为发匪所败，不愿会战而为洋人所轻；情愿败而见罪于上司，不愿败而见笑于洋人"。除非将

---

① 《曾国藩全集·书信之四》第 25 册，岳麓书社，2012 年第 2 版，第 550、551 页。

② 《曾国藩全集·书信之五》第 26 册，岳麓书社，2012 年第 2 版，第 311 页。

来情形发生改变，彼此由疏而亲，先分后合，才可会剿内地。同治二年李鸿章在苏州杀八降王，戈登与他闹翻，常胜军随即瓦解，清军与雇佣军的合作就此打上了句号。

讲信修睦，不占小便宜

“与外国交涉，以不占小便宜为第一要义。”你没看错，这句话的每一个字都出自曾国藩笔下。

洋人逐利，买民船、雇民船装载上游的百货，运往下游，拒交厘金。安庆厘卡一度扣留了二十条商船。英商从上海招来兵舰，交涉时，词意不逊。曾国藩担心此事闹僵，会产生连锁反应，就将英国商船悉数放行。咸丰十一年十月初三日，他回复湖广总督官文，发了一通牢骚：“民船扯洋商旗帜不完厘金，实于军饷大有妨碍，应请阁下于此事大力挽回。无论洋人或买或雇，但系民船，均须一体完厘。如恭亲王不肯主持此事，亦请阁下设法办理。弟必竭力护助，劳怨均不敢辞。”[①] 当时，恭亲王奕䜣主管总理衙门，对于民船扯洋旗运货、拒交厘金这种事看得云淡风轻，但大量民船跟洋人勾兑，挂洋旗过关，势必使饷源受损，曾国藩可没把它当成小事。湘军可以不占洋人的小便宜，也不准许洋人占湘军的大便宜。他写信要湖广总督官文管住上游民船挂洋旗避税的乱象，因为武汉三镇是此类乱象的孳生地。

同治元年三月二十四日，曾国藩回复李鸿章：“夷务本难措置，然根本不外孔子忠、信、笃、敬四字。笃者，厚也。敬者，慎也。信，只不说假话耳，然却极难，吾辈当从此一字下手。今日说定之话，明日勿因小利害而变。”[②] 李鸿章所带淮勇、湘勇在上海打了几场胜仗，赢得了洋人的尊重，很快就站稳了脚跟。同年六月二十六日，曾国藩于欣慰之余，叮咛李鸿章：“但宜切戒我军弁勇谦卑逊顺，匪骄匪傲，语言之间莫含讥讽，银钱之际莫占便宜。……我苟整齐严肃，百度修明，渠亦自不至无端欺凌。既不被其欺凌，则处处谦逊，自无后患。

① 《曾国藩全集·书信之三》第 24 册，岳麓书社，2012 年第 2 版，第 547、548 页。

② 《曾国藩全集·书信之四》第 25 册，岳麓书社，2012 年第 2 版，第 169 页。

柔远之道在是，自强之道亦在是。”[①] 曾国藩认为“傲为凶德，骄为败征”，对洋人“谦卑逊顺”并非奴颜婢膝，而是遵从孔子的教诲“忠敬以行蛮貊”，效仿勾践的心机“卑顺以骄吴人”，后手由我方掌握。

曾国藩喜欢与幕府诸君畅谈，这些人各有所长，各有所见，能够集思广益。同治元年五月初七日，李鸿裔谈论洋务，发表新见：朝廷想要制约洋人，急务是修明政治，提高贤才的到位率。至于洋务方面，制器造船都是下手功夫，如果对方的优势我方也具备，那么无论顺逆我方都有底气，受到重视。否则，人人崇洋媚外，朝廷毫无办法；人人仇洋恨外，朝廷也借助不到民心民气[②]。李鸿裔将体制之内的改革视为急务，这就接近十余年后郭嵩焘的思想水平了，所以曾国藩感觉新鲜，将这番话记入了日记。由于清政府长期未曾修明政治，广泛任用贤才，庚子年义和团大闹，人人仇洋，清朝政府欲借助其力，却反受其害。这就印证了李鸿裔的说法“人人仇夷，吾亦不能用之”。

同治五年三月初五日，曾国藩回复应宝时，强调一点：自古善于驾驭外国的手段，或称之为“恩信”，或称之为“威信”，总离不开一个“信”字。并非一定要明显违背条约、轻弃事前的诺言才叫失信，即使是纤悉之事、颦笑之间，也应流露真意。心中待他只有七分，外面不必假装十分。既然通好讲和，有约在先，凡事公平照拂，不使远方人吃亏，这就是恩信。至于令人敬畏，全在自立自强，不在装模作样。临难有不可屈挠的节操，临财有不可点染的廉洁，这就是威信[③]。诚如曾国藩所言，既要讲信修睦，又要自立自强，鹰翼为双，缺其一则必失其二，失其二则必归于零。

曾氏后人熟悉洋务

曾国藩从不反对后生晚辈接触洋务。他有两个儿子：长子曾纪泽对洋务既上心，又热心，他主动学习洋文，以求知己知彼，日后办理外交事务，能够据

① 《曾国藩全集·书信之四》第 25 册，岳麓书社，2012 年第 2 版，第 399、400 页。

② 《曾国藩全集·日记之二》第 17 册，岳麓书社，2012 年第 2 版，第 288、289 页。

③ 《曾国藩全集·书信之八》第 29 册，岳麓书社，2012 年第 2 版，第 128 页。

理力争，尤其善于运用国际法为攻防利器。次子曾纪鸿对数学颇感兴趣，若非英年早逝，他能继续钻研数学，必有所成。

曾国藩办理洋务相对被动，基本上是被时势推着走，甚至是拽着走。曾纪泽涉足洋务和外交，则积极主动，堪称一员健将。当年，中国人学习洋文，与洋人打交道，本国同胞往往会侧目而视，何况曾纪泽还是曾国藩的嗣子和侯爵继承人。可以这么说，他在洋务方面的投入程度越高，在外交方面的表现越好，出使外国的次数越多，所受到的非议就越大。

在《华峰庚戌文钞》中，近代文人吴光耀酷评曾纪泽，表达了保守派的不满：他指责曾纪泽"纳洋妇"，不知证据何在。曾纪泽始娶贺长龄之女，继娶刘蓉之女，贺氏、刘氏皆为名门闺秀，根本没有纳过洋妇。曾纪泽的长女曾广璇嫁给李鹤章之子李经馥，次女曾广珣嫁给名士吴永。所谓"女自相婿，则得郭嵩焘门下能刻石者"，很可能是指吴永。吴永工书法，会篆刻，吴永经郭嵩焘推荐，做过曾家塾师。究竟是曾广珣先看中吴永，还是曾纪泽先将女儿许配给他，已无从考证。作者捕风捉影，妄加猜测，把此事当作越礼的行为，着实有些过分。至于弱国无外交，因此认定对外交涉不算功名；曾纪泽出任钦差大臣、外交使节，于富贵无所增益，则纯属庸俗之见。曾纪泽守着袭侯的爵位，小日子确实好过，但又有什么出息？他敢于闯荡欧洲，去干一番与父辈完全不同的事业，睁眼看世界，在外交谈判时折冲樽俎，那才真叫有胆有识，九泉之下，曾国藩也会感到欣慰有加。时代不同，家风丕变，一点也不奇怪，但曾家的好学之风、勤俭之风一直得以保持，这才是曾家子孙后代齐心协力破旧说"君子之泽五世而斩"的关键因素。

曾国藩的曾孙女曾宝荪在回忆录中透露，1911 年圣诞节前，"我已经感觉到我们中国需要基督徒的力行精神，就有想做基督徒的意思了"[①]。曾宝荪是曾国藩后代中第一位自愿接受洗礼的基督徒，她的七叔曾广钟受洗反在其后。曾宝荪在长沙创办艺芳女校，培养过许多优秀女弟子，其力行精神并非得自儒家

① 《曾宝荪回忆录　附：崇德老人自订年谱》，岳麓书社，1986 年版，见于《曾宝荪回忆录》第 27 页。

传统，而是得自基督教，诚可谓百虑一致，殊途同归，这对于个人、社会、国家究竟有什么妨碍？又有什么该当非议和指责的地方？及至民国四年，曾国藩满女曾纪芬于六十四岁高龄与儿媳一道受洗于上海昆山路监理会，成为基督徒。此后，曾氏家族后人信仰基督教的越来越多，留学国外的也越来越多。

11章　晚年险些办砸了两件大事

曾国藩是一位非常之人，后半生干过三件非常之事：平定江南，大功无可置疑，他封了侯；剿灭捻军，长策未能奏效，他出了糗；办理天津教案，清誉不免受损，他折了寿。从峰值到谷值，他后半生似乎走的是一条下坡路，其实不然。这三件非常事不应等量齐观、相提并论，它们的意义和价值迥然不同。先说平定江南，过程漫长，任务艰巨，曾国藩不仅拔救了万千生灵于浩劫，而且为国家发现和培养了一大批军政方面的顶尖人才，这样的成绩还不够打满分吗？再说剿灭捻军，难度系数相当高。捻军进退，神鬼莫测，来如疾雨，去若飙风，神龙见首不见尾。曾国藩的头号短板恰恰是应变能力，其长墙防河之策收效甚缓。马新贻被张文祥刺杀后，曾国藩奉命回任两江总督，兵符交由弟子李鸿章接掌，他只算及格过关。至于办理天津教案，曾国藩于重病之际忍辱负重，着实不易。当年对外交涉，仿佛上刀梯、跳火坑，倘若曲在我方，办理者就必须硬着头皮去手握闪电，不被烧成灰烬，不被骂成汉奸、卖国贼，不被打成零分，休想退场。因此从表面看去，三件非常之事曾国藩险些办砸了两件，实则是朝廷用违其才，迷信这位优秀的“救火队长”能够在指定时间、指定地点包办一切危险的活计，天雷地火，皆能应付裕如。试问，天地之大，哪有这样的超人？

剿捻：疲于奔命，茫如捕风

曾国藩险些办砸的第一件大事是镇压北方的捻军，此事若办得好，乃是题中应有之义；若办砸了呢，后果不堪设想。

同治三年，太平军被剿灭之后，清朝重新排定“三大患”的顺序：洋务最巨，敌我实力对比悬殊；其次为甘肃、新疆之叛乱，人数多，地域广；再次为中原捻骑，神鬼莫测其来去，击其尾则首应，击其首则尾应。曾国藩并不认可“三大患”的排序，他认为“捻众纵横腹地，尤为近切之灾”。同治五年九月初三日，他致书郭嵩焘，重申前议：“杨君移疾，左帅入陇，诚所谓遗大投艰。然人皆知甘事之难，而中原流寇尽夺僧邸之良马，纵横难制，则中外视为无足轻重，不才实为隐忧。”[①] 各军剿捻，多吃败仗。吊诡的是，唯有出现这种形势，朝廷的重视度才会与日俱增。

同治四年五月十一日，曾国藩接奉廷寄，获悉僧格林沁在山东曹县战殁，朝廷任命他为钦差大臣，节制直隶、山东、河南三省文武员弁，督剿捻匪。曾国藩虽有急不俟驾之诚，却有万难迅速之势。五月十五日，他回复李鸿章，颇畏其行：“鄙人心神恍惚，不能浮海，且又不能鞍马，不能前敌亲冒矢石，行当一一奏明。”[②] 不管他有多么不情愿，被点了钦差，就得硬着头皮上刀梯。曾国藩初步打算带领湘军九千人、淮军二万二千人奔赴齐鲁。“若贼不渡黄，剿办尚不甚难；一渡黄，则手脚忙乱，万目悬望，万口讥议，余实应接不暇，难乎其免于大戾矣”[③]，“又闻刘松山之营在龙潭闹饷，不肯渡江，不知近状何如，深为系念”[④]。刘松山是湘军名将，他的部队都闹饷了，皖南各军相继闹饷，蒋凝学的部属在湖北叛变。乌鸦天天叫，全都是坏消息。当时，湘军吉字营五万精兵已被裁减至三千人，训练骑兵和黄河水师均非短期能够见效，河防之策受到河南巡抚李鹤年消极抵制，大打折扣。淮军可用，则被李鸿章遥控，调动不灵。捻军精于骑射，东奔西突，行踪飘忽不定，清军疲于应付，屡战不利。蒙城、亳县、宿州、颍城一带的百姓亲近捻军，仇视官军，久乱之象如此这般。

早在咸丰九年，胡林翼就说过：“涤帅不愿入淮北，愿图淮南。”果不其然，

---

① 《曾国藩全集·书信之八》第 29 册，岳麓书社，2012 年第 2 版，第 382 页。

② 《曾国藩全集·书信之七》第 28 册，岳麓书社，2012 年第 2 版，第 443 页。

③ 《曾国藩全集·家书之二》第 21 册，岳麓书社，2012 年第 2 版，第 356、357 页。

④ 《曾国藩全集·家书之二》第 21 册，岳麓书社，2012 年第 2 版，第 360 页。

同治年间，曾国藩率军剿捻要到淮北，官军橘变为枳。曾国藩一早就承认剿捻这件事超过了他的能力范围，对此毫无把握，不敢自信。胡林翼还说过：“天下兵事，南以舟师为要，北以骑兵为要。”曾国藩剿捻，缺少骑兵是其明显的短板。步兵行动迟缓，应变能力比骑兵差很多，因此官军屡失战机，以官军之短去对付捻军之长，即使是攻坚第一高手曾国荃，应对飙来飙去的捻军也一筹莫展。

曾国藩想编织一张疏而不漏的大网，控制捻军并加以歼灭。他将淮军和湘军的数万兵力分驻四处：淮军将领潘鼎新驻扎在山东济宁，淮军将领张树声驻扎在江苏徐州，淮军将领刘铭传驻扎在河南周家口，湘军将领刘松山驻扎在安徽临淮。湘军将领鲍超和郭松林则率军游击。编织这张恢恢之网本身没什么问题，但由于范围太广、网眼太宽，结果吞舟之鱼都漏网而逃。

同治五年腊月，曾国荃在致鲍超的信中谈到剿捻的经验，说是捻军行径“坚忍不如长毛，而狡猾则过之，埋伏包抄是其长技”。应对的战法是：“现在我军与战，每营必结为团阵而行，亦系学捻逆之结多阵也，以凭四面抵御。每战，十营之中，只以二三营交锋，其余七八营概系防其包抄。推之三十营，只可用八九营交锋，其余皆宜作接应，以防贼马之包抄为妙。行列必须蹴整，为出队修队之地。贼败之后，即欲乘势穷返，万不可散漫队伍。必先以探马逢村搜村，逢林搜林，乃可预防其伏贼。如此击之，方为万全之策。”[①] 官军付出了惨重的代价才得到了以上战法和经验，曾国荃绰号为“曾铁桶”，擅长攻城而不擅长野战，他在湖北巡抚任上统兵作战，早已输红了眼。

“橘在淮南而为橘，橘至淮北而为枳。”在南方战场打出了声威的那批名将，到了北方战场差不多个个都被揍得鼻青脸肿，根本原因是什么？捻军比太平军更难对付？捻军的将帅并不比太平军的将帅强，骑兵虽剽悍，但士卒远比太平军少，湘军、淮军何至于一败涂地？说到底，是因为湘军、淮军将骄兵惰，机动性差，跟捻军根本不在一个节奏上，慢郎中碰上了急惊风。

捻军在北方已活跃多年，通常由数股骑兵组成，不攻坚城，不夺要塞，属于剽悍的游击队，普通的官兵触之即溃，甚至望风而逃，因此捻军在民间颇具

---

① 《曾国荃全集·书札》第3册，岳麓书社，2006年版，第425页。

威名。现在来看捻军留下的歌谣，比如《捻子起手涡河旁》，主题是“杀财主，打官府，分粮食”：“亳州城子四方方，财主官府蹓下乡；穷人粮食被逼净，居家老幼哭皇苍。亳州城子四方方，捻子起手涡河旁；杀财主，打官府，大户小户都有粮。”还有一首《想老乐》，传唱甚广：“想老乐，盼老乐，老乐来了有吃喝；他打仗，咱跟着，一齐同把清妖捉。”老乐即捻军首领张乐行，亦称张洛行，以能征惯战著称，是官军的劲敌。

捻军骑兵的实力极为突出。僧格林沁败亡后，“贼夺官兵之马至五千余匹之多，自此不可复制，今则岸然劲旅，精骑逾万，殊无破敌之术”，曾国藩没说错。捻军的长技为远程疾驰，每日轻轻松松可行二百多里，湘军步兵尾追，须三日跋涉，淮军行动更敏捷，也须两日。捻军一旦失利，即云散电奔，顷刻不见踪影。马队包抄远比步兵迅速，动不动就将官军围住，令人惊慌失措，其长矛突进最狠，即使枪炮如雨，仍然冒险冲垮官军的阵脚，很少有步兵能立得稳、守得住。捻军的马队利于平原而不利于山径稻畦，若非十分穷蹙，必不肯轻入陕洛山多、鄂皖田多之处。捻军以东窜为老谋，一过汴东，则为旷野平畴，捻骑可尽兴驰骋，剿办愈难。

同治四年，曾国藩派员七出古北口买马，一年后才买到一千余匹回营，按曾国藩推算，“纵有六千，亦难制贼死命”，湘、淮两军要将马队训练到冲锋陷阵，还要大约一年时间。专靠数支步兵围追堵截，断不能制服以骑兵为主的捻军，万不得已，始拿出防河之策，以保固完善之区。防河之议，始发自淮军将领刘铭传，曾国藩主之，自称“迂拙之谋，愚公移山之计”。淮军竭力修筑朱仙镇以下五百余里长墙，又于朱仙镇上七十里代豫军修筑二千余丈。正在分汛派防之际，捻军被西南诸军追剿，急迫反击，竟在豫军余承恩等汛地内冲开东窜，士卒两个月的辛苦，诸将的苦心劳力，废于一旦。河南官场出现误判，“多言贼衰，宜于速剿，不宜为防河之谋，贼势急欲西趋，不至有东窜之患”。河南巡抚李鹤年一开始就为众人的误判所摇惑，不想在东面防御运河，后添调马军回守，为时已迟。当时朝野议论纷纷，都说砌墙防御运河是个笨法子，费力不讨好，但又无人能贡献出省力省心而见效的妙策。

剿捻时，“豫中行军之难，在圩寨锢蔽日深。客兵过境，则闭门不纳，贼至则留粮救济，冀免焚攻，故贼每得饱先飏，官军到处缺粮，往往追之不及”[①]，曾国藩对此情形相当头痛。更令曾国藩始料不及的是，剿捻使几位湘军大将多年积累的英名折损殆尽。鲍超的霆军到处迟留，非复往日之勇，以致落下“惜身玩寇”之疑，直到同治六年初他才连打两场大胜仗，曾国藩赞叹为“一鸣惊人”。要知道，这可是湘军剿捻以来在湖北境内取得的仅有的两场较大的胜仗。曾国荃统兵十年，迭克名城，可是他就任湖北巡抚后，指挥湘军作战，却乏善可陈。湘军名将郭松林（字子美）大败而受伤，曾国荃的表弟、跟随他攻克过金陵坚城的勇将彭毓橘，不幸在黄州六神口阵亡，折损将士逾三千人。淮军也好不到哪儿去，裨将张树珊（字海柯）小挫而殒命，偏将唐殿魁（字荩臣）血战而捐躯。此外，还有将领张锡嵘（字敬堂）在陕西阵亡。张锡嵘曾在安徽办团练，是曾国藩的门生，才情不俗，有一联传世：“东当铺，西当铺，东西当铺当东西；春读书，秋读书，春秋读书读《春秋》。”

曾国藩办理北方军务，殚精竭虑，毫无起色，捻军不断壮大之后，一分为二，西捻窜入陕西，东捻杀入山东。如何激发鲍超的战斗热情？曾国藩致书河南巡抚李鹤年（字子和），提供了实打实的建议：霆军战斗力强，但纪律差，以往江西防其骚扰，主动结欢，处处办米供应，河南可以借鉴，万万不可坐视其饥饿。“春霆素好美名，好小殷勤，若于奏疏中偶说好话，渠感之最深；或送高丽参及鞍马、衣服等事，渠亦历久不忘。阁下若于此等小事稍一留心，则大事最易商量，断不龃龉矣。”[②]曾国藩倾囊相授，待李鹤年巡抚不薄啊！但李鹤年连“小殷勤”都做不好，河南全境就不免沦为捻军的跑马地。

霆军纪律差，究竟给人留下了什么可怕的印象？当年，刘蓉致书契兄曾国藩，讲得最清楚：“鲍君无意西来，所过又多残暴，诚不愿其复至，恐如梳如篦之后，遂至如剃，则困苦尤所难堪。”[③]可见在封疆大臣的心目中，鲍超麾下的霆军乃是残民的利器，不敢轻易将它招入境内。匪过如梳，兵过如篦，官过如

---

① 《曾国藩全集·书信之八》第29册，岳麓书社，2012年第2版，第470页。

② 《曾国藩全集·书信之八》第29册，岳麓书社，2012年第2版，第430页。

③ 《湖湘文库·刘蓉集》第2册，岳麓书社，2008年版，第177页。

剃，生逢乱世，老百姓的命得有多苦啊！

同治五年八月二十三日，曾国藩致书李鸿章，八百里加急飞递："敬恳阁下念鄙人之疲病，怜诸军之无主，即日驰赴徐州主持一切，至要至感！"[1]同治五年十月十九日，曾国藩收到军机处转寄的上谕，满纸责备，语气相当严厉："至曾国藩总统师干，身膺阃寄，各路将士均归调度，从未筹及陕、洛防务。办理一载有余，贼势益形蔓延。现在关中又复被扰，大局糜烂至此，不知该督何颜以对朝廷？若再不速筹援师赴陕，将此股捻匪设法殄灭净尽，则始终贻误，咎将谁归？"[2]中原捻患尚且摆不平，处处捉襟见肘，时时焦头烂额，陕西的捻患愈益加重，曾国藩无从顾全，抽调不出援师。所幸左宗棠于同治五年十月受命西征，曾国藩总算松了一口气。上谕苛责令曾国藩十分难堪，面子上如何挂得住？倘若形势继续恶化下去，曾国藩的老底子都会被掏空。此时，换人如换刀，曾国藩赶紧上章自劾，请求朝廷注销其侯爵，任命李鸿章出任钦差大臣，督办北路军务，自己愿随军效力。

同治五年腊月，年关将近，捻军踪迹在湖北孝感、黄陂、新洲、黄州出没，处处可虑。曾国藩写信给曾国荃，认真总结捻军的战术优点和弱点：捻军有时疾驰狂奔，日行百余里，一连数日不怎么停歇；有时盘旋于百余里之内，如同蚂蚁旋磨，忽左忽右。捻军的口诀是"多打几个圈圈，官兵之追者自疲矣"。僧格林沁郡王在山东曹县战败身死，就是被捻军打圈圈的法子拖垮的。曾国藩看清了捻军的长处，也看清了捻军的短处，共有三端：一是没有大炮，不善攻坚，只要地方官能够坚守城池，乡民能够坚守堡寨，捻军就无粮可掳；二是捻军夜间不扎营，散住在村庄里，倘若得善于偷营的官军乘夜劫之，胁从者最易逃溃；三是辎重、妇女、骡驴极多，倘若善战者与之相持而另外派出奇兵袭取辎重，捻军必受重创。曾国荃素有知兵之名，可是钦差大臣在湖北时，军事甚不得手，名望难免有所减损。曾国藩鼓励老九选将练兵切实用功，维持大局，

---

① 《曾国藩全集·书信之八》第29册，岳麓书社，2012年第2版，第362页。

② 《曾国藩全集·奏稿之九》第9册，岳麓书社，2012年第2版，第219页。

以求挽回令名，使外间的谗言恶语得以平息[1]。

到了年底，如何应付多方重压？曾国藩别无窍门，唯有挺字诀。他回复江宁布政使李宗羲，劲语动人：“吾辈诚办得不要钱、不怕死、不恋官三者，则对鬼神而不馁，亦行蛮貊而有余，随处可以自强，无须畏影而走也。”[2]如果自己不给自己打气鼓劲，就真的只能破罐子破摔了。

同治六年八月，曾国藩承认修筑壕墙防守运河已“势穷力竭”，刘铭传一军和潘鼎新一军，既要追击捻骑，又要修筑壕墙，“军士之力太竭，恐以劲旅而变为羸卒”。他写信给李鸿章，“决计罢防运之议，永不筑墙修壕”，这样折腾一番，终归无效。将士抱怨尚在其次，那些御史抓住这个题目做文章，才叫后患无穷。好在李鸿章有定力，他认为长墙已经修成，各军分汛设防，势难中辍，坚持防守运河的原议不变，不为讥议沸腾所动摇。

曾国藩初接办捻军务时，只认防剿十二州府，“实以江南饷力、淮湘兵力、鄙人才力三者，不过如此而已”，后来，捻患波及东西数十州府，京师谤言纷纭，曾国藩“自乱其例，自迁其说，迄无一成”。因此从主观、客观、战略、战术、战绩多方面来看，曾国藩办捻难言成功，之所以没有泼汤，没有砸锅，奏请朝廷让李鸿章接手是一步起死回生的好棋。

曾国藩剿捻无功，赧颜回任两江总督。李鸿章的运气果然好过恩师。同治六年十月二十四日，捻军中最悍勇善战的首领任柱被叛将击毙，去此心腹大患，淮军的日子就好过多了。更令人称奇的是，这年冬天十分晴暖，黄河、运河都未结冰，捻军的活动场地陡然变小，赖文光窜至扬州，被清军将领吴毓兰生擒，东捻至此殄灭。西捻首领张宗禹率军朝河北奔窜，居然冲过了滹沱河，逼近京城，最北抵达津门，但毕竟是强弩之末，留给他们闹腾的空间不大了，时间也不多了。

办理天津教案：“内咎神明，外惭清议”

曾国藩险些办砸的第二件大事是受理天津教案。他为此落下了偏袒洋人的

① 《曾国藩全集·家书之二》第21册，岳麓书社，2012年第2版，第472页。
② 《曾国藩全集·书信之八》第29册，岳麓书社，2012年第2版，第555页。

骂名。同治九年夏，天津城内谣传一个惨不忍闻的消息：许多儿童失踪遇害，被法国传教士挖眼剖心。谣言持续发酵，很快就积累了巨大的势能，造成大规模的民间骚乱，市民怒不可遏，围攻教堂，打死传教士、修女多人，还打死了当众开枪的法国领事丰大业。五月二十六日，曾国藩致书三口通商大臣崇厚，嘱咐他妥善办案，以二十字为宗旨："严拿凶手，以惩煽乱之徒；弹压士民，以慰各国之意。"

五十九岁时，曾国藩不仅患有头晕症，而且右目失明，已无一隙之光，心情糟糕透顶。湖南浏阳人李兴锐原是曾国藩的老部下，咸丰末年与李瀚章一起管理湘军粮台。太平军头目古隆贤雪夜来袭，李兴锐在仓促之间，以夹墙藏银、熏墙作旧的障眼法保全了百万军饷。曾国藩对其机智严密赞赏有加。同治八年，李兴锐获授大名知府，赴京引见后，至直隶任职，被曾国藩留在总督署帮忙。他的日记中不乏细节补充，同治九年六月初五日："闻曾侯将从初六赴天津，而眩晕未愈，带病冒暑。"从曾国藩写给应宝时的信来看，他的病况着实令人担忧："四月中旬复患眩晕之症，头若坠渊，足若高举，房屋、床帐旋转震动。"其血气亏虚已到了相当危险的程度。照理说，这种病体既不适宜夏天出远门，也不适宜在督署办公事。但辖区内发生如此大案，他不能坐视不管，"中国一人"的虚名适足为累，补天的活计舍他其谁？就算是他向朝廷请准了病假，但碰上这种燃眉之急，也身不由己，只能拼却老命，明知不可为而为之。李兴锐为曾国藩着想，有"此时增一痕迹，将来多一忌讳"的悲观判断，曾国藩岂能不知一雄不如一雌，一进不如一退，但他别无选择。

弱国的忠君者害怕外交失败往往胜过害怕天降灾殃，倒是感情单纯的爱国者无所畏惧，急于征战沙场。忠君者不敢任性言和，言和则个人名誉尽毁；爱国者敢于放胆言战，言战则国家前途必危；除和、战之外，根本没有第三条道路可走。咸丰十年，英法联军攻入北京，火烧圆明园，社稷倾覆在反掌之间，这样的奇祸一生岂可再见？自从道光二十年以来，清朝政府被英国军舰轰开南门，对外言战的心理阴影便逐年倍增，每逢出了大乱子，捅了大娄子，必须对外交涉，言和就成了唯一的选项，牺牲本方媾和者的个人名誉就成了不二的后果。言和肯定忠君，这个结论不少人将信将疑；求和必定卖国，这个结论大多数人深信不疑。当年国内的舆论环境和国民的认识程度就是这个样子，谁也别奢望更好的情形突然出现。

曾国藩持守“临难不肯苟免”的原则，由保定奔赴津门，预立遗嘱，连自己的灵柩应选择水路搬运都安排好了。“余即日前赴天津，查办殴毙洋人、焚毁教堂一案。外国性情凶悍，津民习气浮嚣，俱难和叶，将来构怨兴兵，恐致激成大变。余此行反复筹思，殊无良策。余自咸丰三年募勇以来，即自誓效命疆场，今老年病躯，危难之际，断不肯吝于一死，以自负其初心。”[①]可见曾国藩有为朝廷拼命办差的意思。但他到了天津，冷静下来仔细一想：国家内乱未靖，若外衅再启，财力、兵力均不敷急用，这件事真还不是自己横下心来一死可以毅然决然了结的。于是，他决定牺牲名誉，力主和谈，“得尽其心，不求人谅”。

曾国藩到天津后，于六月初九日发布公告《谕天津士民》，先是夸赞天津百姓“皆好义，各秉刚气”，回到正题，公布调查结果，晓以利害：“今并未搜寻迷拐之确证、挖眼之实据，徒凭纷纷谣言，即思一打泄忿。既不禀明中国官长，转告洋官，自行惩办；又不禀明官长，擅杀多命，焚毁多处。此尔士民平日不明理之故也。我能杀，彼亦可以杀报；我能焚，彼亦可以焚报。以忿召忿，以乱召乱，报复无已，则天津之人民、房屋皆属可危。内则劳皇上之忧虑，外则启各国之疑衅。十载讲和，维持多方而不足；一朝激变，荼毒万姓而有余。……闻二十三日焚毁教堂之际，土棍游匪混杂其中，纷纷抢夺财物，分携以归。以义愤始，而以攘利终，不特为洋人所讥，即本地正绅，亦羞与之为伍矣。”这道公告意在劝谕天津士民“必明理而后可言好义，必有远虑而后可行其刚气”[②]，和戢远人，约束同侪，力戒喧哄，惩既往之咎，靖未平之气。

晚清时期，大小官员办理教案就如同在刀尖上舞蹈，这种差事是他们最为心虚胆怯的冒险活动，弄不好，丢掉顶戴是小事，身败名裂才叫倒大霉。问题就出在舆论环境上，“谈论夷务者，什九不能持平”，清议决不会放过任何一位

---

① 《曾国藩全集·家书之二》第21册，岳麓书社，2012年第2版，第524页。

② 《曾国藩全集·诗文》第14册，岳麓书社，2012年第2版，第489、490页。

向洋人妥协的官员，然而外交谈判时弱势的一方不妥协就没有出路。

崇厚主张将道、府、县三官撤职，交刑部发落，以讨好洋人。曾国藩智穷计绌，竟听从了崇厚的馊主意，“余虽知撤张守即大失民心，而不得不勉从以全大局”，“余自来津，诸事惟崇公之言是听，挚甫等皆咎余不应随人作计，名裂而无救于身之败。余才衰思枯，心力不劲，竟无善策，惟临难不敢苟免，此则虽耄不改耳”[①]。崇厚给曾国藩挖了一口深坑，幕僚吴汝纶（字挚甫）等人都提醒曾国藩千万别跳进去，他还是跳进去了。“以前为崇公所误，失之太柔，以后当自主也。”曾国藩的变计有点晚，大局已定，大错铸成。崇厚是恭亲王跟前的红人，节骨眼上恭亲王自然要回护他，帮他从烂泥潭脱身。

六月十六日，曾国藩在日记中写道：“本日办一咨文，力辨外国无挖眼剖心等事。语太偏徇，同人多不谓然，将来必为清议所讥。”如今已找不到这份咨文，七天后基于实地调查的奏折中有这样一节文字：“至挖眼剖心则全系谣传，毫无实据。臣国藩初入津郡，百姓拦舆递禀数百余人，亲加推问挖眼剖心有何实据，无一能指实者，询之天津城内外，亦无一遗失幼孩之家控告有案者。”他凭理性作出结论：“盖杀孩坏尸、采生配药，野番凶恶之族尚不肯为，英法各国乃著名大邦，岂肯为此残忍之行？以理决之，必无是事。”[②]这桩血案举世瞩目，乃是由一窝谣言加上无穷敌意孵化而成的，曾国藩置身其间，回旋余地不大，照复洋人，只求保住府县官员的性命。他的日记中有“忍心害理，愧恨之至”的字样。

六月二十二日，曾国藩回复恭亲王和其他军机大臣，告知办理此案的棘手情形：“目下虽无确证，而百姓尚愤激不已，满城嚣嚣，群思一逞。是鄙人外既不能止洋人之沸，内亦不能靖津民之乱，愧悚何极！近来日益昏蒙，眩晕复发，心悸肝郁，深恐以病躯偾事。”[③]将一位患病失明的大臣当作救火队长，就等于将一位老帅绑在战车上，要他率兵去击退十万劲敌，悲壮是足够悲壮了，残忍

---

① 《曾国藩全集·家书之二》第21册，岳麓书社，2012年第2版，第530页。

② 《曾国藩全集·奏稿之十一》第11册，岳麓书社，2012年第2版，第493、494页。

③ 《曾国藩全集·书信之十》第31册，岳麓书社，2012年第2版，第302页。

也真够残忍的。政治游戏中有此一款，曾国藩不幸成为主角。

令曾国藩无语的是，他于六月二十三日拜发的奏折遭到恭亲王删节之后对外公布，其中五条“致疑”的内容一字不存，将津民肇衅的原因悉数抹去，变成一面之言，似乎通篇都在为洋人辩诬雪冤，因此举国哗然，各界的唾骂纷至沓来，“汉奸”“卖国贼”之类的恶名洋洋盈耳。是非不明而万箭齐发，即使是知交朋辈，也不能体谅曾国藩的苦衷，腾书责难者甚夥。恭亲王要出巧妙的小动作，令曾国藩百口莫辩，对外界干脆以“外惭清议，内疚神明”相答，既不屑于遮羞，也不打算诿过，索性负起责任。这种光明磊落的精神，知情者中的同情者莫不感佩。事后，曾国藩喃喃念叨袁了凡的语录“从前种种，譬如昨日死；以后种种，譬如今日生”，万般滋味，暗自咀嚼。倘若能够脱胎换骨，重新做人，他绝对不会迟疑。

赵烈文对恭亲王转移焦点的鬼把戏嗤之以鼻。他对曾国藩说：“恭邸以姬公之地位，顾居心始终不过一巧宦，师之谤如浮云翳日，不久自退。烈所虑者，政地若此，非国家之福，不能不为隐忧。”[①] 曾国藩“亦喟然”。堂堂直隶总督、武英殿大学士都只能关起门来叹气，内政外交的糟糕情形全都由“喟然”二字体现出来。顶层君（同治皇帝、两宫皇太后）臣（军机大臣）诿过，高、中层官员背锅，底层百姓抵命，这就是对天津教案全部戏码和桥段的注解。忠君则必须背锅，爱国则不可砸锅，曾国藩自知做“背锅侠”是做定了，但他不想砸锅，结果呢？他被迫违背意愿，就算没把锅砸烂，也把锅砸裂了，因此“外惭清议，内疚神明”。

曾国藩办理天津教案一个多月，共抓捕嫌疑人八十多个，绝大多数坚不吐供，认供较全、可以正法的不过七八人，“余皆无供无证，将来不免驱之就戮”。这就是说，唯有制造冤案这条黑路可走。曾国藩心不能安，写信告诉纪泽：“既无以对百姓，又无以谢清议，而事之能了不能了尚在不可知之数，乃知古人之不容于物论者，不尽关心术之坏也。”[②] 这段话，真令人冷汗浃背。抓捕那么多

① 赵烈文:《能静居日记》第 3 册，岳麓书社，2013 年版，第 1367 页。

② 《曾国藩全集·家书之二》第 21 册，岳麓书社，2012 年第 2 版，第 535 页。

上街起过哄、闹过事的市井细民，严刑拷打之后，尚且只有七八人认供，无辜受戮的情形必然难免，这种冤案永无申雪之时，太可悲了。

当年，关于天津教案，远在西北平乱的陕甘总督左宗棠向总理各国事务衙门提出过建议："……愚见罗使所称四层，如志在索赔了结，固无不可通融。若索民命抵偿，则不宜轻为允许。一则津郡民风强悍，操之过蹙，必起事端。万一如该公使所言，激成变乱，中国有萧墙之忧，各国岂独无池鱼之虑乎？且津民之哄然群起，事出有因，义愤所形，非乱民可比。正宜养其锋锐，修我戈矛，隐示以凛然不可犯之形，徐去其逼，未可以仓卒不知谁何之人论抵，致失人和。……各国以通商为利，以众怒为畏，亦必自知设法转圜，无须别作计较也。"[①]若按照左宗棠的意见办理此案，津门的官员能否免责不好说，津民被处死十八人的惨事就不会发生。曾国藩办理此案未能向外界示以相对明朗和强硬的态度，严守底线不退让，这是他难获人谅的大失误。

求和必与屈辱为邻，令人沮丧，筹战是否会痛快一些？七月十三日夜，李兴锐与陈兰彬、赵烈文拜访曾国藩，他们"将进筹战之说"，急调杨岳斌、彭玉麟、曾国荃、鲍超等宿将出山。"侯相辩论敌情，以为各国不可猝灭，诸将不可常恃。且谓夷非匈奴、金、辽比，天下后世必另有一段论断。将来有能制此敌者，然必内外一心，困心衡虑，未可轻率开衅也。老谋见远，令人佩服，但目前和议不成，万一决裂，何以御之？杞人忧焉。"[②]当时，主战者不少，曾国藩持和议甚坚，是因为他知己知彼，充分认识到"各国不可猝灭，诸将不可常恃"。论实力，法国人联合欧美列强，远远超过历史上那些外敌，倘若我方先宣战，必吃大亏。他在《密陈津郡教案委曲求全大概情形片》中表明了自己的定见："中国目前之力，断难遽启兵端，惟有委曲求全之一法。……谕旨所示，洋人诡谲性成，得步进步，若事事遂其所求，将来何所底止？是欲弭衅而仍不免启衅。确中事理，洞悉敌情，臣等且佩且悚。目下操纵之权主之自彼，诚非有求必应所能消弭祸机。此后彼所要求，苟在我稍可曲徇，仍当量予转圜。苟

① 《左宗棠全集·书信二》第11册，岳麓书社，2014年第2版，第178、179页。

② 《李兴锐日记》，中华书局，2015年版，第34页。

在我万难允从，亦必据理驳斥。……伏见道光庚子以后办理夷务，失在朝和夕战，无一定之至计，遂至外患渐深，不可收拾。……惟万不得已而设备，乃取以善全和局。兵端决不可自我而开，以为保民之道；时时设备，以为立国之本。二者不可偏废。臣此次以无备之故，办理过柔，寸心抱疚而区区愚虑不敢不略陈所见，伏乞皇太后、皇上圣鉴训示。”[①] 应该说，曾国藩并不软弱，对于敌国外患他自有应对之法。七月下旬，他答复朝廷，淮军大将刘铭传可调至直隶效力，湘军宿将杨岳斌、彭玉麟也可复出，当令闽、粤各省操练船炮，搜罗人才。好战必亡，忘战必危，正是这个道理。

特案特办，曾国藩在天津新立发审局道署，欲任命李兴锐为发审局提调，专门审讯天津教案众囚犯。李兴锐“急谒爵相，固辞差委”，曾国藩“颇不以为然”，令赵烈文来做说客，李兴锐仍“决意不就”，称疾力辞。他知道这个差事不好办，朝廷把关严，民众盯人紧，一旦整出冤狱（这是大概率的事情），后患无穷。

七月二十三日，曾国藩回复军机大臣宝鋆，设身处地，揣摩洋人心理：“窃谓中国与外国交接，可偶结一国之小怨，而断不可激各国之众怒。挖眼剖心等谣，外国疑中国蔑视太甚，引为大耻，此足激众怒者也。枉杀多命，外国疑天津可杀二十，他口即可杀四十，今日可杀二十，异日即可杀二百；洋人在中华几无容身之地，引为大虑，此足激众怒者也。”[②] 犯众怒，必挨打，洋人船坚炮利，我们抵御得了吗？曾国藩在这封信中开列的防守力量令人泄气：“目下中国海上船炮全无预备，陆兵则绿营固不足恃，勇丁亦鲜劲旅。若激动众怒，使彼协以谋，我处处宜防，年年议战，实属毫无把握。”[③] 枪炮一响，黄金万两，打仗首先是打钱，海关洋税是清朝军队的重要饷源，兵端一启，此源立断。当时，西北战事尚在进行当中，军费开支是个天大的难题，清朝根本没有财力开辟东北战场。在距离京城很近的地方与洋人正面对决，咸丰十年英法联军攻入京城、皇室朝臣逃至热河的奇耻大辱仍旧记忆犹新，恍若昨日。湘军九帅曾国荃以扎

① 《曾国藩全集·奏稿之十一》第 11 册，岳麓书社，2012 年第 2 版，第 509、510、511 页。
②③《曾国藩全集·书信之十》第 31 册，岳麓书社，2012 年第 2 版，第 322、323 页。

硬寨、打死仗著称，攻克安庆和金陵就是他的两座丰碑。他对亲近的将领说过这样一句体己话："若与西人开衅，有十六字箴言，你须紧记，曰：'先到先败，后到后败，同到同败，不到不败。'"[①] 他的意思再明白不过了，打洋鬼子的时机尚未成熟，不可轻举妄动。

"自古和戎，持圆通之说者例为当世所讥，尤为史官所贬，智者有戒心焉。"曾国藩是智者，他对主和存有戒心，但他比绝大多数人更清楚家底子，更了解军队的状况。他要为国家保留元气，就得把自己生前身后的清名作为质押品，除此之外，别无选择。儒家讲中庸之道讲了两千多年，国人的思维方式依然是二元对立，你要么是岳飞，要么是秦桧。不在其位，唱唱主战的高调很讨人喜欢；在其位，就必须仔细考虑前因后果，并且承担责任。

形势比人强，有变故必有变招。同治九年七月二十六日，两江总督马新贻于回署途中被刺客张文祥刺成重伤，翌日身亡。这个凶案骇人听闻，令封疆大臣兔死狐悲，不寒而栗。一时间，天津教案都变得无关紧要了，刺马案抢占了舆论风口，吸引全民视听，各种版本的秘辛和谣言在朝野疯传，考验智者的判断。其中有一个版本对曾国藩不利，说是马新贻接任两江总督后，奉旨暗查太平天国巨额财产的去向，此举触犯了湘军集团的大忌，因此招致杀身之祸。阴谋论显然比情杀和仇杀的版本更烧脑。朝廷倒是没受谣言影响，应对之策很有技术含量：由李鸿章接办天津教案的扫尾工作，让曾国藩重返江南，复任两江总督，掌控南方局势，刺马案交刑部大员审理。曾国藩因突发的刺马案而从天津脱身，这是各方始料未及的。但那口无形的大黑锅仍然死沉死沉地扣在他的背脊上，令他不堪重负。

适逢其时，同治九年夏，在欧洲大陆爆发了普法战争，法军节节败北，法国政府在远东事务方面顿显乏力，法国驻华公使罗淑亚的气焰不复嚣张，直隶总督李鸿章得以把握时机，快速了结天津教案。这就叫顺势而为，因祸得福，其个人声誉不减反增。尽管外交形势正朝着对清政府有利的方向发展，天津教案的结果依然很难令人满意。朝廷罢免了天津道周家勋，将天津知府张光藻、

① 刘声木：《苌楚斋随笔／续笔／三笔／四笔／五笔》下册，中华书局，1998年版，第582页。

知县刘杰流放黑龙江，处死疑凶十八人，充军二十五人，给法国政府的总赔偿额为五十万两白银。事后，曾国藩出面，总共筹措了白银一万四千多两送给被冤服刑的张光藻、刘杰，“将来到戍后收赎及一切路费均可敷用，或不大致颠蹶”，也算是偿还一笔良心债务吧。

九月二十日，曾国藩致书许庚身，对于外界质疑他办理天津教案手段偏软、气象过柔有一个回答，苦衷都在字里行间：“今日西洋各国穷年累月讲求战事，约从连横，窥伺衅隙，乃前古未有之局，与汉之匈奴，宋之辽、金迥然不侔，更不敢以津民一朝之忿，贻国家累世之忧。所以低首下心曲全邻好者，盖以大局安危所系，不敢轻于一试。第因身旁未带一兵，料敌不审，遂致气象过柔，措辞失当，此则无所辞咎，聚铁不能铸错者也。”[①]

誉满天下，谤亦随之，处境不算是太差。一人落井，众人下石，那才叫惨。曾国藩自知“名已裂矣”，不待万目所视、千夫所指，自己的良知就给了自己的性命狠狠一击。

早在同治七年十一月二十五日，曾国藩北上赴任途中，入住敖阳旅店，见到题壁诗十一首，皆为同治四年八月所作，第九首就是讥讽曾国藩的，曾国藩并不生气，心态相当平和，自道“惯闻訾言，得此即药石也”。但天津教案没办理妥当，情形严重，若再有人写诗嘲讽，又当如何？同治九年十月十一日，曾国藩六十寿辰，不知何人赋诗一首，夜间张贴在直隶总督府的衙柱上：“笙歌缭绕绮筵开，此日中堂亦快哉。知否黑龙江上客，满天风雪逐尘来。”[②] 此诗运用对比手法，道出流放到黑龙江的天津知府张光藻、知县刘杰的冤屈和悲苦。当天，曾国藩在京城，不可能读到这首讽刺诗，日后别人会不会告诉他这件事？读罢此诗，他会不会“为之怃然，不怡者良久”？这些问题都没有答案。

曾国藩常言“愧能载福”，但有些愧疚淬了毒汁，解药遍寻不着。天津民众对教案的处理结果极为不满，也不知谁作了一副对联，传播得人尽皆知，上

---

① 《曾国藩全集·书信之十》第31册，岳麓书社，2012年第2版，第383页。

② 刘声木：《苌楚斋随笔/续笔/三笔/四笔/五笔》下册，中华书局，1998年版，第557、758页。

联是“僧去曾来，将人丢尽”，下联是“因崇作祟，引鬼进门”。此联巧在字形上（僧与曾，崇与祟）做文章，妙在跟时事密切吻合，很有水平。“僧”指大帅僧格林沁，咸丰十年，他指挥清军在大沽口抵抗英法联军，溃败之后，天津惨遭蹂躏；“曾”指直隶总督曾国藩，处理天津教案胳膊肘外拐，官民无辜遭殃；“崇”指北洋通商事务大臣崇厚，曲意讨好洋人，任其在天津胡作非为。曾国藩要是听说过这副对联，心头又会是什么滋味？可惜在他的日记中找不到这副对联的影子。就算他听说过，也只会摇头苦笑，不会见诸笔墨吧，这样的铁梗不留也罢。

早在道光十八年，曾国藩二十八岁，撰文《顺性命之理论》自成其说。同治九年夏秋之际，在天津，曾国藩确实做到了“私意不自蔽，私欲不自挠”，可谓顺乎性命，勇于负责，办理教案，务求实事求是，结果被崇厚误导，被总理衙门贱卖，陷入困境、逆境之中，清誉碎落一地，他是否把肠子悔青了？没人清楚。但他见摈于清议之后，精神就像斜墙上的瓦片一样摇摇欲坠，健康受损，夭年见折，确是事实。其时还有另外一种声音，认为曾国藩与其大弟子李鸿章勇于议和，不惜赔上清誉，冒犯民心，说明他们一身敢任天下之大难。庚子年间，慈禧太后“顺应民意”，倚仗义和团，妄启兵端，自寻绝路，同时向十一国宣战。结果如何？被八国联军揍得鼻青脸肿，难看千百倍，最终仍要靠李鸿章出面议和收场，国耻之深重可谓空前史所未有。

“莫苦悔以往愆尤，但求此日行为无惭神鬼；休预怕后来灾祸，只要暮年心气感召祥和。”同治八年九月十九日，曾国藩因“近日每悔往事”，特撰此联宽解心情。数月后，他办理天津教案，初衷是“感召祥和”，结果却是“内咎神明，外惭清议”，世事受制于千百端外因，个人的念力十分微渺，即便强如曾国藩，德可配位，有时也只能徒唤奈何，被现实刷上满脸锅底灰。

12 章　鉴人之准如有神助

《庄子·内篇·应帝王》提到郑国的神巫季咸，“知人之死生、存亡、祸福、寿夭，期以岁月旬日，若神”，他的神机妙算使列子当场折服，甚至认定季咸的道行远远超过了自己的恩师壶子。于是，壶子要徒弟带季咸来给自己看相算命，就近测试其功力如何。季咸初见壶子，预言壶子命将休矣，死期在十天之内。季咸走后，列子泪流满面，壶子笑道：“刚才，我略施小计，以‘地文’相示，所以季咸误认为我不久于人世了。”嗣后，列子又请季咸来给壶子看了两次相，壶子分别示以“天壤”和“太冲莫胜”，忽有忽空，一会儿这样，一会儿那样，根本看不出个所以然，季咸被壶子捉弄得晕头转向，找不到北，不禁爽然若失，逃之夭夭。他算是领教了什么叫“至人无相”，什么叫天外有天。

芸芸众生中罕有壶子那般自带若干变化的得道者，绝大多数人仍处在“相由心生，相随心转”的低端范畴之内，喜怒哀乐一一形于辞色，性格的诸多信息也都经由眼神、表情和动作流露无遗，健康状况更难保密。于是一些高明的智者通过分析对方的“源代码”（性格之强弱、智识之浅深、胆力之大小、气质之纯杂、精神之盛衰）就可推断出其人大致的命运轨迹，比如战国时期唐举老早就断言蔡泽会以布衣拜卿相，倒并非唐举潜心研究过《麻衣相法》和《梅花易数》，当时坊间还没有这种书。

近代流传一个笑话：道光年间，湖南湘乡县某甲潜心研究麻衣、柳庄相法，长达十余年。一日，他的困惑达到了临界点，对友人说：“近年以来，所见村夫牧竖，多为文武大吏状貌。天下安得有如许之多官职，位置此辈耶？”因此他自疑相术不验，便将所有看相算命的书籍塞进灶膛，付之一炬。及至咸丰初年，洪秀全、杨秀清从广西暴起，太平军打败绿营，曾国藩号召书生，编练湘勇，湘乡县的村夫牧竖纷纷效命驰驱。由于荐剡累累，湘乡籍文武大员层出不穷，挂一、二品衔，穿黄马褂的比比皆是，“无数英雄挤破门”，“今日羽林郎，昨日卖菜佣，跃马大道上，煜煜何熊熊”。据《湘乡县志》明确记载，晚清时期，湘乡县获封爵位者多达九百三十七人，许多省在整个清朝都没有这么多人获封爵位。如此看来，湘乡县某甲的相术不谬，已颇具心水。

曾国藩善于鉴人，据说他这门功夫在当小京官时就练得炉火纯青了，一眼看清江忠源的命运轨迹，作出神预测。曾国藩平日是否照镜子？要是照的话，又为何会在靖港投水自杀？莫非其法眼“能见百步之外而不能自见其睫”？在湘军幕府中，陈士杰是公认的“火眼金睛”，他最早看出鲍超为天生将才，还看出老湘营藏龙卧虎，多为功名之士。咸丰四年王鑫率老湘营北征，官兵身陷危城（岳阳）内，陈士杰再三恳请曾国藩派兵去拔救他们，其中就有刘松山、张运兰等名将。

曾国藩与王鑫难贴合

曾国藩素有鉴人之能，几乎没有争议。左宗棠傲视群雄，目高于顶，看谁都像阳谷县街头卖炊饼的武大郎，也乐得承认曾国藩“有知人之明”。据黎庶昌编纂的《曾文正公年谱》记载，道光二十四年，曾国藩初识江忠源。“江公素以任侠自喜，不事绳检。公与语市井琐事，酣笑移时。江公出，公目送之，回顾郭嵩焘曰：‘京师求如此人不可得。’既而曰：‘是人必立功名于天下，然当以节义死。’时承平日久，闻者或骇之。”这段话应该是黎庶昌以左宗棠、郭嵩焘合撰的《江忠烈公行状》结尾为据，文字方面小有剪裁。江忠源嗜赌好色，不拘形迹，在京的湘籍人士皆知，但这并没有妨碍曾国藩的明断和激赏。八年后，江忠源率领自己精练的楚勇镇压天平军，在广西全州蓑衣渡用大炮轰毙南王冯云山，歼灭太平军一千余人。嗣后，他转战湖南、湖北、江西，累功升至安徽巡抚，表面看去很美，实则如曾国藩致左宗棠的信中所言，“以单独之身，处积疲之区”，举步维艰，进退失据。咸丰四年，庐州城破，江忠源投水殉节，追赠总督，谥为忠烈。曾国藩所预言的江公“必立功名于天下，然当以节义死”，灵验之极。

说到殉节，曾国藩非常看重此事。同治元年五月初三日，浙江湖州失守。六月十五日，曾国藩回复安徽巡抚李续宜，哀叹道："赵竹生景贤竟未殉节，可惜！可惜！不为千古钦仰之人，而为一钱不值之人，可谓至愚！"[①] 赵景贤是湖州守令，坚守孤城，粮尽援绝。城破之日，他并未自杀，而是冠带整齐，主动去见太平天国慕王谭绍光，对他说："速杀我，勿伤百姓。"谭绍光念他爱惜良民，是条硬汉，就改变主意，将他押往苏州，囚禁一年多，百般劝降无果，最终将他杀害。赵景贤之所以未主动殉节，是因为他想保全湖州百姓，曾国藩不明白其初衷，就骂他"至愚"，是"一钱不值之人"，死如鸿毛之轻，未免冤枉和低估了这位爱民的勇士。此例说明什么？鉴人很难，知人不易，关键信息的遗漏或缺失很可能使得高手产生误判。曾国藩阅人众多，经验丰富，尚且打出漏勺，段位比他低的人又怎么可能言必有中？

咸丰十一年十月，曾国荃致书兄长曾国藩，信中有句妙语："方今之世，无钱不算穷，无人可用乃是真穷，祈兄刻刻留心，广为储蓄。"[②] 同治三年三月初六日，曾国藩回复万启琛，谈到知人，自道门径："办事不外用人，用人必先知人。知人之道，总须多见几次，亲加察看，方能得其大概。凡有缺有差之人，尚可因事考成；若无缺无差者，非常常接见，何由识其短长？"[③] 听其言而见诸行事，最易知人，若无事可试，常见面多交谈，也可观其条理，知其底蕴。

《曾国藩日记》给我们提供了鉴人的若干理论，有点有面，还有整体的概括。他并不相信《麻衣相法》和《梅花易数》中的那些讲究，对生辰八字也表示怀疑，他讲过一件趣事：在老家湘乡荷叶塘，有位屠夫与曾国荃同年同月同日同时生，八字完全相同，但命运截然不同，一个以磨刀杀猪为业，一个以打仗杀人为业。无独有偶，薛福成的《庸盦笔记》中有一则《禄命同而不同》，说的是左宗棠有个表弟叫吴伟才，两人同年同月同日同时生。"少有奇童之目"，两人禀赋相

---

① 《曾国藩全集·书信之四》第25册，岳麓书社，2012年第2版，第383页。

② 《曾国荃全集·家书》第5册，岳麓书社，2006年版，第115页。

③ 《曾国藩全集·书信之六》第27册，岳麓书社，2012年第2版，第508、509页。

当。左表兄读书做了将相，吴表弟不读书做了屠夫，两人操业不同。日后，左表兄掌兵，在战场上杀敌无数；吴表弟操刀，在屠案上杀猪无数。左表兄好说大话，多半能兑现；吴表弟好说大话，很少能兑现，则相同又不同。中国地大人多，生辰八字相同命运却迥然不同的例子比比皆是，算命先生则另有说辞，生辰八字同，父母兄弟姐妹不同，出生地不同，则区别很大。那么孪生兄弟呢？他们出生也有先后。相士以此自圆其说，旁人也就只能将信将疑了。

曾国藩观人鉴人，是从体形、面貌、神情、气色、语言、姿势、步态、行为入手，去判断对方的品德、性格、气质、功名、休咎，往往差不太多。曾国藩观人鉴人，操作流程大致如下：首看胆魄、精神、气度和性格，次看言语、形体和举手投足。

胡林翼说过："人到靠得住便可用，无才亦可用；人到靠不住便不可用，有才尤不可用。此天下古今之大局也。"[①] 一个人是否靠得住，听其言而观其行是一面，知其性而识其品是另一面，问题在于：由于性格、作风的差异，居上位者与靠得住的下属合不来怎么办？

咸丰三年九月，曾国藩致书座师吴文镕，月旦湘籍人物："张润农有用之才，然尚不如王璞山之结实可靠。璞山忠勇冠群，驭众严明，然局量较隘。以视岷樵之智勇兼全，器局闳远，则非其伦矣。"在他看来，张荣组逊于王鑫，王鑫逊于江忠源，当时三人并驾齐驱，以日后张荣组、王鑫、江忠源的功名衡量，曾国藩的评价大致准确。曾国藩致书江忠源，夸赞王鑫，不吝溢美之词："敝友王璞山，忠勇男子，盖刘琨、祖逖之徒！"这个评价可不低，刘琨、祖逖是名垂青史的晋朝大将、国之干城。

曾国藩对王鑫生出反感，是在咸丰三年冬，曾国藩率领湘军援鄂，驻扎在岳阳城外。其时，王鑫奉骆秉章之命，率老湘营自为游击之师，不受曾国藩节制。王鑫带队疾进，在邻近湖北蒲圻的羊楼司遭遇大股太平军，初战不利，溃败而南奔，太平军穷追不舍。曾国藩仓促应敌，水陆不支，一并退却。王鑫且羞且愤，率老湘营扎入岳阳空城，欲与太平军拼个鱼死网破。曾国藩非常生气，

---

① 《湖湘文库·胡林翼集》第2册，岳麓书社，1999年版，第591页。

原本打算撂下王鑫不管，经陈士杰两度苦谏，方才派遣水师三版去城下救回老湘营九百余人。这其中有多位日后平定东南或收复西北的大将，比如王开化、张运兰、刘松山等。

应该说，王鑫是上好的将才，优点是智深勇沉，弱点是为人骄蹇，间或谎报战绩。咸丰四年春，他在石潭歼除残余太平军三十人，就报了个假胜仗，将数目夸张为数百人，曾国藩“深恶之”。曾国藩与巡抚、提督三人联名具奏一折，是左宗棠起草的，初稿尚无王鑫假胜仗，左宗棠在正稿中将其假胜仗添入，曾国藩签字时木已成舟，“已无可如何，隐忍画之”，心中大为不快。

湘军移驻衡州后，王鑫跑去对曾国藩说：“若令我募勇三千，必将粤匪扫荡！”曾国藩壮其言，不计前嫌，致书湖南巡抚骆秉章：“王璞山有此大志，何不作成之？”骆秉章就请王鑫赴长沙协商。与此同时，曾国藩向其座师、湖广总督吴文镕荐举王鑫，极言其智勇兼备。吴文镕请调王鑫三千湘勇驰援湖北。吴坤修本是王鑫的好友，因为王鑫只会讲湘乡土话，别人听不懂，吴坤修充当他的翻译。有一天，吴坤修对骆秉章说：“王璞山回乡招勇，出入鸣锣摆执事，乡人皆为侧目。其人如此，实不可用。”骆秉章对这种做派倒是全无反感，他说粤东的新科举人也喜欢这么干，人之常情，不足为怪。隔日，吴坤修又在骆公面前进谗言：“王璞山所招之勇，多是匪类，又不发口食，连夜在县城偷窃，赖令不胜其苦，又不敢言。将来带勇到省，难免骚扰。”骆秉章并不傻，就问吴坤修：“你跟王璞山回湘乡招勇，既然是至交好友，为何不及时规谏？”吴坤修面露不愉之色，回答道：“他凡事不由我管理，所以难进忠言。”骆秉章这下明白过来，索性直接点破：“他一切皆不交你管理，所以你说他的不是。”吴坤修没能摇惑骆公，就跑去衡阳对曾国藩讲了大致相同的话。没过多久，湖广总督吴文镕向湖南发来咨函，说王鑫新募的湘勇恐怕靠不住，不必驰援湖北了。后来，吴文镕在黄州遭遇惨败，倘若有王鑫这支生力军助他一臂之力，何至于投水而死？骆秉章在其自订年谱中感叹“利口覆邦家”，对吴坤修的谴责显而易见。吴坤修进谗言中伤王鑫，直接影响了曾国藩的主观判断，从那以后，他致书骆秉章，批评王鑫就不留情面了：“王璞山……意气满溢，精神上浮，言事太易，心窃虑其难与谋大事。”曾国藩在人前人后批评王鑫，自道其目的是“俾得归于深稳之途”“盖爱之深而思毖成之，非以文吏常谭，挫其锐气也”。但无论顺风逆风这些话传到了王鑫耳中，他的理解就大不一样，病疙瘩深藏心底，始终未能解除。

曾国藩取人自有原则，“以多条理少大言为主”，王鑫好张扬，喜炫耀，盛气凌人，大言无忌，撰《练勇刍言》，立异为高，因此他们终难贴合。应该说，王鑫的心胸不够宽阔（“局量较隘”），由于曾国藩执意要汰勇，他要增勇，两人意见不合，顿起猜嫌，大闹别扭，王鑫竟连公文私信都不回复。再者，王鑫不肯采用曾国藩制定的新营制，不愿受其钤辖，一门心思闹独立。曾国藩肯定不乐意让王鑫在湘军中另立壁垒，挑战他的权威，因此他率军东征时，便与老湘营自然切割，断了关联。尽管两人之间多有不快，但自始至终，曾国藩对王鑫的“忠勇奋发”“血性耿耿”从未有过一字一词的质疑。王鑫不愧为名将，左宗棠夸赞他志趣高远，战功显赫，“常以数百人当数千、数万、十数万之贼，蹈饿虎之蹊，来骑其项，去掣其尾，廓然荡然，莫测其所诣，而吾湘得以宴然无事，狡贼惮其威而亦服其伟略，洵古今之不易觏者也”，敌军称他为“斑虎”就是明证。老湘营军纪极严，“主将令，沿途强啖民饭不给钱，取民一物值百文以上者，斩”，“军令复命过酉刻者，斩”，“一人积银十两，斩”，所有月饷及赏赉资均交粮台，每月遣人分送其家，以家中回条为凭，将士无不感服。左宗棠驭下甚严，号令如山，但他不禁饮酒，无事则听其尽欢极醉。王鑫于军中禁饮酒，禁赌博，“有提壶挈榼掷蒲者，斩”。老湘营操练之勤，战斗力之强，也令人乐道，“暇则习超跃拳击之技，立格赏罚，无日不然，故兵少而精”。在湘南，在江西，桂阳之役，乐安之役，乐平林头之役，老湘营均获大捷，而且是斩馘动辄上万的完胜。令人惋惜的是，王鑫积劳成疾，三十三岁就英年早逝了，倘若他与杨岳斌、彭玉麟等名将齐寿，成就当在他们之上。左宗棠推许当世名将，对王鑫尤为心服，后来他练成楚军，便是以老湘营为班底，征战东南，讨伐西北，功业彪炳，这其中也有王鑫的心血在。

选将首重质朴坚忍

品藻人物是六朝名士干得最欢的事情，曾国藩在这方面不遑多让，平日书信中，时有涉笔。他品评郭崑焘：“足下雄才伟辩不如季高，文义雅健不如长公，而叙述明畅，老妪能解，则鄙人之所私好也。”季高是左宗棠，长公是郭嵩焘，两人皆为湖湘俊杰，一为郭崑焘之友，一为郭崑焘之兄，这样品评，既客观公允，又亲切有味。他品鉴李鸿章：“观阁下精悍之色露于眉宇，作字则筋胜于肉，似非长处玉堂鸣佩优游者。”观色观字之“观”，与中医之望闻问切之“望”，有异曲同工之妙。日后，李鸿章果然常为封疆大吏，做京官的时间短之又短，而且一辈子没有做过乡试、会试主考官，他是翰林出身，这比较罕见。曾国藩回复姻亲、好友刘蓉：“云仙所荐李申甫榕比已到营，朴而晓事，好学而有守，果为佳士。”郭嵩焘荐李榕到湘军大营效力，李榕办事精明，文案功夫和行政才能都很出挑，曾国藩以“佳士”誉之。

曾国藩观人，首先观其品质如何，徒有其表骗不过他。“以朴实廉介为质，以其质而更傅以他长，斯为可贵；无其质，则长处亦不足恃。”咸丰九年三月十五日，胡林翼致书曾国藩，有这样一段话：“（李续宜）好修饰之人，不喜朴鲁之士，异日临大敌，决大疑，恐骨气不扬，思虑不入，独当一路，均非其选矣。”胡林翼很赞赏李续宜的静气和定力，但对他在选将方面的偏好并不认可，“修饰之人”往往华而不实，脆而不坚，“朴鲁之士”有血性，更能吃苦耐劳。这说明，曾国藩、胡林翼都崇尚质朴，摈弃浮华。胡林翼观人也有法眼，能够辩证分析是其优长，比如他评鹭旗将舒保：“此公忠良，惟惜少欠精明耳。然果精明，又恐未必如此之忠良。”这话确实耐人寻味。

庄受祺是道光年间的进士，“以词林起家，工古文，善书法，精兵法，尤善识别将才”，所著《湖北兵事述略》，对胡林翼推崇备至。咸丰九年，他写信向曾国藩询问选将之法，曾国藩照例谦虚一通，以时势、际遇为言，不敢揽功。切入正题后，他认为古人论将神乎其神，过于夸张，以他的实际经验为准，一言以蔽之，“衡才不拘一格，论事不求苛细”，可谓要言不烦。曾国藩讲过很多鉴人的套路，真正到了最高境界，则是无招胜有招。“不拘一格”“不求苛细”八字，低段位选手从何学起？只能蒙圈。因此曾国藩的套路，人人皆可瞎子摸象，他的最高心法，则是不传之秘。这跟轮扁斫轮差不多，至巧至妙之处，父不能传子，唯有自行体悟到位方可企及。

咸丰十年五月二十三日，曾国藩署理两江总督不到一个月，致书老友冯卓怀，道出其鉴人的初衷和目的："惟广求名将，以御寇氛；广求循吏，以苏民困。得一人，则鄙人可免一分之咎；得十人百人，则地方渐受十分百分之福。"[①] 战争期间，曾大帅鉴人，选拔将士、官员乃是头等要务。他的那套眼法和心法基本未出理性范畴，至今仍然管用。

同治元年，曾国藩多次谈到如何选将。"大约选将，以打仗坚忍为第一义，而说话宜有条理，利心不可太浓，两者亦第二义也。"这是六月间他写信给九弟国荃谈到的。"李迪庵兄弟选营官，专取简默朴实，临阵不慌。弟不能于临阵观人，而取简默朴实，略仿李氏之意。"这是十月间，他回复江西巡抚沈葆桢时谈到的。李续宾、李续宜兄弟是湘军名将，他们临阵挑选营官，爱用寡言敏行的老实人，曾国藩很认可这种做法，他多次强调"寡言养气，寡视养神，寡欲养精"。将士须有勇气、豪气、壮气，夸夸其谈者适见其怯。唯一令人疑惑的是：曾国藩对李续宜的看法竟与前文所述胡林翼的看法相反，到底谁看得更准呢？

选将难，左宗棠深有体会，在这方面，他谈得较透："选将之难，古今同慨。勇锐者不悉机宜，明练者多甘退懦，求其指挥若定，一往无前者，盖戛戛乎难之。弟自咸丰壬子即与闻兵事，今之文武错落半天下，号称楚材者，莫非当初相识习知习见之人，而私衷钦服者，实不数觏，可见人才之难。"[②] 尽管左宗棠佩服曾国藩有知人之明，但对其选将手眼也并非百分之百地佩服。同治二年四月中旬，他写信批评曾国藩"喜综核而尚庸材"，曾国藩辩驳道：近年所见诸将，只有程学启谋勇俱优，堪比三年前殉国的大将张国梁，去年我将他拨给李少荃，我家沅弟（曾国荃）坚决不肯放人，兄弟争论数日，最终强行派往上海。此后程学启屡立奇功，沅弟虽深幸李少荃振起一隅，有益全局，但也未尝不私怨阿兄，坐令彼得一人而强，此失一人而弱。"是知喜雄骏而恶阘茸，重干莫而薄铅刀，乃人情之常态。"骏马和宝剑谁不喜欢？曾国藩承认自己麾下有庸将，

① 《曾国藩全集·书信之二》第 23 册，岳麓书社，2012 年第 2 版，第 589 页。

② 《左宗棠全集·书信一》第 10 册，岳麓书社，2014 年第 2 版，第 480 页。见于《答徐树人中丞》。

但他并不承认自己赏识庸才，毕竟像程学启那样智勇双全的良将可遇不可求。

同治三年正月初一日，大过年的，曾国藩就与安徽巡抚恽世临谈论如何用人："大抵任事之人，断不能有誉而无毁，有恩而无怨。自修者但求大闲不逾，不可因讥议而馁沉毅之气；衡人者但求一长可取，不可因微瑕而弃有用之材。苟于峣峣者过事苛求，则庸庸者反得幸全。"

同治五年七月中旬，曾国藩回复李鸿章，对淮军的两位大将刘铭传（字省三）和潘鼎铭（字琴轩）品评了一番，进而对他们的志短和淮军的境顺提出了看法："凡教人，当引其所长，策其所短。如省三之所长在果而侠，其所短在欠渟蓄；琴轩之所长在坚而慎，其所短在欠宏达。国藩责令省三主持防守沙河一事，而教之以坚忍，正所以勉其海量，进之于渟蓄也。今若听其告假回籍，则沙河必办不成。在大局无转机，在省三无恒德矣。……昔麻衣道者论《易》云：'学者当于羲皇心地上驰骋，无于周孔脚跟下盘旋。'前此，湘军如罗罗山、王璞山、李希庵、杨厚庵辈，皆思自立门户，不肯寄人篱下，不愿在鄙人及胡、骆等脚下盘旋。淮军如刘、潘等，气非不盛，而无自辟乾坤之志，多在台从脚下盘旋。岂阁下善于制驭，不令人有出蓝胜蓝者耶？抑诸公本无远志，激之而不起耶？淮勇自成军后，多遇顺境，未经大挫，未殉奇节。不困厄则不能激，无诋毁则不自愤。愿阁下愤之、激之、劳之、教之，俾诸统将磨折稍多，成就更大，而鄙人借以少靖捻氛，免于咎责，受惠多矣。"[①] 刘铭传、潘鼎铭是淮军将领中的佼佼者，曾国藩批评他们无远志，缺乏自立门户的宏愿。在气质、血性方面，相比湘军将帅，淮军将帅确实差了一大截。

曾国藩要在行伍中挑选将才，特别留意对方是否沉稳、可靠、正直、忠诚、有主见、有定力、有静气、有韧性、有胸怀、有气魄、有良心，至于富贵贫贱，倒不是他关注的重点和要点。领导者要提高自己的眼力，曾国藩的鉴人之法是可资参考的。

曾国藩能鉴人、知人，还肯玉成部属为名将。鲍超勇猛而少文，"有盛气而无远谋"，曾国藩对他多加点拨和谆谆教诲，如对子侄，不辞其倦，不厌其

---

① 《曾国藩全集·书信之八》第 29 册，岳麓书社，2012 年第 2 版，第 327、328 页。

烦。咸丰八年九月二十日，曾国藩致书鲍超："再，足下数年以来，水陆数百战，开府作镇，国家酬奖之典，亦可谓至优极渥。指日荣晋提军，勋位并隆，务宜敬以持躬，恕以待人。敬则小心翼翼，事无巨细皆不敢忽；恕则凡事留余地以处人，功不独居，过不推诿。常常记此二字，则长履大任，福祚无量矣。"[1] 同治四年春，鲍超入川后不久，其部下八千人在江西、湖北闹饷而哗溃，造成大面积的祸患，此事令鲍超英名大损，也让曾国藩脸上无光，但曾国藩对这位虎将的护惜依然如故。同治五年正月初八日，他回复鲍超，叮咛再四："古来多少英雄，功高名重，其后非败于骄，即败于贪。阁下屡主奇功，名扬四海，惟愿愈大愈谦，着不得些子骄傲，总要始终敬慎，以保美名。临时之道，但取分内光明之钱，勿取瞒人暧昧之钱；待人之法，宜以礼貌相敬，以诚意相孚。名利二字，只可笼络俗人，未必能得真正贤士。若既误用非人，宜速遣去。譬如一群好马，不可有害马者在内也。……游勇、降卒切忌不可多收。阁下好好声名，因金口叛卒坏了一少半，勿再为此等人所坏。至嘱至嘱。"[2] 鲍超能够成为一代名将，胡林翼的裁成之功不小，曾国藩的作成之功更大。胡林翼、曾国藩去世后，鲍超感铭师恩，每逢他们的生辰、忌辰，必焚香礼拜，老而弥诚。

近代学者方宗诚撰《柏堂师友言行记》，述及曾国藩的笔墨甚多。"公平日取人，大抵皆诚朴厚重一流，而不喜才华浮薄者，若德行文学之儒，则奉为上宾，出入谈论，亦不肯烦以吏事。"诚朴厚重的人也许笨拙一些，但办事更牢靠，忠诚度也更高，危境之中也更容易站定脚跟，患难与共，不至于鞋底抹油，自求多福。同治三年，方宗诚应曾国藩之召，到忠义局修志。有一回，他问曾国藩"何以知塔（齐布）、罗（泽南）、李（续宾）、彭（玉麟）、杨（岳斌）、鲍（超）诸公能成大功"，曾国藩的回答值得留意："此皆幸而遇者，当时与诸人共事，不过识其忠勇勤朴，各任以事，幸仰天威，稍能成就。人遂谓吾能知人，实则知人甚难，予未敢自信也。"曾国藩丝毫也没有自诩为人鉴的意思，"知人甚难"而"未敢自信"，都是不掺水分的大实话。

---

① 《曾国藩全集·书信之一》第 22 册，岳麓书社，2012 年第 2 版，第 659 页。

② 《曾国藩全集·书信之八》第 29 册，岳麓书社，2012 年第 2 版，第 28、29 页。

性情形貌，处处见机

古人常感叹识人难。“三言”“二拍”之类的小说中喜欢把“画虎画皮难画骨，知人知面不知心”当成穿插语来使用，读者每看见它露面一回，心头就会揪紧一回。至圣先师孔仲尼尚且坦承“吾以言取人，失之宰予；以貌取人，失之子羽”，谁还敢声称自己鉴人能够洞烛幽微，把失误降至最低程度？

孟轲也许会说“舍我其谁”，曾国藩不作兴将大话端上台面，但他的自信心无疑是满血运行的，瞧瞧他在咸丰八年三月至四月间日记中提炼的法则：“端庄厚重是贵相，谦卑含容是贵相。事有归着是富相，心存济物是富相。”[①]这条法则值得阐释，“端庄厚重”四字特别值得留意。《易经·坤卦》有言在先：“君子以厚德载物。”《道德经》提醒：“大丈夫处其厚不居其薄。”《论语》强调：“君子不重则不威，学则不固。”明朝思想家吕坤发表高论：“深沉厚重是第一等资质，磊落豪雄是第二等资质，聪明才辩是第三等资质。”总而言之，厚重、持重、稳重是极其可贵的禀赋和素质，能助人安身立命，与之相反，轻佻、轻薄、轻举妄动则有害而不可取。“谦卑含容”比较好理解。至于“事有归着”，就是做事要有归纳，有着落，知进知退，能放能收，善始善终。“心存济物”就是要乐善好施，主动帮助弱势群体，赞助公益事业，回馈社会。舍得，舍得，多舍者必多得，所以是富相。关于贵相，曾国藩还有一个更具体的说法值得参考：“细参相人之法，神完气足，眉耸鼻正，足重腰长，处处相称。此四语者，贵相也，贤才相也。”何谓“神完气足”？精神完好，意气充足。何谓“眉耸鼻正”？眉骨高耸，鼻梁端正。何谓“足重腰长”？步履稳重，腰板挺直。何谓“处处相称”？五官四体，搭配匀称。这样的体貌是贵相，是贤才相。

他说：“巧召杀，忮召杀，吝召杀。孝致祥，勤致祥，恕致祥。”巧者诡诈，爱使心机，爱耍心计；忮者妒忌，不能容人，不能容物；吝者鄙陋，一钱障目，不识大体。三者容易招致灾祸。孝敬父母，勤劳乐业，宽厚待人，则容易获得吉祥。

---

① 《曾国藩全集·日记之一》第16册，岳麓书社，2012年第2版，第299页。

曾国藩品评人物，以不言者、寡言者、慎言者为上，以好言者、多言者、大言者为下。湘军名将刘松山“不言而善战，挺拔明白”，列入优等。李续宾“于稠人广坐之间终日不发一言”，萧孚泗“口拙讷，神不外散”，也列为优等。他们“讷于言而敏于行”，深得曾国藩的信任和器重。

曾国藩鉴别人物，以“静气”“良心”“孝心”为上，以“浮滑”为下。副将陈品南“挺拔，有静气”，列为优等。旗官文恒久“有静气，有良心”，列为优等。哨官刘培元“眼圆人滑”，斥为劣等。同治元年二月初，曾国藩致书部属姚体备，要他“专从危难之际，默察朴拙之人”，谈到裨将罗承勋曾经送粮入安徽宁国，未肯尽力，以至于贻误全局，罪责不轻。湘军将领江长贵让罗承勋戴罪立功，并且假之事权，用为诸将之领袖，败坏军中风气，因此遭到曾国藩的坚决摒斥。曾国藩在信中说：“将领之浮滑者，一遇危险之际，其神情之飞动，足以摇惑军心；其言语之圆滑，足以淆乱是非，故楚军历不喜用善说话之将，非仅弟一人然也。”湘军将领陈由立浮滑取巧，逃离霆营，投靠河南巡抚郑元善。曾国藩具疏严劾，清除害群之马，以肃军纪。

曾国藩特别留意人的眼睛，凡是眼珠子滴溜溜乱转的，目光闪烁游移的，目光只盯着自己脚尖的，“目动神狠”“目动言肆”“睛无神光”之类，在他的日记中给出的都是差评。而“目不妄视”“目不妄动”的为人可靠，熊登武“目有精光，三道分明”，帮带张胜禄“目有神光，人倜傥”，守备李楚盛“目有精光数道”，守备李祖祥“目定鼻定，坚实可恃”，周玉堂“目光三道清明”，帮办王春发“口方鼻正，眼有清光，色丰美”，哨官李佑厚“目黄明”，均列为优等。

曾国藩喜欢“静而明白”“朴实明白”“明白有情”的人，他鉴人甚多，凡获此类评语者，非优即良，比如旗官朱绍辉、百长贺国秀等人。“军营宜多用朴实少心窍之人，则风气易于淳正。”曾国藩向李元度评点湘军裨将彭大寿，较为负面，原因就是“此公在外多年，阅历深透，颇近于滑”。

军人须上阵杀敌，贵在挺拔壮健，有勇有力。在曾国藩日记中，凡是“挺拔诚实”“挺拔有情意”的，都获佳评，哨官刘湘南“腰挺拔，面英发”，被赞为“可爱”，哨长廖世霖“鼻梁正，腰身正”，列为优等。“无英气”“无雄气”的娘娘腔，难获佳评。

此外，有一些彼此对应的评语值得留意，比如“面有昏暗之色，恐其庸劣”，“嘴常邪动，恐其滑而多诈”。也有令人莫名其妙的例子，比如“杨镇南之哨官杨光宗头发横而盘，吾早虑其不驯，已斥革递解，此后应稍安静”，就因为头发盘得古怪，就认定他不驯，还是他干了什么不驯的事？这跟诸葛亮看出魏延有反骨一样，匪夷所思，令人费解。

咸丰九年三月初八日，曾国藩在日记中写道：“夜思相人之法，定十二字，六美六恶，美者曰长、黄、昂、紧、稳、称，恶者曰村、昏、屯、动、忿、遁。”[①]六种美相如何解释？“长”就是身材高大颀长，“黄”就是眼珠栗黄，“昂”就是器宇轩昂，“紧”就是神气密紧，“稳”就是举止沉稳，“称”就是四体五官匀称。六种恶相如何解释？“村”就是言行庸俗粗野，“昏”就是满脑子糨糊，“屯”就是神色愁苦，“动”就是躁动不安，“忿”就是好发脾气，“遁”就是眼神躲闪。

有时，曾国藩也会以方便法门教人。他有过这样一番趣谈：“人才何常，褒之则若甘雨之兴苗，贬之则若严霜之凋物。米汤若醍醐之灌顶，高帽若神山之冠鳌。润帅每以此法诱掖将才。”润帅即胡林翼。孩子越夸越好，将才越夸越强，如果连夸人都做不到，鉴人虽准而不能得其欢心，用人虽对而不能得其死力，功夫也就浅显了。

同治四年十一月十三日，曾国藩在日记中回忆自己往昔探求的“观人之法”，撰成口诀：“邪正看眼鼻，真假看嘴唇；功名看气概，富贵看精神；主意看指爪，风波看脚筋；若要看条理，全在言语中。”[②]一个人的心术是奸邪还是正直，须观察其眼睛和鼻子，眼神清澈明亮者正，眼神凶狠昏暗者邪，鼻梁端正挺直者正，鼻梁歪斜塌陷者邪。一个人的心地是真诚还是虚假，须观察其嘴唇，具体如何判断，曾国藩未做解说，不得其详。一个人的功名是杰出还是平凡，须观察其气概；一个人的命运是富贵还是贫贱，须观察其精神，这两个方面，六美六恶中已经揭示。一个人遇事是否有主见和定见，须观察其手掌和指

---

① 《曾国藩全集·日记之一》第 16 册，岳麓书社，2012 年第 2 版，第 419 页。
② 《曾国藩全集·日记之三》第 18 册，岳麓书社，2012 年第 2 版，第 234 页。

甲，“指甲坚者心计定，指长者聪明”。一个人经历磨难时能否站稳脚跟，须观察其脚筋，曾国藩对此未做详细解释，想必是脚筋强韧者更容易过关。一个人逻辑思维是否严密，须分析其言语，言之有物，言之有理，言之有分量，则其人有条理；反之，言不及义，胡言乱语，强词夺理，则其人无条理。曾国藩在家书中举湘军营官杨镇南为例，如此评议：“杨镇南之不足恃，余于其平日说话知之。渠说话最无条理。凡说话不中条理，不担斤两者，其下必不服。故《说文》‘君’字、‘后’字从‘口’，言在上位者，出口号令，足以服众也。”《说文解字》派上用处，难题迎刃而解。

要具体掌握以上口诀的要领，拿捏准分寸，难度很高，小偏差就会造成大失误。何况世间能装会扮的演技派高手不少，拥有火眼金睛的大圣却是凤毛麟角！诸葛亮尚且看不准马谡，栽了大跟头；知人善任，谈何容易！

曾国藩鉴人有瘾，别人对他的骨相又是怎么看的？还真有人形诸笔墨了。光绪四年二月二十七日，王闿运为著《湘军志》，阅览曾国藩咸丰年间在江西的奏章，并且梦见了他，感慨良多。当天日记中冒出这样一句话：“且吾尝怪其相法当刑死，而竟侯相，亦以此心耿耿，可对君父也。”[1]忠心耿耿就不会刑死吗？那岳飞怎么讲？这话在逻辑上不能自洽。王闿运谈相而未中肯綮，曾国藩九泉之下也为他着急。

将知人和晓事合二为一

曾国藩顶讨厌那些专走乡愿路线（以随波逐流为顺势，以同流合污为狡计）的伪君子，即使他们飞黄腾达，也难以赢得他的好感和敬意。咸丰十年七月二十三日，曾国藩回复郭嵩焘、郭崑焘兄弟，言词颇为激烈：“往在京师，如祁、杜、贾、翁诸老，鄙意均不以为然，恶其不白不黑，不痛不痒，假颟顸为浑厚，冒乡愿为中庸，一遇真伪交争之际，辄先倡为游言，导为邪论，以阴排善类，而自居老成持平之列。三、四年间，尝以此风为云仙亲家言之，今来示盛推翁公，殆以一荐之惠难忘。去年来示，盛推僧邸，仆与舍九弟曾私虑其不

① 王闿运：《湘绮楼日记》第1卷，岳麓书社，1997年版，第643页。

终。人固不易知，知人固不易也。”[①] 曾国藩信中提到的京城四老，祁是祁寯藻，杜是杜受田，贾是贾桢，翁是翁心存，这几位大臣都做过帝师，在曾国藩眼中却是“不白不黑，不痛不痒，假颟顸为浑厚，冒乡愿为中庸”的人物；虽厚貌深衷，却被曾国藩看穿。郭嵩焘盛推僧格林沁和翁心存，曾国藩不以为然，甚至与曾国荃私底下认为，僧格林沁倒行逆施，不翕人意，必将死于非命，不得善终。日后证明，他们的这个预测极其精准。咸丰十年腊月初二日，曾国藩回复胡林翼，有这样一句话：“往年心敬王雁汀，厥后察其畦径，不复加敬。人固不易知，知人固不易也。”[②] 王庆云自号雁汀，是曾国藩的前辈，此公官运亨通，官至两广总督、工部尚书，曾国藩敬重过他，但察觉其人所为非君子行径后，即不再敬重他。由此可见，观人、鉴人有个过程，并非短时间内即可了了分明。“人固不易知，知人固不易”，说到底，还是看你的价值观和判断力如何，黑白痛痒，久之分明，唯有透过皮相，洞察人心，方能臻于化境。

世上本无事，庸人自扰之。天地之间万事如毛，庸人既自扰，也扰人。牧民者（或谓父母官）就不仅要知人，而且要晓事，二者密不可分。同治三年六月初，曾国藩回复郭嵩焘，在知人晓事方面发表了精论：“窃谓居高位者以知人、晓事二者为职。知人诚不易学，晓事则可以阅历黾勉得之。晓事则无论同己异己，均可徐徐开悟，以冀和衷。不晓事则挟私固谬，秉公亦谬；小人固谬，君子亦谬；乡愿固谬，狂狷亦谬。重以不知人，则终古相背而驰，决非和协之理。”不谋事，不遇事，不办事，人人皆可无谬、无过、无害、无罪，但要深入了解一个人恰恰要通过他谋事、遇事、办事的全过程来仔细观察其言行，是否有能力，是否肯负责，是否敢担当。不晓事的人如盲人在闹市中要弄大刀，比盲人骑瞎马、夜半临深池还要危险可怕。正是基于这种认识，曾国藩进一步阐明自己的观点：“故恒言皆以分别君子小人为要，而鄙论则谓天下无一成不变之君子，无一成不变之小人。今日能知人，能晓事，则为君子；明日不知人，不晓事，即为小人。寅刻公正光明，则为君子；卯刻偏私晻暧，即为小人。故群誉群毁

① 《曾国藩全集·书信之二》第 23 册，岳麓书社，2012 年第 2 版，第 675 页。
② 《曾国藩全集·书信之三》第 24 册，岳麓书社，2012 年第 2 版，第 93 页。

之所在，下走常穆然深念，不敢附和。”[1]一般人认为，君子是美称，小人是恶谥，一为君子则终身为君子，一为小人则终身为小人。曾国藩并不认可这种僵固的俗论，晓事的好处就在于能够听其言而观其行：对方说得难听却做得仗义，是君子；对方说得好听却做得缺德，是小人。君子与小人因事而转换角色，是动态平衡的，而非静态平衡的。具备了这种认识，一个人就不会再惊叹：我原以为某某是个君子，没想到他是个小人！或者说：我真是看走了眼，某某明明像个彻头彻尾的小人，没想到他蛮有君子之风。曾国藩将知人和晓事合二为一，打通了它们的界限，使之实现回路，因此他的眼光比别人看得更远更深更清楚。

曾国藩受命剿捻时，栽培悍将陈国瑞（字庆云），可谓不遗余力。陈国瑞上阵，奋不顾身，勇往无敌，尤其善于夜间劫营。曾国藩欣赏他打仗能够耐久，不肯草草收队。但陈国瑞性格暴烈，桀骜不驯。清军围剿捻军大头目张宗禹的战役，多方联手，陈国瑞移书左宗棠，历数其赂贼、讳败、诳奏、攘功之事，满纸讥诮诘责，丝毫不留情面。左宗棠才智非凡，对此竟无词以辩，还忍不住赞叹了一声：“陈庆云幕中固有人。”曾国藩要裁成陈国瑞，使之改变犷悍的匪性乃是关键步骤。陈国瑞每有禀牍，曾国藩必仔细批回，多方开导，循循善诱：“本部堂细察群言，怜该镇本有可为名将之质，而为习俗所坏，若再不加猛省，将来身败名裂而不自觉。今为该镇痛下针砭，告诫三事：一曰不扰民，二曰不私斗，三曰不梗令。”“该镇好攻人短，议评各路将帅，亦有伤于大体。当此寇乱未平，全仗统兵大员心存敬畏，上则畏君，下则畏民，中则畏尊长、畏清议，庶几世乱而纪纲不乱。今该镇虐使其下，气凌其上，一似此心毫无畏惮者，殆非载福之道。嗣后该镇奉檄征调，务须恪恭听命，凡添募勇丁，支应粮饷，均须禀命而行，不可擅自专主，渐渐养成名将之气量，挽回旧日之恶名。”曾国藩寄望于这位悍将能降心就范，冀收鹰犬之用，教诲甚勤，无奈效果并不明显。同治四年四月，陈国瑞在长沟干了一件大蠢事——他率领亲兵队闯入淮军大将刘铭传营中，抢夺洋枪，杀伤多人。强敌在外，他却窝里横，曾国藩当然容不得这样的害群之马。两年后，陈国瑞与李世忠又在扬州斗殴，曾国藩据实参奏，

---

① 《曾国藩全集·书信之七》第28册，岳麓书社，2012年第2版，第14页。

李世忠革职，陈国瑞降为都司，勒令二人返回原籍。

据吴光耀的《华峰庚戌文钞》记载，陈国瑞还干过更出格的事情：曾国藩晚年北上赴任直隶总督，先入京陛见，湘籍、鄂籍京官在两湖会馆公开宴请他。酒酣耳热之际，陈国瑞触念往事，怒从心头起，恶向胆边生，便拔剑要砍曾国藩。事出突然，曾国藩绕柱而躲。内阁学士陈廷经是曾国藩的进士同年，是陈国瑞的族人，他赶紧用身体掩护曾国藩，夺掉陈国瑞的佩剑，事态才平息下来。[①] 由此可见，曾国藩固然在鉴人、识人、诲人、立人、达人方面本领非凡，但是对方不肯配合，结局就依然不妙。

"你不理财，财不理你"，这是理财者的口头禅。曾国藩常受饷匮粮缺之苦，在理财方面是动过脑筋的。同治三年正月初七日，他回复直隶总督刘长佑，重点谈到理财："自王介甫以言利为正人所诟病，后之君子例避理财之名，以不言有无、不言多寡为高。实则补救时艰，断非贫穷坐困所能为力。叶水心尝谓'仁人君子不应置理财于不讲'，良为通论。国藩素无理财之能，故抚有三省，不克游刃有余。阁下精细和厚，即理财一节，想亦能批郤导窾，本末兼该。第处多惧之地，值多口之际，未审因兴利而更增讥议否耳？"[②] 王安石（字介甫）讲理财，弄了个青苗法，被士人骂个半死。曾国藩不在朝廷主政，连这个都弄不了，光靠设卡抽取厘金，已捉襟见肘。假如有那么一个人，是公认的理财高手，但名声不好，比陈平盗嫂还要臭，他敢不敢用？这人就是金安清（字眉生）。

说来奇怪，曾国藩非但不敢用他，而且不敢见他。金安清是公认的江东才子，诗文都来得，理财尤其高明。他由佐杂晋升至两淮盐运使，咸丰末年督办后路粮台，设厘捐以供南北防军数万人，使之无哗饷之虞。金安清是个争议人物，对他的评价总是分为截然相反的两派：好之者不知其恶，恶之者不知其美。此人在官场行走，就有奇观出现："胜帅屡疏保之，升于九天；袁帅屡疏劾之，沉于九渊。"胜帅是胜保，袁帅是袁甲三，他们本就是冤家死对头。金安清多才寡德，不畏人言，好声色，喜淫邪，自奉极侈。为了谋求更体面的职位，

① 汪康年：《汪穰卿笔记》，中华书局，2007 年版，第 282 页。见于附录。

② 《曾国藩全集·书信之六》第 27 册，岳麓书社，2012 年第 2 版，第 399 页。

他赴京打点，连王室成员都被他买通了，当道诸公允为保荐，内用京卿十拿九稳。只有军机大臣文祥不受贿，向咸丰皇帝实话实说：“此人小有才具，心术不端。”金安清因此运作失败。咸丰十一年冬，御史参劾金安清，下语极重：“至总办粮台之金安清，声名狼藉，行止卑污，恃与薛焕拜认师生，侵蚀粮饷，兵民啧有怨言。”嗣后，漕运总督吴棠密参金安清营私舞弊，曾国藩查案后回奏，奏章中有这样一段评语：“丁忧候补盐运使金安清，聪明过人，好览书籍，惟矜衒智术，专工揣摩。其办事，广设方略，终鲜成效。”金安清被革职抄家，“妻孥中夜露立”，情形相当狼狈。失势之后，金安清并未死心，仍去安徽安庆游说湘军大帅曾国藩，前后七次求见，不得其门而入。有人很不解：曾国藩日夜为粮饷发愁，这不是来了个极会理财的金菩萨吗？怎么见都不肯见他一面？曾国藩给出答案：“我不敢见也。此人口若悬河，江南财政了如指掌，一见必为所动，不如用其言不用其人为妙。”后来，金安清一举说服了曾国藩的胞弟曾国荃，彼此相见恨晚，后者专折奏保，请朝廷起用金安清，因此大受申斥。曾国藩听说后感叹道：“老九几为其所累！”曾国藩自承定力不足，拒见巧舌如簧的金安清，这说明金安清的游说功夫远高于王闿运。曾国藩对自己鉴人的本领没有怀疑，但对自己驾驭极品小人的能力缺乏足够的自信，他担心金安清穷奢极侈的那套做派会腐蚀湘军的肌体，败坏湘军的风气，因为这个顾虑而放弃一位理财高手，他认为是值得的。我们再重温一下胡林翼的名论：“人到靠得住便可用，无才也可用；人到靠不住便不可用，有才尤不可用，此天下古今之大局也。”曾国藩认为金安清不可靠，金某有才，非但不用，而且不见，做得很决绝。

有意思的是，曾国荃之后，对金安清颇感兴趣的封疆大吏还有两位，一位是李鸿章，另一位是沈葆桢。同治四年四月二十八日，赵烈文回复李鸿章：“忆去冬秣省接晤，公曾询及金眉生都转踪迹，谅必备知其人。此君久住淮扬，于鹾务知之熟烂，闻不日省墓禾郡，公如不吝前席数尺之地，必有以副雅意。”①李鸿章很可能受了恩师曾国藩影响，将金安清拒之于千里之外。时隔多年，沈葆桢任两江总督，要大力整顿积弊已深的盐务，以重金延请金安清来石头城，

---

① 赵烈文：《能静居日记》第2册，岳麓书社，2013年版，第894页。

"纵其开宴秦淮，沉溺佳丽，乃以改革两淮盐政商之"。金安清的确是个顶尖人才，他领导一个财经小组，"不一旬而条例办法皆具"。沈葆桢感叹道："如此大才，安敢引用？"于是他奖赏给金安清十万两银票，派人将他护送回上海。

知人者智，知己者明。张裕钊（字廉卿）是曾门弟子，潜心研究经史百家学说，工古文辞，淡于仕进，他有时住在曾国藩幕府，只考究学问文章，从不求曾国藩荐举，曾国藩也一心要成就他的文学长才，不勉强他做官。咸丰九年九月初八日，他在日记中称赞道："廉卿近日好学不倦，作古文亦极精进，余门徒中可望有成就者，端推此人。临别依依，余亦笃爱，不忍舍去。"吴汝纶（字挚甫）也是曾门弟子，曾国藩论幕府人才时，认为他"只宜读书作文，短于政事，才不宜为官"。日后，吴汝纶任冀州知州，三起盗案逾期未能破获，对比前任知州李秉衡的善政，他自愧不如，竟形诸尺牍。

同治八年，曾国藩就任直隶总督，进京陛见数次，还拜会了几位军机大臣。五月二十八日，他对赵烈文实话实说："两宫才地平常，见面无一要语，皇上冲默，亦无从测之。时局尽在恭邸、文（祥）、宝（鋆）数人，权过人主。恭邸极聪明，而晃荡不能立足。文柏川正派而规模狭隘，亦不知求人自辅。宝佩衡则不满人口。朝中有特立之操者尚推倭艮峰，然才薄识短。余更碌碌，甚可忧耳。"[①] 曾国藩动用自己的观人之法，发现朝中无人可以指望，就连两宫皇太后、恭亲王和几位军机大臣都难入其法眼，国事焉得不越办越糟？

鉴人多了难免看走眼

王夫之评论诸葛亮看人走眼，这样写道："武侯之任人，一失于马谡，再失于李严，诚哉知人之难也。闇者不足以知，而明察者即以明察为所蔽；妄者不足以知，而端方者即以端方为所蔽。明察则有短而必见，端方则有瑕而必不容。士之智略果毅者，短长相间，瑕瑜相杂，多不能纯。察之密，待之严，则无以自全而或见弃，即加意收录，而固不任之矣。"[②] 诸葛亮既是明察者，也是端方

① 赵烈文：《能静居日记》第3册，岳麓书社，2013年版，第1259页。

② 王夫之：《读通鉴论》上册，中华书局，1975年版，第271页。

者，尚且有蔽，重用马谡则痛失街亭，高看李严则贻误军机。东汉末期，水镜先生司马徽能够赏识卧龙、凤雏于微时，那才是炉火纯青的鉴人功夫，诸葛亮未能得其真传，很遗憾，及至一千六百年后，曾国藩更是只能自学成才，难度可想而知。

曾国藩鉴人有术，且自成系统，但鉴人太多，阅人太广，难免有看走眼的时候。咸丰三年，曾国藩回复林源恩，称赞“平江绅士李次青元度，命世才也”，夸奖他“读书甚多，又有忠义之气”。从李元度后来的表现来看，在徽州打了败仗都不敢回大营负荆请罪，曾国藩恨铁不成钢，只好劾罢他的军职，“命世才”成色太低，更像是失街亭的马谡之流人物。此前，曾国藩称赞“丁未四君子”（李鸿章、郭嵩焘、帅远燡、陈鼐）“皆伟器”，也只是讲对了一半；当然，这个预言的成功率也算很高了。咸丰八年十月，三河之役，湘军大将李续宾阵亡。月底，曾国藩致书胡林翼，感慨系之：“平日佩仰迪庵之德量，以为必就大功而享厚福，通邑无贤愚老少，皆无异辞。今决裂至此，所谓天者诚难测耶！”[①]曾国藩怅叹天意难测就等于坦承自己鉴人难免会失准和走眼。王德榜是湘军名将，在左宗棠麾下屡立战功，晚年率军参加中法战争，收复谅山，打出了中国军队的威风，令国人钦佩。早在咸丰六、七年间，王德榜参与闹饷，曾国藩一度给他“陋劣”的品评，打算裁撤他所带的永州勇，将他逐回老家种田，幸得左宗棠咨留，否则真就老死于乡间牖下了。

李伯元《南亭笔记》和葛虚存的《清代名人轶事》中都记载了一件曾国藩受骗的趣事，令人忍俊不禁。其时金陵初复，某客衣冠古朴，谈吐非凡，到大帅府拜访曾国藩，盱衡当世，评骘人物：“胡润芝（胡林翼）办事精明，人不能欺。左季高（左宗棠）执法如山，人不敢欺。公虚怀若谷，爱才如命，而又待人以诚，感人以德，非胡、左二公可同日语，可谓人不忍欺。”[②]曾国藩闻言大悦，留某客入宿帅营，待若上宾，还给某客一笔重金，托他督造炮船。某客待千金

---

① 《曾国藩全集·书信之一》第22册，岳麓书社，2012年第2版，第696页。

② 李伯元：《南亭笔记》，山西古籍出版社，1999年版，第173页；葛虚存：《清代名人轶事》，山西古籍出版社，1997年版，第290、291页。

到手，从此杳如黄鹤。曾国藩咄咄独坐，喃喃自语：“人不忍欺，人不忍欺！”有人说，曾国藩没派手下去追捕骗子，是因为银钱数额不大；有人说，他不愿声张，是担心传出受欺之名，惹人笑话。其实不然。宋仁宗时期，韩琦总领五路兵马经略西夏，有人凭伪造的书信来拜见他，获得厚赠而去。没多久，这人行迹败露，诸将请韩帅下令抓捕此人。韩琦说：“此人敢于百万军中持伪书以欺我，则其人之胆识必有过人者，若追之急，必投入夏国，是又生一张元也。”张元是西夏国相，原本是宋朝的读书人，因怀才不遇而叛国，受西夏王李元昊重用，任中书令，指挥好水川战役，重创宋军。韩琦放过这个骗子，可谓深谋远虑。曾国藩所处的环境更糟，真要是把此人驱逐到敌方阵营去了，结果反为不美。“曾侯之见即韩公之见”，倒是不赖。此外，这则轶事也将“君子可欺以其方，难罔以非其道”演绎到了极致。骗子挥舞的是“君子剑”，曾国藩一时失察，识人的清鉴固然打了折扣，但他的性情一派浑厚天真，反而多出了几分可爱。李孟符的《春冰室野乘》中也记载了这桩轶事，内容大致相同，文字多有落实。曾国藩待那个萧山籍的骗子为上客是有原因的。他让这位士人去各处走动，遍谒诸贤，月旦其优劣，此人眼光不赖，识别出何者为“豪伟之士”，何者为“君子人”，所以曾国藩“益心折，称善”。李孟符还写道：“闻其人卒折节为善士，为诸生以终。”曾国藩给了他一条自新之路，他没再去行骗了。

有位浙江士子上书给曾国藩，曾国藩认为他有带兵的才能，就委任他为营官。没过多久，曾公察觉此人狡诈，口是心非，立刻将他革退，在大门上贴出告示：“此吾无知人之明，可憾可愧！”改过之勇不是谁都具备的。尽管曾国藩留下了一大堆观人、鉴人、取人、用人的心得，后人真要领会要义而运用自如，其他方面的才能也必须齐备而且匹配才行。斫轮老手苦于无法将绝技传授给子孙，何况是观人、鉴人、取人、用人这么复杂多变的学问，但师其大意总归是有益无害的。

晚清时期，论好为人师，如果曾国藩甘认第二，就无人敢认第一。他对愿出力、肯办事的部将属员勤加开导，可谓苦口婆心。咸丰十年闰三月，曾国藩在部将朱品隆、属员李榕的来禀上批示道：“古来做好人的，并非生来就好，亦是好师、好友、好榜样渐渐教劝，渐渐变化，不知不觉便走到顶好的路上去了。

做好官的，也要好师、好友、好榜样；做名将的，也要好师、好友、好榜样，方易于渐染成器。倘若有坏师、坏友、坏榜样，亦不知不觉便走到顶坏的路上去了。该统领能时时规劝，交相策勉，便是极好榜样。甚慰甚慰！”[①] 若干年后，杨度作《湖南少年歌》，称道其师王闿运“强收豪杰作才人”，实则曾国藩干这个更加得心应手；反过来，“强收才人作豪杰”也是他的拿手好戏。

---

① 《曾国藩全集·书信之二》第 23 册，岳麓书社，2012 年第 2 版，第 523 页。

下　篇

家无败儿

甘心作世家，不屑为豪门；
世家恒久远，豪门易沉沦。

——作者题记

引　言

曾国藩最尊敬的曾氏先贤是谁？是在《论语》中业已安居两千多年的曾参，还是在唐宋八大家行列里毫无违和感的曾巩？当然是前者。曾参撰《大学》一文，构建了儒家的政治哲学体系。“古之欲明明德于天下者，先治其国；欲治其国者，先齐其家；欲齐其家者，先修其身；欲修其身者，先正其心；欲正其心者，先诚其意；欲诚其意者，先致其知。致知在格物。格物而后知至，知至而后意诚；意诚而后心正，心正而后身修，身修而后家齐，家齐而后国治，国治而后天下平。”曾国藩是无数信奉者中的一个，对此正反向双循环体系从未有过丝毫质疑。

曾国藩最尊敬的曾氏先人是谁？是其祖父星冈公曾玉屏——这位朴实老农不仅具备厚德，而且拥有远见，曾氏家族的价值体系和行为规范是由他确定的。曾国藩堪称优秀的阐释者和践行者，从年少时起就拿定主意，要发扬祖父的厚德，由一家及于万家，由万家及于一国；要延展祖父的远见，由三代及于十代，由十代及于千秋。

二百年来，中国之大，豪门之多，兴起之勃，崩塌之快，令人咋舌。有政治的因素，有经济的因素，有社会的因素，有个人的因素，各种因素叠加，从多个层面、多个角度不断拉拽，豪门就很容易沦为短命的玩意儿。“眼看他起朱楼，眼看他宴宾客，眼看他楼塌了。”贵者炫贵如炫不义，富者炫富如炫不仁，不仁不义逆天，安得不败！只有极少数的明智之士精心打造世家于不毁，苦心维持世家于不坠，淳厚其家风，整饬其家训，严格其家规，以书香顺延命脉最可靠，以素心慎处世途亦可为。

如何缔造世家？如何维持世家？曾国藩给出过许多宝贵的建议：

“所贵乎世家者，不在多置良田美宅，亦不在多蓄书籍字画，在乎能自树立子孙，多读书，无骄矜习气。”①

“凡世家子弟衣食起居，无一不与寒士相同，庶可以成大器；若沾染富贵气习，则难望有成。”②

“切不可忘却先世之艰难，有福不可享尽，有势不可使尽。”③

“凡家道所以可久者，不恃一时之官爵，而恃长远之家规；不恃一二人之骤发，而恃大众之维持。”④

“未有崇礼法而不兴，习傲慢而不败者。”⑤

曾国藩是劳人、苦人和病人，因为体弱多病而尝尽苦头，因为“坦运不佳”而伤怀无地，因为学未完卷而抱憾终天。真实的人生也许就是这种状况，纵然功名鼎盛，他也无法拥抱完美。

① 《曾国藩全集·日记之一》第16册，岳麓书社，2012年第2版，第369页。
② 《曾国藩全集·家书之二》第21册，岳麓书社，2012年第2版，第27页。
③ 《曾国藩全集·家书之二》第21册，岳麓书社，2012年第2版，第235页。
④ 《曾国藩全集·家书之二》第21册，岳麓书社，2012年第2版，第430页。
⑤ 《曾国藩全集·诗文》第14册，岳麓书社，2012年第2版，第412页。

13 章　修身虽苦，受益无穷

道光十一年，曾国藩二十一岁，改号“涤生”。九年之后，他在日记中阐释了它的含义：“涤者，取涤其旧染之污也；生，取明袁了凡之言：‘从前种种，譬如昨日死；从后种种，譬如今日生也。’”[①] 涤除旧染，获取新生，曾国藩自号“涤生”，有深意存焉！然后，他开始反省自己、批评自己、质疑自己：改号至今都已经九年了，我还是像从前那么懒散，学问依然没有长进，岂不是可叹！他还说：今年我已经三十岁，资质禀赋顽钝，精神亏损，今后仍能有所成就吗？但求勤俭有恒心，不再放纵安逸之欲而丧失先人的元气。困知勉行，期望稍有所得，无失翰林体面。日日自觉勤学苦修，不至游荡而生杂念。接下去他就是警告自己：“如种树然，斧斤纵寻之后，牛羊无从而牧之；如爇灯然，膏油欲尽之时，无使微风乘之。庶几稍稍培养精神，不至自速死。”[②] 最终，他鼓励自己：“诚能日日用功有常，则可以保身体，可以自立，可以仰事俯蓄，可以惜福，不使祖宗积累自我一人享受而尽，可以无愧词臣，尚能以文章报国。”[③] 曾国藩重视修身，从念头上的重视、笔头上的重视到心头上的重视，确实经历过长时间的徘徊和挣扎，并非一蹴而就。涤除旧染，生发新意，并不容易，所以他的自责并非装模作样走过场，而是痛下针砭。

以诚为本，不诚无物

道光二十五年，曾国藩作书回复好友刘蓉，自道胸臆，说他的大志是“欲

---

①②③ 《曾国藩全集·日记之一》第 16 册，岳麓书社，2012 年第 2 版，第 40、41 页。

行仁义于天下”，小志是“欲寡过于身”[1]。那年，他三十五岁，大志尚属渺茫，小志已在实行。随之而来的乱世给曾国藩提供了政治舞台和军事擂台，他的成功既是偶然，也是必然。起先他从“正心诚意”入手，然后靠“格物致知”热身，实现“修身齐家”的目标之后，最终“治国平天下”，宏愿水到渠成。总共八个环节，究竟哪个环节最要紧、最吃重？应该是“修身”，它承先启后，继往开来。一个人能否在自我完善的道路上走得更远，“修身”乃是关键步骤。

修身之难，难在存诚。湖南先贤周敦颐讽刺世间徒具口耳之学的俗儒为“虚车”，曾国藩致书老友刘蓉，便引以为戒，欲任重赴远，必须早具“坚车”和“血诚”。道光二十三年，曾国藩在京城收到湘籍前辈贺长龄的来鸿，其中附有楹帖“道在存诚”，感触所致，遂于复信中批判再见实，议论风生，言辞犀利：“今之学者，言考据则持为骋辩之柄，讲经济则据为猎名之津，言之者不怍，信之者贵耳，转相欺谩，不以为耻。至于仕途积习，益尚虚文，奸弊所在，蹈之而不怪，知之而不言，彼此涂饰，聊以自保，泄泄成风，阿同骇异。故每私发狂议，谓今日而言治术，则莫若综核名实；今日而言学术，则莫若取笃实践履之士。物穷则变，救浮华者莫如质。积玩之后，振之以猛，意在斯乎？”在曾国藩看来，诚与实最易合体，实与质更易得当。当时的许多学者患虚浮之病，不诚是其典型症状，能够治疗虚浮的显效药，唯有质实。这就是曾国藩以诚为本、不诚无物的逻辑主线。在这封信中，其深刻反省令人惊讶，足见坦诚：他认为自己早年“涉览书册、讲求众艺”皆为“欺人之事”，“高谈今古，嚶嚶自许”皆为“欺人之言”，因此“中夜以思，汗下如霤”[2]。曾国藩自承“愚柔”，但天底下论进德之猛，论自律之严，很少有人能赶得上他。尽管早年他也犯过不诚不实的世间通病，但他凭仗逐年强化的修身功夫得以霍然自愈。既然曾国藩将一个“诚”字奉为进德的帅纛，他对那些“诚朴如古木、古鼎”的人物尊敬有加就容易理解了，比如他对学者李光彦评价很高，在致刘传莹的信中甚至谦承“弟自揣腹空，万不及彼”。

---

① 《曾国藩全集·书信之一》第 22 册，岳麓书社，2012 年第 2 版，第 18 页。

② 《曾国藩全集·书信之一》第 22 册，岳麓书社，2012 年第 2 版，第 5、6 页。

儒家经典《中庸》有言在先："诚者，自成也；而道，自道也。诚者，物之终始，不诚无物。"孟子也说："是故诚者，天之道也；思诚者，人之道也。至诚而不动，未之有也；不诚，未有能动者也。"有鉴于"天道忌巧"，无论是做人，还是打仗，曾国藩极力讲求"拙诚"，尝言："以'诚'为之本，以'勤'字、'慎'字为之用，庶几免于大戾，免于大败。"曾国藩皈依孔孟，服膺程朱，鄙薄俗儒，自许为"血诚儒者"，平日讲求以诚示人，以德服人。但同时代的不少敌友始终怀疑他作秀演戏。左宗棠就一直不买账，严厉批评这位假想敌"貌似君子，实为小人"，这条酷评就像飞沙扬尘，会让某些人睁不开自己的眼睛。

咸丰四年正月二十三日，湘潭水勇哗乱，重伤两人，轻伤十余人。同年二月初七日，曾国藩写信给好友刘蓉，不获他人理解的苦闷之情满溢于字里行间："近日友朋致书规我，多疑我近于妒功嫉能，忮薄险很者之所为，遂使我愤恨无已。虹贯荆卿之心，而见者以为淫氛而薄之；碧化苌弘之血，而览者以为顽石而弃之。古今同慨，我岂伊殊？屈累之所以一沉，而万世不复返顾者，良有以也。仆之不能推诚与人，盖有岁年，今欲矫揉而姁姁向人，是再伪也。"[①] 曾国藩深感诚意不获理解的痛苦，反躬自省，认为是自己推诚爱物的力度有所不足。《淮南子·主术训》有言："块然保真，抱德推诚，天下从之，如响之应声，景之象形。"要达到如此成效，曾国藩自知不宜操之过急，他还有很长一段路要走，这条长路上布满了荆棘。

修诚可以感物，所以说"精诚所至，金石为开"。感物可以成事，所以说"百伪无如仗一诚"。《庚子西狩丛谈》中有一段李鸿章的话，最见"诚之为用可谓大矣"，也可证实曾国藩对李鸿章的正面影响有多深：

……别人都晓得我前半部的功名事业是老师提挈的，似乎讲到洋务，老师还不如我内行。不知我办一辈子外交，没有闹出乱子，都是老师一言指示之力。从前我老师从北洋调到南洋，我来接替北洋，当然要先去拜谒请

---

① 《曾国藩全集·书信之一》第22册，岳麓书社，2012年第2版，第466页。

教的。老师见面之后，不待开口，就先向我问话道：“少荃，你现在到了此地，是外交第一冲要的关键。我今国势消弱，外人方协以谋我，我小有错误，即贻害大局。你与洋人交涉，打算作何主意呢？”我道：“门生只是为此，特来求教。”老师道：“你既来此，当然必有主意，且先说与我听。”我道：“门生也没有打什么主意。我想与洋人交涉，不管什么，我只同他打痞子腔（痞子腔盖皖中土语，即油腔滑调之意）。”老师乃以五指捋须，良久不语，徐徐启口曰：“呵，痞子腔，痞子腔，我不懂得如何打法，你试打与我听听？”我想不对，这话老师一定不以为然，急忙改口曰：“门生信口胡说，错了，还求老师指教。”他又捋须不已，久久始以目视我曰：“依我看来，还是用一诚字，诚能动物，我想洋人亦同此人情。圣人言忠信可行于蛮貊，这断不会有错的。我现在既没有实在力量，尽你如何虚强造作，他是看得明明白白，都是不中用的。不如老老实实，推诚相见，与他平情说理，虽不能占到便宜，也或不至过于吃亏。无论如何，我的信用身分，总是站得住的。脚踏实地，蹉跌也不至过远，想来比痞子腔总靠得住一点。”我碰了这钉子，受了这一番教训，脸上着实下不去。然回心想想，我老师的话实在有理，是颠扑不破的。我心中顿然有了把握，急忙应声曰：“是，是，门生准遵奉老师训示办理。”后来办理交涉，不论英俄德法，我只捧着这个锦囊，用一个“诚”字同他相对，果然没有差错，且有很收大效的时候。古人谓一言可以终身行，真有此理。要不是我老师的学问经济，如何能如此一语破的呢？①

这番话是李鸿章对曾国藩的孙女婿吴永说的，再由吴永口述出来，接近于原汁原味，很有小视频的现场感和既视感。李鸿章感叹道：“你可惜未曾见着，予生也晚呵！”可惜吴永没有见过太丈人的真面，李鸿章告诉吴永一句实话：“我老师文正公，那真是大人先生。现在这些大人先生，简直都是秕糠，我一扫而空之！”曾国藩用一个“诚”字说服了善打痞子腔的李鸿章，此中之修为自然是深造有得。

---

① 吴永口述、刘治襄笔记：《庚子西狩丛谈》，中华书局，2009年版，第122、123页。

将自身视为头号劲敌

修身于顺性之外，是否还要加以勉强？曾国藩给出的答案是“非勉强不可”。磨炼身心必须吃苦，持之以恒，方可见效。在日记中，他时常揭示自己的短处，数落自己的毛病，痛骂自己“卑鄙下流”，将自新的举措推向极致，不留回旋余地。“不为圣贤，便为禽兽”，如此截断中间，只剩两头，古今数千年罕见。

修身之难，难在将自身视为头号劲敌，常人即使狠得了心，也未必下得去手，倘若稍有懈怠，就会前功尽弃。曾国藩修身，用心极苦，用力极勤。前辈学者唐鉴（字镜海）每夜必记“日省录”数条，“虽造次颠沛，亦不闲一天”。曾国藩见贤思齐，“甚欲学之”。后来，他向镜海先生请教“检身之要、读书之法”，得到的答复是：“检摄于外，只有‘整齐严肃’四字；持守于内，只有‘主一无适’四字。……第一要戒欺，万不可掩着云云。”[①] 至于读书，宜熟读《朱子全书》，以之为课程，身体力行。曾国藩恭谨受教，“听之，昭然若发蒙也”[②]。

进士同年倭仁以日记为修身功课册，对曾国藩的启发很大。倭仁是“闷骚型”的理学家，他认为“研几”功夫最要紧。所谓“研几”即穷究精微之理，这个“几”又有端倪之意，因此“动念即知几”。倭仁教曾国藩狠斗私字一闪念。当时，在小圈子里，倭仁的一些语录已经流传，比如“无屋漏工夫，做不出宇宙事业”“第一要破除利心，圣贤豪杰皆从穷困中磨炼出来，越穷越是好消息。人一忧贫，万事瓦裂，终身之成就可知矣”。曾国藩向倭仁学习，也将日记当作修身功课册，就给后人留下了自我约束、自我督责的全息记录。在笔记《功效》中，曾国藩自道心得体会：“是故君子之用功也，如鸡伏卵不舍，而生气渐充；如燕营巢不息，而结构渐牢；如木之滋培，不见其长，有时而大；如泉之有本，不舍昼夜，盈科而进。放乎四海，但知所谓功，不知所谓效，而效亦徐徐以至也。”[③] 是真龙必有云，是真虎必有风，有一分功必有一分效。曾国藩积毕

---

①② 《曾国藩全集·日记之一》第16册，岳麓书社，2012年第2版，第92页。

③ 《曾国藩全集·诗文》第14册，岳麓书社，2012年第2版，第430页。

生之苦功而获奇效，这番话字字在理。

凡人皆有嗜好。曾国藩赋诗《漫与》，有“径求名酒一千斛，轰醉王城百不知”的夸诩，实则他并不好酒，从未贪杯，日记中找不到一处他饮酒至醉的记录。曾国藩早年嗜好吸水烟，倒是事实。

道光二十一年九月初一日，曾国藩在日记中写道：“是日早起，吃烟，口苦舌干，甚觉烟之有损无益，而刻不能离，恶湿居下，深以为恨。誓从今永禁吃烟，将水烟袋捶碎。因念世之吸食烟瘾者，岂不自知其然？不能立地放下屠刀，则终不能自拔耳。”曾国藩三十岁时静坐即昏睡，肺病害他吐过几次血，一度病危，险些丧命。他的肺病或许因吸烟而引发，又或许因吸烟而加剧，二者必有关联。瘾君子要戒绝烟瘾，其难度或许高于屠夫放下屠刀，就算悬赏了立地成佛，也缺乏感召力。一年多后，道光二十二年十月初七日，曾国藩的日记中仍有“吃烟”的字样：“本日说话太多，吃烟太多，故致困乏。”过了十四天，为了戒烟，他在日记中发下毒誓：“客去后，念每日昏锢，由于多吃烟，因立毁折烟袋，誓永不再吃烟。如再食言，明神殛之！”隔日，他在日记中写道：“乃以初戒吃烟，如失乳彷徨，存一番自恕底意思。此一恕，天下无可为之事矣。急宜猛省。”没烟抽有多难受？如同婴儿没奶吃。过了二十天，烟瘾依旧死死地纠缠他、折磨他。“自戒烟以来，心神彷徨，几若无主，遏欲之难，类如此矣！不挟破釜沉舟之势，讵有济哉？”曾国藩向自身的不良嗜好开仗，决心血战到底，毕其功于一役。

同治元年四月下旬，曾国藩写信教诲两个儿子：“人之气质，由于天生，本难改变，惟读书则可变化气质。古之精相法者，并言读书可变化骨相。欲求变化之法，总须先立坚卓之志。即以余生平言之，三十岁前最好吃烟，片刻不离，至道光壬寅十一月二十一日立志戒烟，至今不再吃。四十六岁之前做事无恒，近五年深以为戒，现在大小事均尚有恒。即此二端，可见无事不可变也。……古称金丹换骨，余谓立志即丹也。”真正的强者，并非不生病、不犯错的人，而是能自治其病、自纠其错的人，要提升这种机能，金丹（立志）是必须炼成的。

戒烟瘾奏效后，曾国藩还想戒掉自己的另一项嗜好——弈棋，他认为下棋和观棋费时误事，反复责问自己：“此事不戒，何以为人？”但下棋与吸烟，二者性质迥然不同，下棋能够提升弈者的思考能力，帮助弈者涵养静气，有节有度就有益，因此这项嗜好曾国藩没能戒掉，日后，在军旅间，在衙署里，与人对枰手谈，自谓“养心棋”。

道光二十四年五月初五日，曾国藩与徐石泉弈完数局，头昏眼花，当天就在日记中立下毒誓：“如再下棋，永绝书香也！”然而烟易戒，棋难戒。

咸丰六年正月，曾国藩致书罗泽南，谈论江西军事，深望后者来援。信中以弈棋为譬：“凡善弈者，每于棋危劫急之时，一面自救，一面破敌，往往因病成妍，转败为功。善用兵者亦然。今江西之势，亦可谓棋危劫急矣。”[①] 此前，罗泽南已到南康、湖口看过，心知敌防严密，不足以图功，转背就离去了，另剿湖北。当时，知兵者都认为罗泽南用兵能识时务，能取远势。曾国藩虽私怨罗泽南不施援手，“亦未尝不服其行军有伸有缩，有开有合也”。同年七月，曾国藩致书林源恩，又以棋理谈兵：“望阁下坚持定力，不动不摇。疾风暴雨，终朝即止；危棋急劫，须臾乃定。”记性好的人，可能会记起道光二十四年五月初五日，曾国藩与徐石泉弈完数局，头昏眼花，便在日记中立下毒誓：“如再下棋，永绝书香也！”就算如此，曾国藩要戒掉围棋，仍是一件难以完成的任务。

周小松被围棋界视为清代十八国手之一，应曾国藩之邀去湘军大营展示过技艺，他授曾国藩九子，“裂其棋为九片，皆仅乃得活。曾大怒，小松行时，遂一金不之赆”。曾国藩素以学力涵养雅量，躬自厚而薄责于人，勃然“大怒”不太像他的一贯作风，业余棋手的棋艺比国手差得远，很正常，输棋之后何至于失态失礼到如此程度，小松辞行也不馈送川资？易宗夔《新世说》言之凿凿，反而令人生疑。

咸丰十年冬，湘军在江西遭遇劲敌，军书旁午，危疑不定。曾国藩依然弈棋。他在日记中给出了理由：“近日，围棋不止，一缘心绪焦灼，二由勤劳之心不甚坚定，故遇有事变，仍不能不怠荒散漫也。”大敌当前，仍敢从容下棋的高人，首推东晋名相谢安。谢玄、谢石统领的晋军已取得淝水之战的完胜，捷

---

① 《曾国藩全集·书信之一》第22册，岳麓书社，2012年第2版，第510页。

报送到府中，正巧谢安与客人弈棋。他看完捷报，将它放在座位旁，神色泰然自若，继续下棋。客人好奇心发作，询问战况，谢安只轻描淡写地回答：“孩儿们已经打败敌军。”待到棋局终了，客人辞去，谢安这才喜笑颜开，翩跹踊跃入室，居然碰断了屐齿。前方打了胜仗，谢公故作镇静，装成若无其事的样子，并非超高难度，他被赞美了一千多年，盈余就未免太大了些。

同治元年夏，曾国藩回复欧阳兆熊，说：我现在每天与人弈棋一局，此乃天下之至乐。要是你长期不到大本营来与我手谈，我专心致志，不受杂务搅扰，日进不息，恐怕不只是在无佛处称尊。欧阳兆熊棋艺高于曾国藩，所以曾国藩以此言激之撩之，想把他吸引到幕下。出语可谓诙谐。

发毒誓时灵时不灵。曾国藩发毒誓，戒烟成功了，戒棋终未成功，他不仅喜欢下围棋，还与舒墨林下过象棋，“竟日至八局之多”，缺乏节制。及至同治四年二月十八日，曾国藩深感精力日益衰减，目光昏涩，不能久耐烦剧，决定“嗣后当戒围棋，即看书亦宜少减，每日静坐时许，以资调摄”。过了八个月，他又在日记中拉响警报：“日内荒淫于棋，有似恶醉而强酒者，殊为愧悔！”

戒瘾须除魔，什么魔？当然是心魔。曾国藩戒烟能成，戒棋则未能成，就因为烟能致病而棋能益智，此念根深蒂固，成与不成随即定局。

惩忿窒欲犹如伏虎擒龙

理学家以惩忿窒欲为伏虎擒龙的本事，曾国藩对此多有讲求。咸丰二年正月初三日，他作《记过箴》，值得一录：“治心之道，先去其毒，阳恶曰忿，阴恶曰欲。治身之道，必防其患。刚恶曰暴，柔恶曰慢。治口之道，二者交惕，曰慎言语，曰节饮食。凡此数端，其药维何？礼以居敬，乐以导和。阳刚之恶，和以宜之；阴柔之恶，敬以持之。饮食之过，敬以检之；言语之过，和以敛之。敬极肃肃，和维雍雍；绵绵穆穆，斯为德容。容在于外，实根于内。动静之养，睟面盎背。”[①] 如何惩忿窒欲？如何治心、治身、治口？曾国藩开出两服良药：一是敬，二是和。以它们调养医治，可收疗效。

---

① 《曾国藩全集·日记之一》第 16 册，岳麓书社，2012 年第 2 版，第 276 页。

在惩忿方面，曾国藩下过不少工夫，但没办法，“狼尾巴”总还会时不时地露出来。道光年间，欧阳兆熊和冯卓怀寄寓京师，一个住在果子巷，一个住在阎王庙街，他们与曾国藩过从甚密。据欧阳兆熊笔下描述，冯卓怀（字树堂）“为人古执，不通世情，好面折人过”，曾国藩阅读宋代理学典籍，正是得益于冯卓怀的启发。彼此是湖南老乡。在京城，冯卓怀以修身严谨著称，曾国藩视之为畏友。然而冯卓怀官运不佳，发展远未达到预期。咸丰十年，冯卓怀卸去四川万县知县一职，前往安徽祁门投靠湘军大帅曾国藩，曾大帅让他督办碉楼。昔日的平辈好友眼下成了官场的上下级，相处的方式难免有些别扭。他们失和的原因有两种可能：其一，冯卓怀办公事出了差错，曾国藩当众斥责他，而且声色俱厉，冯卓怀既羞惭又愤懑，拂衣而归。其二，咸丰十一年正月十二日，曾国藩的日记中有迹可循：“夜，树堂与余闲谈，意气颇盛，语次大相龃龉，为之不欢者久之。”曾国藩算是有雅量的，宰相肚里可撑船，但船大了不听使唤，也会支应不开。冯卓怀前脚走，欧阳兆熊后脚到，此事仍在朋友圈发酵。欧阳兆熊为了防患于未然，就主动跟曾国藩讲明，他乐意在大营帮忙，但只是寄住，不受差遣和委任。此后有多个美差（比如办理屯溪厘金）摆放在欧阳兆熊面前，他都没有改变初衷。如此这般，无事权之瓜葛，总算保全了两人相识于微时的那份交情。不过，话说回来，从同治年间曾纪泽写给父亲曾国藩的家书来看，晓丈（欧阳兆熊字晓岑）的办事能力令人着急，而且他的自尊心强，炮仗脾气一点就着。曾国藩真要是给他安排一份正式工作，友谊的小船难保不会翻覆在地沟里。

窒欲的难度远高于惩忿。西汉使臣苏武被匈奴扣留十九年，迁至北海边牧羊，饥则啃皮毡，渴则嚼冰雪，他把生死都看淡了，却不免与胡妇生子。宋人罗大经在《鹤林玉露》中记载了一个生动的故事。南宋名臣胡铨反对朝廷与金国议和，乞斩宰相秦桧等文臣，直声震朝野。结果他被吏部除名，编管昭州（今广西平乐县），流放海外长达十年，直到秦桧死后，始获准内移。一日，胡铨在湘潭胡氏园饮酒，侍妓黎倩在座，于是他乘兴写下这样的诗句：“君恩许归此一醉，傍有梨颊生微涡。”后来，理学家朱熹读到胡铨的诗，竟感慨系之，题七绝一首自警：“十年浮海一身轻，归对黎涡却有情。世上无如人欲险，几人到此误平生。”[①] 朱熹喜欢用“高音喇叭”全天候倡导“存天理，灭人欲”，居然将胡铨那点合乎人性的快慰视为洪水猛兽，这真的很无聊。

儒家温和派并不赞成过度窒欲，因为这样做会妨碍夫妇之礼，“百行孝为先”，“不孝有三，无后为大”，一旦窒欲到无子无嗣的地步，列祖列宗势必怪罪下来。当初，胡林翼纳妾，就是为了生个儿子传香火，四十多岁了，连陶夫人都急着为夫君物色对象，胡林翼所纳之妾见诸记载者姓魏、姓王，可能不止两个。他在家书中叮嘱道：“不拘何处之人，亦不要姿色，总要内有秀骨，神气足，却要真货，年纪十四五。质地清，声音圆耳。此非一二时可能看定。若姿色，则必不可太美，美则无真性情，且外秀者内愚，外朴者内慧，此事姑存于心可耳。”[②] 胡林翼对美女心存偏见啊！他并不贪恋美色，更注重对方的年龄和精气神，这倒是稀奇。

曾国藩纳妾，情形则大不相同，由于时机不甚妥当，招致了外界非议。咸丰十一年七月十六日，清文宗奕詝客死于热河。八月初一日，湘军吉字营攻陷安庆，曾大帅被胜利冲昏头脑，直如三月不知肉味的饿汉，居然置国丧于不顾，军中纳娶陈氏妾。曾国藩纳妾似乎只为找个挠痒人，他的牛皮癣奇痒难忍。这年十月二十四日，“前季弟买一詹姓女子，初十日在船一见，未有成议。旋韩正国在外访一陈姓女子，湖北人，订纳为余妾，约本日接入公馆。申刻接人。貌尚庄重”，这是日记中的记录。以今人的眼光看问题，皇帝驾崩，与曾国藩娶小老婆，二者风马牛不相及。但在当时，皇帝、皇后驾崩谓之国丧，三月之内仕宦家庭不许嫁女娶妇（包括纳妾），不准听戏。清代才子赵执信惨遭革职，废为庶民，就因为他在皇后丧葬期间到好友洪昇家观看了新编昆剧《长生殿》，被御史纠劾。当时，京城有人作诗咏叹此事：“秋谷才华迥绝俦，少年科第尽风流。可怜一曲《长生殿》，断送功名到白头。”身为一品大员，曾国藩并非不懂规矩，却斗胆做出了这种悖礼触忌的事情，令人惊诧；若不是朝廷倚赖他剿灭

---

① 《宋元笔记小说大观》第 5 册，上海古籍出版社，2001 年版，第 5310 页。《鹤林玉露》乙编卷六。

② 《湖湘文库·胡林翼集》第 2 册，岳麓书社，1999 年版，第 1015 页。

太平军，此事不可能化小化无。曾国藩长期以克欲存诚自勖自许，屡屡对朋友晚辈谆谆告诫，家中侄子甲四、甲六欲纳妾，尚且遭他怒斥，可是自己公然做了一件违背原则的事情。

曾大帅纳妾，并没有多少幸福可言。陈氏患有肺病，每次出现在曾公的日记中都有吐血的病状。比如同治元年三月三十日，“陈氏妾吐血二三十口，病颇重”。又比如五月初四日，“陈氏妾本日吐血甚多，自午至夜，所吐以数碗计，夜间呻吟不止，病势殊甚”。又比如六月二十三日，“陈氏妾久病不愈，两日内全不吃饭。……病已沉笃，据云非药力所能痊。……竟夕不能成寐，室中呻吟声不止”。同治二年五月初一日凌晨，陈氏妾病逝，年仅二十四岁。在当天的日记中，曾国藩的笔触异常冷静：“妾自辛酉十月入门，至是十九阅月矣，谨守规矩，不苟言笑。内室有前院后院，后院曾到过数次，前院则终未一至，足迹至厅堂帘前为止。自壬戌正月初三吐血后，常咳嗽不止，余知其不久于世矣。”陈氏妾死后仅三天，曾国藩写信告诉四弟国潢，说是陈氏妾的母亲“贪而且很”，女儿生病后，陈母常住在督署内，“若渐染母教太久，亦必变成很性，殆非吾家之福。今女既物故，母之技亦无所施矣”[①]。文中的“很”字通“狠”。曾国藩娶陈氏妾完全是自寻烦恼，这件事弄得自己气沮，惹得亲友不欢，确实有点得不偿失。明代思想家王阳明是一位实话实说的学者，他带兵剿除了赣南桶冈的乱军，感慨系之：“破山中贼易，破心中贼难！”曾国藩能够率领湘军破江南百万强敌，心中的欲念却猛然抬头，倏然失控，致使“吾心之贼破吾心之墙子”，着实出了一回洋相。然而反过来说，这恰恰证明曾国藩是个凡人，与神和圣并不搭界。

同治八年三月初，曾国藩膺任直隶总督不久，写信告诉儿子纪泽：“日困簿书之中，萧然寡欢，思在此买一妾服侍起居，而闻京城及天津女子性情多半乖戾，尔可备银三百两交黄军门家，请渠为我买一妾。或在金陵，或在扬州、苏州购买皆可。事若速成，则眷口北上即可带来。若缓缓买成，则请昌岐派一武弁用可靠之老妈附轮舟送至天津。言明系六十老人买妾，余死即行遣嫁。观东坡朝云诗序，言家有数妾，四五年相继辞去，则未死而遣妾，亦古来老人之常

① 《曾国藩全集·家书之二》第21册，岳麓书社，2012年第2版，第158页。

事。尔对昌岐言，但取性情和柔、心窍不甚蠢者，他无所择也。”[①]三月十五日，曾纪泽从扬州回复：“昌岐处已交三百金，渠至上游阅视水师汛地，须秋初乃回江南，所办之事一时难成也。”买妾之事，拖至同治十年七月二十六日才见到正文，相距初议已过两年多，曾国藩写信告诉两位老弟：“善长带一婢女来，云将为吾置箧，系昌明所办，而吾弟亦赞成之者。吾以精力太衰，理不久于人世，不欲误人子女，故不收纳，不久即当倩媒另行择配。”[②]置箧即买妾，那年月人口是可以公开买卖的，三百两白银即可在江南购得一位年轻女子，价格并不贵。同治十年八月十一日，曾国藩回复弟子黎庶昌，谈及此事：“鄙人置箧之说，昔年曾有此议。黄昌岐于上游买婢，令敝族舟便带来，外间遂有此谣。自顾年力衰迈，久已不设此想。阁下所闻，无乃告者之过。”[③]对于兄长纳妾一事，曾国荃倒是支持的，他认为，兄长的文章神完气足，是高寿之征，“倘得少阴以扶老阳之气，益觉恬适有余味矣”，“此固无关于一生之大者，随其心之所安而已”，还说自家老妻去年想将她的婢女收为我的侧室，当时我没同意，“今年秋冬，竟不能不挽回其初意，以就弟妇之意”[④]。曾氏兄弟的想法正好相反：老兄先进后退，鸣金收兵；老弟先退后进，吹起冲锋号。

在《华峰庚戌文钞》中有一篇《纪曾文正彭刚直轶事》，湖北人吴光耀丝毫没有放过湖南人曾国藩的意思，偏要说曾国藩晚年所纳之妾不是被他心甘情愿遣走的，而是被彭玉麟用剑赶走的。这就奇了怪了。此文开头部分的大意是：曾国藩在江南做总督，晚年纳某千总的女儿为妾，将千总破格提拔为守备。彭玉麟当众扬言要斩除曾督帅的小妾，灭了这妖精，于是他挺剑直入总督衙门，先去搜索上房。曾国藩大惊，问道：“雪琴，你这是想干吗？我就把她遣回娘家！”曾国藩立刻派人把小妾打发出门。事毕，曾国藩退回内室，大生闷气，抱怨道：“他倒好，自己在外面包养情妇方美人，却独独不许我纳个小妾！”

---

① 《曾国藩全集·家书之二》第21册，岳麓书社，2012年第2版，第510页。

② 《曾国藩全集·家书之二》第21册，岳麓书社，2012年第2版，第562、563页。

③ 《曾国藩全集·书信之十》第31册，岳麓书社，2012年第2版，第591页。

④ 《曾国荃全集·家书》第5册，岳麓书社，2012年第2版，第369页。

有人看不惯彭玉麟所为，责备道："谢公（谢安）风流，文山（文天祥）也征逐过声色，古代的贤宰相谁不好这一口，谁没有人之大欲？你这么莽撞，是不是太唐突长者了？"彭玉麟的回答出人意料："老师有入圣庙的资格，我这样做就是特意成就他入圣庙！"[①] 圣庙即太庙，大臣死后牌位能入太庙是最高哀荣。莫非入太庙者就不能纳妾？曾国藩此前早已纳过陈氏妾，也没见谁反对一声，更别说挺剑将她赶出帅府大门。在文人吴光耀笔下，曾国藩遇事显得尤为胆怯，与其倔强的性格、威严的神气不符，此文的逻辑不算周洽，吴光耀自诩为段子高手，这个段子却破皮露馅了。曾国藩纳某千总之女为妾的艳事完全是子虚乌有。

惩忿窒欲，竟如同伏虎擒龙，很容易失手。曾国藩撰格言联，自道极致体验，令人吃惊：上联是"窒欲常念男儿泪"，下联是"惩忿当思属纩时"。何谓"属纩"？古人无心电图和脑电图可参看，当亲友临终之际，遂将纩（新丝絮）置放在其嘴巴上、鼻孔前，察看气息之有无，以明确其生死。此联的意思是：常念几回纵淫男悲苦之泪多，窒欲则较易；细思一下临终者进出之气少，惩忿亦不难。这方面，曾国藩的教诲已到位，他的实践则打了点折扣，而且授人以口实，弄得有些难堪。曾国藩被圣贤情结所左右，无法潇洒，反观左宗棠，既不惩忿，也不窒欲，只做豪杰，不做圣贤，反而健旺。据李肖聃《星庐笔记》所载，左宗棠于谢世前数月犹纳小妾一名入侍床帏，此妾高寿，活到了一九四六年[②]。

过而能改，善莫大焉

同治二年春节后不久，曾国藩夤夜不息，抚膺自问：剧敌方张，大难未平，应如何"鼓荡斯世之善机""挽回天地之生机"？他的答案是"惟有就吾之所见多教数人，因取人之所长还攻吾短"。一方面，他要用自己的见解多教导几个人，促进他们；另一方面，他要吸取别人的长处还攻自己的短处，提升自己。二者均为良法，贵在实行。

---

① 汪康年：《汪穰卿笔记》，中华书局，2007 年版，第 294 页。

② 转引自秦翰才辑录的《左宗棠逸事汇编》，岳麓书社，1986 年版，第 359 页。

同治三年十月初四日夜，曾国藩撰对联一副，打算贴在府县官厅，上联是“虽贤哲难免过差，愿诸君谠论忠言，常攻吾短”，下联是“凡堂属略同师弟，使僚友行修名立，乃尽我心”。总督大人发话了，府县官员如何响应号召？下属攻上司之短，素为官场之大忌，曾国藩以至诚求取谏言，良愿能结善果吗？

在曾国藩看来，修身的优选方案乃是改过。《左传》有言：“人谁无过，过而能改，善莫大焉。”道光二十四年，曾国藩撰文《召诲》，开篇就强调改过的奇效：“改过什于人者，贤亦什于人；改过伯于人者，贤亦伯于人。”[①] 改过超出他人十倍，贤良也会超出他人十倍；改过超出他人百倍，贤良也会超出他人百倍。有时，改过就是给自己一次新生的机会。刚愎自用的人不肯认错，不肯改过，自然就会栽跟头，这种人，在曾国藩看来，根本算不上贤者，只能归于不肖者的行列。

于己早作夜思，与人交箴互诱，此乃双面功夫。修身要出成绩，单靠自己审视默察、认真刻苦显然是不够的，还必须借助外力的推动，听从朋友的规劝才行。道光二十二年十月初三日，曾国藩在日记中写道：“岱云言余第一要戒‘慢’字，谓我无处不着怠慢之气，真切中膏肓也。又言予于朋友，每相恃过深，不知量而后入，随处不留分寸，卒至小者龃龉，大者凶隙，不可不慎。又言我处事不患不精明，患太刻薄，须步步留心。此三言者皆药石也。”[②] 陈源兖字岱云，是曾国藩的湖南老乡和进士同年，后来结为儿女亲家，他指出好友在待人处事方面的三个缺点：待人怠慢，恃才自负，处事刻薄。曾国藩接受其药石之言，深自反省。日后，他虚怀若谷，以恕道待人，晚年更是将书斋命名为“无慢室”。他记了一本《无慢室日记》，这是他在直隶总督任上头一年的工作日记。有一点令人印象最深：他参劾了辖境内许多贪官劣员，考核审慎，功罪分明。

咸丰八年八月中旬，曾国藩特意叮嘱湘军大将李续宜：“吾乡数人均有薄

---

① 《曾国藩全集·诗文》第 14 册，岳麓书社，2012 年第 2 版，第 136、137 页。

② 《曾国藩全集·日记之一》第 16 册，岳麓书社，2012 年第 2 版，第 113 页。

名，尚在中年，正可圣可狂之际，惟当兢兢业业，互相箴规，不特不宜自是，并不宜过于奖许，长友朋自是之心。彼此恒以过相砭，以善相养，千里同心，庶不终为小人之归。”[1] 少讲客气话，多讲真心话；少讲夸奖话，多讲规劝话。老百姓无名无位，做起来都很难；大人物有名有位，做起来更不容易。在较小的圈子里，曾国藩与胡林翼、左宗棠、李续宜、郭嵩焘确实做得不错，后来彭玉麟写信要曾国藩大义灭亲，曾国藩就受不了。可见此倡议有个无形的度，一旦越过了这个度，曾国藩也会顿感不适，大呼受不了。

咸丰十年七月初七日午后，曾国藩照常与幕宾程恒生（号尚斋）下棋，“局未终，接奉谕旨，补授两江总督兼放钦差大臣。权位太尊，名望太隆，实深悚惧”，从祸福相倚的角度来看，曾国藩心慌并非作假，何况此时在东南战区任两江总督并非美差肥缺，前任陆建瀛、何桂清结局都不妙。总结一下，可谓“东南水太多，官至两江死”。这么吓人，什么意思？陆建瀛、何桂清的名带三点水，洪秀全、杨秀清的姓名也带三点水，因此“东南水太多”。陆、何二人先后膺任两江总督，均未得终其位，前者革职后被太平军戕杀，后者革职后被朝廷处决，因此“官至两江死”。要命的是，曾国藩的名（国藩）、字（伯涵）、号（涤生）偏旁均带三点水，他接任两江总督，东南岂不是要掀起惊涛骇浪吗？他的命运能否好过陆、何二人？简直不敢往坏处想啊！七月十二日，曾国藩作家书，将自己的忧虑告诉胞弟国荃、国葆：“兄膺此巨任，深以为惧。若如陆、何二公之前辙，则诒我父母羞辱，即兄弟子侄亦将为人所侮。祸福倚伏之几，竟不知何者为可喜也。”[2] 此前，五月初六日，曾国藩致书周辑瑞，吐露了同样的心声：“国藩才智本绌，今精力惫甚，忽而膺此重任，大惧陨越，为天下笑，为乡里羞。请阁下侧听清议，如有显然过失、大拂舆情者，即祈立刻飞缄详示。如其力不能改，则徐图之，若此心则决不文过而惮改也。”[3] 在高位之上，曾国藩能有如此急切的求谏之意和改过之心，不文过饰非，实属难能可贵。

---

① 《曾国藩全集·书信之一》第 22 册，岳麓书社，2012 年第 2 版，第 647、648 页。

② 《曾国藩全集·家书之一》第 20 册，岳麓书社，2012 年第 2 版，第 501 页。

③ 《曾国藩全集·书信之二》第 23 册，岳麓书社，2012 年第 2 版，第 560 页。

同治元年十二月初十日，曾国藩回复李续宜，特别提醒道：“吾辈位高望重，他人不敢指摘，惟当奉方寸如严师，畏天理如刑罚，庶几刻刻敬惮。”[①] 曾国藩有敬畏之心，位愈高，望愈重，他就愈强调“敬惮”二字，在他的日记、书信中，鲜有趾高气扬、忘乎所以的文字。

曾国藩以载道之器自期，视修身为大事。在日记当中，曾国藩狠批自己身上的各种毛病，斥骂毫不留情，“可恨”“可耻”“可鄙”“可羞”“真禽兽”“真小人”“真下流”，尽是这类字样。道光二十二年十月初八日，同乡好友何绍基来访，曾国藩急着想谈诗，听到何绍基夸他，不禁心潮起伏，几乎不能自持。夜间写日记时，曾国藩反省，认为“凡喜誉恶毁之心，即鄙夫患得患失之心”，自己好名好誉十分可鄙！他自儆道：打不破好誉之关，一切学问才智适足以欺世盗名罢了[②]。

道光二十三年三月初十日，曾国藩参加翰林院考试，不慎弄出了一处差错，为此他夜不能寐。两天后，曾国藩在日记中如实记录：与几位朋友同座，“失得之念形于颜色，人之视己肺肝如见”，他感到十分羞耻。回家后，他久未得到题榜的准信，“中心焦急，四处打探，行坐不安”[③]，患得患失之态跃然纸上。他坦白承认自己犹如热锅上的蚂蚁，种种表现可用“丑极”二字形容。这次朝考，曾国藩得了个二等第一名的好成绩，以翰林院侍讲升用，可谓喜出望外。其实，在官场浮沉，患得患失是常态，曾国藩却将这种常态视为道德上的缺陷。他修身、好学，也会时刻比照师友的造诣。同乡好友刘蓉（号霞仙）小曾国藩五岁，两人在道光十九年聚首后一别四年，刘蓉潜心苦学，闭门深思，“识见博大而平实，其文气深稳，多养到之言”，刘蓉的进步令曾国藩产生了紧迫感，甚至感到惭愧，日记中说“再不努力，他日何面目见故人耶”[④]，即是明证。

---

① 《曾国藩全集·书信之五》第 26 册，岳麓书社，2012 年第 2 版，第 281 页。
② 《曾国藩全集·日记之一》第 16 册，岳麓书社，2012 年第 2 版，第 115 页。
③ 《曾国藩全集·日记之一》第 16 册，岳麓书社，2012 年第 2 版，第 161 页。
④ 《曾国藩全集·日记之一》第 16 册，岳麓书社，2012 年第 2 版，第 167 页。

曾国藩以载道自任，深知小器易盈，难堪大用，所以他与敏而好学的何绍基交谈后，深刻反省，痛加自责。他的日记中多有此类断喝：“为人好名，可耻！”哪怕只是前辈贺长龄来信夸赞了他几句，他也认为自己是“浪得虚誉，愧极，丑极”。好名不可取，“喻利”如何？也是“鄙极丑极”。如果说好名、喻利是大过大恶，睡懒觉应算小过小恶吧？但曾国藩并不这样认为。“晨醒，贪睡晏起，一无所为，可耻！”这还是骂得轻的。“醒早，沾恋，明知大恶，而姑蹈之，平旦之气安在？真禽兽矣！”他把赖床不起视为大过大恶。“又晏起，真下流矣！”骂得真够狠的。道光二十二年十二月十一日，曾国藩在日记中反省自己闹洞房出格：“友人纳姬，欲强之见，狎亵大不敬。”道光二十三年正月间，曾国藩出门拜年，接连出了两次状况：第一次是在正月二十二日，“是日，目屡邪视，直不是人，耻心丧尽，更问其他”。正月里闹新春，他屡次邪视，莫非偷看的是京城的青春少女？第二次是正月二十七日，“至海秋家赴喜筵，更初方归。同见海秋两姬人，谐谑为虐，绝无闲检，放荡至此，与禽兽何异”。曾国藩去同乡好友汤鹏（字海秋）家吃喜酒，见到汤鹏新纳的两位侍妾，开玩笑开过了头，深夜回家后他极感愧疚，诊断此病为“放荡”，将自己骂为“禽兽”。此后，同类的过错，他就没再重犯了。

修身之严，贵在持戒

曾国藩将正心、凝神看得十分要紧，所以对自己的坐姿特别注意，要像青铜鼎似的端庄稳重。为了取得最佳效果，还从好友吴廷栋那里学到焚香静坐的法子，可克治心浮气躁的毛病。曾国藩将“谨言”视为“功夫第一”，除此则无处下手。他将“气浮言多”视为重症，言多必夸，言多必失，自古以来，以口戕身的病例太多了，务必根治。“细思日日过恶，总是多言，其所以致多言者，都从毁誉心起。欲另换一个人，怕人说我假道学，此好名之根株也。”“余自三十时即不能多说话，说至数十句便气不接续，神尤困倦。”将多言与好名、生病扯上了瓜葛，可见他的重视程度。三十二岁那年，曾国藩给自己订立了课程表，共计十二项：“敬”为首，“静坐”为次，“早起”为三，“读书不二”为四，“读史”为五，“谨言”为六，“养气”为七，“保身”为八，“日知所亡”为九，

“月无忘所能”为十，“作字”为十一，“夜不出门”为十二。[①] 细看这份课程表，他的工夫下得既实又宽，正心、诚意、修身、养性、健体、求知全都包含其中。他认为，修身也好，求学也好，均宜用“鸡伏卵”的笨法子，持之以恒，急不得，快不得，巧不得，功到自然成。

如何主敬？南宋理学家张栻撰《敬简堂记》，点拨道：“害敬者，莫甚于人欲……遏止其欲，而顺保其理，则敬在其中。引而达之，扩而充之，则将有常而日新，日新而无穷矣。”克欲存诚乃是修身的起手功夫，切忌“饰私智以为奇”“简细故以自崇”[②]。曾国藩修身，将“主敬”置顶，可谓纲举而目张。

修身与养身乃是一事之两面，修养同臻佳境，则功德圆满，这个“身”乃是精神载体。道光二十三年，曾国藩入蜀主持乡试，途中作《养身要言》，如中医开方，列出五味“补药”，即儒家的五常（仁、义、礼、智、信），仁可以“养肝”，义可以“养肺”，礼可以“养心”，智可以“养肾”，信可以“养脾”[③]。在五常之中，曾国藩最重视的是礼，他说：古代的君子修身齐家治国平天下，都是秉礼而行。自内而言，舍弃礼就无所谓道德；自外而言，舍弃礼就无所谓政事。诚然，《诗经》有言：“人而无礼，胡不遄死！”修身者由礼入门，方为可行之道、可成之道，曾国藩自许为血诚儒者，将“克己复礼”视为座右铭。他在笔记《世泽》中探寻唐代的河东柳氏、宋代的蓝田吕氏门庭长期兴盛的原因，是“彬彬焉有君子之风”，守礼是个大关键，他得出的结论是“未有崇礼法而不兴，习傲慢而不败者”。曾氏家族能够将君子之泽绵延至今而不斩，守礼是头号诀窍。

修身之严，贵在持戒。年轻时，曾国藩立下“三戒”：戒吃烟，戒妄语，戒房闼不敬。持戒的目的是“二如”——“如日之升，如鼎之镇”。既有生机，又有定力。道光十九年，曾国藩进京，临别求祖父赠言，祖父要他戒傲，他谨记于心。道光二十二年十月十四日，他在日记中写道：“若日日誉人，人必不重

---

① 《曾国藩全集·诗文》第 14 册，岳麓书社，2012 年第 2 版，第 377、378 页。

② 《历代名人记长沙文选》，湖南文艺出版社，1998 年版，第 279 页。

③ 《曾国藩全集·诗文》第 14 册，岳麓书社，2012 年第 2 版，第 378 页。

我言矣！欺人自欺，灭忠信，丧廉耻，皆在于此，切戒切戒！”这就是要戒谄言，戒妄语。

咸丰九年十一月中旬，曾国藩回复胡林翼，信中有语：“吾辈所慎之又慎者，只在‘用人’二字上，此外竟无可着力处。”在战争年代，主帅用错一人，害死万人，是完全可能的。咸丰十年七月初七日，曾国藩接到实授两江总督的谕旨，五天后，曾国藩拜发谢恩折，八月初五日，奉到御批朱文：“知道了。卿数载军营，历练已深。惟不可师心自用，务期虚己用人，和衷共济，但不可无定见耳。”[①] 至此，曾国藩又想起了二十一年前祖父要他戒傲，傲者多刚愎自用，与当今圣上告诫他“不可师心自用”实为一事，身为团队领袖，择善而从，谋定不夺，都须从修身工夫上得来。

曾国藩修身，多用口诀，比如“勤”“俭”“谨”“信”“浑”“淡”“忍”之类。何谓“浑”？强调浑然厚实，精明不外露，他的解释是“劲气常抱于胸而百折不挫，是非了然于心而一毫不露”。何谓“淡”？他的解释是“不特富贵功名及身家之顺逆、子孙之旺否悉由天定，即学问德行之成立与否，亦大半关乎天事，一概淡而忘之，庶此心稍得自在”。他还说过“凡人我之际须看得平，功名之际须看得淡”，说来容易做来难，能做到七八分就算是顶上功夫了。数年后，欧阳兆熊为曾国藩撰写挽联，道是“将汗马勋名问牛相业，都看作秕糠尘垢”，也是在“淡”字上着力刻画。曾国藩的性格原本好胜，饱经忧患磨难之余，他深知一点，办大事不可躁竞，能忍受常人所不能忍受的痛楚和委屈方可苦尽回甘。

咸丰十一年夏，曾国藩受皮肤病日夜折磨，已到了生无可恋的程度。令人佩服的是，奇痒之余，他竟然在日记中自省道：“日来思诚中形外，根心生色。古来有道之士，其淡雅和润，无不达于面貌。余气象未稍进，岂嗜欲有未淡耶？机心有未消耶？当猛省于寸衷，而取验于颜面。”[②] 修身的功夫炉火纯青，就能与皮肤病绝缘吗？我想，中医应无这种说法。由此可见，曾国藩在修身方面严

① 《曾国藩全集·奏稿之二》第 2 册，岳麓书社，2012 年第 2 版，第 557 页。

② 《曾国藩全集·日记之二》第 17 册，岳麓书社，2012 年第 2 版，第 186 页。

于律己，已到了“走火入魔”的程度。

不忮不求品自高

同治九年六月初四日，曾国藩从保定赴天津办理教案前，给儿子曾纪泽、曾纪鸿写遗嘱，道出修身之重点和要点为“不忮不求”，这段教诲值得照录原文：

余生平略涉儒先之书，见圣人教人修身，千言万语，而要以不忮不求为重。忮者，嫉贤害能，妒功争宠，所谓怠者不能修，忌者畏人修之类也。求者，贪利贪名，怀土怀惠，所谓未得患得，既得患失之类也。忮不常见，每发露于名业相侔、势位相埒之人；求不常见，每发露于货财相接、仕进相妨之际。将欲造福，先去忮心，所谓人能充无欲害人之心，而仁不可胜用也。将欲立品，先去求心，所谓有人能充无穿窬之心，而义不可胜用也。忮不去，满怀皆是荆棘；求不去，满腔日即卑污。余于此二者常加克治，恨尚未能扫除净尽。尔等欲心地干净，宜于此二者痛下工夫，并愿子孙世世戒之。附作忮求诗二首录右。[1]

我们先来看《不忮》诗：

善莫大于恕，德莫凶于妒。
妒者妾妇行，琐琐奚比数。
己拙忌人能，己塞忌人遇。
己若无事功，忌人得成务。
己若无党援，忌人得多助。
势位苟相敌，畏逼又相恶。
己无好闻望，忌人文名著。
己无贤子孙，忌人后嗣裕。

---

① 《曾国藩全集·家书之二》第21册，岳麓书社，2012年第2版，第525页。

争名日夜奔，争利东西骛。
但期一身荣，不惜他人污。
闻灾或欣幸，闻祸或悦豫。
问渠何以然，不自知其故。
尔室神来格，高明鬼所顾。
天道常好还，嫉人还自误。
幽明丛诟忌，乖气相回互。
重者灾汝躬，轻亦减汝祚！
我今告后生：悚然大觉悟！
终身让人道，曾不失寸步；
终身祝人善，曾不损尺布。
消除嫉妒心，普天零甘露。
家家获吉祥，我亦无恐怖。①

忮字的意思是妒忌，其害有数宗；不忮即不妒忌，其益也有多项。若能做到不忮，则内心坦荡，外行光明，不祈福自有福。早在咸丰元年八月初一日，曾国藩就断言："盗虚名者有不测之祸，负隐慝者有不测之祸，怀忮心者有不测之祸。"同治十年四月初七日，曾国藩寻究自己右目失明的病因，"自省目病之源在肝，肝病之源则由于忮心名心不能克尽之故"。如何消除忮心？曾国藩给出的验方是"至淡以消忮心"，这也是他的人生三乐之一（另外二乐是"勤劳而后憩息"和"读书声出金石"）。何谓"至淡"？就是把名利权位看成可有可无之物，不患得，也不患失。曾国藩认定忮心是讫未拔去的病根，"必须于未死之前拔除净尽，乃稍安耳"。

我们再来看《不求》诗：

知足天地宽，贪得宇宙隘。

① 《曾国藩全集·诗文》第 14 册，岳麓书社，2012 年第 2 版，第 89、90 页。

岂无过人姿，多欲为患害。
在约每思丰，居困常求泰。
富求千乘车，贵求万钉带。
未得求速偿，既得求勿坏。
芬馨比椒兰，磐固方泰岱。
求荣不知餍，志亢神愈忲。
岁燠有时寒，日明有时晦。
时来多善缘，运去生灾怪。
诸福不可期，百殃纷来会。
片言动招尤，举足便有碍。
戚戚抱殷忧，精爽日凋瘵。
矫首望八荒，乾坤一何大！
安荣无遽欣，患难无遽憝。
君看十人中，八九有依赖。
人穷多过我，我穷犹可耐。
而况处夷途，奚事生嗟忾？
于世少所求，俯仰有余快。
俟命堪终古，曾不愿乎外。[1]

此处，“求”字的意思是贪求，贪求之不切实际者有数端；不贪求之得快慰者亦有多途。人各有命，富贵在天，少些贪求反而能活得舒坦。曾国藩将不忮不求视为修身的要点和重点，聪明人循此门径而入，失坠的危险则可锐减。

曾国藩的幺女曾纪芬每年必择良辰吉日，沐手焚香，恭书她父亲的《不忮》《不求》二诗数遍，以汲取必要的憬悟。由此可见曾氏后代谨守先人遗训，自有非常人所及的地方，有好教材，还得有好的学习态度。

同治十年五月初五日，曾国藩回复郭嵩焘，自愧修身未到十分火候：“仆近

---

① 《曾国藩全集·诗文》第 14 册，岳麓书社，2012 年第 2 版，第 90 页。

年来自省生平衍咎，不出‘忮’‘求’二字。今犹衰耄，旦夕入地，犹自恨拔除不尽，因环视当世之士大夫及高位耆长，果能铲尽‘忮’‘求’二字者，亦殊不可多得也。‘忮’‘求’二端，盖妾妇、穿窬，兼而有之。自反既不能免此，亦遂怃然愧惧，不敢复道人之短。若著一书以诋呵达官，则忮之尤者无所畏惮，其品概亦可想见，无足深较。”[①]

曾国藩就像一位练级练成了顶级大神的武林宗师，其化繁为简的功夫，别人想学都学不来。关于修身，曾国藩指点详明，新手上路，若肯遵循，不说一定能成为才俊，至少不会粥粥无能。咸丰九年十月下旬，曾国藩回复李榕，信中一段话值得琢磨：“凡与诸将语，理不宜深，令不宜繁，愈易愈简愈妙也。不特与诸将语为然，即吾辈治心、治身，理亦不可太多，知亦不可太杂，切身日日用得着的不过一两句，所谓守约也。”[②]这倒是个方便法门，勤练曾国藩所指点的“敬”“诚”“慎”这样的修身大法，哪怕只是做好了其中的一项，也将收获不菲。

学者方宗诚与曾国藩交往的时间较长，在其著作《柏堂师友言行记》中，忆及同治元年春他从武昌回安庆拜访两江总督曾国藩，是这般印象：“制军宽大和平，不自矜伐，望之如一老教师耳。”这个印象很直观，没有粉饰，老教师儒雅而不张狂，不端，不摆，更不装，曾国藩的修身功夫具备了八九分火候。

---

① 《曾国藩全集·书信之十》第 31 册，岳麓书社，2012 年第 2 版，第 507 页。

② 《曾国藩全集·书信之二》第 23 册，岳麓书社，2012 年第 2 版，第 287 页。

14章 “以期家声不坠”

道光二十九年三月二十一日，曾国藩在致诸弟的家书中阐明了几个鲜明的观点：其一，做官发财是可耻的，他不屑为之：“予自三十岁以来，即以做官发财为可耻，以宦囊积金遗子孙为可羞可恨，故私心立誓，总不靠做官发财以遗后人。神明鉴临，予不食言。”其二，今后将廉俸周济亲戚族党之穷者而非留给子孙：“将来若做外官，禄入较丰，自誓除廉俸之外，不取一钱。廉俸若日多，则周济亲戚族党者日广，断不畜积银钱为儿子衣食之需。盖儿子若贤，则不靠宦囊，亦能自觅衣饭；儿子若不肖，则多积一钱，渠将多造一孽，后来淫泆作恶，必且大玷家声。故立定此志，决不肯以做官发财，决不肯留银钱与后人。若禄入较丰，除堂上甘旨外，尽以周济亲戚族党之穷者。此我之素志也。”其三，兄弟之爱，手足之情，多教而少施。“至于兄弟之际，吾亦惟爱之以德，不欲爱之以姑息。教之以勤俭，劝之以习劳守朴，爱兄弟以德也；丰衣美食，俯仰如意，爱兄弟以姑息也。姑息之爱，使兄弟惰肢体，长骄气，将来丧德亏行，是即我率兄弟以不孝也，吾不敢也。”[①]日后，国潢夸赞兄长升官得差是肖子贤孙，曾国藩反驳道：如果按这个标准去认证，李林甫、卢怀慎、蔡京、秦桧、严嵩等人都曾位极人臣，祸国殃民，败坏家声，岂可称为肖子贤孙？

齐家以勤俭为支柱

宋人笔记《鹤林玉露》道是俭有四益：“可以养德”“可以养寿”“可以养

① 《曾国藩全集·家书之一》第20册，岳麓书社，2012年第2版，第163、164页。

神”“可以养气”。又道是勤有三益：“可以免饥寒”“可以远淫辟”“可以致寿考”[1]。合二者而观之，得行其一即长寿，得行其二必高寿。

“历览前贤国与家，成由勤俭败由奢”，李商隐的《咏史诗》亦足够警策。应该说，曾国藩在勤俭方面看得比谁都更深远、更透彻。他总结道：天下官宦之家，多半只够一代人享用就福泽枯竭了，“其子孙始而骄佚，继而流荡，终而沟壑，能够庆延一二代者鲜矣”；富商巨贾之家，勤俭者能够延续三四代；耕读之家，谨朴者能够延续五六代；孝友之家，则可以绵延十代八代。“我今赖祖宗之积累，少年早达，深恐其以一身享用殆尽，故教诸弟及儿辈，但愿其为耕读孝友之家，不愿其为仕宦之家。”事实上，在掌舵人曾国藩的引导下，曾家后人也确确实实、踏踏实实地沿着耕读孝友的路线进发，少有政客，多为学者、教育家，至今没有偏离航向。一百多年家声不坠，放在全中国范围内打量，这种大家族也屈指可数。

咸丰四年四月，曾国藩于备战繁忙之际，仍在家书中叮嘱子侄不可忘本：“吾家子侄半耕半读，以守先人之旧，慎无存半点官气。不许坐轿，不许唤人取水添茶等事。其拾柴收粪等事，须一一为之；插田莳禾等事，亦时时学之。庶渐渐务本而不习于淫泆矣。至要至要，千嘱万嘱！”[2]八月十一日，曾国藩再次写信提醒诸弟：“一代疏懒，二代淫泆，则必有昼睡夜坐、吸食鸦片之渐矣。四弟、九弟较勤，六弟、季弟较懒。以后勤者愈勤，懒者痛改，莫使子侄学得怠惰样子。至要至要。子侄除读书外，教之扫屋、抹桌凳、收粪、锄草，是极好之事，切不可以为有损架子而不为也。”[3]以勤敬克骄懒，以俭朴克淫泆，这曾国藩开出的验方，家中子弟就算只做到六七分，效果也是好的。

咸丰十年十一月中旬，曾国藩致书翰林晚辈宋梦兰，观点明确：“治军之道，以‘勤’字为先。身勤则强，佚则病；家勤则兴，懒则衰；国勤则治，怠则乱；

---

① 《宋元笔记小说大观》第5册，上海古籍出版社，2001年版，第5295、5325页。

② 《曾国藩全集·家书之一》第20册，岳麓书社，2012年第2版，第224页。

③ 《曾国藩全集·家书之一》第20册，岳麓书社，2012年第2版，第246页。

军勤则胜，惰则败。惰者，暮气也。”从个人到国家，勤都是正能量；与之相反，佚、懒、怠、惰都是负能量。曾国藩对暮气的警惕性远高于常人。三天后，他在另一封致宋梦兰的信中，对“勤”字的重要性三复斯言：“治军以‘勤’字为先，实阅历而知其不可易。未有平日不早起，而临敌忽能早起者；未有平日不习劳，而临敌忽能习劳者；未有平日不能忍饥耐寒，而临敌忽能忍饥耐寒者。”此乃曾国藩的阅历之言，非寻常空谈可比。他还在十二月十二日的日记中强调：“千古之圣贤豪杰，即奸雄欲有立于世者，不外一‘勤’字；千古有道自得之士，不外一‘谦’字。吾将守此二字以终身。”

同治六年五月初五日，曾国藩致书欧阳夫人，谆谆而言：“居官不过偶然之事，居家乃是长久之计，能从勤俭耕读上做出好规模，虽一旦罢官，尚不失为兴旺气象。若贪图衙门之热闹，不立家乡之基业，则罢官之后，便觉气象萧索。”[①] 如何齐家，如何让子孙能勤能俭，这始终是曾国藩思考的重要课题。

孔子答林放问礼之本，前半句是这么说的：“礼，与其奢也，宁俭。”春秋时期鲁国大夫御孙将“俭”看得更高，他说：“俭，德之共也；侈，恶之大也。”曾国藩自视为礼家，尊崇儒学，自不待言，但他也乐意接受墨家、道家的一些教训。墨家尚勤俭，道家尚虚静，曾国藩主张以勤俭养体，以虚静养心，修身齐家，舍此二者实亦无径可由。

“若子弟不贤不才，虽多积银积钱积谷积产积衣积书，总是枉然。子弟之贤否，六分本于天生，四分由于家教”，曾国藩正是基于这样清醒的认识，才苦口婆心、不厌其烦地训导子弟克勤克俭，不可懒惰奢靡。他极力提倡八德（“勤、俭、刚、明、忠、恕、谦、浑”）中，排在首位和次位的居然是“勤”“俭”，偌大一个“忠”字竟被它们挤到身后去。曾国藩的“笨招”实为高招，行之而有显效。

一个人居高位，享厚禄，依旧大力提倡勤俭，你信还是不信？北宋大臣、史学家司马光暮年教诲儿子司马康，唯用八字方针——“俭以养德，清以修身”。文学家欧阳修与司马光同时代，他毕生念念不忘的母训是“由俭入奢易，由奢

① 《曾国藩全集·家书之二》第21册，岳麓书社，2012年第2版，第495页。

入俭难”。明末理学家朱柏庐著《朱子治家格言》，把道理讲得深入人心，其中那句“一粥一饭，当思来处不易；半丝半缕，恒念物力维艰”堪称顶好的格言。读书人口诵心惟，就能多加警醒。

同治十年七月上旬，曾国藩撰《大界墓表》，记述祖父曾玉屏（星冈公）的嘉言实行：曾玉屏年少时游手好闲，往来于湘潭市井，与富家子弟扎堆，到处帮闲。昼夜如游神，喜欢睡到自然醒。长辈批评他性格轻浮浅薄，将来必定是个败家子！曾玉屏听了这句刺耳的话，羞愧自责，立刻把马匹卖掉，远离那群损友。此后，他严格自律，天色未曙就起床。曾玉屏从三十五岁开始专心讲求农事，开垦梯田，种谷种菜。进门喂猪，出门养鱼，亲力亲为。“凡菜茹手植手撷者，其味弥甘，凡物亲历艰苦而得者，食之弥安也。”[①] 在曾氏家族子弟的心目中，星冈公曾玉屏是毋庸置疑的第一偶像，曾氏家规即源于他的八字教诲——“早、扫、考、宝、书、蔬、鱼、猪”。咸丰十年闰三月，曾国藩在家书中解释过前四字：“早者，起早也；扫者，扫屋也；考者，祖先祭祀，敬奉显考、王考、曾祖考，言考而妣可该也；宝者，亲族邻里，时时周旋，贺喜吊丧，问疾济急，星冈公常曰人待人无价之宝也。”[②] 后四字好理解：读书、种蔬、养鱼、喂猪。曾国藩将“未明求衣”视为要紧事，“一生之计在于勤，一日之计在于晨”，均非早起不可。道光二十二年腊月，曾国藩在家书中批评道：“又闻四妹起最晏，往往其姑反服事他。此反常之事，最足折福，天下未有不孝之妇而得好处者，诸弟必须时时劝导之，晓之以大义。”咸丰八年，三河之变后，曾国藩警惕家中趋于轻奢的作风，在家书中着重叮嘱道：“书、蔬、鱼、猪，一家之生气；少睡多做，一人之生气。勤者生动之气，俭者收敛之气。有此二字，家运断无不兴之理。”

朝夕不倦，以愧克骄

曾国藩带兵期间，天色未曙，就翻身起床，明炮一响，布席开餐，麾下众

---

① 《曾国藩全集·诗文》第 14 册，岳麓书社，2012 年第 2 版，第 367 页。

② 《曾国藩全集·家书之一》第 20 册，岳麓书社，2012 年第 2 版，第 480 页。

幕僚多半以此为苦，他则谑称这顿早餐是“进场饭”（赶考者入考场前吃的早饭）。在《庚子西狩丛谈》中，曾国藩的孙女婿吴永转述了李鸿章的一段畅谈，可谓绘声绘色：

> 我老师实在厉害！从前我在他大营中从他办事，他每天一早起来，六点钟就吃早饭，我贪睡总赶不上，他偏要等我一同上桌。我没法，只得勉强赶起，胡乱盥洗，朦胧前去过卯，真受不了。迨日久勉强惯了，习以为常，也渐觉不甚吃苦。所以我后来自己办事，亦能起早，才知道受益不尽，这都是我老师造就出来的。……在营中时，我老师总要等我辈大家同时吃饭。饭罢后，即围坐谈论，证经论史，娓娓不倦，都是于学问经济有益实用的话。吃一顿饭，胜过上一回课。他老人家又最爱讲笑话，讲得大家肚子都笑疼了，个个东歪西倒的。他自家偏一些不笑，以五个指头作耙，只管捋须，穆然端坐，若无其事，教人笑又不敢笑，止又不能止，这真被他摆布苦了。[①]

李鸿章的谈话相当传神，由此可见，道学先生曾国藩并不是那种面目可憎、言语无味的角色。

咸丰十一年八月初一日，湘军攻克安庆，欧阳兆熊于九月初一日返湘，曾国藩置酒为之饯行，席间，欧阳兆熊从容发言：“此间人非不能早起，但食不下咽耳。吾今归矣，欲为诸人求免‘进场饭’何如？”曾国藩微笑点头。欧阳兆熊回家后，写信给李鸿章，调侃道：“从此诸君眠食大佳，何以报我？古人食时必祭先为饮食之人，君等得不每饭一祝我乎？”李鸿章的回信也很有趣，他告诉好友：“进场饭”是免了，但程恒生、李榕要自起炉灶，恐怕会向你索取伙食费。[②]

同治二年春节，曾国藩回复表弟、部将彭毓橘，以“勤俭谨信”四字勉励之：“勤如天地之阳气，凡立身居家，做官治军，皆赖阳气鼓荡。勤则兴旺，惰

---

① 吴永口述、刘治襄笔记：《庚子西狩丛谈》，中华书局，2009年版，第122页。

② 欧阳兆熊、金安清：《水窗春呓》，中华书局，1984年版，第18页。

则衰颓。俭者可以正风气，可以惜后福。谨即谦恭也，谦则不遭人忌，恭则不受人侮。信即诚实也，一言不欺，一事不假，行之既久，人皆信之，鬼神亦钦之。表弟心地端厚，精力充足，望于此四字再加磨厉，刻刻不懈，无论居官居乡，皆可终身受用。”[①] 给别人贺岁，写几句陈言套话很省工夫，曾国藩却代之以谆谆教诲，君子爱人以德，赠人以言，于斯可见一斑。

有一点，曾国藩特别值得人佩服，那就是静夜思。夜阑人静，众人入梦，他却在仔细思考家事国事天下事。同治三年正月十五日，元宵节，二更后，他读《戴东原文集》，“偶思士大夫之家不旋踵而败，往往不如乡里耕读人家之耐久。所以致败之由，大约不出数端。家败之道有四：曰礼仪全废者败、兄弟欺诈者败、妇女淫乱者败、子弟傲慢者败。身败之道有四：曰骄盈凌物者败、昏惰任下者败、贪刻兼至者败、反复无信者败。未有八者全无一失而无故倾覆者”[②]。诚然，自古以来，钟鸣鼎食之家相继败落，多半都是由于子孙骄奢淫逸所致。大家都知道症结在哪儿，可就是无可奈何，曾国藩已总结“家败之道”和“身败之道”共八条，对症之药有哪些。

咸丰元年，曾国藩赋诗《送李子彦》，道是“富贵绮罗遭鬼瞰，忧患可以坚筋骸”。他有感于大学士周祖培教子无方，同治七年正月十七日在日记中发过一段精辟的议论：“夜接周中堂之子文翕谢余致赙仪之信，则别字甚多，字迹恶劣不堪，大抵门客为之，主人全未寓目。闻周少君平日眼孔甚高，口好雌黄，而丧事潦草如此，殊为可叹。盖达官之子弟，听惯高议论，见惯大排场，往往轻慢师长，讥弹人短，所谓骄也。由骄而奢而淫而佚，以至于无恶不作，皆从‘骄’字生出之弊。而子弟之骄，又多由于父兄为达官者，得运乘时，幸致显宦，遂自忘其本领之低、学识之陋，自骄自满，以致子弟效其骄而不觉。吾家子侄辈，亦多轻慢师长、讥弹人短之恶习，欲求稍有成立，必先力除此习，力戒其骄。欲禁子侄之骄，先戒吾心之自骄自满，愿终身自勉之。”[③]

---

① 《曾国藩全集·书信之五》第26册，岳麓书社，2012年第2版，第339、340页。

② 《曾国藩全集·日记之三》第18册，岳麓书社，2012年第2版，第9页。

③ 《曾国藩全集·日记之四》第19册，岳麓书社，2012年第2版，第12页。

戒骄戒傲乃是达官本身及其子弟的首要任务。何以克骄？曾国藩给出的解药竟是一个“愧”字。同治七年二月十五日，他在日记中写道：“大抵人常怀愧对之意，便是载福之器、入德之门。如觉天之待我太厚，我愧对天；君之待我过优，我愧对君；父母之待我过慈，我愧对父母；兄弟之待我过爱，我愧对兄弟；朋友之待我过重，我愧对朋友，便觉处处皆有善气相逢。如自觉已无愧无怍，但觉他人待我太薄，天待我太啬，则处处皆戾气相逢。德以满而损，以骄而减矣。”[1]以“愧”克“骄”，这服解药能否收到立竿见影之效？芸芸众生总不肯往“愧”字上多用工夫，扪心自问不易，反躬自省更难，因为良知的短缺并不像食不果腹、衣不蔽体那样令人犯窘。

俭朴的本色老而弥鲜

同治元年，湘军大本营和两江总督署移驻安庆，一个湘乡老家的亲戚千里迢迢来安徽投靠湘军大帅、两江总督曾国藩，他行李简单，衣服上还打了一摞补丁，人前少言寡语。曾国藩向来就喜欢这种质朴的本分人，打算给他一份差事做做。有一天，他与这位亲戚同桌吃饭，饭里面有几粒稗谷，这个亲戚将它们一一挑拣出来，排放在餐桌上，显得格外扎眼。曾国藩没有说话，也没有皱眉头，饭后不久，他备好川资，把这位亲戚叫来，说是让他明天回家。这个亲戚不清楚自己到底是说错了什么话，还是做错了什么事情，心里感到委屈，就满眼疑惑地望着曾国藩，似乎想弄明白自己不受人待见的缘故。曾国藩也不想让他犯着嘀咕回家，就告诉他：“今天吃饭的时候，你从碗里挑去稗谷，你平日既不是有钱人，又未曾做客于外乡外地，放下家中的农活来军营，才不过一个多月，就开始挑三拣四，湘乡老家的人怎会如此挑剔？我担心你出了家门就忘本，留下来在军营里当差，反而会害了自己。”

赵烈文在《能静居日记》中记录了曾国藩的食单：“每餐二肴，一大碗，一小碗，三蔬，凡五品，不为丰，然必定之隔宿。”两荤三素，相当清俭，可见曾国藩不是贪享口福之人。赵烈文还发现曾国藩的常馔中没有鸡鸭，就问他是

---

① 《曾国藩全集·日记之四》第 19 册，岳麓书社，2012 年第 2 版，第 20 页。

否吃火腿。曾国藩回答说，厨房没有火腿，以前有人送过，他一概不收，后来就没人再送了。他喝绍兴黄酒，也只零沽，不买整坛的。赵烈文感叹道："大清二百年，不可无此总督衙门！"方宗诚得曾国藩赏识，曾国藩召他陪过几回贵客，他在《柏堂师友言行记》中的相关描写颇能传真："当公夫人未来皖时，宴彭雪琴侍郎于内室，招予陪饮，见室中唯木榻一，竹床二，竹枕二，此外一二衣箱，无他物也。宝兰泉侍御来，予亦陪饮，食鲥鱼止一大瓦缶。兰泉笑曰：'大学士饮客用瓦缶，毋乃太简乎？'公大笑而已。"赵烈文赋诗《奉怀湘乡相侯师》，其中有句"木榻风灯一老儒"，亦饶有写实风味。同治四年夏，曾国藩写信告诉儿子曾纪泽，他晚饭不用荤菜，只吃肉汤炖蔬菜一二种，味美无比，菜不必贵，适口则养人。简朴的生活并不妨碍一个人的精神愉悦，这是生动的范例。

曾国藩官居极品，担心子孙长处于富贵之乡，习惯过寄生虫的生活，渐渐蜕化到不可救药的地步。他在咸丰八年十月二十六日致四弟国潢、季弟国葆的家书中讲得很清楚："我在军中决不肯多寄银回家，改向来之样子。一则因父母在时我未多寄，二则因百姓穷困异常，我不忍独丰也。"[①]他要求子弟保持寒士家风，以傲为凶德，以惰为衰气："吾家现虽鼎盛，不可忘寒士家风味，子弟力戒傲惰。戒傲以不大声骂仆从为首，戒惰以不晏起为首。"他要求子弟于"福""势"之间留有余地："余蒙先人余荫忝居高位，与诸弟及子侄谆谆慎守者但有二语，曰'有福不可享尽，有势不可使尽'而已。福不可多享，故总以'俭'字为主，少用仆婢，少花银钱，自然惜福矣；势不多使，则少管闲事，少断是非，无感者亦无怕者，自然悠长矣。"难能可贵的是，他从"公平"的角度看待问题，向儿子指出富贵难以长久的道理："若农夫织妇，终岁勤动，以成数石之粟，数尺之布，而富贵之家终岁逸乐，不营一业，而食必珍羞，衣必锦绣……此天下最不平之事，鬼神所不许也，其能久乎？"[②]在勤俭方面他教诲儿子，可谓以身作则："凡人多望子孙为大官，余不愿为大官，但愿为读书明理之君子。勤俭自持，习劳习苦，可以处乐，可以处约，此君子也。余服官二十年，不敢稍染官

---

① 《曾国藩全集·家书之一》第20册，岳麓书社，2012年第2版，第392页。

② 《曾国藩全集·家书之二》第21册，岳麓书社，2012年第2版，第547页。

宦气习，饭食起居，尚守寒素家风，极俭也可，略丰也可，太丰则吾不敢也。”若要家运久长，福泽绵远，就要将勤俭做在实处，在这方面他是言行一致的。

左宗棠养家，每年只寄二百两白银。曾国藩嫁女，妆奁一律定为二百两白银。“吾家仕宦之家，凡办喜事，财物不可太丰，礼仪不可太简”，这就是曾家的规矩。同治元年五月十六日，曾国藩致书金藻，谈及嫁女一节，真够简省的：“弟于去冬今春夏连嫁三女，每次用嫁资二百金，包诸所有，另备酒席及途费五十金，此亦勉强行之，悍然不顾。若稍恤人言，便不能如此简省。”参照当时一品大员每年养廉银高达二万两白银的手面，就算是战争时期会打些折扣，这个数目仍显寒碜。身为满叔，曾国荃看在眼里，记在心头，每次都要馈赠一大笔钱，为侄女添奁。曾纪芬的《崇德老人自订年谱》也印证了她父亲的说法：“文正婚嫁儿女，限二百金。乡间买物亦不易，即贺夫人遗物亦不足用也。忆仲姊出阁时，有金耳挖一枚，重七钱，直二十余缗，一旦为人所窃，欧阳太夫人忧惜之至，数夕未眠，盖虑其至夫家无耀首之饰也。”[①]

曾国藩每年的俸禄加上养廉银，约计二万两白银，这是一大笔钱，他不是悭吝成性的人，嫁女何至于手面这么窄？方宗诚的《柏堂师友言行记》中对此有所揭示：“曾公在营十余年，廉俸所入，别立银钱所，委员司之，凡出入皆经其手，内室不留一钱。公尝告属吏曰：‘凡官府银钱必令何项入何项，出可以告人人，方是正本清源之道。’盖银钱所即其以身为则也。曾公于故旧极有恩谊，仁和邵位西员外懿辰殉节杭州，妻子亡出，公招至安庆养之，并延师课其子。石埭沈槐卿明府衍庆殉节于鄱阳县任，与公实未面也，公念其忠义，岁馈金周其家。绩溪周志甫明经成，公聘任忠义局修志者也，既卒，公亦厚恤之，并教育其诸子。其他忠义之士，虽不相识，闻其贫皆佽助之，而所费则分廉俸为之，绝不用军需公款也。”曾国藩用自己的廉俸救济亡友邵懿辰和义士沈衍庆的家属，还负担他们子女的教育费用，钱都用在了要紧的地方，真是有情有义，令人肃然起敬。

---

① 《曾宝荪回忆录　附：崇德老人自订年谱》，岳麓书社，1986 年版，此处为曾纪芬《崇德老人自订年谱》第 11 页。

家中妇女也有功课单

曾国藩将“勤劳而后憩息”视为“君子三乐”之一，他治家理事，工夫极细，可谓不厌其烦。咸丰六年，儿媳贺氏刚过门，他就在二月初八日的家书中叮嘱：“新妇始至吾家，教以勤俭，纺绩以事缝纫，下厨以议酒食，此二者，妇职之最要者也。”贺氏生长于富贵人家，未习劳苦，要跟上曾家的节奏，可不容易。到了十月初，曾国藩在家书中提了个要求：“三姑一嫂，每年做鞋一双寄余，各表孝敬之忱，各争针黹之工。”所谓“三姑”是他的大女儿纪静、二女儿纪耀、三女儿纪琛，“一嫂”是纪泽的妻子贺氏，曾国藩这是在考核她们，还是在难为她们？“吾家男子于看读写作四字缺一不可，妇女于衣食粗细四字缺一不可，吾已教训数年，总未做出一定规矩。自从每日立定功课，吾亲自验功。”同治七年五月二十四日，曾国藩为夫人、儿媳和女儿制定功课单，翌日附上十六字口诀：“家勤则兴，人勤则健，能勤能俭，永不贫贱。”功课单的具体内容如下：

> 早饭后，做小菜点心酒酱之类。食事。每日验一次。
>
> 巳午刻，纺花或绩麻。衣事。三日验一次。
>
> 中饭后，做针黹刺绣之类。细工。五日验一次。
>
> 酉刻（过二更后），做男鞋女鞋或缝衣。粗工。每月验一次。①

欧阳凝祉是曾国藩的恩师和岳父，坐馆课徒，舌耕四十余年，疏于治生，临财不苟，谢绝馈赠。“人谓先生少贬其节，可致饶裕。先生独谓：‘取舍有义，神明难欺。吾心所不许者，天道亦不与也。’”曾国藩的发妻是欧阳凝祉的长女，她粗通文墨，会下围棋，是一位实打实的贤内助，为曾家生了三子（一子夭折）六女（一女夭折）。据王闿运《湘绮楼日记》光绪三年十一月十一日追记，欧阳夫人口碑极佳，久已入高官贤内助的名谱，以勤俭著称。

---

① 《曾宝荪回忆录　附：崇德老人自订年谱》，岳麓书社，1986年版，此处为曾纪芬《崇德老人自订年谱》第15页。

欧阳夫人非常能干，举一事为例：生曾纪鸿时，“断脐及一切事”都是她“亲手经理”。无论操持家务，还是教育子女，欧阳夫人的成绩单都很漂亮。曾国藩担心家人的“官念”难以断根，同治六年五月初五日，他写信叮嘱欧阳夫人：“望夫人教训儿孙妇女，常常作家中无官之想，时时有谦恭省俭之意，则福泽悠久，余心大慰矣。”[①]明明是封疆大吏的家人，却要他们忘掉这个身份，只安心过平民百姓的小日子，这是不是很难？“家中妇女大小皆纺织，闻已织成六七机”，欧阳夫人带头示范，勤俭的家风蔚然而成。曾国藩幺女曾纪芬著《崇德老人自订年谱》，于闺门谨肃、家风俭朴多有涉笔。同治二年，曾纪芬的三姊曾纪琛住在两江总督署，由于身边没有婢女使唤，在安庆花费十余吊钱买了一个小丫头。曾国藩知道后，大加申斥。“文正驭家严肃守俭若此，嫂氏及诸姊等梳妆不敢假手于婢媪也。”一品大员的媳妇和女儿必须自己梳头，这在当年实属奇闻。

欧阳兆熊在其笔记《水窗春呓》中写道：曾大帅驻节安庆时，欧阳夫人与大儿媳刘氏每晚都有额定的功课——纺纱四两，二更时分收工。某夜，欧阳夫人纺纱到了三更，曾纪泽已熟睡。欧阳夫人对媳妇刘氏说：“今为尔说一笑话以醒睡魔可乎？有率其子妇纺至深夜者，子怒詈谓纺车声聒耳不得眠，欲击碎之。父在房中应声曰：‘吾儿可将尔母纺车一并击之为妙！’”翌日清晨，曾国藩在餐桌上复述了欧阳夫人所讲的这个笑话，“座中无不喷饭”[②]。总督夫人夜夜纺纱，不免令人咋舌，也令人肃然起敬。某位两江地区的官员闻之赞叹不已，为了“破除官场家人骄惰之习”，他特意添置纺车，强迫自家夫人效仿，结果“终日不能成一纱”，成为笑谈。总督夫人崇尚俭朴可能是不得已的，有时候，欧阳夫人“手中竟无零钱可用”，实情就是如此，并非杜撰。曾总督天天为军饷匮乏犯愁，常以苏东坡的诗句“饥人忽梦饭甑溢，梦中一饱百忧失”解嘲，把钱都用到刀刃上去了，欧阳夫人就只能想方设法开源节流。

曹操临死之际，仍口授《遗令》，念念不忘分香卖履。晋代名士陆机撰《吊

① 《曾国藩全集·家书之二》第21册，岳麓书社，2012年第2版，第495页。

② 欧阳兆熊、金安清：《水窗春呓》，中华书局，1984年版，第16页。

魏武帝文》，对这位大奸雄“系情累于外物，留曲念于闺房”不以为然，认为他罔识性命，过于纠结。曹操与曾国藩都是内圣外王的典型人物，他们治国平天下时运用铁腕，心肠狠辣，未必可爱；他们的可爱之处往往体现在别的地方，勤俭就是其中之一。曾国藩官居极品，竟腾出心思来为媳妇、女儿制定“功课单”，遗嘱中吩咐儿子“谨守勤俭孝友家风”，这就难免会被某些高门大户的子弟嘲笑为“吃饱了撑的”。不管你是否喜欢曾国藩，只要你拥有平常心，就不会对他的言行嗤之以鼻。

自愧不如林则徐

咸丰九年秋，曾国藩在家书中追忆道：“闻林文忠三子分家，各得六千串。督抚二十年，真不可及！”曾国荃读罢此言，莞尔一笑的概率较小，喷茶一笑的概率较大。林则徐长期膺任一、二品高官，还做过几回钦差大臣，身后遗产约计一万五千两白银[①]，仅相当于他任职总督一年的廉俸。所幸林家三子均有出息，否则三人平分这笔遗产，各得五千两白银，戋戋之数，多乎哉不多也。世家子弟既要维持生活，又要顾全体面，弄不好真会喝西北风。曾国藩为官素来清廉自守，乐意向林则徐致敬，既毫无弄虚作假的主观故意，又确有见贤思齐的原始情怀。曾国荃的思想境界迥异于大哥，他只认一个理：钱多好办事情，钱多好帮亲友。都说兄弟如手足，这话没错，感情相契不妨亲密无间，观念相差则可能地远天悬，曾国藩自愧不如林则徐，曾国荃则未必有此同感。

即使在战乱年代，有的人发了大财，照样会有修造大屋的强烈冲动，曾国荃就是如此。对于老九的做派，老大相当头疼。曾国藩在家书中指出：“我家若太修造壮丽，则沅弟必为众人所指摘，且乱世而居华屋广厦，尤非所宜。”他还在另一封家书中揭示了现实：近岁江西境内富贵人家的大屋几乎无一幸免于劫火，可为殷鉴。湘乡荷叶塘地僻而民刁，闳丽大屋首屈一指，更容易为众目所觊觎，一旦有变，恐难保全。由此可见，曾氏兄弟的三观完全不在一个频道，老大主张“谨慎”和“修身养性”，老九则主张“潇洒”和“及时行乐”。曾国

---

① 当时银贵钱贱，1 串钱只能兑换 0.85 两白银。

荃视钱财为傥来之物，毫无吝惜之心，习惯挥金似土。曾国藩疑虑难消，以“用人太滥，用财太侈”为大端，切实告诫老九。就算外界一直非议不断，曾国荃仍如老僧闭关，充耳不闻。

同治六年初，由欧阳夫人提议，由曾国潢、曾国荃兄弟执行，在湘乡荷叶塘营建一等毅勇侯府，共花费制钱七千串。起初，账目较为朦胧，等到竣工后算出总数，曾国藩“深为骇叹”，顿觉汗颜。他在日记中自责道：“余生平以起屋买田为仕宦之恶习，誓不为之。不料奢靡若此，何颜见人？平日所说之话全不践言，可羞孰甚！屋既如此，以后诸事奢侈，不问可知。大官之家子弟，无不骄奢淫逸者，忧灼曷已！”当年令曾国藩远程忧虑的是，这座大宅院落成仅为起始，势必会持续引发连锁反应。果不其然，嗣后彭芳六为曾家添造书屋南北两栋共七间，花费制钱三千余串，曾国藩斥之为“荒唐”，他在日记中感叹道：“吾乡人贵料贵，亦殊非安居乐业之地矣！”湘乡出息了那么多文武大官，总督、巡抚、布政使、按察使，将军、提督、总兵、副将，他们悉数完成了财富积累，全县的工钱、料钱自然水涨船高。富厚堂的原貌至今保持完好，以草根近乎苛刻的眼光去观察，这座老宅院依山而建，规模宏大，建筑风格朴实无华，既没有雕梁画栋，也没用楠木、梓木、黄杨木、紫檀木之类的贵重木材，贵为一等毅勇侯府，不算豪奢。

同治六年二月二十日，曾国藩在日记中反省道：“……余自北征以来，经行数千里，除兖州略好外，其余目之所见，几无一人面无饥色，无一人身有完衣。忝为数省军民之司命，忧愧实深。又除未破之城外，乡间无一完整之屋，而余家修葺屋宇用费数千金，尤为惭悚。”[①] 曾家修造富厚堂，选择的时机确实不合适，曾国藩的惭悚之情并非作伪。他在家书中指示：“富托新居门外挂匾，不可写侯府、相府字样。天下多难，此等均未必可靠，但挂宫太保第一匾而已。”曾国藩自始至终都未在富厚堂中住过一秒钟，这也是事实。白居易作七言绝句《履道居》三首，第一首中有两句诗，“大有高门锁宽宅，主人到老不曾归”，富厚堂的情形则更为可叹，竟是“主人到死不曾归”。曾国藩二十五岁作《岁

---

① 《曾国藩全集·日记之三》第 18 册，岳麓书社，2012 年第 2 版，第 377、378 页。

暮杂感诗》十首，读来颇似晚年感触，他到了晚年反而搁笔废咏，很是可惜。且看第二首："高嵋山下是侬家，岁岁年年斗物华。老柏有情还忆我，夭桃无语自开花。几回南国思红豆，曾记西风浣碧纱。最是故园难忘处，待莺亭畔路三叉。"① 故园虽美不能归，新屋虽好不能住，曾国藩的心头也许会掠过一片疑云：夜眠六尺，日食三餐，营建府第，何苦来哉？

曾国藩力倡勤俭，"深恐享受太过，足以折福"，但部属和家人遵嘱实行时难免出现偏差。同治六年，曾国藩要李翥汉打制一把小银壶，专门用来炖人参、燕窝，原以为三四两银子足够了，结果花了八两银子，因此他"深为愧悔"。这年四月初三日，曾国藩在日记中自责道："今小民皆食草根，官员亦多穷困，而吾居高位，骄奢若此，且盗廉俭之虚名，惭愧何地！以后当于此等处痛下针砭。"

身为总督、大学士，吃好点，穿好点，原本很正常，但曾国藩对自己"近来饮食起居殊太丰厚"颇感愧疚。何以见得？同治六年十一月，曾国藩的两则日记提供了证据。初四日，曾国藩追记前一天与将军魁玉（字时若）的交往，魁玉告诉曾国藩，他家四代都出一品官，家中妇女平日却并未穿着绸缎软料。这话触动了曾国藩敏感的神经，他反思道："吾家妇女亦过于讲究，深恐享受太过，足以折福。"② 当月十七日，曾国藩记下了他与万启琛（字篪轩）拉扯家常的兴趣点，万家拥有百万家财，而平日用度极为节俭。万家内眷终年不办荤菜，每日书房先生所吃的荤菜，余剩的撤下，内室才能吃一点。万母年过六旬后，万启琛苦求，才准许添办一样荤菜。如今大乱之余家业所受损失较小，子孙平安，这都是平日省俭惜来的福分。曾国藩再度自省："余有俭之名而无俭之实，深为愧惧！"③ 魁玉是贵家，万启琛是富家，两家的家风都以淳朴为主调，也都以节俭为美德。曾国藩称赞魁玉家、万启琛家的同时，看清了自家的不足。

曾国藩一向标榜"做官以不爱钱为本"，但他在家书中老实承认："近来带兵者，皆不免稍肥私囊；余不能禁人之苟取，但求自己不苟取。"曾国藩独善其

---

① 《曾国藩全集·诗文》第 14 册，岳麓书社，2012 年第 2 版，第 2 页。

② 《曾国藩全集·日记之三》第 18 册，岳麓书社，2012 年第 2 版，第 459 页。

③ 《曾国藩全集·日记之三》第 18 册，岳麓书社，2012 年第 2 版，第 463、464 页。

身，曾国荃则大发战争财，用兵船将金银珠宝奇货珍玩运回老家。兴之所至，他还派专人扫货，将衡阳到岳阳数百里沿江药铺中的高丽参采购一空，这倒不是自私自利，而是要分赠给老朋友、老部下，当时大家都认为高丽参可养病，可敷伤，是营中必备的药品，而非奢侈品。

据赵烈文《能静居日记》同治六年七月二十日所记，曾国荃派专弁入京，“以八百金购笺纸，京中为之沸然”。不过，赵烈文认为，豪迈出众、倜傥不羁、轻财宝、好体面，这些正是曾国荃的特质，曾国藩不应苛求他“改易常行”，否则曾国荃“邯郸失步，真性反漓，必至进退无据”[①]。曾国藩对赵烈文的看法表示赞同，这就说明，以“俭”字为笼，能够关得住曾国藩，却关不住曾国荃。

齐家者必顾家。曾家两大台柱子的表现各有特色：曾国藩顾家，提供的多半是精神食粮，源源不断；曾国荃顾家，提供的多半是物质条件，绰绰有余。同治六年九月初十日，曾国藩对幕僚赵烈文说过这样一番话：我亲戚和族人中贫困者甚多，尽管我始终未寄钱给妻子，但我毕竟在外做官，廉俸不薄，心中不免会有歉意。所幸我家九弟手笔宽博，将我分内应做之事，一概做完。谈话末了，曾国藩感叹道：“渠得贪名而我偿素愿，皆意想所不到。”[②]曾国荃乐意照顾整个家族，视捞金为规定动作，视挥金为自选动作，焉得不豪取钱财？为了让大哥唱好红脸，留下清名，以伟人、完人的光辉形象取信于当世、后世，他不惜包揽贪名，专唱白脸。如此老弟，可谓举世无双！曾国藩夸赞国荃：“弟于家庭之际，可谓养生送死无憾，甚以为慰！”这是一句由衷之言。

仔细看来，曾国藩自愧不如林则徐，应属坦诚，并非谦逊。林则徐无一位超强的老弟充当后援，品格依然俊伟，着实可赞可佩！曾国藩有自知之明，也很难得。

愿为世家，不愿为豪门

李伯元撰《南亭笔记》，喜好采撷异闻，有一则《曾文正谨慎而大度》，隽

---

① 赵烈文：《能静居日记》第 2 册，岳麓书社，2013 年版，第 1084 页。

② 赵烈文：《能静居日记》第 2 册，岳麓书社，2013 年版，第 1107 页。

永可读："……曾既贵，营治第宅，其邻有铁铺，终日砰訇，文正厌之，予以重金，讽使迁去，铁铺主人不应，或劝用强。文正曰：'昔司城子罕不徙鞔工，吾奈何令古人笑乎？'卒听之。"[1] 如果这则轶闻不虚，应该是曾国藩初入翰林时的事情，僦居绳匠胡同伏魔寺，胡同里有铁匠铺很正常。待到同治六年后，富厚堂周边五里都找不到铁匠铺，曾国藩也没在富厚堂住过一天半宿，谈不上讨厌打铁声。曾国藩不畏今人议，怕就怕与古人比。春秋时宋国贤卿子罕不强迫皮匠搬家，我曾某人怎么能强迫铁匠搬家呢？李伯元惜墨如金，倒是抓住了问题的重点和要点：凡齐家者，务全他人之家。在小事上也不能过于自私，必要的忍耐绝对是一门好功夫，何况这也是谨慎，谨慎能行万年船。

说到谨慎，最著名的桥段是曾国藩写信教鲍超写奏折，一定要谨慎，"不可乱说一白，若任意妄说，言不当理，或触圣怒，不准再奏，则反失台端之体面"，还以自己为例，"国藩道光末年在京上疏，颇有锋芒，自出京后，在军十四年，所奏之折无一语不朴实，无一字不谨慎。……从古居大位立大功之人，以谨慎败者少，以傲慢败者多。阁下千万记之"[2]。

咸丰八年十月十一日，曾国藩四十八岁生日，曾国荃到南昌赴大哥的寿筵，午饭吃的是满汉席，饭后老兄送老弟上船，日记中留下了实录："送九弟时，与之言所贵乎世家者，不在多置良田美宅，亦不在多蓄书籍字画，在乎能自树立子孙，多读书，无骄矜习气。"这番话明敲暗打，要老九戒除贪念和傲气，直如秋风射马耳。老大不爱重良田美宅、古董字画，这些恰恰是老九所爱重的。同治七年正月二十九日："接沅弟信，知纪官侄于正月初九日申刻生子，欣慰之至。吾兄弟共得五孙，丁口渐盛，只望儿侄辈读书，少有所成，将来孙辈看作榜样，便是世家好气象。若儿侄辈不能发奋用功，文理不通，则榜样太坏，将来孙辈断难成立。此中关键全在纪鸿、纪瑞二人。吾家后辈之兴衰，视此二人为转移也。"[3] 这年，侄子曾纪官双喜临门，得子之后不久，县考得了案首（第

---

① 李伯元：《南亭笔记》，山西古籍出版社，1999 年版，第 174 页。

② 《曾国藩全集·书信之八》第 29 册，岳麓书社，2012 年第 2 版，第 503 页。

③ 《曾国藩全集·日记之四》第 19 册，岳麓书社，2012 年第 2 版，第 15 页。

一名），做伯父的当然很开心：“吾每虑吾兄弟功名太盛，发泄殆尽。观近年添丁之渐多，子弟之向学，或者祖泽尚厚，方兴未艾，且喜且惴惴也。”三年后，侄子纪寿又取得县考案首。曾国藩屈指一算，曾家三辈人已有九位考中过童生，八位得过县考案首，只有自己未能尝到案首的滋味，“上两辈皆极难，纪字一辈则得之稍易”。

世家虽好，但不宜高调示人。同治二年深秋，他在家书中叮嘱四弟国潢：“闻十月十九日家庙落成，将由县城叫省中戏班以志庆。吾意我家方在鼎盛之际，此等处总宜收敛，不宜过于发扬，望弟时时留心。”[①]嗣后，他听说湘乡荷叶塘家中四人大轿使用率高，驰书制止：“家中坐者太多，闻纪泽亦坐四轿，此断不可。弟曷不严加教责？即弟亦只可偶一坐之，常坐则不可。”高官子弟好虚荣，好炫耀，都不是好事，他们尝到甜头之后，就会得寸进尺，骄奢之后必然淫佚。“湖南现有总督四人，皆有子弟在家，皆与省城各署来往，未闻有坐四轿。余昔在省办团，亦未四抬也。以此一事推之，凡事皆当存一谨慎俭朴之见。”曾国藩写过一副对联给四弟国潢，上联是“俭以养廉”，下联是“直而能忍”。但国潢管理家业、赞助公益都喜欢大手笔，这就背离了曾国藩一向倡导的爱惜物力的寒士家风。曾国藩在家书中反复强调“莫怕‘寒村’二字，莫怕‘悭吝’二字，莫贪‘大方’二字，莫贪‘豪爽’二字”，还要求国潢在家见客不宜多，“总之，家门太盛，有福不可享尽，有势不可使尽”。对于老大的指示，老四不敢顶撞，多少有所收敛。这就叫“由俭入奢易于下水，由奢返俭难于登天”，哥哥官位大了，弟弟调子高了，处处要顾体面讲排场，节俭真不是一件容易事。曾国藩明知家中的轿夫、挑夫由三名增至十余名了，他还是力倡俭朴，要国潢牢记“有减无增”四字。他说：“吾不欲多寄银物至家，总恐老辈失之奢，后辈失之骄。未有钱多而子弟不骄者也。吾兄弟欲为先人留遗泽，为后人惜余福，除却‘勤俭’二字，别无做法。弟与沅弟皆能勤不能俭，余微俭而不甚俭，子侄看大眼吃大口，后来恐难挽回。弟须时时留心。”后来，他有个更清晰的对比：“余于‘俭’字做到六七分，‘勤’字尚无五分工夫。弟与沅弟于‘勤’

① 《曾国藩全集·家书之二》第21册，岳麓书社，2012年第2版，第210页。

字做到六七分，‘俭’字尚欠工夫。”

读书之家都有甲科之梦。道光二十九年六月初，曾国藩在家书中给子侄定排行，以“甲科鼎盛”四字为序，每字十人，比如曾纪泽是甲三，曾纪鸿是科一。曾家确实成了世家，子孙中出了不少学者、科学家和教育家，他们留学的费用，多半都是靠曾国荃极其厚实的家底来支应。曾国藩提供的是勤俭持家、质朴做人的精神衣钵，确保曾氏家族一百多年不衰微。二者的作用同样不可低估。

同治六年九月初四日，曾国藩与赵烈文有一段对话值得留意。赵烈文说：“恒见师使令俱用弁勇，左右无便给之人，口食菲薄，衣服故敝，夜则一灯荧荧，木榻独坐，扪心自问，断断不能，故不免望洋兴叹。”曾国藩回应道：“此古人之末节也，何足异。吾尝言阔人不能不摆架，但勿过分，令人欲呕；寒士不能不求人，亦勿过分，全丧气骨。世人多有讥韩文杜诗乞怜太甚者，余以为两公虽求助于人，而气骨自在，寒士本等，无足议也。”[①] 曾国藩视“勤俭”为古人之末节，但末节也是不可或缺的一环，用于修身，用于齐家，均大有裨益。

同治七年二月底，曾国藩动手修订“居官四败”和“居家四败”，对于官员本人及其子弟而言，堪称警钟长鸣：“昔年曾以居官四败、居家四败书于日记，以自儆惕。兹恐久而遗忘，再书于此，与前次微有不同。居官四败：曰昏惰任下者败，傲狠妄为者败，贪鄙无忌者败，反复多诈者败。居家四败：妇女奢淫者败，子弟骄怠者败，兄弟不和者败，侮师慢客者败。仕宦之家不犯此八败，庶有悠久气象。”[②] 曾国藩的话究竟有几分道理？我们要验明其成色，办法很简单：任意挑选出古往今来身败名裂的贪腐官员，看看他们的所作所为，谁的罪过和下场没被“居官四败”和“居家四败”说中？由此可见，曾国藩重申“居官四败”和“居家四败”，绝对不是做无用功，更不是自己吓唬自己。

及至暮年，曾国藩通过家书劝导两位老弟：“仕途巨细，皆关时运”，家事

---

① 赵烈文：《能静居日记》第 2 册，岳麓书社，2013 年版，第 1102 页。

② 《曾国藩全集 · 日记之四》第 19 册，岳麓书社，2012 年第 2 版，第 24 页。

则应当“以尽人事为主”，不可拿运气做挡箭牌[①]。治家用心得当、用力得宜便可齐家，“人事”首推克勤克俭，不管是有运气无运气，行之不懈，总比懒惰奢侈、坐吃山空要强得多。

曾氏家风，贵在几代人保持不坠。曾国藩去世后，曾纪泽主持家政，尽管在家人的零花钱方面有所放宽，但距离奢侈仍然遥远。曾宝荪是曾国藩的曾孙女，是曾纪鸿的孙女，是曾广钧的女儿，她的回忆录给读者提供了一个极佳的视角。光绪三十年，曾广钟带侄女曾宝龄和曾宝荪到上海求学，姐妹俩考入教会开办的晏摩氏女校。曾宝荪写道：“我们真是初出茅庐的土包子，加之我家世代俭朴，所穿的衣服都简陋非常，到此十里洋场，实在自惭极了。”[②] 人所共知，曾国藩不耻恶衣恶食，苦亦如之，乐亦如之。曾宝荪多年受家风熏陶，一旦置身于上海十里洋场，难免会产生自惭形秽的感觉。这说明曾家后人还是有些退步的。

曾国藩的幺女曾纪芬一生恪守唯勤唯俭的家训，年至耄耋，不满于民国社会的奢靡之风，口述《廉俭救国说》，号召女界同胞以廉俭为己任：“妻励其夫，母诫其子，姊妹劝其兄弟，咸牺牲个人之欲望，群策群力，以廉救国，以俭拯民，以不欺安群而和众。期以五年，国防固矣。”[③] 她将廉俭视为国防之坚垒利器，以重视程度而论，相比她的父亲，可谓有过之而无不及。

---

① 《曾国藩全集·家书之二》第21册，岳麓书社，2012年第2版，第569页。

② 《曾宝荪回忆录　附：崇德老人自订年谱》，岳麓书社，1986年版，《曾宝荪回忆录》第19页。

③ 《曾宝荪回忆录　附：崇德老人自订年谱》，岳麓书社，1986年版，此处为曾纪芬《崇德老人自订年谱》第66页。

15 章　历尽劫波兄弟在

咏赞兄弟情义的汉诗，首推《诗经·小雅·常棣》，“凡今之人，莫如兄弟”，“脊令在原，兄弟急难”，“兄弟阋于墙，外御于侮”，句句经典。兄弟之情又可称为手足之情，可见其亲近与和谐。倘若不以皇权或者暴利去做极限试探，诱使人性瞬间扭曲，扶苏与胡亥、杨勇与杨广、李建成与李世民不太可能由兄弟演变成凶敌。

在湘军大系统中，著名的兄弟有不少，比如江氏四兄弟（江忠源、江忠濬、江忠济、江忠淑）、曾氏五兄弟（曾国藩、曾国潢、曾国华、曾国荃、曾国葆）、李氏兄弟（李续宾、李续宜）、郭氏三兄弟（郭嵩焘、郭崑焘、郭崙焘）和刘氏兄弟（刘腾鸿、刘腾鹤），在这些兄弟组合中，不乏殉难的巡抚和阵亡的大将。

曾国藩共有一个姐姐（国兰）、三个妹妹（国蕙、国芝、满妹）、四个弟弟（国潢、国华、国荃、国葆）。国潢（字澄甫）小他九岁，国华（字温甫）小他十一岁，国荃（字沅甫）小他十三岁，国葆（字季洪）小他十七岁。五兄弟中，曾国藩、曾国潢、曾国荃堪称铁三角，是家庭的支柱。兄弟之间年龄相差悬殊，长兄当父的味道较为浓厚，何况这位长兄是整个家族的骄傲和荣光，不靠他提携，还靠谁提携？不靠他照应，还靠谁照应？曾国藩的家书多半是写给他的弟弟们，可以这么说，为了曾氏家族的兴旺发达，为了诸弟子侄的成才成器，三十多年间，曾国藩操碎了心。

道光二十二年腊月，曾国藩在家书中这样教诲诸弟：“盖士人读书，第一要有志，第二要有识，第三要有恒。有志则断不甘为下流；有识则知学问无尽，不敢以一得自足，如河伯之观海，如井蛙之窥天，皆无识者也；有恒则断无不成之事。此三者缺一不可。”[1] 曾国藩提醒诸弟择友要慎之又慎，特意引用韩愈的名言告诫他们：“善不吾与，吾强与之附；不善不吾恶，吾强与之拒。”他强调“一生之成败，皆关乎朋友之贤否，不可不慎也”。以古代的两个典型范例来分析，管（仲）鲍（叔牙）的金石之交，陈（馀）张（耳）的势利之交，成败可睹，利弊自见。

在家书中，曾国藩教训诸弟，不自觉间摆出一副居高临下的姿态。四弟曾国潢率先表示不满，他抱怨兄长“待人不恕”，说是“月月书信徒以空言责弟辈，却又不能实有好消息，令堂上阅兄之书，疑弟辈粗俗庸碌，使弟辈无地可容”，这封信充满火气，令曾国藩“读之不觉汗下”。此外，六弟曾国华也抱怨兄长不带他去京城长见识、增阅历，而要他寂守家塾，等于将蛟龙强困在池塘里。这两个弟弟抬杠和顶牛时特能使劲，居然还写信骂过兄长“糊涂”。曾国藩怒斥他们“何不检点至此”。后来，曾国藩去四川做乡试考官，寄回家中一千两白银，希望父亲不要急于还清外债，先匀出一部分银钱佽助十几位穷亲戚。曾国潢为此又讥诮兄长有“近名之心”，等于骂他沽名钓誉，再次惹恼曾国藩，忍不住写信教训道：“君子处顺境，兢兢焉常觉天之过厚于我，我当以所余补人之不足！”他尤其反感的是，家中认为“区区千金”不足以解决难题，令曾国藩心中顿生警觉：这么快，诸弟就大手大脚了。他以《易经》中诸卦推移为据，教导他们：“君子但知有悔耳。悔者，所以守其缺而不敢求全也。小人则时时求全，全者既得，吝与凶随之矣。”兄弟间时不时闹点小别扭，这倒没什么，上牙下齿总有磕碰。“兄弟和，虽穷氓小户必兴；兄弟不和，虽世家宦族必败。”曾国藩深知曾家要兴旺发达，还有很多的事要做、很长的路要走，兄弟同心，其利断金，方可有成。不过，平日里旁敲侧击必不可少，曾国藩就如此敲打过国潢和国华：“四弟、六弟纵不欲以有恒自立，独不怕坏季弟之样子乎？”谁想做反面教材？

榜样的力量是无穷的，曾国藩的成功使他的弟弟们一度恍惚，产生了猎取科举功名的执念，曾国藩赶紧给他们发热的头脑降温，劝告他们：“……此中误

---

① 《曾国藩全集·家书之一》第20册，岳麓书社，2012年第2版，第42页。

人终身多矣。……吾所望于诸弟者，不在科名之有无，第一则孝弟为瑞，其次则文章不朽。诸弟若果能自立，当务其大者远者，毋徒汲汲于进学也。”[①] 他希望诸弟在进德修业二事上用心用力，至于功名富贵，悉由天定，丝毫不能自主。他以本乡才子刘蓉为例，尽管童生都不是，但他的学问和才智远高于等闲的秀才、举人和进士，这样的人才更值得尊重。他还以外省学者汪灿为例，家中一贫如洗，三十岁前在窑上佣工，为人画碗，终身不应科举，精研学问，著书立说，终成本朝的名儒。他鼓励诸弟“安分耐烦，寂处里闾，无师无友，挺然特立，作第一等人物”。

道光二十五年五月初，曾国藩升任詹事府右春坊右庶子，这次升官令他感到意外，自愧“无德以当之”。他在家书中希望诸弟在数千里外多规谏他的过失，“务使累世之德不自我一人而堕”，以求持盈保泰，避免颠危。升了官，心情好，曾国藩头一次乐意让诸弟来做自己的良师益友。应该说曾国藩的四个弟弟虽禀赋各异，但个个性情直爽。咸丰七年冬，曾国藩抱怨骆秉章、耆龄等人薄待自己，曾国华就当即直谏道：“兄之面色，每予人以难堪。”言外之意是：人家不待见你，是因为你也没给人家好脸色瞧，一报还一报而已。曾国藩对于此言留下了深刻的印象。日后，曾国荃责怪彭玉麟声色俱厉，因此产生嫌隙，曾国藩便要老九反省自己是否也同样声色俱厉了。“凡目能见千里，而不能自见其睫，声音笑貌之拒人，每苦于不自见，苦于不自知。”这个领悟还是值得的。

曾国藩用家书苦口婆心地教诲诸弟，有些话不仅三复斯言，而且流于琐碎，真不知他那四个弟弟读罢是摇头还是点头。比如这一段话：“生当乱世，居家之道，不可有余财，多财则终必为患害，又不可过于安逸偷惰。如由新宅至老宅，必宜常常走路，不可坐轿骑马。又常常登山，亦可以练习筋骸。仕宦之家，不蓄积银钱，使子弟自觉一无可恃，一日不勤，则将有饥寒之患，则子弟渐渐勤劳，知谋所以自立矣。”[②] 对于这番教诲中的多练筋骨，家中子弟尚可勉行，至于不积余财，就只能把它权当耳旁风了，他们根本做不到。后来，曾家的房屋

---

① 《曾国藩全集·家书之一》第 20 册，岳麓书社，2012 年第 2 版，第 77、78 页。

② 《曾国藩全集·家书之一》第 20 册，岳麓书社，2012 年第 2 版，第 272 页。

越起越大，田地越买越多，墓庐越修越好，事实证明了余财的好处远大于坏处。因此曾国藩的家书在曾家子弟那里也有暗中打折扣的情况。凡是他们听不入耳的指示，仍旧是你讲你的，我做我的。所幸他们的天性都很质朴，无凉薄之人，无穿窬之辈，因此久而久之曾国藩提供的教益在家庭中成了酵母。

曾国藩说："盛世创业垂统之英雄，以襟怀豁达为第一义；末世扶危救难之英雄，以心力劳苦为第一义。"曾氏兄弟要成为后者，家庭就是这样的培养基地，兄弟之间的感召和牵引更具有意想不到的助推之功。

曾国潢：甘心做个大总管

在曾国藩眼里，四弟国潢"天分平常""行事多躁而少静"，心直口快，好酒，爱热闹，喜欢应酬，会吹唢呐，以理家之才见长，爱管湘乡境内的公事和闲事，在县里堪称一霸。

道光二十八年腊月，曾国藩在家书中提醒："澄弟办贼，甚快人心。然必使其亲房人等知我家是图地方安静，不是为一家逞势张威，庶人人畏我之威，而不恨我之太恶。贼既办后，不特面上不可露得意之声色，既心中亦必存一番哀矜的意思。诸弟人人当留心也。"[①] 这有点为难国潢，他得意了就喜形于色，还大摆酒席庆贺，所以乡邻都称赞四爷豪爽慷慨。

咸丰三年、四年间，曾国藩先后在长沙、衡阳练勇，国潢前往帮办。由于公道不明，是非淆乱，国潢见兄长诸事不顺，到处受气，被人欺侮，自然恼怒愤激，肝火上炎，不免怒色向人，盛气凌物。曾国藩担心老弟因抑郁而成内伤，因气盛而招外怨，便让他告假回家，满以为他到是非场中转完一圈，长了记性，好管事的脾气会改掉不少，结果恰恰相反。咸丰四年四月十六日，曾国藩致书诸弟，明确指示："余近来因肝气太躁，动与人多所不合，所以办事多不能成。澄弟近日肝气尤旺，不能为我解事，反为我添许多唇舌争端。军中多一人不见其益，家中少一人则见其损。澄侯及诸弟以后尽可不来营，但在家中教训后辈。半耕半读，未明而起，同习劳苦，不习骄佚，则所以保家门而免劫数者，可

---

① 《曾国藩全集·家书之一》第20册，岳麓书社，2012年第2版，第156、157页。

以人力主之。望诸弟慎之又慎也。”[1] 曾国藩话已讲明，曾国潢退守家庭就成了定局。

咸丰五年三月，曾国潢为周万胜案跑了一趟省城，曾国藩大光其火，致书责备：“既非湘乡署内之幕友，又非署内之书办，而仆仆一行，何不惮烦？”曾国藩不乐见胞弟干预县衙公事，授人以柄，徒惹非议。“凡县城、省城、衡城之事，一概不可干预！……兄在外年余，惟有‘忍气’二字日日长进，常恐弟等在家或受侮辱，故不惮迫切言之，不知弟等果知兄之意否也？”国潢挨了骂，未必心服。此后他带湘勇到衡阳，国华带湘勇到新桥，都做好了投笔从戎的打算，想在军事上有所作为，曾国藩却不以为然。在七月初八日的家书中他劝导诸弟在家侍奉父亲，“至于练团带勇，却不宜过于出头”，统而言之，“嗣后总以不带勇为妙”。在十月十四日的家书中讲得更直白：“……诸弟则当伏处山林，勤俭耕读，奉亲教子，切不宜干涉军政。”这个建议当然无法折服诸弟。咸丰六年，曾国潢担任营官，带领五百湘勇在平江桂花树打了一场胜仗。他之所以结束军旅生涯，是因为一个变故：咸丰七年，曾家老爷子病故了，曾国藩在守制期间费尽口舌说服了国潢。这么大的家必须有个人主持家政，国华、国荃的心早就野了，国葆太年轻，唯有国潢最适合做曾氏家族的大总管。

在兄弟之间，曾国潢能起到平衡器的作用。他写信劝告兄长：既然你欣赏沅弟的才能，就应该忽略他的某些小节。曾国藩说：沅弟的才能，不仅我曾氏家族少有，就是当今之世也不多见。但做兄长的，“总宜奖其所长，而兼规其所短。若明知其错，而一概不说，则非特沅一人之错，而一家之错也”。同治年间，曾家在湖南是首屈一指的名门大户，曾国潢在湘乡跺一跺脚，省城也会有明显的震感。原因很简单，其兄曾国藩的权位、其弟曾国荃的战功全摆在那儿，明眼人都能看见，他稍借其余威就能在地方产生冲击波。曾国藩所担心的也正是这一点，以国潢好管事好讲话的个性，容易招人嫉恨。

同治元年九月初，曾国藩在家书中叮嘱国潢：“吾家于本县父母官，不必力赞其贤，不可力诋其非，与之相处，宜在若远若近，不亲不疏之间。渠有庆吊，

---

① 《曾国藩全集·家书之一》第20册，岳麓书社，2012年第2版，第225页。

吾家必到；渠有公事，须绅士助力者，吾家不出头，亦不躲避。渠于前后任之交代，上司衙门之请托，则吾家丝毫不可与闻。弟既如此，请告子侄辈常常如此。子侄若与官相见，总以‘谦谨’二字为主。”[①]

从曾国藩的家书来看，曾家子弟并非个个彬彬有礼，他们的毛病也相当扎眼，比如说“凡动口动笔，厌人之俗，嫌人之鄙，议人之短，发人之覆”，这方面做得最“出色”的竟是曾家大总管曾国潢，因此老大在咸丰十一年正月初四日就对老四重话重说：“贤弟欲戒子侄之骄，先须将自己好议人短、好发人覆之习气痛改一番，然后令后辈事事警改。”[②] 曾国潢的具体表现如何？一个月后，兄长在家书中一一摘出：“弟于营中之人，如季高、次青、作梅、树堂诸君子，皆有信来讥评其短，且有讥至两次三次者。营中与弟生疏者，尚且讥评，则乡间之与弟熟识者，更鄙睨嘲斥可知矣。弟尚如此，则诸子侄之藐视一切，信口雌黄可知矣。谚云：‘富家子弟多骄，贵家子弟多傲。’非必锦衣玉食、动手打人而后谓之骄傲也，但使志得意满，毫无畏忌，开口议人短长，即是极骄极傲耳。”[③] 曾国藩要四弟带头戒骄戒傲，笔尖都写秃了，嘴皮都磨薄了，曾国潢倒是不急，答应戒，也答应改，但要慢慢来。

同治初年，曾国藩给四弟国潢写信，要他在省城长沙雇人种菜。国潢说出许多道理来打破，曾国藩便调侃道：在省城种菜不过是桩小事，你尚且要“砌一个大拦头坝”，要是我在外面“寄数万金银，娶几个美妾，起几栋大屋”，你岂不是要到京城的九门提督府告状吗？这多有人情味。相比咸丰十年十月初四日他写给国潢的信中凶巴巴的狠话，“特此预告贤弟，切莫玉成黄金堂（欧阳夫人所居）买田起屋。弟若听我，我便感激尔；弟若不听我，我便恨尔”，前后语气有云泥之判、天壤之别。

同治二年十月初四日，曾国藩致澄弟：“内人以下，历述老弟数年以来照料黄金堂诸事，心思之细，仪节之恭，送情之厚，均为近世兄弟中所未见。

---

① 《曾国藩全集·家书之二》第 21 册，岳麓书社，2012 年第 2 版，第 53 页。

② 《曾国藩全集·家书之一》第 20 册，岳麓书社，2012 年第 2 版，第 563 页。

③ 《曾国藩全集·家书之一》第 20 册，岳麓书社，2012 年第 2 版，第 574 页。

吾家敬宗收族，承先启后诸大端，皆发于沅弟之谋，而成于弟之手。沅弟费财，老弟费心，均可为祖父累代之功臣，余愧未能悉心经营，幸两弟能补余之过也。”将兄弟们的家事完全托付给曾国潢打理，曾国藩的这个决定足够英明。

同治三年四月初，曾国藩致四弟国潢：“闻发、捻近三十万，实属应接不暇。江西之贼若至瑞、袁等处，则湖南处处须设防兵。如有调弟带兵出境防剿者，弟千万不可应允。即在本县办团，亦须另举贤员为首，弟不可挺身当先。吾与沅弟久苦兵间，现在群疑众谤，常有畏祸之心。弟切不宜轻易出头露面，省城则以足迹不到为是。”[①] 兄长的权威性早已建立，老兄弟对各自的角色定位也不再有疑，曾国潢在“出门就能捡到四品官”的非常时期，硬是耐住了寂寞，没被偌大功名诱出湘乡，也算是很值得称道了。

同治三年八月二十四日，曾国藩用家书给四弟上了一堂历史课，作出新的指示：“观《汉书·霍光传》而知大家所以速败之故，观金日磾、张安世二传，而知大家所以久盛之故，弟抄此三传解示后辈可也。”曾国潢还有个重要的任务，在兄长的遥控下，教导子弟读书自修。此时，金陵已经收复，曾国藩已是一等侯爵，曾国荃已是一等伯爵，曾家有一位总督、一位巡抚，富贵鼎盛之际，老大赶紧给老四的头脑降温，抄写《汉书》中霍光、金日磾、张安世三人的传记，以戒骄奢，以求雍睦，以免祸殃。

同治五年六月初五日，曾国藩写信叮嘱四弟国潢，勿忘初心，勿忘祖训，对族人要一视同仁。曾国藩说：我与沅弟同时封爵开府，门庭可谓极盛，然而权势虽大不可长久倚恃它。我记得己亥年正月，祖父星冈公训示父亲竹亭公道：“宽一虽点翰林，我家仍靠作田为业，不可靠他吃饭。”此句话最有道理，可视为兴家保业的命脉，宜守之而勿失。希望老弟专在作田上用些工夫，而辅之以“书、蔬、鱼、猪、早、扫、考、宝”八字，任凭家中如何贵盛，切莫全然改变道光初年的规模。“凡家道可久者，不恃一时之官爵，而恃长远之家规；不恃一二人之骤发，而恃大众之维持。我若有福罢官回家，当与弟竭力维持。老亲

---

① 《曾国藩全集·家书之二》第 21 册，岳麓书社，2012 年第 2 版，第 270 页。

旧眷、贫贱族党不可怠慢，待贫者亦如富者一般，当盛时预作衰时之想，自有深固之基矣。”[①] 曾国藩和曾国荃同时登上了新台阶，仍要求曾家子弟恪守旧规模，富不忘贫，盛则思衰，这很有难度，曾国藩不畏难，也希望四弟国潢不畏难。

湘乡县哥老会闹得凶时，曾国潢掌管着团防队，他有代替官府搜捕哥老会头目的想法。哥老会成员中有一些退伍军人早已保举至一品、二品、三品武职，都是被裁撤的湘勇，清朝武员无实缺就只挂空衔，没有职权和俸禄。

说到保举，曾国荃保举麾下将士最多最滥，湘军吉字营打下安庆、金陵后，均保举数千上万人。名器不重，屁都不值。结果就是，保举到一、二品的将士多如牛毛，就算他们排队或插队，再过五百年也没有这么多实缺可补，何况满打满算清朝也只能再扑腾五十年了。

小横香室主人著《清朝野史大观》，其中有一则《左相差官》，说的是左宗棠麾下差官被保举至一品提镇的有十多人，某藩司没把差官当回事，结果犯窘，“比其出也，则中门以外差官十余人俱黄马褂红顶花翎垂手侍两旁，前谢罪之差官亦在其列。藩司大惊，手足无措，乃一一对之请安招呼，步行至辕门外，然后登舆而去”[②]。这段文字描述并不夸张，形容保举之滥可谓尽致。《申报》光绪八年四月十九日报道左宗棠首度上海行，记者有这样的描写：“随行之亲军四十名，均系湘中忠勇果敢之士，侯相与之同甘共苦，不离左右。此四十人中都系提镇崇衔及巴图鲁勇号历受国恩者，而仍身被号褂，裹头跣足，乐为前驱，亦以见三湘风气之朴实矣。”[③] 对照来看，足见小横香室主人的描写纯属写实风味。不止十余名差官，而是四十名亲兵，全都是一、二品头衔，这阵仗也忒吓人了。

同治二年四月十四日，曾国藩在日记中写道：“偶思大君以生杀予夺之权授之督抚将帅，犹东家以银钱货物授之店中众伙，若保举太滥，视大君之名器不甚爱惜，犹之贱售浪费，视东家之货财不甚爱惜也。介之推曰：‘窃人之财，犹谓

---

① 《曾国藩全集·家书之二》第21册，岳麓书社，2012年第2版，第430页。

② 秦翰才辑录：《左宗棠逸事汇编》，岳麓书社，1986年版，第187页。

③ 秦翰才辑录：《左宗棠逸事汇编》，岳麓书社，1986年版，第265页。

之盗，况贪天功以为己力乎！’余则略改之曰：窃人之财，犹谓之盗，况假大君之名器以市一己之私恩乎！余忝居高位，惟此事不能力挽颓风，深为惭愧。”①

晚清时期的笑话常拿一、二品保举文凭当素材，武官穷极了，欲拿它作抵押品，换一担米、几斤肉，都没人肯要。他们刚回籍时携资不少，习于奢靡，随意挥霍，一旦返贫，使惯了枪杆子、刀把子的武夫不肯恢复农民身份，不愿耕地作田，于是蠢蠢欲动。在湘乡，这种人比别处更多。曾国藩的总结恰如其分："吾乡在军营保至大官者，往往丰衣美食，广交滥用，费资用罄，复思再出，如向日求财求官之易，不可得矣。""湖南近岁保至一、二品者过多，携资回籍者亦颇不少。习俗奢糜，随意花去，仍自无以为生。又有哥匪诱煽，论者谓吾乡将不免于兵劫。"② 曾国藩希望曾国潢能够为他们在地方官那里"缓颊而保全之"，不要动不动就将他们抓去蹲大狱，甚至正法。同治五年八月初十日，曾国藩给曾国潢提出了明确的指导意见："余意凡保至一、二、三品武职，总须以礼貌待之。即明知其哥老会，唤至密室，恳切劝谕，令其首悔而贷其一死。惟柔可以制刚很之气，惟诚可以化顽梗之民。即以吾一家而论，兄与沅弟带兵，皆以杀人为业，以自强为本；弟在家，当以生人为心，以柔弱为用，庶相反适以相成也。"③ 这一回，曾国潢没有听从兄长的告诫，他力主大办多杀，以绝后患。嗣后，曾国潢到两江总督府探亲，待他熟睡之际，曾国藩以锥子扎其大腿，曾国潢痛呼而醒，曾国藩说："扎一下腿，就叫痛？你在湘乡搬刀剁脑壳，别人痛不痛？"

同治六年八月中旬，曾国藩写信给朱蓂，担心曾国潢介入会案太深："哥老会一案，弟有告示，但问其有罪无罪，不问其是会非会，严禁株累诬扳之风，以靖民气。而舍弟澄侯不以为然，必欲搜剔根株。窃恐愈剔愈多，愈搜愈乱，祸无了日。求阁下劝诫澄弟，不再搜寻，静以俟之。"④ 嗣后，曾国藩又写

---

① 《曾国藩全集·日记之二》第 17 册，岳麓书社，2012 年第 2 版，第 418 页。

② 《曾国藩全集·书信之九》第 30 册，岳麓书社，2012 年第 2 版，第 364 页。

③ 《曾国藩全集·家书之二》第 21 册，岳麓书社，2012 年第 2 版，第 440 页。

④ 《曾国藩全集·书信之九》第 30 册，岳麓书社，2012 年第 2 版，第 211 页。

信给姻亲、湖南守将赵焕联（字玉班），重申办哥老会之法，“治党众则宜宽”，“治头目则宜严”，对寻常入会者不可滥捕滥刑，“请阁下与舍弟澄侯坚持此意，告之邑尊，无使无辜者骈首刀锯之下，展转囹圄之中，庶足安反侧而靖民气”。很难想象，曾国藩被称为“曾剃头”，一向以杀辣著称，办哥老会、涉及湘军老部下时，他的心竟然软成了糯米团，他多次写信嘱咐大家不可穷治滥杀，对胁从要宽恕。

同治六年十一月二十日，曾国藩回复郭崑焘：“舍澄弟在湘乡办理哥匪，则排击不中理解，徒足以坚胁从者从逆之心，而枭桀者或多遁匿，无辜者或遭刑戮。……欲湘乡之悉就范围，则生杀之权当操之抚帅，湘邑不准擅杀一人；狱讼之权当操之邑侯，局绅不准擅断一狱。此湖南之福，亦寒门私家之幸也。”[①]这说明曾国潢屏蔽了兄长家书中的告诫，一意孤行，对办理哥老会案干预甚多，下手太狠，难免株连无辜。曾国藩不得已，只好求助于姻亲赵玉班和郭崑焘，始则劝阻，继则定下严格的规矩，让曾国潢既无法办案，又无权杀人。

老兄弟交流，不比跟他人敷衍，掏出来的都是心里话。在别人眼中，曾国藩的地位高不可攀；在曾国潢看来，兄长的日子苦不堪言。就算他在同治六年夏晋阶为端文殿大学士，被人尊称为侯相，身心两方面的苦处并未减轻丝毫，反而加重了。看看同治六年六月初六日他在信中与四弟国潢拉家常：“闻弟与内人白发颇多，吾发白者尚少，不及十分之一。惟齿落较多，精神亦尚能支持下去。诸事棘手，焦灼之际，未尝不思遁入眼闭箱子之中，昂然甘寝，万事不视，或比今日人世差觉快乐。乃焦灼愈甚，公事愈烦，而长夜快乐之期杳无音信。且又晋阶端揆，责任愈重，指摘愈多。人皆以极品为荣，吾今实以为苦恼之境。然时势所处，万不能置身事外，亦惟有做一天和尚撞一日钟而已。”[②]所谓的“眼闭箱子”即棺材，只有躲进那里面才能解脱烦恼。曾国潢一眼觑破富贵真相，要他羡慕别人做大官、出大名就很难了。

曾国潢的儿子纪渠有两个小孩接连夭折了，曾国藩在同治七年六月二十四

---

① 《曾国藩全集·书信之九》第30册，岳麓书社，2012年第2版，第273页。

② 《曾国藩全集·家书之二》第21册，岳麓书社，2012年第2版，第498页。

日的日记中写道："念澄弟昔年于骨肉根本之地，尽心尽力，而两年连殇二孙，殊不可解。闻弟近年好帮官司，好罚人出钱，好送人关班房，岂有损于阴德耶！抑闻侄妇有不敬其姑之处，神示之儆耶！展转思念，实深焦灼。"[①] 曾国潢是几兄弟中唯一没做官的，他在湘乡把持诉讼，干预地方事务，曾国藩都不以为然，甚至担心他越俎代庖，有损阴德。孙子夭折后，曾国潢乘船到金陵来探望兄长，顺便散散心。十月十三日："二更后，澄弟自外宴归，与之久谈。闻有狎邪之游，心实忧之。老年昆弟，不欲遽责之也。"[②] 何谓"狎邪之游"？就是召妓喝花酒。曾国潢比兄长曾国藩小九岁，眼下还不足五十，一介乡绅，到了秦淮河边，被别人撺掇一番，寻花问柳很寻常。曾国藩没有责备曾国潢，他知道千言万语已改变不了这位老弟的积习，只会伤害兄弟和气。由此可见，曾国藩治家亦多有变通，并非长期承包道德高地，逮谁都狠剋一顿。

曾国潢对兄长的手足之情还是非常真挚的。聊天时，曾国藩两次称赞火狐皮最暖身子。言者无意，听者有心，国潢虑及兄长冬日畏寒，又要风尘仆仆赴北方接任直隶总督，于是将自己的那件火狐皮袄托侄儿纪鸿送来。曾国藩心里既感动又不安，怕老弟回湘途中挨冻。

在曾家，曾国潢既是称职的大总管，又是合格的平衡器，他总管家政，平衡各种关系，无不游刃有余。曾家的后防能够稳如磐石，他居功至伟。如果说曾国藩和曾国荃是撑起曾氏家族的顶梁柱，那么曾国潢就是那根横梁。至于曾国华和曾国葆，他们原本拥有建功立业的时机和条件，但命途多舛，英年早逝，这是无可奈何的事情。

曾国华：未兑现自己的天赋

曾国藩的四个弟弟中，曾国华天分最高，气质最奇。对于这个判断，曾国藩、曾国潢、曾国荃、曾国葆都肯认账；"实不羁之才"，"生成有此一枝妙笔"，这样的赞誉之词就出自他们的来往书信。曾国华胸怀大志，但"性情高傲，未

---

① 《曾国藩全集·日记之四》第 19 册，岳麓书社，2012 年第 2 版，第 69 页。

② 《曾国藩全集·日记之四》第 19 册，岳麓书社，2012 年第 2 版，第 104 页。

就温和”“发言尤为尖刻”，曾国藩特意给他取字温甫，希望他渐趋敦厚，与人交往不复抵牾。曾国华天性疏懒，牢骚满腹，曾国藩批评他“自弃多于天弃”，并且告诫他“无故而怨天，则天必不许；无故而尤人，则人必不服”，反复写信敲打，收效甚微。曾国华喜欢自作主张，读书不成，学剑又不成。

曾国荃在家书中评价六兄国华：“究之其才力聪明，高出于群伦之上，倘就绳墨，尽堪卓然自立，而乃以科第淹蹇，抑郁劳骚，遂将平日英气摧阻殆尽矣。”[①] 曾国藩在《母弟温甫哀词》中对国华从军之前的怀才不遇有形象的描述：“粲粲诸弟，雁行以随。吾诗有云：‘午君最奇。’挟艺干人，百不一售。彼粗秽者，乃居吾右。抑塞不伸，发狂大叫；杂以嘲诙，万花齐笑。世不吾与，吾不世许。自谓吾虎，世弃如鼠。相舛相背，逝将去汝。”[②] 道光二十四年，曾国藩赋诗《酬九弟》一组，第四首诗起头两句是“辰君平正午君奇，屈指老沅真白眉”。国潢生于庚辰年，是辰君；国华生于壬午年，是午君；老沅是国荃，字沅甫。于诸弟独称“午君最奇”，可见国华是个不走寻常路的人。《诗经・硕鼠》中有“逝将去汝，适彼乐土”，曾国藩巧借一用，将国华郁郁不得志的心情神态活画出来。

道光二十四年腊月中旬，曾国藩致书诸弟，对于国华九月信中“终日泄泄”，深致不解和不满，他用近乎严厉的语气教训道：“家中之事，弟不必管。天破了自有女娲管，洪水大了自有禹王管，家事有堂上大人管，外事有我管，弟只安心自管功课而已，何必问其他哉？”[③] 这一年，曾国华二十四岁了，还一事无成，在文章、学问方面下力用功都不够，混惯了，便整天晃荡，心不能收，意不能定，气不能静。曾国藩很担心他就这样由闲至懒，由懒至废。

曾国华纳妾后，嫡庶不和，小家之中剑拔弩张，生人之趣顿减，也是他郁郁寡欢的原因之一。曾国荃还在另一封家书中谈到六兄国华受人排挤欺负的情形，相当客观。他说，愍烈公（曾国华谥愍烈）还活着的时候，也是雄才大雅

---

① 《曾国荃全集・家书》第 5 册，岳麓书社，2006 年版，第 46 页。

② 《曾国藩全集・诗文》第 14 册，岳麓书社，2012 年第 2 版，第 277 页。

③ 《曾国藩全集・家书之一》第 20 册，岳麓书社，2012 年第 2 版，第 91 页。

之俦，无论在何处都没有过不堪之举，但是排挤他的人不遗余力，只因他没考取过功名，未博得过官职，别人无从见识他的能耐。如今那些排挤他的人还在，考究当年贬低他的言论，果真都公道吗？我是旁观者，难免要为他鸣不平。我又推究愍烈公被人挟制的缘故，起初他自视甚高，继而将世俗荣华看得太重，最终就不免有外求而欲得的意思，得到之后又不免计较官职的升迁。心情过于急切，所以孜孜皇皇，委曲徇人，别人就有机会欺侮他了。做事要仰人鼻息，难免气馁，必然吃亏，这是知命的君子所不为的[①]。

咸丰六年，江西大半州县沦陷，湘军被困在包围圈中，道路阻塞，军报不通，家书不达，于是曾国藩下令招募敢死之士，用蜡丸隐语求援于湘鄂。太平军也通告民间，悬赏捕捉湘军派出的信使，斩首示众，暴尸街头。前后被捕杀百余人，无人能够逃脱免死。曾国华从湘中艰难跋涉到湖北武昌乞师援赣，胡林翼派出刘腾鸿、吴坤修、普承尧所统各营共五千人，由曾国华率领，盛夏鏖兵，不避艰危，接连攻克咸宁、蒲圻、崇阳、通城、新昌、上高六县，抵达瑞州，江西、湖南始得通音讯。国华积劳成疾，乘舟至南昌，“兄弟相见，深夜愔愔，喜极而悲，涕泣如雨”。国华大病了两个多月，至深秋时节病愈，立即回营，与兄长会师，围攻瑞州。咸丰七年，曾麟书病故，曾氏兄弟回湘乡奔丧。“国藩得拔其不肖之躯，复有生还之一日，温甫力也”[②]，曾国藩的话并未夸张，国华援赣在当时似乎只是浅淡着墨，其实极为关键，再晚一两个月，南昌很可能沦陷，曾国藩的湘军就会被敌方集结的重兵囫囵吞噬。

由于已出嗣叔父曾骥云，咸丰八年二月，曾国华降服期满，复出投奔湘军大将李续宾（字迪庵）。李续宾是罗泽南诸多弟子中的佼佼者，人品上佳，军事天赋奇高，胡林翼十分欣赏他，曾国华投在迪庵营中，乃是优选中的优选，曾国藩非常满意。

咸丰八年七月十九日，曾国藩在日记中写道：“夜三更，与温甫弟别。温在迪庵营，来至兰溪相会，因送至湖口，是夕别去，将由黄梅、宿松等处回迪庵

---

① 《曾国荃全集·家书》第5册，岳麓书社，2006年版，第145页。

② 《曾国藩全集·诗文》第14册，岳麓书社，2012年第2版，第276页。

营也。”曾国藩万万没有料想到，他与六弟国华的这次生离便是死别。

咸丰八年初冬，最震惊朝野的事件莫过于南方战区十月十日的三河之败，李续宾统领的湘军主战部队被陈玉成、李秀成集结的十万太平军包围猛攻，孤立无援，六千将士全军覆没，曾国藩的胞弟曾国华身首分离，死得很惨。

三河败讯传来，曾国藩料到胞弟国华万难幸免，即连日“不吃荤”“仍吃素饭”。国华的遗骸遍寻不见，他就派亲兵杨名声等人去三河战场寻觅，反复再三。“积骸成岳，孰辨弟骨？骨不可收，魂不可招”，《哀词》中这十六字全是写实。

曾国藩花了一个多月时间才确证国华已经殉难。在此期间，他回忆往事，看到国华身上更多的优点，并且在家书中检讨自己的过失：“去年在家，因小事而生嫌衅，实吾度量不闳，辞气不平，有以致之，实有愧于为长兄之道。千愧万悔，夫复何言！自去冬今春以来，吾喜温弟之言论风旨洞达时势，综括机要。出门以后，至兰溪相见，相亲相友，和畅如在江西瑞州之时。八、九月后，屡次来信，亦皆和平稳惬，无躁无矜。方意渠与迪庵相处，所依得人，必得名位俱进，不料遘祸如是之惨！迪庵一军，所向无前，立于不败之地。不特余以为然……此次大变，迪庵与温弟皆不得收葬遗骨，伤心曷极！……去年我兄弟意见不和，今遭温弟之大变。和气致祥，乖气致戾，果有明征。嗣后，我兄弟当以去年为戒，力求和睦。”[①]曾国荃在信中提醒兄长，“家庭不可说厉害话”，曾国藩称赞此言“精当之至，足抵万金”。

宿命论者很容易从曾国华的个案中找到命运不可抗拒的证据：他好不容易走出了逆境和困境，成为胜率最高的名将李续宾信任的部属，此前这支纪律严明的铁军打了一连串的胜仗，正在鼎盛期。九江城易守难攻，湘军名将塔齐布就是因为顿兵于这座坚城之下，久攻不克，愤而吐血身亡。李续宾率领迪军迅速拿下九江，“强悍深根之寇一扫刮绝”，这充分显示了迪庵超强的指挥能力，威名所至，一时无两。嗣后，迪军再接再厉，克麻城，蹴黄安，连下太湖、潜山、桐城、舒城四县，“席全盛之势，人人自以无前，师锐甚”。

---

① 《曾国藩全集·家书之一》第20册，岳麓书社，2012年第2版，第395页。

当绝大多数人头脑发热、乐观情绪爆棚时，曾国华却保持着极其难得的冷静，他认为常胜之师士气将竭，短时期内，很难再靠它拓展新的局面。他劝说李续宾放慢脚步，并且不断提醒部下要重视风险，还写信给兄长表明了自己的忧虑。令曾国藩扼腕叹息的是：“吾弟之智既及之矣，而不肯退师以图全。”回头来看，迪军屡胜之余伤亡不轻，在九江屠城固然痛快，共杀死一万七千人，这未必是一件值得称道的事情；连下安徽四县后，理应休整和补充，却分兵驻守各处而自行削弱。气骄的坏处必然是气惰，是目空一切，一旦对前方潜伏的危险视而不见，所有的好光景就到了尽头。以上是必然之理，还有偶然之事：因为母亲病故，湖北巡抚胡林翼回益阳守制。这是一个始料不及的大利空，缺少了胡林翼的统筹兼顾，本已好转和优化的局面又充满了变数。湖广总督官文只是颟顸的官僚，并未在意迪军分兵之后已日形单薄，必须重新部署兵力，形成犄角，使其近处呼应皆灵。该做的都没做，不该做的却做了，孤军挺进，无异于垂肉于虎口。三河之败，是必然因素和偶然因素聚合在一起的悲剧产物，曾国华的全部梦想毁于其中，他没能兑现自己的天赋，在兄弟们越来越看好他的时候，死神来了。他失去了生命，得到了什么？有“愍烈”的谥号，还有赠官，都将在墓碑上铭刻。

同治三年六月初一日，曾国藩致书曾国荃：“记咸丰七年冬，胡帅寄余信，极赞三庵一琴之贤，时温弟在座，告余曰：‘沅弟实胜迪、希、厚、雪。’余比尚不深信。近见弟之围攻百数十里而毫无罅隙，欠饷数百万而毫无怨言，乃信温弟之誉有所试。”[①] 曾国藩看到九弟国荃围攻金陵章法严密，想起数年前六弟国华的断言。爱护兄弟不难，能预先看到兄弟超凡的潜能特质则很难；曾国藩被誉为人鉴，却不如国华更先期更充分地赏识自家老弟。倘若国华有机会兑现他的天赋，成就未可小觑。

曾国荃：曾氏家族的顶梁柱

曾国藩最欣赏的弟弟是在家中排行老九的曾国荃，他有个性，有魄力，打

① 《曾国藩全集·家书之二》第 21 册，岳麓书社，2012 年第 2 版，第 295 页。

起硬仗、恶仗来，是首屈一指的狠角色，打吉安，打安庆，打金陵，三座坚城均被他团团围困，啃成渣渣，人称“曾铁桶”，名不虚传。若论攻城拔寨的毅力和本领，在晚清战将中，曾国荃绝对可以排名第一。曾国藩对老九期望最殷，督责最严，呵护备至。长达十余年，两人饱经忧患，勠力同心，手足之情深挚，堪比东坡与子由。

道光二十一年，曾国荃到京城求学，居住在兄长家，他是诸弟中第一个随兄长到京城读书的，比国潢、国华都要早。十八岁的小青年，玩兴重，读书不上心，他在北方住不惯、吃不惯，水土不服，渴望返回南方，因此兄弟间很闹了一阵子不愉快。曾国藩要解开这个疙瘩，担心言语冲突，于是采取书面方式，给国荃写了一首诗（开头四句是“松柏翳危岩，葛藟相钩带。兄弟匪他人，患难亦相赖”）和一封两千余字的长信，国荃“微有悔意，而尚不读书”。直到十月十一日曾国藩生日，国荃给兄长敬酒之后方才和好如初。十二月十四日，曾国藩在日记中写道：“夜归，与九弟言读书事。九弟悔从前读得不好，若再不认真教他，愈不能有成矣。余体虽虚弱，此后自己工夫尚可抛弃，万不可不教弟读书也。”[①] 老九在京城的时间不足两年，老大为他讲解经典名篇、修改诗文习作，非常上心。老九“作文不甚圆秀”，但只要稍有进境，老大就会在日记中留下“可喜”的字样。

翌年正月，曾国荃患病思家，由于道路不宁，只得滞留在京。“年少无知，大抵厌常而喜新。未到京则想京，既到京则思家，在所不免。”曾国藩家中的婢仆对主人是一种态度，对主人的弟弟是另一种态度，曾国荃自尊心强，自然受不了。曾国藩认识到国荃的缺点是“凡事无恒”和“不知艰苦”，优点是“举止大方，性情挚厚”。老九毕竟年轻，曾国藩也不想强留他在京城，禀明高堂后，就放虎归山了。腊月底，曾国藩赋诗《岁暮杂感十首》，第七首是写给老九的：“阿弟光明者，爱兄心尚孩。良时无汝共，雅抱向谁开？难就陆云业，多惭许武才。皇都宁不美？舍去竟何哉？”[②] 及至道光二十八年，曾国荃二十五岁，已

---

① 《曾国藩全集·日记之一》第16册，岳麓书社，2012年第2版，第110页。

② 《曾国藩全集·诗文》第14册，岳麓书社，2012年第2版，第22页。

结婚生子，在岳麓书院就读。这年夏天，他回复四兄曾国潢的来信，这样说：“近闻南中朋友自京城归者，颇亟称吾兄本领高不可攀，并能绝尽一切游戏无益之事。弟深悔早岁留京未自伏案用功，任意使气，不听大兄之教诲，洎归后又复因循度日，以至禄禄无所短长，空嗟故我，良自弃也。今兄识与学俱十倍于我，而又时时发奋自立，闻此言不胜惭愧之至。所以亦知反躬省察，稍自振兴，不以邪僻败其身，不作无益害有益，将往岁所好天九一至十者，概置于不见不闻之地。”[①] 曾国荃自愧“无志无恒”，决心痛改前非，将自己平日最爱玩的天九牌都收了起来，束之高阁。这年六月底，江忠源来到省城长沙，将曾国藩委托他购买的全副虎骨交给曾国荃。老九见贤思齐，在家书中盛赞江忠源：“其人之识见力量，自非一切世人所能及。向闻其慷慨忠义之名，窃向慕者久之，今得其人，不觉欣慰之至，不觉佩服之至。”[②] 当时，老九最欣赏的是江忠源这种豪气干云的人物。曾国藩担心老九效仿老六，学书不成，学剑又不成。殊不知，老九就读于岳麓书院后，颇有人缘，他经常打交道的都是刘蓉、罗泽南这类“吾乡伟人”，单是学学皮相就很好。国荃在家书中屡次三番称道罗泽南通经致用的学识和民胞物与的襟怀，引起了曾国藩的重视。

曾国藩对老九的要求日益严格，这样做，先得考虑他的内心感受才行，否则只会激活他的抵触情绪。直到曾国藩辞世四年后，曾国荃回复侄儿曾纪泽，将自己的想法和盘托出：“吾尝论父兄之于子弟，宜奖其所能至，夸其所已至，望其所未至，而期以异日之克至，便得圣贤劝善从长之心，且引诱入德，亦顺而易。若终日以严之道貌相对，以额格厉语相加，是拒之于千里之外，其从善也逆而难。”[③] 他的这番感受得自早年体验，一言以蔽之：好孩子是夸出来的，不是骂出来的，和风澍雨宜多，凛霜寒雪宜少。在曾氏诸弟中，最敬重兄长的是老九，最喜欢跟兄长抬杠顶嘴的是老九，最能助兄长一臂之力的也是老九。曾国藩教诲诸弟，固然常存循循善诱之心，但总体而言他走的路子偏重于严格琐

---

① 《曾国荃全集·家书》第 5 册，岳麓书社，2006 年版，第 3、4 页。

② 《曾国荃全集·家书》第 5 册，岳麓书社，2006 年版，第 5、6 页。

③ 《曾国荃全集·家书》第 5 册，岳麓书社，2006 年版，第 444 页。

细，老九受不了这样的约束，他劝兄长除了厉行秋法，也应乐行春法，使子弟如沐春风，身心常有轻松时、愉悦时，自然而然吸取教益。应该说，曾家由这两种截然相反的家教风格（增压和减压）碰撞融合，才真正达到了宽严合度、收放自如的境界，绵远而有实效。对比一下曾国藩与曾纪泽、曾国荃与曾纪泽的来往家书，营造的氛围可谓迥然不同，曾纪泽畏父而亲叔。曾国荃在家庭中收起大刀阔斧，全是细雨和风。有一件事情极具意味：光绪元年六月二十二日，他决定给病故的妻子熊夫人写一篇祭文，于是专门写信给侄儿纪泽，要他挑选几篇这方面的范文给自己参考，还求侄儿示以体例，率真之情流露无遗，令人动容。许多人都忽略了曾国荃在曾氏家教中的调和作用，流于片面，这着实是个不小的遗憾。

曾国荃初出带勇，是因为新上任的江西吉安知府黄冕赏识他。老九告诉黄冕："方吾兄战利，事无所须于我，我亦从未至营相视。今坐困一隅，我义当往赴，然苦无资力募勇。君但能治饷，我当自立一军以赴国家之急。"这是一句大实话，以往国荃从未像国潢、国华、国葆那样到兄长的大营中讨过生活。此时，曾国藩受困于江西南昌，正处于至暗时刻，老九认为自己有责任为兄长分忧，为国家救急。吉安尚在太平军手中，黄冕是个空衔知府，老九很乐意替他把吉安夺回来。

曾国藩希望九弟取法乎上，以李续宾为榜样，"不慌不忙，盈科后进"。迪庵治军，好整以暇，镇静自若，"不轻进，不轻退"是其用兵要诀。曾国藩将老九与迪庵做比较："弟理繁之才胜于迪庵，惟临敌恐不能如其镇静。"他还指出老九的短板，实际上也是自己的短板："至于与官场交接，吾兄弟患在略识世态而又怀一肚皮不合时宜，既不能硬，又不能软，所以到处寡合。迪庵妙在全不识世态，其腹中虽也怀些不合时宜，却一味浑含，永不发露。我兄弟则时时发露，终非载福之道。"曾国藩希望九弟引以为戒，"一味浑厚，绝不发露"，他还告诫九弟"无惯习机械变诈"（不要惯于使心计、耍花招），露出马脚反为不美。意犹未尽，他又特意撰写一副对联，箴告老九："打仗不慌不忙，先求稳当，次求变化；办事无声无息，既要精到，又要简捷。"应该说，曾国藩十分看好九弟曾国荃的前程，"吾为其始，弟善其终，实有厚望"，这样的话，他从来没跟别的胞弟说过[①]。

咸丰六年十月，曾国荃统领湘勇三千人攻打江西吉安，曾国藩担心老九顿兵于坚城之下，会吃大苦头，就劝他到南昌来见自己，或回家侍奉父亲，这不是看扁人吗？当时，李元度带平江勇刚在抚州吃了败仗，身辱名裂，曾国藩生怕老九轻于尝试，栽个大跟头。他认为老九的经验不及李元度，所处的位置也不如李元度得行其志，如果顿兵于吉安城下，久攻不克，就会骑虎难下，为兄的也袒护不了他，"私情公谊，两无所取"。这么说，曾国荃未必服气。"此事登场甚易，收身甚难，锋镝至危，家庭至乐，何必与兵事为缘？"[②]这才是曾国藩真实的想法，对诸弟投笔从戎持保留态度，起步阶段，就要打消他们的执念，不肯给予过多的鼓励。曾国荃是什么性格？倔强而高傲，他把兄长的不赞成看成了激将法，愈加要好好地表现一番，把坚守吉安的"豆皮春"（太平军猛将周亚春）当成瓮中之鳖来捉。只过一个多月，曾国藩就看到了国荃非凡的军事天赋："九弟治军严明，名望极振。吾得两弟（还有国华）为帮手，大局或有转机。"[③]曾国藩对老九的指导全面而耐心，如何围城，如何交接地方绅士，如何整齐营务，都在信中详细解说。胡林翼爱才识才，夸奖国荃"才大器大"，曾国藩很开心，"才根于器，良为知言"。[④]左宗棠也对曾国荃很是关切。曾国藩就叮咛老九："弟即宜以真心相向，不可常怀智术以相迎距。凡人以伪来，我以诚往，久之则伪者亦共趋于诚矣。"[⑤]左宗棠会是伪装关切吗？当然不是，他主持湖南戎幕，对江西战区的粮饷支持可全是实打实的。

曾氏兄弟也有过火花四溅的磕碰。据曾纪芬的《崇德老人自订年谱》记载：曾纪泽的妻子贺氏体弱多病，嫁至曾家只有一年多就病故在老屋黄金堂，贺夫人的母亲也病故在这里，都说黄金堂不吉利。咸丰七年，曾氏兄弟离开江西，返回湘乡居丧，国荃的夫人熊氏恰在孕期，请巫师来家中驱邪祈福，难免铙钹

① 《曾国藩全集·家书之一》第20册，岳麓书社，2012年第2版，第318、320页。

② 《曾国藩全集·家书之一》第20册，岳麓书社，2012年第2版，第293页。

③ 《曾国藩全集·家书之一》第20册，岳麓书社，2012年第2版，第299页。

④ 《曾国藩全集·家书之一》第20册，岳麓书社，2012年第2版，第308页。

⑤ 《曾国藩全集·家书之一》第20册，岳麓书社，2012年第2版，第318页。

喧天、鞭炮震耳。曾国藩在家守丧，本就心情不佳，于是把国荃夫妇责骂了一顿。这年冬间，曾国荃迁至黄金堂对面曾家坳头的庄屋暂住[1]。两年后，曾国荃构筑新居，屋宇敞阔壮丽，前有辕门，后院仿照公署的形制，为门数重，乡人议论纷纷。曾国藩听说后，写信要老九拆掉它，老九抗命不从。曾纪芬晚年仍记得一些细节，戏场的屋脊用的是江西景德镇烧制的蓝花回文格，可见用料考究，造价不菲。

咸丰八年春，曾国荃声名鹊起，郭嵩焘从京城致书曾国藩，称赞老九名震京师。老兄怕老九骄傲自满，告诫道："盛名之下，其实难副，弟须慎之又慎。"后来，他又郑重叮嘱老九："人生适意之时不可多得，弟现在上下交誉，军民咸服，颇称适意，不可错过时会，当尽心竭力，做成一个局面。"[2] 这年中秋夜，曾国荃攻克了吉安城。曾国藩颇感欣慰，致信祝贺："弟内治军旅，外和官绅，应酬周密，条理精严，卒能致此成功。余在江西数年，寸功未就，得弟隐忍成业，增我光华不少。"[3] 在江西，曾国藩的处境一度极其艰危，几乎到了山穷水尽的地步；曾国荃的强势崛起非常及时，既光耀了曾家的门楣，又打出了湘军的威风。

曾国荃"稳扎稳打，机动则发"，战术实用而有效。在吉安围城打援大功告成使曾国荃对难度最高的攻坚战产生了执念和偏好，凡是别人大老远就绕着走的坚城固垒，准定是他爱啃的硬骨头，他乐意花费两三年时间去做成一件大事，他率领吉字营围攻安庆和金陵都是如此。曾国藩往昔批评过老九"做事无恒"，现在则称赞他"做事耐烦"。

于曾国藩而言，咸丰十年是个喜忧参半的年份：喜的是朝廷任命他为钦差大臣、两江总督，军政实权终于在握；忧的是英法联军攻入北京，銮舆播迁，局势危如累卵，外部威胁空前加剧，曾国藩深感责任压头。

这年深秋，曾国荃围攻安庆，战局仍处于胶着状态。九月初五日，他写了

---

① 《曾宝荪回忆录　附：崇德老人自订年谱》，岳麓书社，1986 年版，此处为曾纪芬《崇德老人自订年谱》第 8 页。

② 《曾国藩全集·家书之一》第 20 册，岳麓书社，2012 年第 2 版，第 349 页。

③ 《曾国藩全集·家书之一》第 20 册，岳麓书社，2012 年第 2 版，第 375 页。

一封信给兄长，讲了一堆不该讲的狂话，惹得兄长大发雷霆。九月初十日，曾国藩回复老九，语气十分严厉：

初九夜所接弟信，满纸骄矜之气，且多悖谬之语。天下之事变多矣，义理亦深矣，人情难知，天道亦难测。而吾弟为此一手遮天之辞、狂妄无稽之语，不知果何所本？恭亲王之贤，吾亦屡见之而熟闻之。然其举止轻浮，聪明太露，多谋多改，若驻京太久，圣驾远离，恐日久亦难尽惬人心。僧王所带蒙古诸部，在天津、通州各仗，盖已挟全力与逆夷死战，岂尚留其有余，而不肯尽力耶？皇上又岂禁制之而故令其不尽力耶？力已尽而不胜，皇上与僧邸皆浩叹而莫可如何。而弟屡次信来，皆言宜重用僧邸，不知弟接何处消息，谓僧邸见疏见轻，敝处并未闻此耗也。……分兵北援以应诏，此乃臣子必尽之分。吾辈所以忝窃虚名，为众所附者，全凭"忠义"二字。不忘君谓之忠，不失信于友谓之义。今銮舆播迁，而臣子付之不闻不问，可谓忠乎？万一京城或有疏失，热河本无银米，从驾之兵难保其不哗溃。根本倘拔，则南服如江西、两湖三省，又岂能支持不败？庶民岂肯完粮？商旅岂肯抽厘？州县将士岂肯听号令？与其不入援而同归于尽，先后不过数月之间，孰若入援而以正纲常、以笃忠义？纵使百无一成，而死后不自悔于九泉，不诒讥于百世。弟谓切不可听书生议论，兄所见即书生迂腐之见也。……至安庆之围不可撤，兄与希庵之意皆是如此。弟只管安庆战守事宜，外间之事不可放言高论，毫无忌惮。孔子曰："多闻阙疑，慎言其余。"弟之闻本不多，而疑则全不阙，言则尤不慎。捕风捉影，扣槃扪烛，遂欲硬断天下之事。天下事果如是之易了乎？大抵欲言兵事者，须默揣本军之人才，能坚守者几人，能陷阵者几人；欲言经济，须默揣天下之人才，可保为督抚者几人，可保为将帅者几人。试令弟开一保单，未必不窘也。弟如此骄矜，深恐援贼来扑或有疏失。此次复信，责弟甚切。嗣后弟若再有荒唐之信如初五者，兄即不复信耳！①

---

①《曾国藩全集·家书之一》第20册，岳麓书社，2012年第2版，第520、521页。

如今，在《曾国荃全集》中已找不到那封惹祸的原信的影子，曾氏兄弟触犯忌讳的书信或被删改字句，或被抽毁原件，这么做的应该是曾家后人。单从曾国藩的回信来看，老九非议的对象为咸丰皇帝、恭亲王和僧格林沁，仅凭道听途说便大放厥词。曾国藩担心的就是这个，老九口风不紧，肆言无忌，一旦传到那些御史的耳中去，遭到弹劾，就会给曾氏兄弟乃至湘军集团造成大麻烦。他赶紧给老九下达封口令，此事绝无讨价还价的余地。对于兄长的厉词切责，曾国荃痛自引咎。曾国藩对他的悔过态度表示满意。险恶的世道如同热带丛林，有人指出危险才可免于灾祸。

清醒的头脑比什么都重要。"古之得虚名而值时艰者，往往不克保其终，思此不胜大惧。"曾国藩的日记不会撒谎，他的谨慎不是伪装出来的，而是恐惧感倒逼而成。虚名不可恃，实祸岂可闯？他希望九弟能把紧口风，勿越雷池半步，也是因为"口戕口"的悬鉴古已有之，一言不慎，满盘皆输。他对老九提出四点要求：一是戒骄戒妄，不可对自己不懂、不晓之事硬下断语；二是不可妄议朝政，触犯武臣之大忌；三是不可轻弃忠义旗帜，否则无以号令天下；四是不可背离君臣同盟，否则必致孤立而失败。湘军集团与清政府之间，虽存在满汉矛盾和权力斗争，但根本利害一致，命运相连。倘若清政府垮台，他们也势必陷于孤绝之境，难以独存。日后，曾国藩回复吴廷栋，道是"弟自治军以来，不复妄议朝政，亦因虚名太重，稍存敛退，非有所怯而嘿尔也"。不是因为胆怯而三缄其口，而是因为妄议朝政无济于事，有害于身，智者所不为。

曾国荃自从军以来还没打过什么败仗，曾国藩担忧他心浮气骄，狂傲自大，咸丰十年九月，他反复提醒老九："天下古今之庸人，皆以一'惰'字致败；天下古今之才人，皆以一'傲'字致败。吾因军事而推之，凡事皆然，愿与诸弟交勉之。"[①] 曾国藩还推究军事和巨室的败因，皆不出"傲"和"惰"的狙击范围："大约军事之败，非傲即惰，二者必居其一；巨室之败，非傲即惰，二者必居其一。"傲与惰混合在一处，其破坏力则更大，不仅翻倍，而且十倍百倍。曾国藩在家书中回忆了道光十九年十月二十八日祖父星冈公给他的教训："尔的官是

① 《曾国藩全集·家书之一》第20册，岳麓书社，2012年第2版，第525页。

做不尽的，尔的才是好的，但不可傲。满招损，谦受益。尔若不傲，更好全了。”[①] 他以这条祖训提醒胞弟们，尤其是老九，可不能让“傲”字在心底扎下壮根，一旦壮根深扎，要拔掉它，就跟拔牙一般痛，甚至更钻心。

咸丰十年七月初七日，曾国荃写信祝贺兄长膺任两江总督，并且在信中给兄长提了两项建议，一是“多置好官”，二是“遴选将才”。七月十二日，曾国藩回复老九，称赞他的建议“极为扼要”，且说“好人实难多得，弟为留心采访，凡有一长一技者，兄断不敢轻视”。这年十一月初二日，“早，接九弟信。自古称君有诤臣，今兄有诤弟。余近以居位太高，虚名太大，不得闻规谏之言为虑。若九弟果能随事规谏，又得一二严惮之友，时以正言相劝勖，内有直弟，外有畏友，庶几其免于大戾乎！居高位者，何人不败于自是，何人不败于恶闻正言哉”。[②] 曾国荃本就是个直性子，兄长要他多讲真话，常进忠言，他是不会客气的。

曾国藩不搞一言堂，他既求谏，亦谏人，对九弟国荃盯得最紧。同治二年七月，曾国藩针对九弟的拒谏行为痛下药石之评：“弟于吾劝诫之信，每不肯虚心体验，动辄辨论，此最不可。吾辈居此高位，万目所瞻。凡督抚是己非人、自满自足者，千人一律。君子大过人处，只在虚心而已。不特吾之言要细心寻绎，凡外间有逆耳之言，皆当平心考究一番。逆耳之言随时随事皆有，如说弟必克金陵便是顺耳，说金陵恐非沅甫所能克便是逆耳。故古人以居上位而不骄为极难。”[③] 其时，曾国荃已获授浙江巡抚实缺，官位高了，跟老大抬杠和顶嘴的底气也足了。曾国藩用“虚心”二字敲打九弟，就是要他恢复冷静的头脑，虚怀若谷才能兼听则明。过了两个月，曾国藩意识到自己责备太苛，便在解饷的时候打趣道：“今日解银七万，慰弟之意，是近来罕见之事。譬之儿时兄打而弟哭，则又以糖食糕饼抚慰阿弟也。”老兄弟亦如小兄弟，读之令人解颐。

在通常情况下，剿师只需防守一面或二面，围师必须防守三面或四面。自古以来，只有强兵能够顾全三面。咸丰十年冬，湘军吉字营仅有一万多名士卒，

---

① 《曾国藩全集·家书之一》第 20 册，岳麓书社，2012 年第 2 版，第 526 页。

② 《曾国藩全集·日记之二》第 17 册，岳麓书社，2012 年第 2 版，第 97 页。

③ 《曾国藩全集·家书之二》第 21 册，岳麓书社，2012 年第 2 版，第 190 页。

围攻安庆，却要顾全四面，战线长达十余里，力量摊薄之后，形势不容乐观。还有一点，太平军将领的妻孥多半在安庆城中，因此“来援之心既切，则致死之力亦专”。胡林翼就感叹道：“吾恐安庆之师覆败，又为金陵之续耳。弟去年痛骂何桂清，此次安庆如不可支，人将何以议我！”这方面的担忧，曾国藩有过之而无不及。

曾国藩惦记曾国荃的安危，到了日思夜梦的程度。咸丰十年十一月二十三日，曾国藩睡觉后做噩梦，“闻九弟恶耗，放声大哭”，老友冯卓怀（字树堂）惊起，敲门大呼，曾国藩“良久乃寤，尚惊悸不已”[①]。曾国藩认为这是他近日体气亏弱太过所致，实则焦虑为因，噩梦为果，曾国藩生怕老九会有什么大闪失。安庆城一日未下，焦虑就一日无解。

咸丰十一年八月初一日，湘军攻克安庆。八月初八日早饭后，曾氏兄弟畅谈了一番。当天上午，曾氏兄弟联舆入城，备极尊荣。曾国藩在当晚的日记中自问“何修得此”，且愧且悚之情溢于言表。八月二十八日，曾国荃到督署来久坐，曾国藩跟老九侃侃而谈“与人为善、取人为善之道”，其说为：“大河水盛，足以浸灌小河，小河水盛，亦足以浸灌大河，无论为上、为下、为师、为弟、为长、为幼，彼此以善相浸灌，则日见其益而不自知矣。”曾国荃“深以为然”。一场大胜之后，满城尸臭味尚浓，兄弟间的谈话就如此滋补心灵，不是鸡汤，胜似鸡汤。若非曾国藩载入日记，则早已一风吹散无人晓。

同治元年六月，曾国荃于军务倥偬之余写信给兄长，倾吐内心的憋屈和愤懑，大意是：渡江两个月以来，兄长来信告诫之词甚多，而体谅之情极少。曾参的母亲本来信任自己的儿子，有人传言他在街上杀人，一次两次曾母不信，到第三次，她也会信以为真，人之常情本就如此。何况非议我的人都是当今的理学名臣呢？于兄长而言，约束老弟，不想授人指责的口实，担心毁坏曾家声誉，因此不得不明处相责，婉言相劝。而站在我的角度，看见兄长惯听浸润之言，凡是看我不顺眼的人，兄长与之往来如故，有时交情还会加深，或者目前笃信对方，或者对方死了还要为之扬名。别人使我难堪，兄长忽略不计，我与

---

① 《曾国藩全集·日记之二》第 17 册，岳麓书社，2012 年第 2 版，第 103 页。

别人偶有不顺，兄长就说别人委屈。兄长是大儒，又出自本门之内，一旦给我下了定论，关系非同小可，所以我不可不申辩一番。我自知器量狭小，知识浅薄，都由于学问未深、意气未化所致。……我愿此后兄长对待中等材质的老弟，寓诱导、奖掖、规劝于批评告诫之中，如此一来，就不至于因为别人的无稽之谈，致使我出言不逊，反唇相讥了[①]。曾国荃遭到外界非议，曾国藩信以为真，对老弟指责多于维护，老九对老大的做法颇感不悦，在字里行间，抵触情绪一触即发。半年后，他索性打开天窗说亮话："兄若于公事上不体谅我一层，心中觉我事事不妥当、不如人，则辛丑、壬寅在都门少年习气又出来矣。"[②]老弟眼里只有老兄，没有上司，说话就这样冲：老兄，你可别总是看我不顺眼！当年在京城我十八九岁时的戆直之气你是领教过的，今天我同样会撂下千斤担，转背返回湘乡老家！

同治二年正月十八日，曾国藩致书曾国荃，欲平息老弟的满腹怨气，特意作出解释：拂逆人意的事情耳目应接不暇，不知老弟指的是哪件事情？倘若老弟与阿兄偶尔有所不合，则尽可不必郁闷难受。老弟有大功于家，有大功于国，我岂有不感激、不爱护的道理？我对待希庵（李续宜）、厚庵（杨岳斌）、雪琴（彭玉麟）、春霆（鲍超）诸君，颇自觉仁让兼至，岂有待老弟反而淡薄的道理？只是有时与老弟意趣不合。老弟的抱负，颇为近似春夏发舒之气；阿兄的抱负，颇为近似秋冬收啬之气。老弟意气因发舒而生机才旺，阿兄的意气因收啬而生机才厚。平日我最喜欢昔人"花未全开月未圆"七字，以为惜福之道、保泰之法莫精于此。曾经屡次以此七字教诫春霆，不知与老弟谈到过没有？……我对老弟军营中保举、银钱、军械等事，每每稍示节制，也是本着"花未全开月未圆"的妙义成全老弟。真要是到了危迫之际，则如同救焚拯溺，不会再稍微有所吝惜。老弟不满意的地方，都在此等关头。所以阿兄将自己心里的想法全讲出来，使老弟释其疑团而豁其郁闷，此关一破，则兄弟融洽无间了[③]。曾国荃保举太滥，

---

① 《曾国荃全集·家书》第5册，岳麓书社，2006年版，第145、146页。

② 《曾国荃全集·家书》第5册，岳麓书社，2006年版，第198页。

③ 《曾国藩全集·家书之二》第21册，岳麓书社，2012年第2版，第114页。

挥金似土，索取军械多多益善，曾国藩想约束他，难免产生不快。老弟抱怨一番，老兄安抚一番，最终云开雾散。

曾国藩安抚的办法很简单，就是尽快派人将粮饷、兵器、火药解送到金陵城外以慰老九之怀，对曾国荃的保举名单也尽可能不打任何折扣。曾国荃的可贵之处就在于心胸宽广，记好不记赖，记恩不记怨。同治三年正月二十二日，他写信告诉兄长："雪、厚今日在此一天，唱戏饮酒，尽欢而返。弟于二君，只记其生平之好处，不复记其前之不满意之词矣，兄尽可放心。"[1] 水师统领杨岳斌、彭玉麟与曾国荃闹过大别扭，彭玉麟还写信敦劝过曾国藩对自家老弟毫不留情，大义灭亲，曾国荃仍能以全局为重，坐下来跟他喝酒看戏，不耽误公事，着实难得。

曾国荃患肝疾，受气动怒则肝疼，这一点曾国藩很清楚。同治三年，金陵城下的湘军因增兵多而饷银少，处处棘手。曾国藩欲助曾国荃纾解危急窘困，苦无良法，"余日夜战兢恐惧，若有大祸即临眉睫者"。这时候，曾国藩最紧迫的任务就是给老九减压，强调手足之情的重要性无疑是最为有效的："即兄弟同心御侮，尚恐众推墙倒，岂肯微生芥蒂？又岂肯因弟词气稍戆藏诸胸臆？又岂肯受他人千言万怄遂不容胞弟片语乎？老弟千万放心，千万保养。此时之兄弟，实患难风波之兄弟，惟有互劝互勖互恭维而已。"[2] 有的话，比如"兄弟同心，其利断金"，平日讲，分量轻飘，这时讲，就极其给力。

此前，太平天国忠王李秀成统兵二十余万（配备了大量洋枪洋炮）对湘军吉字营"百道环攻"，还将洋人的落地开花炮打入营盘，惊心动魄。后来太平天国侍王李世贤也率大军加入了车轮大战，湘军将士要对付数倍于己的敌军，自然是应接不暇，疲于招架。在惊涛骇浪之中，曾国荃统领麾下三万将士凭靠深壕坚垒和顽强的斗志居然苦撑了整整四十六天，经受住了战斗减员、非战斗减员（因患疟疾、染霍乱而病亡），缺乏粮食、弹药等多重严峻的考验，异常顽强地站稳了脚跟。曾国荃特别感激老天爷照应，两旬未下大雨，所以壕墙未

---

① 《曾国荃全集·家书》第5册，岳麓书社，2006年版，第235页。

② 《曾国藩全集·家书之二》第21册，岳麓书社，2012年第2版，第269、270页。

倒，他声称这是“天意助官军，亦我兄积诚之所感”。曾国藩想从李鸿章帐下抽调淮军头号战将程学启驰援金陵，不惜放弃青浦，不惜耗费巨资租轮船运兵。程学启未能成行，是因为曾国荃持反对意见，他宁愿孤军奋战，“艰苦经营，以求自立之道”，也不愿让淮军掺和进来，平分这份功劳。老九写信告慰兄长：“刻下已竭力苦守一月，不唯无恙，且迭致胜不小，计惟有坚挺，为挺世三十、挺年八百而已，决志不妄动一步也。”[①] 曾国藩多次开玩笑说，他要著一部《挺经》，以见不屈者之贞、不挠者之韧，可惜他无暇著书。

在《庚子西狩丛谈》第四卷中，李鸿章对吴永说：“我老师的秘传心法，有十八条《挺经》，这真是精通造化、守身用世的宝诀。”可惜李鸿章只给吴永讲述了一条，具有寓言性质：两位挑担汉过狭窄的田埂，杠上了，互不相让，大半天，都快风化为石像了。一位老人家中要办酒席，久等肉菜不至，出门来寻，问明事由，原来谁都不肯下水田给对方行方便，于是老人捋起裤筒下水田，接过一方担子，让他单身侧过，化解了这个僵局。吴永对这条《挺经》的深意有自己的臆度：“天下事在局外呐喊议论总是无益，必须躬自入局，挺膺负责，乃有成事之可冀。”[②] 吴永是最有条件还原《挺经》十八条的，听李鸿章等曾门弟子转述是一个便捷的途径；倘若他的岳父曾纪泽依然健在，还会有更可靠的版本，无奈到了庚子年，此愿成空。

曾国荃以“挺”字诀应对艰险，颇得兄长之真传。曾国荃麾下将士整体表现着实出色，太平军久战无利，洪秀全不断施压，李秀成被迫转移目标，带兵攻打长江北岸，一度将水搅浑，安徽境内多座城池失守，湖北、江西两省风声鹤唳。所幸李鸿章统领的淮军攻克昆山、嘉定，逼迫李秀成抽调主战部队回救苏州，江北的局势才得以缓解。

当年湘军的苦况如何？曾国藩在《金陵湘军陆师昭忠祠记》中对攻坚之战有实打实的描写：“诸将枯瘠，神色非人”，可怜，此其一；挖地道者“篝火而入地，崖崩而窟塞，则纵横聚葬于其中”，可悲，此其二；太平军对付挖地道者，

---

① 《曾国荃全集·家书》第5册，岳麓书社，2006年版，第180页。

② 吴永口述、刘治襄笔记：《庚子西狩丛谈》，中华书局，2009年版，第124、125页。

"熏以毒烟，灌以沸汤，则趫者幸脱，而悫者就歼"，可悯，此其三；"神策门之役，城陷矣而功不成，龙膊之役，功成矣而死伤亦多"，可叹，此其四。这样的恶仗总共打了两年多，湘军将士的拼命指数绝对爆表。

同治元年秋，当金陵大营最吃紧时，曾国藩写信告诉儿子纪泽："余忧惧太过，似有怔忡之象。"可想而知，身处战火中的曾国荃是怎样打熬筋骨的。从同治元年九月下旬曾国藩的家书来看，老九受伤后，"血流裹创，忍痛骑马，周巡各营，以安军心"，身为前敌总指挥，他这样舍生忘死的确能够提振士气。曾国荃后半生的重要资本源于三战：吉安之战，其表现令曾国藩刮目相看；安庆之战，其表现令曾国藩赞赏有加；金陵之战，其表现令曾国藩钦佩不已。曾国荃麾下的湘军拖住了李秀成、李世贤的主战部队，李鸿章率领淮军在江苏作战，左宗棠率领楚军在浙江作战，都要顺手得多了。

曾国荃绰号"曾铁桶"，他攻打坚城，合围是题中应有之义。他攻打吉安，合围不难。他攻打安庆，兵力不足，无法合围，自嘲"牛栏内关猫，（敌军）松活之至"，于是他回家增募两万湘勇，把牛栏变成了鸟笼，城中守军插翅难逃。他攻打金陵，急于合围，三四万兵力根本不够用，即使由水师兜住一面，仍有很大的缺口。同治二年秋，他一不做二不休，先斩后奏，又添募了两万湘勇，还打算招募水师十二营。九月十七日，曾国藩致书老九，用了一个譬喻："前此老营能战能守之将弁分散太多。譬之一壶酽酒，掺水至四五壶则太淡，不成酒味矣。此余之所深虑。至水师十二营，万可不必添募。弟意不过恐杨、彭师船不能应手耳，天下事焉能尽如人意？古来成大事者半是天缘凑泊，半是勉强迁就。余当寄信与郭意城，请其停止弟处募水勇之事。寄信杨、彭，请其不必代弟造船。望弟亦寄信止之。长江肃清之后，忽添水师十营，于清议也说不去也。"[①]最终，曾国荃接受大哥的意见，添招水师一事不了了之。同治三年正月下旬，曾国荃统领数万湘军将士实现了对金陵的合围，只空出后湖一段。曾国藩于二月初一日接到快报，其真实感受可用"且喜且惧"四字来形容："喜沅弟苦心经营，将有蒇事之日，惧穷寇冒死冲突，如黄河将合龙时之走埽也，不胜

---

① 《曾国藩全集·家书之二》第 21 册，岳麓书社，2012 年第 2 版，第 211、212 页。

战栗之至。”[①] 根据曾国藩当天的日记内容来判断，喜占三分，惧占七分。

从同治三年四月十六日至六月十六日，整整两个月，曾国荃极为焦虑，原因有二：一是太平军盘踞的江南三大城已有两座被攻克，李鸿章的淮军拿下了苏州，左宗棠的楚军拿下了杭州，仅余金陵，城坚而大，敌悍而多，实非别处可比拟；二是朝廷不断催促李鸿章统领淮军主力驰援金陵，大功垂成，别人要来染指分羹。曾国藩担心老九因此焦灼，致使肝疾加重，便及时介入，施以心理疏导，劝老弟听其自然，就算李鸿章奉旨统领淮军前来会攻金陵，老九也不必多心，只求了结这场战役。“独克固佳，会克亦妙。功不必自己出，名不必自己成，总以保全身体，莫生肝病为要。善于保养，则能忠能孝，而兼能悌矣。”[②] 曾国荃怎能甘心将湘军吉字营流血拼命两年多的功劳分出一半给旁人？曾国荃身体劳瘁，自知肝病已深，也不是这种铁血交飞的时期能够保养得好的，置诸来日，忠、孝、悌皆可顾全，现在满心满念全是功名。随后曾国藩的心理疏导愈加深入：“金陵之克，亦本朝之大勋，千古之大名，全凭天意主张，岂尽关乎人力？天于大名，吝之惜之，千磨百折，艰难拂乱而后予之，老氏所谓‘不敢为天下先’者，即不敢居第一等大名之意。弟前岁初进金陵，余屡信多危悚儆戒之辞，亦深知大名之不可强求。”[③] 曾国藩还说：两年以来，李鸿章屡立奇功，已肃清江苏全境；我和你名望虽减，尚不致身败名裂，这就是家门之福泽。我军顿兵于坚城之下，久攻无果而朝廷无贬辞，大局无异变，这就是我们兄弟的幸运。只可畏天知命，不可怨天尤人，如此这般便可以养身却病、保泰持盈。曾国藩千嘱咐万叮咛，都不如李鸿章明确表态令老九宽心。李鸿章上奏朝廷，同时致书曾氏兄弟，意思只有一个：短期内，他无法率领疲乏的淮军远道驰援友军，并且他坚信浙江巡抚曾国荃能够率领雄师独自攻克金陵城。这种话是曾氏兄弟爱听的，虽仍存疑窦，但大为安心。

同治三年六月二十二日，曾国藩在安庆收到了六天前湘军克复金陵的捷

---

① 《曾国藩全集·日记之三》第18册，岳麓书社，2012年第2版，第14、15页。

② 《曾国藩全集·家书之二》第21册，岳麓书社，2012年第2版，第276页。

③ 《曾国藩全集·家书之二》第21册，岳麓书社，2012年第2版，第278页。

报。六月二十五日，他乘船抵达石头城，急忙奔赴吉字营犒劳将士，看见老九“体虽较瘦而精神完好如常，为之大慰”。当天，曾氏兄弟聚晤两次，畅叙良久。大哥关心老九都到了什么程度？曾国藩七月十二日的日记可资参考：“观沅弟近三日演戏请客，料理极为周密，又见其小便甚长，当是寿征”。就连老九进茅厕撒了一泡长尿，曾国藩都看在眼里，记入日记，据此征象推断老九能够长寿。这天的日记从头至尾描述兄弟情深，可谓朴实无华，笔笔到位。

同治三年秋，为了尽释朝廷的猜疑，曾国藩决意下狠手裁撤湘勇。按理说，子弟兵被裁撤，曾国荃最心疼。他凭靠两年多的浴血奋战获封伯爵，但是满肚皮怄足了鸟气，肝疾也加重了许多，他不赶快回老家养病，还真可能有性命之忧。此时，曾国藩将老九的吉字营标定为第一批裁撤的重点对象，是非常冒险的。万一老九再度怄气，肝病大发，情形可就不妙了。这年七月二十九日，曾国藩致书老九，语气空前柔和：“弟之退志，兄应成全，兄之门面亦赖弟成全。……倘兄之门面撑立不住，弟亦无颜久居山中矣。……此外孰留孰撤，听弟裁酌。”① 关于裁择湘勇，尤其是大规模裁撤吉字营人马，曾国藩与老九有商有量。老九的魄力更大，能够快刀斩乱麻，只挑选洋枪马队二千余人随他回湘，名义上“以备桑梓之不虞”，实际上大功臣的派头非同凡响；相比而言，大哥顾虑更多，反而显得有点钝刀子割肉慢慢痛。

同治三年八月二十日，曾国荃四十一岁初度，曾国藩送给老九的是一份特殊的生日礼物——十三首贺寿诗。九月初二日，曾国藩在日记中自陈旨趣：“写手卷一个，即沅弟之寿诗十三章。跋尾云‘使儿曹歌以侑觞’，盖欲使后世知沅甫立功之苦、兴家之不易，常思敬慎以守之也。”这十三首贺寿诗各有其耐人寻味的妙处，通达人情，洞明世事，读之令人弥增感触。

第十首诗脍炙人口：“左列钟铭右谤书，人间随处有乘除。低头一拜屠羊说，万事浮云过太虚。”② 这首诗奉劝老九将毁誉看淡，将功名看轻，屠羊说实为庄子笔下的楚国高隐，不贪功、不贪利、不贪名，他活得潇洒自由，了无挂碍。

---

① 《曾国藩全集·家书之二》第21册，岳麓书社，2012年第2版，第317页。

② 《曾国藩全集·诗文》第14册，岳麓书社，2012年第2版，第86页。

那句“万事浮云过太虚”跟如今的网络语言“神马都是浮云”是一个意思。在名利场内、权势峰头、毁誉浪口，最难得的是觉悟之后不再勾留。

从同治三年六月二十五日曾国藩乘船抵达金陵到这年十月初四日曾国荃从采石矶乘船返回湘乡，大约一百天，曾氏兄弟常常见面，多有叙谈，值得留意的有两次，第一次是在九月初八日：“沅弟谈久，稍发抒其郁抑不平之气。余稍阻止劝解，仍令毕其说以畅其怀。沅弟所陈，多切中事理之言，遂相与纵谈至二更。其谏余之短，言处兄弟骨肉之间，不能养其生机而使之畅，遂深为忠告曲尽。”[①] 长兄对诸弟的忠告以往绝大多数情况下是单向的，这不正常。老九建树了偌大的功业，也就拥有了偌大的话语权。他对长兄的忠告是“处兄弟骨肉之间，不能养其生机而使之畅”，这句话如鲠在喉，老九不吐不快，可见长兄的权威对诸弟的压迫太狠了点；他们需要引导，但惧怕斥责，宽容和理解方可“养其生机”，多倾听、多交流、少训诫则可使心情舒畅、感情融洽。老九的这句忠告引起了曾国藩的高度重视，因此将它记入了日记。第二次是在十月初一日，曾国荃离开金陵前三天：“夜，与沅论文、诗。二更三点睡。沅弟之情最笃挚，余偶诵东坡《狱中寄子由》二首及子由《彭城别东坡》二绝，沅乃凄然欲涕。又论及出处大端，沅弟所见与余略同。”曾国藩喜欢苏东坡的诗，他在《十八家诗钞》中收录了不少，对于苏氏兄弟深挚的手足之情极其赞赏。曾国藩偶诵苏东坡和弟弟苏辙（子由）的四首诗作，老九眼中便噙满伤感的泪花，至情流露，颇为真实。他们还“论及出处大端”，也有不少契合的地方，真是难得，可想而知，和煦之气满室生春，兄弟间如此交流和沟通正是老九所渴望的“养其生机而使之畅”。这年十月初四日，曾国荃从采石矶解缆而归，曾国藩命纪泽远送九叔至安徽芜湖。曾国荃于十一月中旬到家。曾国藩感慨道：“成此大功，而清吉还乡，真祖宗之余荫、全家之福也！”

出人意料的是，曾国荃居家养病，日子并不好过。由于外界揪住湘军在金陵城内造孽太多、刮财太狠这些槽点不肯放松，长时间舆情汹涌，人言可畏。老九的病情毫无起色，心情也日益糟糕。对此，曾国藩在同治四年六月初三日

---

① 《曾国藩全集·日记之三》第18册，岳麓书社，2012年第2版，第90页。

的日记中感叹道："立非常之勋绩而疑谤交集，虽贤哲处此，亦不免于抑郁牢骚。然盖世之功业已成矣，寸心究可自慰自怡，悠悠疑忌之口只可付之一笑！"倘若曾国荃能够做到"自慰自怡""付之一笑"，事情就简单了，但他很难超然物外，开始怀疑人生：莫非别人眼中"烈火烹油，鲜花著锦"的富贵就是这样的？嗣后，朝廷欲任命曾国荃为山西巡抚，曾国荃接连上章辞谢，坚卧不起，这一回，曾国藩完全站到老九的立场上，"甚喜其知几之明、襟怀之淡，反复筹思，将成其志"，并且拿定主意，两兄弟出处进退，必能避荣远辱，但以不露痕迹为宜。直到同治五年正月，曾国荃简授湖北巡抚，曾国藩才认为老九出山的时机已成熟，"从此三江两湖联为一气，于办捻较有把握，为之欣慰"。北方吃紧，中原多故，朝廷信任功臣，曾国荃的军事才能无人可以否认，曾国藩是剿捻总指挥，有老九相助，心里踏实，"论公论私，均属大有裨益"，这是他的心里话。

曾国荃绰号为"曾铁桶"，单论围城打援，他是晚清时期的头号高手，至于野战，那就是另外一回事了，剿捻考验将士的恰恰是野战能力。同治五年十月初七日，名将郭松林统领的数千湘军在湖北安陆臼口遭到重挫，郭松林身受重伤，曾国藩忧灼之至，"既虑弟名之日损，又虑流寇日炽，不可收拾也"。湖北境内久遭捻军蹂躏，曾国藩担心九弟"渐失民望"。及至腊月下旬，局势已不容乐观，曾国藩致书老九，多有期待："弟素有知兵之名，故此次于星使在鄂之际，军事甚不得手，名望必为减损，仍当在选将练兵切实用功。一以维持大局，扫净中原之氛；一以挽回令名，间执谗慝之口。"曾国荃憋足了劲，但他要对付的不是一座坚城，而是飙忽如疾风闪电的捻军，既无所用其勇，亦无所用其谋。个人声望的顿减尚在其次，军事上的反复失败正在吞噬他手中的资本。

同治六年二月十八日，曾国荃的表弟彭毓橘（字杏南）在湖北黄州六神口阵亡，死伤甚众，其中有不少是湘乡的亲邻子弟。彭毓橘是曾国荃麾下的一员悍将，随他攻克安庆和金陵，却死于盛年。令曾国藩担忧的是："沅弟久处顺境，今处此非常拂逆之遭，不知能自持否？实深忧灼！捻势日盛，家国同患。"曾国藩写信给曾国荃，满纸宽慰之词，甚至不惜翻出自己的糗事为老九开脱："补救一分，即算一分。弟已立大功于前，即使屡挫，识者犹当恕之。比之兄在岳州、靖港败后栖身高峰寺，胡文忠在奓山败后舟居六溪口气象，犹当略胜。高峰寺、六溪口尚可再振，而弟今不求再振乎？……另起炉灶，重开世界，安知此两番之大败，非天之磨炼英雄，使弟大有长进乎？谚云：‘吃一堑，长一智。’吾生平长进全在受挫受辱之时。务须咬牙立志，蓄其气而长其智，不可荼然自馁也。”① 有兄长这番打气鼓劲，老九的余勇尚可一贾。

曾国荃膺任湖北巡抚以来，狠手频出，先是“裁撤多营，易以湘勇”，然后“密劾唐君，旋及官相”。曾国藩批评老九“自信自负太过，全无谦谨敬畏之意”，主要讲的是后者。官相即当时的湖广总督官文，此公盘踞督府十余年，资历老，而且深得两宫皇太后信任。咸丰年间，胡林翼膺任湖北巡抚，尚且要认官文的小妾为义妹，时常借力于她。官文倚老卖老，对待曾国荃骄倨傲慢，即为新常态。曾国荃以大功臣自居，哪肯忍受这种鸟气？一纸弹章，将矛盾大白于天下。督抚同城，磕碰原本就多，如此约架，必然势同水火。最终吃亏的当然不会是官文，朝廷将他调走，直隶总督的新职位比湖广总督更香。曾国荃的处境却要糟糕得多：大将郭松林伤败、彭毓橘覆亡，鲍超也与他大闹别扭，再加上湖北巡抚衙门失火被焚，万矢齐集，众谤交至，压垮骆驼的最后一根稻草便是捻军窜入青州，曾国荃被摘去顶戴，交部议处。老九去志已决，此后闲云野鹤，度过了近十年的赋闲生涯。

这回，曾国荃的心态倒是不差，曾国藩悯其劳苦，信中很少再有告诫之词，老兄弟谈教子、治病、养生，津津有味，乐在其中。曾国藩说，祖父星冈公以热水泡脚养生，有奇效，他劝老九勤泡不辍。同治八年七月二十六日，曾国荃的回复令人捧腹：“热水洗脚上床，系养生良法，又是祖传妙方，兄已试行多年有效者，弟亦苦于力不能学。盖十余年皆自七月洗澡毕，必俟次年五月大端午后乃洗起，其不洗澡之十个月，亦无滴水及足，香可知矣。他日易名，当以‘懒武’配‘威毅’而并永也。阅此发一笑否？”② 所谓“易名”，即大臣死后获朝廷赐谥，曾国荃的爵名是一等威毅伯，自愿谥为“懒武”，比曾国藩自愿谥为“文韧”要好玩得多。

---

① 《曾国藩全集·家书之二》第 21 册，岳麓书社，2012 年第 2 版，第 485、486 页。

② 《曾国荃全集·家书》第 5 册，岳麓书社，2006 年版，第 293 页。

同治十一年二月初四日，曾国藩与世长辞。五月，曾纪泽奉柩浅葬于长沙南门外金盆岭，只是暂厝。八月二十四日，曾国荃回复王柏心，怆怀之情溢于字里行间：“回忆兄弟崎岖戎马，险阻备尝，钟阜分襟，瞬及七载。方期志事粗酬之后，角巾归第，白首怡怡，乃天不假年，倏成永诀！”[①] 同治三年十月初四日，曾国藩与曾国荃在金陵分别，原本以为老兄弟暮年休致，可以煮酒烹茶，共话桑麻，孰料那竟是他们的最后一面，七年暌违，人天永隔。

同治十三年十一月初五日，由曾国荃主持，将曾国藩的灵柩改葬于善化县（今属长沙市）平塘伏龙山之阳，与欧阳夫人合茔。曾氏兄弟老大与老九晚年相约，兄先殁则弟营葬事，弟先殁则兄制墓铭。曾国荃遵守承诺，为了给兄长找到一块风水宝地，他骑马坐轿在湘乡、湘潭、衡山、长沙踏勘了许多地方，磨破鞋底，不肯草率。

伏龙山的这片墓地最终由曾国潢、曾国荃、曾纪泽、曾纪鸿叔侄共同认可，由风水名家沈青泉点穴定向。同治十三年十一月初四日，曾纪泽在日记中记载了筑墓过程中的争议：九叔父对伏龙山相当赞赏，沈青泉也认为是个尽善的地方。不少朋友来看过，说好说差的都有，有人认为乾巽朝向错了，有人说这个朝向是对的，但嫌墓穴的位置过于靠上，有人认为墓穴挖得太浅，众说纷纭。推究起来，择地须避五患[②] 之外，只求土质洁燥，可安体魄就行，其余的看法皆为臆测之说，有何依据呢？曾纪泽在日记中写道：“夜饭后，四叔父率诸弟及朱星槛、陈松生诸亲友以米、盐、茶之属实于缶中，诵《诗》‘信彼南山’‘倬彼甫田’‘大田多稼’三章，各三遍，将以纳诸圹中，湘俗也。”[③] 湘乡的葬俗是将米、盐、茶装满瓦缶，将《诗经》中《信南山》《甫田》《大田》的头一章朗诵三遍，然后把瓦缶放进墓穴。曾纪泽不相信风水，认为相关的诸多讲究都是毫无定准的臆测之说，但他尊重长辈的意见和湘乡老家的风俗。

---

① 《曾国荃全集·书札》第 3 册，岳麓书社，2006 年版，第 472、473 页。

② 据北宋理学家程颐所言：“择地先须避五患。须使他日不为道路，不为城郭，不为沟池，也不为贵势所夺，不为耕犁所及。”

③ 《曾纪泽日记》第 1 册，中华书局，2013 年版，第 449 页。

曾国荃对兄长的感情极为深挚，他的《祭伯兄文正公文》以沉痛见称，只需阅读一段就能领略全貌：“辜负教训，四十九年。昔我乘气，自谓无前，兄裁以义，翻不谓然。一再试世，重踣而颠。弟以刚折，兄以曲全。迄我知德，兄没九泉。谁与论道？口不复宣。望灵垂涕，鸣原百篇。”曾国藩为了让老九学会写奏章，专门编辑了一部《鸣原集》，精选历朝历代最明晰事理的奏章作为范本。此书经数年陆续编成，兄弟间有过反复的商量讨论。曾国荃跟兄长抬了几十年的杠，受尽挫折之后，方知兄长的教诲语重心长，这是多么痛的领悟。

曾国葆：大功可待身先殒

曾国葆，原字季洪，后改名贞干，字事恒，比长兄曾国藩小十七岁。

咸丰元年，曾国藩在家书中告诫国葆：“季弟看书，不必求多，亦不必求记，但每日有常，自有进境，万不可厌常喜新，此书未完，忽换彼书也。”曾国藩指导诸弟读书，总是如此细致具体。

曾国藩墨绖从戎，编练湘勇，诸弟之中季弟国葆最早追随。咸丰三年秋末冬初，国葆不耐烦，闹情绪，想离开湘军回家教书。纵然父亲出面，晓之以明理，责之以大义，仍很难激发国葆的壮志雄心。曾国藩也担心季弟擅自离开队伍，“迹近规避，导诸勇以退缩之路”。然而就算他留得住人，却留不住心，终归无益。咸丰四年，国葆还是回了湘乡。

咸丰五年三月二十日，曾国藩在家书中训导：“季洪弟尽可不必教书，宜在家中读书。文理尚未甚通，不可误人子弟。去年季弟带兵在益阳等处，所出告示，人有传以为笑者。笔墨之间，不可不慎。”[①] 这就有点犯窘了，曾国葆出个告示尚且被人取笑，可见其修为仍欠缺一大截；国葆二十八岁，以退为进倒也无妨，该补的课还得补上。曾国藩教导诸弟，总是强调不要性急，尽可能做好知识储备，出手的机会有的是，亮相的舞台也有的是，根本不用担心错过功业勋名。

咸丰八年十月，曾国华阵亡于三河，身首异处，这个变故对曾氏兄弟形成

---

① 《曾国藩全集·家书之一》第20册，岳麓书社，2012年第2版，第259页。

了极强的冲击波。于是曾国葆毅然出山，投笔从戎，发誓要为六兄报仇。曾国藩没有反对，只是怕季弟跟错了领头羊。他在家书中提醒道："今日办事之人，惟胡润之、左季高可与共事。此外皆若明若昧，时信时疑，非季弟所能俯仰迁就也。"他要曾国荃反复开导季弟，择贤而事，不可草率，只有胡林翼、左宗棠是靠谱的。曾国葆先到湖北投奔胡林翼，胡林翼待之甚厚，授以事权，而后国葆与胞兄国荃齐心合力围攻江北的坚城安庆，如臂使指，呼应甚灵。两个弟弟待在一起，固然有点冒险，像是把鸡蛋合放在一个篮子里，但曾国藩比以往更安心，论治军打仗，老九的本领是完全值得信赖的。何况战阵之间，难保万无一失，只视乎命运如何。

咸丰十年六月，曾国藩写信祝贺国葆官阶初晋（"以训导加国子监学正衔"），说是官级不高，稳妥开张就好。还推想道：或许前几年你内心那股抑塞不通之气，至此将畅然舒发。大哥以《易经》中的系辞"天之所助者顺也，人之所助者信也"激励季弟：我弟若能常常履信思顺，目前的名位岂可限量你的前程？心情愉悦了，曾国藩的教导就会升级："吾湖南近日风气蒸蒸日上。凡在行间，人人讲求将略，讲求品行，并讲求学术。弟与沅弟即在行间，望以讲求将略为第一义，点名、看操等粗浅事必躬亲之，练胆、料敌等精微之事必苦思之，品、学二者，亦宜以余力自励。目前能做到湖南出色之人，后世即推为罕见之人矣。大哥岂不欣然哉！"[①] 曾国藩还说："哥做几件衣道贺。"这就满满的都是人情味了。

曾国葆婚后无子。同治元年春，家中妻子猝然病故，光景凄凉，可想而知。曾国荃致书兄长，说是天地之间唯有不生儿子的境况最为悲苦，又值困顿抑郁之余，年方壮盛，在两千里外乍闻配偶丧亡的坏消息，可谓雪上加霜！幸而季弟还算达观，自制力不差，这正是季弟可敬的地方。在另一封信中，曾国荃说：我们几兄弟中，季弟的性情最忠厚，遭遇最困苦。我们应当体谅他的心迹，使他有机会展露才华，舒吐闷气，这才是克尽兄弟友爱之道[②]。曾国潢将儿子纪渠

① 《曾国藩全集·家书之一》第20册，岳麓书社，2012年第2版，第497、498页。

② 《曾国荃全集·家书》第5册，岳麓书社，2006年版，第120、144页。

过继给国葆为后嗣，此举最为体贴。

有时大哥也会敲打季弟，比如国葆给侄儿曾纪泽路费二百金，就给得太多了。曾国藩说，他做京官十余年，从未得人二百金，也从未赠人二百金，物力艰难，不可让后辈萌生奢侈之心。曾国藩忧虑家中子弟“全未见过艰苦模样，眼孔大，口气大，呼奴喝婢，习惯自然，骄傲之气入于膏肓而不自觉”，因此要一改故习，防微杜渐，时刻大意不得。

国葆随兄从军，起初是大哥罩着他，后来是九哥罩着他，打安庆时他立下了大功，打金陵时他不惧疫病，辅助国荃度过了四十六天的惊涛骇浪。难能可贵的是，他将做官看得跟做秀才无甚差别，颇能安命，颇能知足。国荃客观地评说道：季弟阅历较少，所谓险阻艰难、人情真伪，还未尽尝尽知。但他的表现大致不谬，也是难得的人才。

同治元年六月，曾国藩写信告诉九弟国荃，湖北官场有人怀疑季弟国葆私吞军饷，这是有意为难，若胡林翼还活着，不可能有此嫌猜。曾国荃认为兄长不应在家书中述及此事，季弟本已被人冤枉，看了信会更加难受，于是引出兄长一篇议论来，先是说：“外间指摘吾家昆弟过恶，吾有所闻，自当一一告弟，明责婉劝，有则改之，无则加勉，岂可秘而不宣？”继而说：“有才者忿疑谤之无因，而悍然不顾，则谤且日腾；有德者畏疑谤之无因，而抑然自修，则谤亦日熄。吾愿弟等之抑然，不愿弟等之悍然。愿弟等敬听吾言，手足式好，同御外侮，不愿弟等各逞己见，于门内计较雌雄，反忘外患。”最后一段文字才是重点：“至阿兄忝窃高位，又窃虚名，时时有颠坠之虞。吾通阅古今人物，似此名位权势，能保全善终者极少。深恐吾全盛之时，不克庇荫弟等，吾颠坠之际，或致连累弟等，惟于无事时，常以危词苦语互相劝诫，庶几免于大戾。”[①] 兄长居于高位，又享盛名，具有超强的危机意识，历史上权臣、强臣、名臣都是箭垛似的人物，是毁誉集矢指向的大目标。过誉倒是无大碍，过毁则必万弩齐发，被射得遍体窟窿。所以说，要像唐朝汾阳王郭子仪那样安身保家，就必须忍常人所不能忍，容常人所不能容，谨之又谨，慎之又慎，否则一人翻船，全族罹祸。

---

① 《曾国藩全集·家书之二》第 21 册，岳麓书社，2012 年第 2 版，第 33 页。

曾国藩反复告诫诸弟，眼看着诽谤追身，仍要知晓自抑，不做计较。

金陵城巨大，曾国荃仅用五万多人包围它，谈何容易。国葆防守江滨，联络水师，保障粮路通畅，“稳慎有条”，令大哥十分满意。曾国藩夸赞道：“吾两弟可谓贤且劳矣！愿从此益加谨慎。”曾国荃回复兄长：“季弟带八哨人接应东路十营，至今尚留在此。此次季弟甚有韬略，为功于东路不小。”

同治元年十一月上旬和中旬，曾国葆的病势加重，反复发烧，曾国藩担忧季弟的病情，“急占一卦，遇剥之谦，似尚无碍”，此卦并不灵验，国葆于本月十八日病逝于金陵城外。

曾国葆有一个致命的弱点，“信药太过，自信亦太深”“好服药，且好易方”。曾国藩担心季弟迟早为药物所误，信中总是“谆谆以不服药为戒”，但再多的箴言都如秋风射马耳。曾国藩写信给九弟，嘱咐他盯住国葆那双好弄药物的大手：“吾每以季之多病为虑，尤以其果于自医为虑。以后季或有疾，总嘱其莫轻服药。至要至要！”曾国葆喜欢自己给自己诊病，自己给自己开药，难免有误。这年冬天，国葆患伤寒一病不起，究竟是不是乱服药害他丢了性命？讫无定论。曾国荃痛失季弟，一度万念俱灰，他致书好友郭崑焘，感叹道：“昔者闻贼来百万，不以为苦；饷欠十月，不以为穷。今猝抱折臂之痛，战守之事，助我无人，是真穷且苦也！”[①]

曾国葆病逝后，曾国荃悔恨不已，说是应该早日送季弟回家治病养生才对。曾国藩也很难过，他宽慰九弟道：“不带勇则已，带勇则死于金陵，犹不失为志士！”他还引用袁枚的诗句“男儿欲报君恩重，死到沙场是善终”，以此告慰季弟的在天之灵[②]。

世间有奇事，不遇则往往不知，不遇则往往不信。同治元年十二月初一日，曾国藩写信告诉九弟：“昨日为季弟写铭旌，自外入室，闻檀香甚烈，意戈什哈等焚之，以致诚敬。及至写毕一问，并无人焚香者，殊为可异。”[③]眼睛幻

---

① 《曾国荃全集·书札》第3册，岳麓书社，2006年版，第276页。

② 《曾国藩全集·家书之二》第21册，岳麓书社，2012年第2版，第91页。

③ 《曾国藩全集·家书之二》第21册，岳麓书社，2012年第2版，第94页。

视、耳朵幻听常有之，鼻子幻嗅则闻所未闻。十二月十五日，曾国藩重提此事："余平生不信鬼神怪异之说，而八年五月初三日扶乩，预料九江一军必败，厥后果有三河之变，及昨二十九日写铭旌时，异香满室，余所亲见亲闻，又觉神异之不尽虚妄也。"情不至极，觉不至透，则神不灵，异不察，真可能是这样的，曾国藩开启了第六感，自然就打通了幽明两界之间的那扇玄妙之门。

曾国藩为季弟国葆撰写挽联，情感深挚："英名百战总成空，泪眼看河山，怜余季保此人民，拓此疆土；慧业多生磨不尽，痴心说因果，望来世再为哲弟，并为勋臣。"他还撰写了《季弟事恒墓志铭》，提供了一条重要史料：咸丰三年，曾国藩奉诏出山练勇，招募水陆诸军。国葆带六百人跟从，杨载福、彭玉麟最初都在国葆营中做僚佐。难得的是，国葆慧眼识英才，举荐杨、彭二人是非常之器，自己甘愿为其下属。咸丰四年三月，岳州兵败，国葆又入告诸将无罪，自己愿意独担责任。"其后杨、彭二人果以水师雄视东南，而诸将亦次第登用，掇取高官大名。独季弟黯黮而去，筑室紫田山中，闭绝人事，身与世若两不相收。"[①] 命运如此安排，无所谓对错。两位水师统领杨载福、彭玉麟都比曾国葆年长，最初都做过曾国葆的僚佐，都得到曾国葆的举荐，他们的功名远远超过了昔日的上司。曾国葆病殁于金陵克服之前，更见出天公无意玉成其功名事业。这是令曾国藩最难受的地方。

四年前，载有曾国华灵柩的炮船经过武昌，胡林翼三次登船，四次祭奠，多方照应，无不周密，极为感人。这次载有曾国葆灵柩的炮船再度经过武昌，胡林翼已逝，湖北方面礼数极疏，令曾国藩复增悲慨。正月十八日，国葆的灵柩抵达湘乡。此前四天，曾家大姐国兰去世，同胞九人，已凋谢其五，只剩四人。"抚今思昔，可胜伤恸！"国葆生前抱负未展，死后哀荣备至，获谥靖毅——"皆优等谥法，远胜温弟，予季身后之荣，真无遗憾"，曾国藩以此稍得自慰。

同治二年正月下旬，曾国藩写信指示四弟国潢，将季弟葬于马公塘。他说：这块地是季弟喜欢的，又是九弟看中的，不要再派人到处寻地了。"同一兄弟也，分之亲疏相等，而情之浅深各殊。沅之爱季，其情更深于余，并深于澄弟。沅

---

① 《曾国藩全集·诗文》第 14 册，岳麓书社，2012 年第 2 版，第 322 页。

之看地，亦较余与澄稍精。若一切从沅，吾知季弟必含笑于九泉矣。”[1] 曾国藩还担心国荃近日肝气颇旺，若改地而葬会使他更加怫郁。

在《季弟事恒墓志铭》的结尾，曾国藩感叹道：“智足以定危乱，而名誉不并于时贤；忠足以结主知，而褒宠不逮于生前；仁足以周部曲，而妻孥不获食其德；识足以祛群疑，而文采不能伸其说。呜呼予季，缺憾孔多。天乎人乎？归咎谁何？矢坚贞而无怨，倘弥久而不磨。”[2] 曾国葆提供的个案显示了颇多遗憾，智力、才力、能力业已兼备，机会和舞台也都是现成的，但他英年早逝，抱憾而终。

---

① 《曾国藩全集·家书之二》第 21 册，岳麓书社，2012 年第 2 版，第 116 页。

② 《曾国藩全集·诗文》第 14 册，岳麓书社，2012 年第 2 版，第 323 页。

16 章　自嘲“坦运不佳”

曾国藩终生自视为寒门子弟。道光二十四年五月十二日，他写信禀告父母，其中有一句话非常关键：“儿女联姻，但求勤俭孝友之家，不愿与宦家结契联婚，不使子弟长奢惰之习。”当时，衡阳籍名宦常大淳想与曾家联姻，将女儿许配给曾纪泽，曾国藩犹豫一番后，最终没有同意。他听说常家大少爷“最好恃父势作威福”，因此担心“其家女子有宦家骄奢习气，乱我家规，诱我子弟好佚耳”，又听说此女是侧室所生，常家嫡庶之间不甚和睦，就更加铁心不对亲了。他对未来儿媳的要求很简单：一是“耕读人家之女”或“孝友书香人家之女”，二是“无富贵气息者”[①]。若符合这两个条件，“不必问其贫富，亦可开亲”。

道光二十五年，大舅子欧阳牧云想与曾国藩联姻，这是世俗之所谓亲上加亲。曾国藩在家书中明确反对：“兄妹之子女犹然骨肉也。古者联姻之道，所以厚别也，故同姓不婚。中表为婚，此俗礼之大失。”[②]近亲结合，子孙不佳，这个道理中国古人早懂，也算是常识，曾国藩在这方面不糊涂。至于他说“不愿与宦家结契联婚”，就基本上没有做到，有的亲家联姻时不是官宦，后来也成了官宦。

曾国藩对子女要求严格，“勤俭”是达标线，这个没有商量余地，其他方面他算得上是一位慈父，对儿女不乏温情。

曾纪芬著《崇德老人自订年谱》，其中有些温润的笔墨：“余幼时头上常生

① 《曾国藩全集·家书之一》第 20 册，岳麓书社，2012 年第 2 版，第 75、166 页。

② 《曾国藩全集·家书之一》第 20 册，岳麓书社，2012 年第 2 版，第 95 页。

虱，留发甚迟，十一岁始留发。因发短年稚，须倚丁婆为余梳头。其时方行抓髻，须以铁丝为架而发绕之。余闻而以意仿制，为之过大。文正见而戏曰：‘须唤木匠改大门框也。’文正平日对儿女极严肃，惟亦偶作谐语。文正又尝对欧阳太夫人云：‘满女是阿弥陀佛相。’阿弥陀佛相者，湘乡语云老实相也。”[①] 那是同治二年，曾纪芬十二岁。

光绪八年，左宗棠答复上海制造局总办李兴锐，信中有一段文字很新鲜：“曾文正尝自笑坦运不佳，于诸婿中少所许可，即栗诚亦不甚得其欢心，其所许可者只劼刚一人，而又颇忧其聪明太露，此必有所见而云然。”[②] 曾国藩认为大儿子纪泽（字劼刚）聪明太露，小儿子纪鸿（字栗诚）兴趣太散，但他们的人品过硬，上进心强，他很满意。“坦运”是从王羲之坦腹东床的典故化来的，说白了，“坦运”就是女婿运。“坦运不佳”的意思就是“身为岳父，女婿运太差”。

有个问题令人困惑：曾国藩不主张早婚却为何给女儿订娃娃亲？同治二年秋，他还为此调侃过九弟国荃：“弟好劝人早婚。好处固多，然亦微有差处。谚云：‘床上添双足，诗书高挂搁。’亦至言也。”[③] 他跟好友郭霈霖订娃娃亲确实撞中了大运，郭筠嫁至曾家，相夫有德，教子有方，持家有道，堪称贤媳。娃娃亲可偶指而不可常指，刮彩票不可能次次都中奖。曾公为几个女儿订的娃娃亲就一塌糊涂，贻误了她们的终身，造成了婚姻悲剧。为此他很烦恼，再三怅叹“坦运不佳”。须知，曾公“读书多见古人，举眼饱看今人”，具有神准的鉴人功夫，原本不愁找不到佳婿，却干起了盲婚哑嫁的活计，着实令人想不通。与其说曾国藩是在挑选乘龙快婿，倒不如说他是在挑选亲家。五位亲家（袁芳瑛、陈源兖、罗泽南、郭嵩焘、聂一峰）固然门户相当，人品、才智都很出众，为官也算好，带兵也算好，治学也算好，藏书也算好，个个皆有令誉，尤其是罗泽南，既为学者，又为名将。同治三年十月下旬，曾国藩读其《太极衍义》《姚

① 《曾宝荪回忆录 附：崇德老人自订年谱》，岳麓书社，1986 年版，此处为曾纪芬《崇德老人自订年谱》第 10、11 页。

② 《左宗棠全集·书信三》第 12 册，岳麓书社，2014 年第 2 版，第 710 页。

③ 《曾国藩全集·家书之二》第 21 册，岳麓书社，2012 年第 2 版，第 206 页。

江学辩》，“服其见理甚真，所志甚大，信为吾乡豪杰之士”，但是虎父生犬子的概率可不低，事实就是如此冰冷。

咸丰十年，胡枫翼（胡林翼之弟）择婿为难，请兄点拨，胡林翼回复道：“……择婿第一先审其德，第二须知其才，第三须视其门第，最后乃涉及家私。承平之世，其人拥有遗产，苟不荒荡，似已可称为佳子弟。惟今日世变愈亟，非有真实本领，万难图存，更安论顾及妻子。有才无行，亦殊危险。”[①]如此看来，乱世择婿实属不易，就算曾国藩不对娃娃亲，避免盲婚，效果也未见得能够好太多。

曾国藩共有六个女儿，一个夭折，其他五个女儿有四个饱尝了婚姻不幸的苦楚，要么年纪轻轻就守寡，要么郁郁寡欢而早逝。百分之二十的成功率到底算不算低？就连这个结果他生前都未曾看到。孔子被誉为“东方最伟大的教育家”，门下弟子三千，贤人七十二，成才率仅为百分之二点四。照此评估，曾国藩自嘲“坦运不佳”，莫非是想做数据控？其实他的运气并不算糟糕透顶。

大女婿袁秉桢：声名狼藉

道光二十七年，曾国藩主动将大女儿曾纪静许配给袁芳瑛（号漱六，湘潭人）的儿子袁秉桢（字榆生）。袁芳瑛于道光二十五年进士及第，授翰林编修，系著名藏书家，其藏书楼名叫卧雪庐。咸丰六年，袁芳瑛外放松江知府，适值战乱，四郊多垒，江左名家的藏书纷纷散出，乾嘉时期的大学者孙星衍的藏书极为珍贵，孙家后人亦急寻买家，袁芳瑛喜出望外，倾囊接盘，“长舸巨舰，载入湘中，宝物因之免劫，其为功德无量”。袁芳瑛与朱学勤、丁日昌并称为晚清江南三大藏书家，卧雪庐之庋藏尤以精品荟萃著称，“其盛为二百年所未有”。藏书家的悲哀大致相同，那就是人亡书散，光绪十一年，卧雪庐藏书散出，晚辈藏书家李盛铎得其宋元旧椠，叶德辉和王启原得其残本。当初，曾国藩与袁芳瑛结为儿女亲家，颇有把握，他在家书中写道：“漱六尚有品学，其子亦聪

---

① 《湖湘文库·胡林翼集》第 2 册，岳麓书社，1999 年版，第 1004 页。

明伶俐。与之结姻，谅无不可。”[①] 这桩婚事的月老是郭嵩焘。

咸丰十一年九月二十三日，曾纪泽写信告诉父亲：“大妹嫁衣，镶缘固不华丽，亦未多制；三季衣服，敷衍未能适用，冬衣全未置办。裁料价值数倍往年，皮衣尤昂贵也。”总督家首次嫁女，按理说会力求风光体面，但曾国藩尚俭不崇奢，家里置办嫁衣居然有难处。十一月十九日，曾纪泽在家书中向父亲报告送亲的行程安排：“大妹出阁，定计由永丰坐船直到江车上岸，以省夫役，且虑铜梁山冰雪难行也。二十八日起程，初一、二定可到江车，以顺水不致有阻也。在途用费及一切赏号，自知加意节省。过永市、县垣，均当不作声色，不至炫耀热闹，以添无谓之应酬，求大人不必悬念。”因军务繁忙，曾国藩嫁女儿，无法亲赴喜宴，婚事由曾纪静的兄长曾纪泽负责操持。十二月初三日成礼，三日后回门，“一切用度计在百五十千上下”，折合白银一百多两。“初不意袁家用人（内外佣请几二百人），乃至如此。大妹在袁家，阿姑情性宽和，若谨身顺从，必能相安。惟榆生日趋浮荡，声名颇坏，为可念耳。”[②] 曾纪静刚嫁到袁家，夫婿即“日趋浮荡，声名颇坏”，就算她能与婆婆相安无事，夫妻感情成疑成忧，曾国藩看完这封家书，必大皱眉头。

同治元年五月二十日，曾国藩收到曾纪泽的来信，讲大妹夫袁秉桢品性恶劣，其行为令人大伤脑筋。四天后，曾国藩回复曾纪泽，指点他如何对待这位很快就已学坏的大妹夫：你们在家不宜过分显露痕迹，一个人之所以稍顾体面，是因为他希望得到别人的敬重。倘若别人瞧不起他、鄙弃他的意思已露出苗头，他就会索性荡然无耻，抹下脸面胡来，甘心与正人为仇，而以后不可救药了。我家内外大小对袁婿均要顾全礼貌，不可疏忽礼数，如果他长时间不肯改过自新，将来我或许会将他接到安徽大营来，聘请塾师教他读书。曾国藩信中说：“大约世家子弟，钱不可多，衣不可多，事虽至小，所关颇大。”[③] 这年六月十一

① 《曾国藩全集·家书之一》第20册，岳麓书社，2012年第2版，第134页。

② 钟叔河汇编校点：《曾国藩往来家书全编》上卷，海南出版社，1997年版，第351、352、354页。

③ 《曾国藩全集·家书之二》第21册，岳麓书社，2012年第2版，第26页。

日，曾纪泽写信向父亲汇报了袁秉桢婚前的劣迹，令人大惑不解：袁秉桢在婚前两年就已娶妾生子，这种事曾家居然没摸清底细，被他蒙在鼓里，一无所知，直到结婚之后，曾国潢发现情形可疑，才将实情查考清楚。当时，江南军情稍有好转，但乌鸦的叫声仍时来耳畔，曾国藩听到家中这种烂消息，肯定生气，拍桌子、吹胡子都是完全可能的，但他依旧按捺住怒火，指示曾纪泽照常对待袁秉桢，不可稍露痕迹。他担心家里人不待见袁某，袁某会以不肖之心使出更下流的后手，令曾家难堪[①]。袁秉桢纳妾在先，娶妻在后，隐瞒实情，诓骗岳家，如此放肆披猖，曾国藩理应痛加训斥，却一味隐忍，谁也想不到啊！袁芳瑛于咸丰九年病故，袁秉桢失于庭训，日渐堕落，浪子回头的概率本来就不高，他还真不是这块料。此后不久，曾国藩将袁秉桢召到安庆，就近管束。袁某表现如何？同治二年十月初，曾国藩写信告诉四弟国潢："袁婿在此，尚无为非之事，惟不肯读书作字，难期有成。"[②]岳父就近教导和监督，袁秉桢尚且混阳寿，真够令人失望的了。袁秉桢不是读书种子，甚至都不是读书坯子，心性淫邪，不入正途，曾国藩拿他毫无办法。

同治三年五月，袁秉桢来到金陵，住在另一所公馆，他怕受约束，不肯住在两江总督署内。此后他的表现如何？浮荡荒唐更胜以往。据《曾国藩日记》记载，同治四年，直到二月初九日，袁秉桢居然还没去两江总督署给岳父、岳母拜年，他在忙什么？强封民房，狂嫖妓女，居然还要带人去打砸保甲局，曾国藩听说后，马上派人去捉拿袁秉桢的四个随从，分别杖责三百、一百不等。只放过了一个叫许满的家丁，未加杖责，让他领着军士去捉拿一个姓哈的妓女，将她掌嘴数百下，发交江宁县衙管押。当天，曾国藩"竟夕为之不怡"。翌日，曾国藩早上起床，听说袁秉桢于头天晚上吞食生鸦片自杀，有一封禀文呈给他，还有一封信交给袁小荣，意在自鸣委屈，也颇知引咎自责。袁秉桢中毒很重，指甲泛青，曾家人用药物救了他的命，解了他的毒，直到下午申时呕吐了两次，才有转机。奇怪的是，在这幕闹剧中，悲情女主角曾纪静竟仿佛隐身了一般，

① 钟叔河汇编校点：《曾国藩往来家书全编》上卷，海南出版社，1997年版，第366页。

② 《曾国藩全集·家书之二》第21册，岳麓书社，2012年第2版，第216页。

人间蒸发了一般，她的感受和表现如何？曾氏父子的家书和日记中无一字提及，其婚姻悲剧已经铸成[①]。

过了几天，袁秉桢排了毒，能够下地行走，便到督署向岳父谢罪，说是愿意改过自新，曾国藩稍感安慰。同治四年二月十四日，曾国藩写信告诉四弟国潢、九弟国荃："袁婿服毒，几至不测，今已五日，幸获无恙。顷来署自行请罪一次。若从此改行率敖，回心向道，则俗所谓'浪子回头金不换'者，亦未尝不可收之桑榆，不知果肯猛省否。"[②] 曾国藩居然对这位混账女婿还残存一丝幻想，他让曾纪泽写信告诉袁家，称袁秉桢在外面惹是生非，请袁家派人将他接回湘潭。亲家母回信说：榆生必不肯回家，不过在各处胡闹，仍求曾亲家约束。这个球踢得好，曾国藩还得为这个混账女婿继续兜底受气。

同治四年闰五月，曾国藩奉旨北上剿捻，决定带袁秉桢去徐州，此行艰险，可以让他体验军旅生活，派他充任水师四营营务处，"取其名目较美，实无一事，不至贻误也"。袁秉桢不是安分人，必然捅出娄子来。同治五年三月十九日，曾国藩终于忍无可忍，要算总账。他写信告诉纪泽、纪鸿："袁秉桢在徐州粮台扯空银六百两，行事日益荒唐。顷令巡捕传谕，以后不许渠见我之面，入我之公馆。渠未婚而娶妾，在金陵不住内署，不入拜年，既不认妻子，不认岳家矣，吾亦永远绝之可也。大女送至湘潭袁宅，不可再带至富托，教之尽妇道。"这样处理算是一了百了，跟袁秉桢划清界限。令人意外的是，曾国藩恪守礼教，指示纪泽、纪鸿将纪静送往袁家。这样一来，曾纪静就彻底掉进了冰窟窿，沦为"妇道"的牺牲品，遇人不淑已经足够不幸，娘家有权有势却要避开嫌疑和非议，不肯替她主张，毅然决然地与袁家切割，还不如小户人家竭尽全力维护女儿的正当权益，其心情之郁闷和绝望可想而知。同治九年九月下旬，曾纪静在湘潭病故，得年三十岁。曾国藩正从直隶返回两江，于漫漫旅途中获悉噩耗，"老境颓唐，不堪伤戚"，日记中留此八个字，何尝没有内疚的成分？对于大女儿曾纪静的婚姻悲剧，身为父亲，曾国藩负有不可推卸的责任。

---

① 《曾国藩全集·日记之三》第 18 册，岳麓书社，2012 年第 2 版，第 91、142、143、144 页。

② 《曾国藩全集·家书之二》第 21 册，岳麓书社，2012 年第 2 版，第 347 页。

二女婿陈远济：性格峻急

茶陵人陈源兖（字岱云）既是曾国藩的进士同年，又是互相砥砺的道义之交。道光二十五年，陈源兖托好友曹西垣向曾国藩关说，欲结为儿女亲家，曾国藩回复“缓几年再议”。道光二十七年春，郭嵩焘从江西到京城，又向曾国藩转告陈家母子的意愿，希望他将二女儿曾纪耀许配给陈源兖的二儿子陈远济（字松生）。曾国藩禀明父母，应允了这桩婚事。“对之意有六分，不对之意亦有四分”[①]，这说明曾国藩的满意程度并不太高。咸丰三年冬，陈源兖在安徽庐州兵败自杀，曾国藩收养了他的两个儿子，其时陈远济不到十岁。待他长大成人，同治元年正月二十日，陈远济入赘曾家，与曾国藩的二女儿曾纪耀结为夫妇。同治元年三月二十二日，曾纪泽写信向父亲报告，他送二妹纪耀抵达了茶陵陈家，“陈家俭朴，似能守岱云叔彝训。乡人贺者，衣冠礼仪，均质直略似吾乡。陈氏家庭，闻甚雍睦，二妹在彼当相安”[②]。小时候，陈远济很聪明，长大后渐趋平庸，就算曾纪泽肯提携他，带他出洋历练，发展也没有达到预期。陈远济脾气差，曾纪耀居家常受委屈，再加上陈远济的哥哥陈杏生（其名待考）不成器，败光叔叔承解湖南协饷二万两白银，陈远济只好将彭玉麟赠送给他的六张盐票卖掉，抵偿亏空，家中贫困如故。曾纪芬在《崇德老人自订年谱》中揭底：“仲姊之嫁后生涯，有非人所堪者，而委屈顺从，卒无怨色。姊婿性峻急，患咯血时，扶持调护，真能视于无形，听于无声。既未生育，抑郁终身。”[③]三十九岁那年，曾纪耀客死于法国巴黎。

三女婿罗兆升：心胸狭隘

湘军名将罗泽南（号罗山）是湘乡人，最早协助曾国藩编练湘勇，咸丰六年战死于武昌城下。罗泽南生前，曾国藩已将三女儿曾纪琛许配给他的次子罗

---

① 《曾国藩全集·家书之一》第 20 册，岳麓书社，2012 年第 2 版，第 129 页。

② 钟叔河汇编校点:《曾国藩往来家书全编》上卷，海南出版社，1997 年版，第 360 页。

③ 《曾宝荪回忆录 附:崇德老人自订年谱》，岳麓书社，1986 年版，此处为曾纪芬《崇德老人自订年谱》第 22 页。

兆升（字允吉）；及至罗泽南伤重而殁，曾国藩激于道义，不可能悔婚。同治元年四月二十一日，曾纪琛嫁至罗家。翌年正月初五日，曾纪泽写信告诉父亲：“罗允吉妹婿局量褊狭，又甚愚昧不谙事，常与其胞叔晓屏龃龉。前因修砌祖坟，晓屏未出费赀，遂磨治碑碣灭其名。晓屏讼其侄于亲串，至今尚未勾当。顷闻刊发讣闻，又因乃叔不出费赀，欲不列其名。剌谬如此，殊为可忧。”[1]罗允吉心胸狭隘，器量狭小，家里整修祖坟时，因为胞叔晓屏没出钱，就要在墓碑上磨掉他的名字。这不是一般的悖谬，族中长辈必然对他嗤之以鼻。正月二十四日，曾国藩晓谕纪泽：“罗婿性情乖戾，与袁婿同为可虑，然此无可如何之事。不知平日在三女儿之前亦或暴戾不近人情否？尔当谆嘱三妹柔顺恭谨，不可有片语违忤。三纲之道，君为臣纲，父为子纲，夫为妻纲，是地维所赖以立，天柱所赖以尊。故《传》曰：君，天也；父，天也；夫，天也。……君虽不仁，臣不可不忠；父虽不慈，子不可不孝；夫虽不贤，妻不可不顺。吾家读书居官，世守礼义，尔当诰戒大妹、三妹忍辱顺受。吾于诸女妆奁甚薄，然使女果贫困，吾亦必周济而覆育之。目下陈家微窘，袁家、罗家并不忧贫。尔谆劝诸妹，以能耐劳忍气为要。吾服官多年，亦常在‘耐劳’‘忍气’四字上做工夫也。”[2]曾国藩搬出“三纲”的准则教育女儿，夫婿再怎么差劲，她也只能逆来顺受，忍气吞声，别无出路，真令人郁闷和窒息。曾国藩平日主张明辨是非，但碰上袁秉桢、罗兆升这种混账女婿，处理的方法竟然是将“三纲”这种千年玄铁金刚箍往自家女儿头上一套，念起紧箍咒来，全不管她是否还有生人之趣。老实说，她们做曾国藩的女儿，真可悲！

同治二年春，曾国潢请塾师邓汪琼（字寅阶）教导罗允吉读书，曾国藩打算隔年另择塾师教导罗婿。“罗允吉在湘潭愈久愈坏”，曾国藩拟召之赴安庆军营教诫。同治二年八月初，大女儿纪静要到安庆来探望父母，顺便照顾在安庆的夫君袁秉桢，曾国藩同意了。三女儿纪琛也想来安庆，曾国藩不同意，他写信给儿子纪鸿，表明态度：“余每见嫁女贪恋母家富贵而忘其翁姑者，其后必无

---

① 钟叔河汇编校点：《曾国藩往来家书全编》上卷，海南出版社，1997年版，第374页。

② 《曾国藩全集·家书之二》第21册，岳麓书社，2012年第2版，第117页。

好处。余家诸女当教之孝顺翁姑，敬事丈夫，慎无重母家而轻夫家，效浇俗小家之陋习也。”[1] 曾纪琛郁闷不郁闷？娘家既不为她撑腰，又不给她提供避风港。

同治三年十二月二十三日，曾国藩在日记中记下一件令他恼火的事情：罗兆升听说罗兴仁将娶一个逃难的妇人，不以为然，说是罗兴仁家里已有妻子，不应该在此地再娶这个他先已染指的妇人，他不仅抱怨，还派遣家丁去夺取那个妇人，藏入督署。尽管第二天罗兆升就把妇人弄到别的地方去了，但是他的做法已招惹嫌疑，等于牵牛蹊田，授人口实，行为暴乱无理，影响视听，粗俗不堪。曾国藩听了丑闻后，“实深焦虑”[2]。罗兆升瞎胡闹，不爱惜羽毛，曾国藩居然放他轻松过关，这样心慈手软，比照其铁腕治军，对待混账女婿未免太客气了。

同治四年五月，曾国藩受命奔赴山东、河南剿捻。罗兆升携妻子和出生刚刚两个多月的儿子回湘。据曾纪芬《崇德老人自订年谱》所记：纪琛的婆婆是罗泽南的遗妾，性格颇为悍厉，纪琛害怕回去受折磨，临别悲恋不已。她回程的日子也没挑好，恰逢曾国藩出署登舟之际，全城水陆诸军放炮送行，响声震耳，久而不绝。纪琛的儿子因为惊恐致疾，已登舟，病得很厉害，只好折回总督署，后来医治无效，很快就夭折了。这个惨痛的变故等于要去了曾纪琛半条性命，她后半生的精神慰藉就此落空。罗泽南的悍妾有多过分？曾纪芬也提供了细节描写：“三姊之姑待媳不近人情，乡间有时难觅仆妇，则三姊自涤亵器。其姑虽有婢女，不为之执役，反纵容婢女，任意辱骂吾姊。”曾纪琛自己洗涤夜壶尚在其次，居然被下人辱骂，这就太难堪了。曾纪琛与罗兆升感情冷淡，关系紧张，她膝下只剩一女。后来罗兆升出外谋事，在西北站稳了脚跟，想把家眷接过去，曾纪琛不愿意远行，就派人将罗兆升的小妾送至甘肃秦州，及至罗兆升病殁，此妾怀有他的遗腹子，总算给罗家留下了一点血脉[3]。

---

① 《曾国藩全集·家书之二》第 21 册，岳麓书社，2012 年第 2 版，第 195 页。

② 《曾国藩全集·日记之三》第 18 册，岳麓书社，2012 年第 2 版，第 122 页。

③ 《曾宝荪回忆录　附：崇德老人自订年谱》，岳麓书社，1986 年版，此处为曾纪芬《崇德老人自订年谱》第 13、28 页。

四女婿郭刚基：英年早逝

咸丰八年七月初六日，曾国藩与多年好友、洋务派急先锋郭嵩焘联姻，李续宜、孙守信充当月老。郭嵩焘的爱子郭刚基（字依永）智商高而体质弱，聪明早露而诗文清新，这会是曾国藩的东床快婿吗？同治六年十月十四日，曾国荃从郭崑焘的来信中得悉四侄女曾纪纯生子、郭嵩焘得孙的喜讯，回复时，他讲了一大堆吉言：从前有个看相先生在我家说，几个侄女当中，四侄女的面相很贵气，她的夫君和儿子都会位至尚书、侍郎。而我以尊府累代仁德推测，也断定往后必然富贵昌盛。“贤金玉所蕴者深，所施者远，此特其发轫之初见者也。”[①] 可惜看相先生的恭维话并不可信。同治八年腊月初四日，郭刚基病故，年仅二十一岁。

据曾纪芬《崇德老人自订年谱》所记，曾纪纯嫁到郭家后，与郭嵩焘的老妾邹氏相处得很不融洽。每天吃粗米，只有萝卜做菜，每月零花钱不到一两银子，也吝啬不肯给。“其境遇艰苦可知矣”[②]。侯门女曾纪纯竟然在郭家连肉都吃不上，谁能想象得到？郭嵩焘的老妾邹氏性情极悍，续弦的正室夫人钱氏是江苏太仓的名门闺秀，邹氏尚且没把她放在眼角里，直争得平起平坐的地位。曾纪纯在婆家饱受委屈，吃苦遭罪，也就没什么可奇怪的了。

同治九年正月十三日，曾国藩得悉女婿郭刚基病故的噩耗后，在日记中写道：“第四女于二十四岁出痘，痂未落而遭此大变，忧伤之至，身体亦甚足虑。”[③] 曾国藩日记中很少记女儿的事情，她们出现时，若非婚嫁生产，即为死丧。五个女婿中，只有郭刚基死在曾国藩前头，也只有他“有幸享受”岳父为他撰写墓志铭的待遇。从曾国藩所撰《郭依永墓志铭》来看，郭刚基喜欢写诗，像极了李贺，“或骑骏马，挟一僮，薄暮游古寺，觅句以归，用是自适”；其诗“嵯峨萧瑟，如秋声夜起，万汇伤怀；又如阅尽陵谷千变，了知身世之无足控抟者”，

---

① 《曾国荃全集·书札》第 3 册，岳麓书社，2006 年版，第 463 页。

② 《曾宝荪回忆录附：崇德老人自订年谱》，岳麓书社，1986 年版，此处为曾纪芬《崇德老人自订年谱》第 13 页。

③ 《曾国藩全集·日记之四》第 19 册，岳麓书社，2012 年第 2 版，第 289 页。

连其忘年交、老僧东林都奇怪名门少年何以如此悒郁。郭刚基的寿命比李贺更短。“吾闻君子之畏天命，有如孝子之事庭闱。苟遭祸谪，敬受不疑。”[①] 曾国藩仍然用道家的“一得丧，齐彭殇”为解，字面上倒是圆洽，但女儿曾纪纯婚姻不幸这个事实无法回避，虽贵为侯相，他也爱莫能助，无能为力。同治九年正月末，曾国藩以长信回复姻亲、好友刘蓉，大谈礼经、天命、人力之余，涉笔家事，“寒门已嫁四女，三家未得生子。郭氏女生子而早寡，感怆无涯”。[②] “郭氏女”意为嫁至郭家的女儿，即曾纪纯。

五女婿聂缉椝：低开高走

由于前四个女儿的婚姻悲剧太过刺眼，曾国藩对小女儿的婚姻审慎了许多，他没再给曾纪芬指定娃娃亲。同治五年冬，欧阳夫人打算将曾纪芬许配给徐家，曾国藩“嫌辈行不合”，几个女儿嫁到官宦人家，家庭生活都不称意，于是他矫枉过正，认为“能在乡间许一富家亦好”。同治八年二月下旬，曾国藩在书信中谈及择婿，标准放得很宽：“姻事不择门地，但求佳子弟，善读书，不务外者。”[③] 曾国藩最大的改变在于他放弃了主权，将小女儿的婚事完全委托给她九叔去操持。曾国荃果然手眼不凡，将曾纪芬许配给聂一峰（字尔康）的儿子聂缉椝（字仲芳），纳采回聘等事务都由他全权代理。

曾家的女婿全都是湖南人，聂缉椝（字仲芳）也不例外。聂家在湖南衡山是望族，以“三代进士，两世翰林”著称。理所当然，聂一峰给这段光荣历史增添了重要的一笔。曾国藩的这位新亲家在仕途上过于安静，官至广东高州知府，他热衷于兴办公益事业，口碑不错。

曾国藩对老九的办事能力绝对放心，而他在官场中眼线多，有人帮他收集了一些情报。听闻新亲家是杆老烟枪，他不淡定了，担心聂家烟灯长燃，子孙有样学样。曾国荃当然不会把自家亲侄女往火坑里推，同治九年正月十五日，

---

① 《曾国藩全集·诗文》第 14 册，岳麓书社，2012 年第 2 版，第 355 页。

② 《曾国藩全集·书信之十》第 31 册，岳麓书社，2012 年第 2 版，第 134 页。

③ 《曾国藩全集·书信之九》第 30 册，岳麓书社，2012 年第 2 版，第 502 页。

他回复兄长："聂家姻事，以看八字者说，聂世兄将来有果大阁出身，榜上必要两次挂在上头，是以将生庚寄呈。至于一峰观察吃洋烟与否，则弟不得而知也。但求佳婿不吃烟而有出身，便是良缘，不问一刀红纸之亲家老子也。俟面晤蒋乡泉、张仁生等，乃能灼见烟瘾之有无。待三月乃将女庚寄去，如必求亲家不知烟枪为何物，则不寄女庚去亦可。"不到一个月，曾国荃打听到确切消息："聂一峰之子女皆不吃烟，尽可放心，俟有信来，即寄女庚与一峰可也。"[①]订婚之前，男女双方要交换庚帖，上面有生辰八字，契合无间为佳。曾国荃用了湘乡方言"果大阁"，意思是"这么大个"。此时聂缉椝已是秀才，再登两榜就该是进士了。孰料盲人推算八字不灵，聂缉椝走的并不是科举入仕的正途，他是杂流出身，居然做到二品巡抚。

同治十一年春，曾纪芬因为失怙（丧父）而延迟婚期。同治十三年秋，曾纪芬因为失恃（丧母）再次延迟婚期。直到光绪元年，曾纪芬方才除服出嫁，已经年满二十四岁。出嫁晚也有出嫁晚的好处，曾纪芬的奁资比四个姐姐丰厚许多，更令四个姐姐望尘莫及的是，曾纪芬高寿九十一岁，总共生育了八个儿子四个女儿，只有长子聂其宾未能成年。从《崇德老人自订年谱》来看，曾纪芬的婚姻生活堪称美满。

曾国藩没有见过聂缉椝，对这位女婿没有任何直观印象。曾纪泽对这位小妹夫缺乏好感。光绪四年九月十五日，他在日记中写道："午饭后，写一函答妹婿聂仲芳，阻其出洋之请。同为妹婿，挈松生而阻仲芳，将来必招怨恨。然数万里远行，又非余之私事，势不能徇亲戚之情面，苟且迁就也。松生德器学识，朋友中实罕其匹，同行必于使事有益，仲芳年轻而纨绔习气太重，除应酬外乃无一长，又性根无定，喜怒无常，何可携以自累？是以毅然辞之。"曾纪泽接替郭嵩焘出任驻英公使和驻法公使，聂缉椝本就对洋务感兴趣，向大舅哥讨求一份差事，陪同出洋，长长见识。谁知曾纪泽不肯给他这份薄面，而是带上了陈远济。塞翁失马，焉知非福。数年后，左宗棠任两江总督，欲委任聂缉椝为上海制造局帮办，总办李兴锐以曾纪泽日记中对这位妹夫有贬词为疑。左宗棠

① 《曾国荃全集·家书》第5册，岳麓书社，2006年版，第301、303页。

跟聂缉椝并不熟络，但他看好这位懂洋务的年轻人，并且将曾纪泽日记中的负面评价视为一时失检，不可据此作为定评，将聂缉椝一眼看扁，一棒打死。有左宗棠大力作成，聂缉椝从此官运亨通，四十五岁后，相继做过湖北、江苏、安徽、浙江四省巡抚，所至之处，政绩、官声俱佳。

聂缉椝重视修身，视存诚不欺为法则，其居所取名为戒欺室，郭嵩焘为他题写了匾额，还撰写了《聂仲芳戒欺室铭》，铭辞为："仲芳观察颜所居曰'戒欺'，属嵩焘书之，因为之铭曰：圣学存诚，惟心自知，知而复昧，是名为欺。欺由心生，与人为市，人谁汝受？受欺在己。一行之愆，一言之尤，无苟自饰，当思其由。缄心于室，立之疆界，严拒吾欺，勿庸有懈。"[①]存诚不欺（既不自欺，也不欺人），这正是曾国藩注重的修身要点。曾国藩在天有灵，或许会感叹"'坦运'姗姗来迟，吾未及见"吧。

① 《郭嵩焘全集·集部三》第15册，岳麓书社，2012年版，第680页。

17章　与李鸿章亲如家人

曾国藩与李鸿章的父亲李文安是道光十八年的进士同年。李瀚章、李鸿章兄弟以年家子的身份一早就拜在曾国藩门下，学习制举文，彼此谊同师徒。

曾国藩谢世后，李鸿章于书翰中屡发悲声，但他把握分寸，慎于择言，致书曾纪泽、曾纪鸿兄弟，未打诳语："鄙意方拟作疏表扬，继见谕旨大致周洽，四海公论在人，九重自为知己，似无烦赘言矣。"李鸿章不作疏表扬恩师的功德，是因为同治皇帝降旨表彰过了，锦上添花的活儿有许多人抢着干，由他来做，落下明显的痕迹，反为不美。

当年，湘军、淮军出身的汉族将领做到封疆大吏的有很多，清廷颇为忌惮。李鸿章默无一词，不再搅动舆情，弄出为曾家乞求恩赏的动静，非常明智；一旦出头，慈禧太后必以党援见疑。对此，王闿运也向曾纪泽表达过自己的担心。

李鸿章的挽联高腔高调，一度引起曾氏门人的普遍反感。李鸿章的毛病没办法改了，或许他压根就没打算要改正它。在官场历练多年，他跨过了一道又一道深沟高坎，也遭到过不少挫折，但本性难移，放低身架他不会，突出自我他最能。且看这副引发争议的挽联：

师事近三十年，薪尽火传，筑室忝为门生长；

威名震九万里，内安外攘，旷代难逢天下才。

李鸿章自诩为"门生长"，"薪尽火传"非他莫属。这种舍我其谁的高自标榜抢尽风头，有人为此拉长马脸，锁紧剑眉，认为他巧借题目为自己脸上贴金。

曾老师尸骨未寒，李同学就急着抢班接位做老大，这像话吗？再说，李二先生究竟凭什么接任“掌门人”？单凭你官儿大？曾门弟子个个心气高，学问好，文章妙，谁肯认矮服低？他们明争暗斗，争的只是虚名，斗的全是闲气。细究其实，就算李鸿章肯认第二，也没谁敢居第一；李瀚章尚且难为其兄，何况他人！薛福成后来选辑挽师联，载于《庸盦笔记》，故意刊落李鸿章的得意之作，皮袍子里已露出他的“小”。

敢在恩师面前据理力争

二十二岁中举人，二十五岁殿试二甲第三十九名成进士，改庶吉士，授编修，李鸿章的仕途一开始就平坦如砥。他曾说：“吾愿得玻璃大厅事七间，明窗四启，治事其中。”这种待遇唯封疆大吏才有，李鸿章立此宏愿，起初被人视为“大言欺世”，他一笑置之。有志者事竟成，被人低估反增趣味。

丈夫只手把吴钩，意气高于百丈楼。
一万年来谁著史，三千里外欲封侯。
定须捷足随途骥，那有闲情逐野鸥？
笑指卢沟桥畔月，有人从此到瀛洲。

这首七律是李鸿章三十岁之前所作，预示了他将要投笔从戎，以卓著的战功受封万户侯。咸丰三年春，李鸿章应安徽团练大臣吕贤基之邀，入其幕府，参赞戎机，成功地实现了书生领兵的角色转型。同年十月，曾国藩致书江忠源，特意向他推荐了李鸿章：“吕鹤田少司空与国藩契好，想与阁下相得益彰。李少泉编修，大有用之才，阁下若有征伐之事，可携之同往。”[①] 吕贤基字鹤田。李鸿章字少荃，又称少泉，被曾国藩赞为“大有用之才”，看得极准。六年后，李鸿章前往江西拜访曾国藩，住了一个月，始终不见恩师有何差遣，于是他委托同年陈鼐去探“河风”。曾国藩对陈鼐说：“少荃是翰林，志大才高，这里局

① 《曾国藩全集·书信之一》第 22 册，岳麓书社，2012 年第 2 版，第 297 页。

面狭窄，恐怕像他这样的艨艟巨舰不是潺潺浅濑所能容纳的。”陈鼐回答道：“少荃多经磨折，已经远不是前些年那样意气用事了，老师何不试试他的身手？”曾国藩欣然同意。此后李鸿章成了曾国藩的幕僚，充任首席文案。曾国藩和胡林翼均激赏李鸿章的堂堂仪表与槃槃才干，他们一致认定他是一员顶呱呱的帅才，必定能建立奇勋，匡救乱世。

高起点、强身段、好平台，一个人要获得巨大的成功，拥有这些优越的条件，实属福大命好。李鸿章就是这样的幸运儿，但他在迈向成功的路上也并非全无波折。

咸丰九年五月中旬，李鸿章在湘南出差，曾国藩以书信的方式指导他悉心察看湘军各营的气象和得失，留意将领中有没有任重致远的佼佼者，规模法制还有没有必须更改的地方。这番历验，既可让李鸿章测试自己的才智而后踏入仕途，也可让他衡量自己的德行能否服人。“阁下闳才远志，自是匡济令器，然大易之道，重时与位，皆有大力者冥冥主持，丝毫不得以人力与于其间。”[①]《易经》重视时与位，在什么时候应该做什么事，在什么位置应该做什么事，都由命运在冥冥中主持，人为的瞎折腾徒劳无益。曾国藩识得李鸿章是“匡济利器”，其指导及德及才，很有耐心。

咸丰十年八月下旬，湘军将领李元度违反帅府发出的坚守令，擅自出城迎战太平军，一战即溃，徽州易手，他却拍屁股一走了之。李元度危机公关常用“怙过饰非”的败招，咸丰六年，平江勇焚杀辰勇二百余人，他若无其事。这次徽州失守，损失人马五六千，他居然故技重演。曾国藩“恼怒殊甚”，笔下写出了“此人殆不足与为善矣”的恨语，深恶而痛绝。军中有高人作嵌尾联讽刺李元度，上联是“士不忘丧其元”，下联是“公胡为改其度”，横批是“路旁苦李”，末字相连为其姓名。湘军大本营受困于安徽祁门，形势孤危，曾国藩的日子过得相当艰窘；此时吃到这种窝囊败仗，无异于雪上加霜。震怒之余，曾国藩决定劾罢李元度。李鸿章的看法则温和得多，他认为胜败乃兵家常事，眼下士气低迷，军心涣散，对于战阵失利的将领，大本营应该特加原宥，不宜

---

① 《曾国藩全集·书信之二》第23册，岳麓书社，2012年第2版，第177页。

重惩严劾。师徒二人各执己见，谁也说服不了谁。李鸿章不免负气，顶撞道："老师一定要撤次青军职，门生不敢拟稿。"所谓"不敢"，说白了就是"不愿"。曾国藩一贯言出如矢，谋定不夺，也没二话好讲，冷冰冰地回复一句："这事你就不用操心了，奏稿我自己来拟。"当时，双方怄气、斗气的情形要多尴尬有多尴尬。若换了别人，拐个弯，打个圆场，何至于弄成僵局？可是李鸿章"生平不惯作伪人"，他硬着头皮，往死胡同里钻。话一出口，再无回旋余地，他说："既然这样，请恕弟子辞职，不能留下来侍候老师了。"曾国藩正在气头上，立刻撂下硬邦邦的四个字："听君之便！"咸丰十一年春夏之交，曾国藩将大本营移至东流。他听从郭嵩焘的劝解，写信给李鸿章："如无穆生醴酒之嫌，则请台旆速来相助为理。"李鸿章听到老师的召唤，二话不说，欣然应命。六月初六日，李鸿章乘船从江西出发，目的地为安徽东流湘军大营。师生重逢的第一天，两人就畅谈到夜间二更末。当晚，曾国藩的情绪过于兴奋，居然有点轻度失眠。

刘体仁撰《异辞录》，道是李鸿章在曾国藩幕府中与湘籍将帅相处不甚融洽。有一次，彭玉麟言语中鄙薄安徽人，李鸿章反唇相讥。"刚直遂用老拳，文忠亦施毒手，二公互殴，相扭扑地，座客两解之乃已。文忠与文襄、刚直始终不协。"《异辞录》还有后文："李文忠在曾军时，颇受湘人排挤，毕生心中不免有芥蒂。致先文庄书，于左文襄则曰：'湘人胸有鳞甲。'于彭刚直则曰：'老彭有许多把戏。'"刘体仁是安徽人，其父是刘秉璋（官至四川总督，谥文庄），与李鸿章的乡谊甚厚。刘体仁的消息源是可靠的。李鸿章（谥文忠）与左宗棠（谥文襄）、彭玉麟（谥刚直）不和并非秘密，但老李与老彭直接上手干架，这个情节足够火爆，实属珍闻。同治、光绪年间，左宗棠与李鸿章不睦，彼此看对方不顺眼，但倾轧之类的事情并未发生。鲁伯阳在李鸿章幕府中落落寡合，郁郁不得志，知左、李二人不和，就偷录淮军账簿送给左宗棠。左宗棠说："吾属皆军人，奚肯以此中伤同类！"[①] 这说明左宗棠是君子器度，而非小人肚肠，不屑于伺人瑕隙，从背后下黑手。

王闿运在《王志·论道咸以来事》中揭秘：李鸿章最尊崇的人是安徽籍大

① 秦翰才辑录：《左宗棠逸事汇编》，岳麓书社，1986 年版，第 136、137 页。

臣、两朝帝师翁心存（翁同龢的父亲），并非曾国藩。这就等于往人堆里扔手雷。稍知晚清历史的人都知道，翁同龢吃定了李鸿章，二人是死掐的冤家对头。李鸿章尊崇翁心存（字二铭），王闿运根本看不过眼，其原文是这样的：“余尝诮之：‘君推崇翁二铭过曾涤生，颠倒是非，故其子以此报。’李但笑不答也。”[①] 李鸿章笑而不答，是因为这种陈年旧事早已变为断烂的乱麻，回应无益。同治元年初，曾国藩参劾安徽巡抚翁同书（翁心存的大儿子），措辞犀利的奏章是李鸿章起草的，就算他以前最尊崇的人是翁心存，此举也等于宣示他与翁家一刀两断；现在他最尊崇的人换成了曾国藩。翁同龢恨李鸿章，与他势不两立，根源就在这里。此举算不算李鸿章向曾国藩缴纳的“投名状”？应该算，也必须算。要不然，曾国藩对李鸿章的信任就缺少一块基石，曾李一家亲也就无从谈起了。

我们还可以参看一下九帅曾国荃的态度。同治元年八月，他致书郭嵩焘，对李鸿章的评价达到了峰值：“少泉中丞本血性男子，明敏直爽，罕有其匹，具办事之识，有任事之力量，肯受商量，最可以相与有成。”[②] 这是几句大实话，此后两年若非李鸿章在粮饷、武器、弹药方面的鼎力支持，曾国荃是很难攻克金陵的。

同治元年，曾国藩第二次劾罢重获起用的李元度，御史追论前罪，左宗棠也表态赞同，因此李元度受到极重的处分——“奉旨发往军台效力赎罪”。李鸿章对老友依旧不离不弃，再施援手，联合江西巡抚沈葆桢，为李元度缓颊乞恩，以革职了事。李鸿章主稿的奏章中有这样一段话：“李元度后此虽有可议之罪，前此究有不可掩之功，且系节母孤子，在平民例得留养，况其曾为国家出力之人。夫通下情，宣上德，人臣之职也。以人臣事君之义，臣等虽至愚陋，不敢忘也。拘嫌疑之小节，置是非之大公，或窃窃叹息，相顾而不发一言，又臣等所不敢出也。”李鸿章重袍泽之谊，于大是大非不苟同，甚至做到了“吾爱吾师，吾更爱真理”的程度，实属不易。曾国藩素来目光犀利，心胸开阔，别具鉴人识人的智慧，对李鸿章的优点看得分明，心底也是暗暗激赏的。后来，

① 王闿运：《湘绮楼诗文集·王志／湘军志／笺启》，岳麓书社，1996年版，第527页。

② 《曾国荃全集·书札》第3册，岳麓书社，2012年第2版，第233页。

李鸿章为留用部将黄翼升，与曾国藩频繁拉锯；他持理而自信，就是在恩师面前也不肯退让半步。所幸曾老师度量如海大，心下倒也没存丝毫芥蒂。

不少名士聚集在曾国藩的幕府中谈龙刻凤，个个口若悬河，滔滔不绝，然而临到大是大非，只有李鸿章敢押上个人前程这样的大赌注去跟恩师据理力争，曾国藩欣赏的就是这种独立不惧的刚性人格。

李鸿章得展其才

咸丰十一年，曾国藩让李鸿章前往安徽舒城、庐州一带招募勇丁，名曰淮勇，另拨湘勇二三营给他，令淮勇参照湘勇的营制营规，精编苦练。嗣后，曾国藩将这支新军派驻镇江，与冯子材将军合守军事要地，徐图救援上海。然而战局急转直下，上海遭到李秀成麾下的太平军日夜围攻。洋人组团参加上海保卫战，洋枪洋炮固然具备明显的武器优势，无奈敌方采用人海战术，汹汹不绝，形势日益吃紧。上海是海关洋税征收额最高的地方，是湘、淮两军兵饷的重要来源，非保不可。有道是“肥水不流外人田”，曾国藩第一时间想到了老九，曾国荃已端掉太平军的王牌据点安庆，立下奇功，威名赫赫，派他援沪，必人人赞成。咸丰十一年十一月十九日，曾国荃致书毛鸿宾，讲明了自己回绝这趟美差的缘由：“家兄拟派国荃所部坐洋人夹板船到上海，询荃能胜此任否？荃顷熟计之，正月尚须添招新军，不能到皖，且远离长公左右，自分必不能做分毫事业，深恐贻误上海之局面，是以未敢冒昧允诺。已函请其另谋良将劲旅，以赴兹役也。”[①] 实际上，曾国荃另有打算，他率吉字营攻克安庆后声誉鹊起，信心爆棚，满脑子里装的全是攻克金陵的大计划，他要抢立这个首功，赶回湖南招募新勇十二营，目的不言自明。上海是座好码头，但相比金陵则逊色不少，曾国荃生怕自己稍稍迟疑，别人就会捷足先登。

咸丰十一年冬，上海绅商忧心如焚，急派钱鼎铭（字调甫）到安庆求援，“久住不去，每次涕泣哀求，大约不得大兵同行即不还乡，可感可敬”。上海绅商答应赞助湘军二十万两饷银，分两次支付到位。曾国藩在家书中写道：“吾家受

---

① 《曾国荃全集·书札》第3册，岳麓书社，2012年第2版，第148页。

国厚恩，吾为江督将近二载，尚无一兵一将达于苏境，上愧对朝廷，下愧对吴民。此次若不能保上海，则并获罪于天地矣。”[①] 有了这个认识前提，加以上海是大宗饷源所在地，命脉岂能不保？因此钱鼎铭征得曾国藩同意，这个难度就不大了；运送淮军的花销则不菲，共计十八万两白银。

同治元年正月，曾国藩决定在幕府中选拔贤俊，向朝廷保举强员署理江苏巡抚。私底下他征求幕友的建议，欧阳兆熊屈指点数帅府人才，专为李鸿章关说，夸赞他“才气无双，堪胜此任”，其笔记《水窗春呓》记录了曾国藩的原声感叹：“此君难与共患难耳！”这么说，曾大帅还记着李鸿章负气离开祁门那茬子旧事，未免言重了些许。师生意见偶有不合，闹个别扭，释怀宜早不宜迟。

同治元年二月，曾国藩前往安庆，检阅淮军各营，对李鸿章的统军能力赞赏有加。三月十日，李鸿章率首批淮军乘轮船援助上海。随后，曾国藩向朝廷举荐李鸿章为江苏巡抚。野史稗抄中有一个传播甚广的说法：曾国藩原本属意李榕署苏抚，尚未向外界明确透露，众人集议时，李鸿章不避嫌疑，挺身出列，自告奋勇，表态“愿为老师分忧”，此言一出，四座皆惊。李鸿章欲独当一面，可谓先声夺人，其豪情壮概打动了曾国藩，于是变化改变了计划。事实证明，李榕固然有行政能力，李鸿章更有治军魄力。他气性刚强，多谋善断，曾国藩给他的评语是“劲气内敛，才大心细”。唯其如此，曾国藩甘愿冒险举荐李鸿章去当饿虎之蹊。须知，苏州是太平天国忠王李秀成的老巢，这条饿虎之蹊可不是谁都敢涉足的。

李鸿章奉令出兵上海，这步棋行得稳当切实，效用极佳；他获得了核心地盘、优良装备和雄厚财力，自然也就获得了更开阔的上升空间。淮军初至沪埠，衣装朴陋，被洋人嘲笑为“乞丐军”。李鸿章从容回应：“军贵能战，非徒饰观美。迨吾一试，笑未晚也。”几场硬仗打下来，淮军勇气可嘉，程学启将才出色，洋人也就刮目相看了。

同治元年四月初，曾国藩回复安徽巡抚李续宜，谈到李鸿章在上海的境遇，感叹洋人纠缠不休，“今日催出队，明日催会剿，时而借夫，时而牵马”，上海

---

① 《曾国藩全集·家书之一》第20册，岳麓书社，2012年第2版，第720、721页。

官员崇洋简直到了奉若神明的地步，谁也不敢跟洋人唱反调，因此曾国藩“殊觉刚柔两难”。一手硬，一手软，何时该硬？何时该软？还真难把握。

李鸿章统领“纪律未娴，战阵未熟”的淮勇奔赴上海。恶仗开打之前，他致书仍在湘军大本营献计献策的好友欧阳兆熊，以一句俏皮话致谢：“吾在此以独脚戏登台，深惧贻羞知己，亦日怨及良媒，亦深悉区区推毂之意也已。”意思是：我在上海唱独角（脚）戏，很担心使知己蒙羞，也天天怨及你这位好媒人，将我推到火坑边缘，当然也很明白你大力推举我的美意。李鸿章称赞欧阳兆熊为“知己”和“良媒”，巧用一个“怨”字，实为感恩戴德的正话反说。

同治元年四月二十日，曾国藩回复初署苏抚的李鸿章，教他如何领兵，可谓不厌其烦。他举出两个好榜样和两个坏榜样：宜学胡林翼初任湖北巡抚、左宗棠初任浙江巡抚时的规模，不宜学王有龄初任浙江巡抚、薛焕初任江苏巡抚时的规模；胡、左二公多血性，爱朴实，王、薛二人多官气，好排场。领兵的要点是主帅常与将士形影不离，以诚意真情与之相处，要踏实，不虚浮。曾国藩希望李鸿章志在远略，整军经武，将淮军锤炼成型，将来用它来剿灭捻军，平定中原。数年后，李鸿章果然朝着这个大目标奋力迈进。

李鸿章署理江苏巡抚，可谓胜任愉快，数月后即补实缺。同治元年十二月下旬，曾国藩收到李鸿章协饷七万两白银，回信时心情大好，调侃道：“又蒙惠解协饷，以四万济安庆各军，以三万济无、庐九营。女富则肥及外家，叶盛则粪及本根。”女儿富，娘家肥；树叶茂盛，本根就不缺肥料。曾国藩的比喻饶有意味，曾李一家亲，由此可见一斑。淮军连战连捷，打出了名堂，树立了声威，收复苏州乃是大功一件，及时扫清外围，对左宗棠收复杭州、曾国荃收复金陵，乃至对整个东南战局的全面逆转，都起到了决定性的作用。

同治二年八月中旬，曾国藩致书陈鼐：“闻少荃中丞勤劬坚卓，夜以继日，其劳苦五倍于敝处，较之他省疆吏，抑又有加。人生之精力有限，而斯世之灾变方长，曷劝之少节劳勚，留此身以久膺艰巨？”[①] 当年，能打仗的将领多，身子骨结实的却没几个。李鸿章四十一岁，算年富力强的了。曾国藩比李鸿章大

① 《曾国藩全集·书信之六》第 27 册，岳麓书社，2012 年第 2 版，第 93 页。

十二岁，两人的属相相同，属羊。民间谚语说“男人属羊，黄金堆屋梁；女人属羊，容易守空房”，不知其依据何在。曾国藩统领湘军多年，欠饷最愁人，“黄金堆屋梁”之类的美事没碰见过。李鸿章日后敛财有术，倒是差不离。眼下，曾国藩关心弟子的健康，要陈鼐劝李鸿章爱惜身体，从长计议。

淮军收复苏州城，不敢有丝毫懈怠，降兵降将三十万，随时都有可能哗变。李鸿章当机立断，令大将程学启设下伏兵，借宴会之名，杀掉已签订城下之盟的太平天国八位降王（郜永宽、汪安钧、伍贵文、周永嘉等）。李鸿章背盟毁约，常胜军首领戈登（谈判时，戈登出面担保降王、天将性命无忧）与他闹翻了脸，拎着洋枪要找他算账。杀降背信，绝非义举，曾国藩却称赞李鸿章“眼明手辣”，认为他处理危机可得满分。戈登受西方文明熏陶长大，对于东方世界冷血的实用主义绝对无法理解，更别说包容，中西文化的正面冲突在这个节点上表现得彰明较著。曾国藩以李鸿章为上驷，押下重注，连场赢得满堂红，想必心里头全是伯乐发现千里马的成就感。

淮军不染指金陵胜果

同治三年三月十二日，曾国藩致书九弟曾国荃：“惟少荃近日与余兄弟音信极希，其名声亦少减。有自沪来者，言其署中藏珍珠灯、八宝床、翡翠菜碗之类，值数十万金，其弟季荃好货尤甚等语，亦非所宜。”[①]这是什么鬼？曾国藩突然在家书中揭李鸿章的短，“音信极稀”可能是因为战事繁忙，也可能是因为曾氏兄弟想护住金陵“肥水”，李鸿章担心措辞稍有疏失会引起不快。至于“其署中藏珍珠灯、八宝床、翡翠菜碗之类”，并不奇怪，李鸿章没标榜过自己是廉帅，除开曾国藩、杨岳斌、彭玉麟等少数文武大员，在湘军、淮军中，将领想方设法大捞油水，早已蔚然成风，曾氏兄弟何至于吃惊和不满？况且老九两眼盯着金陵宝库，也没打算空手而归啊！

同治三年四月十六日，曾国藩回复李鸿章：“尊处出奇制胜，如塞洪水，如捕恶蛇，始终无一隙之暇，无一著之懈，不特全吴生灵出水火而登衽席，即东

① 《曾国藩全集·家书之二》第21册，岳麓书社，2012年第2版，第259页。

南大局，胥借余威，以臻底定。壮哉！儒生事业，近古未尝有也。”[1] 这就对了，李鸿章拿下了苏州，在东南战场的侧面打开了一个大缺口，这对湘军围攻金陵有百利无一害。曾氏兄弟最紧张的是朝廷命令李鸿章来金陵助剿，会抢去一半甚至一大半功劳。虽说曾李一家，在功利面前，还是会有亲疏之别、远近之分。八天后，曾国藩致书老九：“克复常州之寄谕已到，无饬少荃会剿金陵之文。少荃亦于十一日奏明回苏，攻围老巢之重任，始终弟一人肩之。”再过四天，曾国藩告诉老九：“大约除少荃亲来外，别无一支来弟处帮忙者。事权之一，可喜；担荷之重，亦可惧。”[2] 李鸿章真是好门生，不仅不到金陵来抢功，而且解送九万饷银给湘军输血，指名由鲍超接收，曾国藩“飞咨止之”，全部拨给了金陵大营，使之“贫儿暴富”，以抚慰曾国荃担惊受吓的心灵。

曾国藩为了保障曾国荃及其将士取得金陵全功，先是派鲍超率霆军联合湘军水师攻打九洑洲，后又派鲍超率霆军驰援江西，未能参与攻城之战。其用心可谓良苦，但痕迹已露，“天下以是议曾氏之私也”。其实，此功并非铁定能得，尤其是初始阶段，高风险与高收益直接挂钩，一口咬定曾国藩自私，并不公允。苏州、杭州被淮军、楚军先后拿下后，大局渐趋明朗，金陵城被围攻两年后也已摇摇欲坠。大功垂成之际，曾国藩动了私心，欲助九弟保住全功，不愿他人染指，倒也是人之常情，无可厚非。

同治三年五月初八日，李鸿章致书曾国荃，把话挑明了说，全都是老九爱听的：“屡奉寄谕，饬派敝军协剿金陵，鄙意以我公两载辛苦，一篑未竟，不敢近禁脔而窥卧榻。况入沪以来，幸得肃清吴境，冒犯越疆，怨忌丛集，何可轻言远略。”这话就讲到点子上了：九爷你攻打金陵两年多了，眼看金丹只差一炉火就能炼成，我李鸿章若精心挑选这个时点来抢夺胜利果实，不合江湖道义啊！禁脔不容旁人染指，卧榻之侧岂容他人鼾睡？这道理和利害关系，我心里清楚得很。九爷你只管专心干你的活，我不会来讨你的嫌。

李鸿章收复常州后，称病返回苏州，奏报丹阳克复时，折尾声明“金陵

① 《曾国藩全集·书信之六》第 27 册，岳麓书社，2012 年第 2 版，第 589、590 页。
② 《曾国藩全集·家书之二》第 21 册，岳麓书社，2012 年第 2 版，第 280、281 页。

不日可克”，弦外之音是淮军不抢人之功。李鸿章的奏折技巧圆活，赵烈文在《能静居日记》中的解读也是得其深意而道之：“明以此间不愿会攻之意入奏，而冷眼觑定，不至此间地道无成、急迫求助之时，不来会攻。”金陵方面湘军不求救，则淮军不驰援。李鸿章的心思，曾氏兄弟自然心领神会。赵烈文还揭示了李鸿章与左宗棠的矛盾，淮军肃清江苏边境时，顺便攻打浙江嘉兴。从军事角度来讲，淮军不得嘉兴，则苏州东面不够稳固。起初，敌军欲降，李鸿章与左宗棠商量办法，左宗棠不愿让功劳全归入淮军账簿，楚军继续施压，想逼淮军从浙江境内撤出。最终，淮军还是攻克了嘉兴城，李鸿章为此折损了王牌将领程学启，有点得不偿失。左宗棠转战浙江时，曾派兵入广东加固岭防，他认为那不算越境作战，淮军这样干才算，因此大为不满，遂传出“金丹将成，必有魔嫚”之言，左宗棠与李鸿章从此结下了梁子。同治三年二月初四日，左宗棠致书史致谔，批评李鸿章智而不忠，淮军对自己境内宜兴、溧阳的敌军视而不见，却伸出长臂到境外抢功。左宗棠将李鸿章视为贪诈之徒、奸险之辈，这个评价未免太低了一点。既然李鸿章出兵攻打嘉兴，费力不讨好，惹下了越境抢功之嫌，得罪了左宗棠，他岂会再度不请自至，驰援金陵，得罪曾氏兄弟？

同治三年五月，有一天，曾国藩与水师将领黄翼升（字昌岐）长谈，黄翼升说，李鸿章对曾氏兄弟有相亲相卫的情意。尔后，皖南名士陈艾（字虎臣）从苏州来，又详述李鸿章的想法和做法，均与曾氏兄弟休戚相关，患难相顾。曾国藩的疑虑遂完全打消。他写信告诉老九：打算奏请李鸿章亲自率领开花炮队、洋枪队前来金陵会剿。曾国荃也担心金陵城久攻不下，不仅无功，而且有过，心思有所松动。曾国藩信中有这样一段话：“如苏军齐到成功，则弟受其劳，而少荃享其名，则既可以同膺懋赏，又可以暗培厚福。盖独享大名为折福之道，则与人分名即受福之道矣。如苏军虽到，而城贼仍坚持不下如故，则谤可稍分，而责亦稍轻。余昨日已咨少荃派炸炮至金陵会剿。”[①] 与分功分名相对应的是分谤分责，何乐而不为。五月十四日，曾国藩接到寄谕，也是令李鸿章亲赴金

① 《曾国藩全集·家书之二》第21册，岳麓书社，2012年第2版，第285页。

陵会剿。开花炮轰倒城墙即可骑马冲入敌垒，功效是掘地洞、埋炸药的十倍以上。

就算是曾氏兄弟主动请求淮军驰援金陵，朝廷寄谕一催再催，李鸿章仍然持观望态度，不急于开拔。李鸿章回复曾国藩：淮军在江苏作战，太过疲劳，目前只宜休整，等攻克长兴、湖州后，再选将拨兵，助攻金陵。同治三年五月二十二日，曾国藩与曾国荃、彭玉麟会奏，吁恳朝廷“饬催李鸿章速赴金陵”，有“金陵早破一日，天下之人心早安一日”[①]的妙语。在这道奏折中，曾国藩索性将外界的猜疑（曾氏兄弟想独享克复金陵的大功大名）挑开明说，更显得心底无私。

同治三年六月初十日，曾国藩写信告诉老九：“观少泉屡次奏咨信函，似始终不欲来攻金陵。若深知弟军千辛万苦，不欲分此垂成之功者。诚能如此存心，则过人远矣。”[②]五天后，曾国荃见到李鸿章派人送来的咨文，受朝廷屡次催促，拟于六月十六日派遣刘铭传、潘鼎新等将领率二十余营来金陵助攻。在龙膊子行营，曾国荃将咨文递给众将传阅，怒吼道：“他人至矣，艰苦二年以与人邪？”众将齐声回应：“愿尽死力！”[③]众心齐，山可移，第二天，龙膊子地道填充的数百斤炸药就轰垮了城墙，金陵城被湘军攻克，淮军不用来了。曾氏兄弟与李鸿章之间的情谊得以保全，没有受到任何实质性的损害。

弟子为恩师分忧

李鸿章为恩师分忧，关键出力在剿捻时。曾国藩砌长墙防守运河、兜剿捻军于鄂豫皖三省的计划并未立竿见影，捻军不仅蹂躏了鄂豫皖三省边界，还窜扰了陕甘和直隶地区，朝廷对战局的进展很不满意。曾国藩这回究竟是选择一肩硬扛，还是凭“办大事者，以多选替手为第一义”的先见之明及时抽身？他自有权衡和抉择。

---

① 《曾国藩全集·奏稿之七》第 7 册，岳麓书社，2012 年第 2 版，第 224 页。

② 《曾国藩全集·家书之二》第 21 册，岳麓书社，2012 年第 2 版，第 298 页。

③ 赵烈文:《能静居日记》第 2 册，岳麓书社，2013 年版，第 799 页。

同治五年三月十六日，曾国藩回复李鸿章：“以公事而论，目下淮、湘诸军剿捻，颇似秀才考经、策两场之时，视之无关得失，潦草塞责。若非仆与阁下提振精神，认真督率，则贼匪之气日进日长，官兵之气日退日消，若淮勇不能平此贼，则天下更有何军可制此贼？大局岂复堪问！吾二人视剿捻一事，须如李家、曾家之私事一般。”[①] 淮军队伍最整，武器最精，当仁不让，成了剿捻的主力。视公事为私事，这么讲很有说服力，也能温暖心窝子。

晚清大臣刘秉璋曾对他的三儿子刘声木讲过一番涉及曾李师徒的话，被刘声木记入了《苌楚斋随笔·四笔》中，大意是：曾国藩平生才智都在剿平太平军时用尽了，及至剿捻已精力不济，虽勉强布置，皆人人所能见到，无法出奇制胜。没过多久，他就奉旨交卸钦差大臣关防，仍旧回任两江总督，心头之郁闷可想而知。李鸿章是个急性子，派遣一位候补道去曾国藩的大本营提取印信，而他本人并未亲自登门。曾国藩自觉受到轻慢，内心更加不悦。曾国藩对刘秉璋说：“我以为须当面交付，以昭慎重，今如此取去，亦省事。”曾国藩有点负气，一度表态决不回任，仍要留营效力，或者干脆开缺，回湘乡老家养病。这样一来，不仅朝廷为难，而且李鸿章也摆布不开。好在曾国藩的幕僚们不愿在战区吃苦受罪，乐意回两江督署享福，一条大腿拧不过数条胳膊，曾国藩只好自行打个圆场，对外界说：“我是剿捻无功之人！”有人劝他奏明某事，他也说：“我是剿捻无功之人，能向朝廷说话乎？”[②] 大家不知底蕴，都认为曾国藩是谦谦君子，关键时刻主动让贤。

自家兄弟不打诳语。同治五年十月下旬，曾国荃写信给兄长，对他拟辞去职务、奉身而退、乞归林泉表示赞同，对他欲以散员留营效力的想法则不以为然，对李鸿章接肩重任并不看好：“去（年）前年，少泉尚是宠荣利禄中人，近日见解又少进矣，其计较利害也亦甚深，接办此席，谈何容易。”[③] 曾国藩的回复耐人寻味，他并不觉得老九对李鸿章的观感有误，倒是颇有点无可奈何的味

---

① 《曾国藩全集·书信之八》第 29 册，岳麓书社，2012 年第 2 版，第 139 页。

② 刘声木：《苌楚斋随笔 / 续笔 / 三笔 / 四笔 / 五笔》下册，中华书局，1998 年版，第 758 页。

③ 《曾国荃全集·家书》第 5 册，岳麓书社，2006 年版，第 243 页。

道："弟信云'宠荣利禄，利害计较甚深'，良为确论。然天下滔滔，当今疆吏中不信倚此等人，更有何人可信可倚？吾近年专以至诚待之，此次亦必以江督让之。"曾国荃在家休养，能过神仙日子，是因为他与湖南巡抚恽世临、湖南布政使李瀚章相处融洽，倘若将来有不对眼的湖南巡抚、湖南布政使来接任，"地方大吏小有隔阂，则步步皆成荆棘"，"住京养病尤易招怨丛谤"[①]也并非优选方案，所以曾国藩左思右想，还是留营以散员效力较好。这当然是最不可能的情形，曾国藩沦为散员，谁出头来承担骂名？

同治六年二月底，曾国藩回复李鸿章，对战局忧虑之余，笔锋一转，谈及家事：我们两家门第最为昌盛，近期我家九弟剿捻屡败，名声大减，我也是多次被御史参劾，家门多故，已有衰替的征象。贵家乃是有德之门，正值鼎盛兴旺之时，也应平处不忘陡处，安时不忘危时。愿阁下训饬诸弟，以习于劳作、崇尚节俭为第一要义。我往昔教育诸弟不够严格，近来很是后悔[②]。半个月后，曾国藩回复李鸿章的胞弟李昭庆，又善意地教诲道：阁下纵然不做统兵的将领，也务须选择劳苦的事情做好它，帮助你家兄长抵御大难，断不可置身事外，求田问舍，自享安逸之福。曾、李两家门第大盛，人忌妒，鬼窥伺，处处皆是危机，时时皆伏祸胎，除开"耐劳尽忠"四个字，别无报国的捷径，也别无保家的良法[③]。曾家和李家是当时国内的两大豪门：曾氏兄弟老大是总督，老二是巡抚；李氏兄弟老大是总督，老二是钦差大臣，其他兄弟也是淮军将领。他们合则双美，离则两伤。曾国藩一再提醒李氏兄弟：等着看曾、李二家塌台垮楼的观众举国皆是，可不能让他们如愿以偿。

这年六月初二日，曾国藩回复李氏兄弟中的老大李瀚章，郑重表态："少荃精力十倍鄙人，经一次折磨，增一番学识。至朝廷之督责，言路之纠弹，皆在意中。仆顷贻书劝勉，嘱以'忍辱负重'四字，耐心做去。如有大风波，仆自

① 《曾国藩全集·家书之二》第21册，岳麓书社，2012年第2版，第461页。

② 《曾国藩全集·书信之九》第30册，岳麓书社，2012年第2版，第56页。

③ 《曾国藩全集·书信之九》第30册，岳麓书社，2012年第2版，第77页。

分其愆，必不使独当其咎。”[①] 如果李鸿章剿捻真的泼了汤，曾国藩表态他决不会袖手旁观，让李鸿章一人受过，他会分担责任。这个表态看似寻常，其实不易，以当时混沌的局势来看，剿太平军是“一鼓作气”，剿捻军是“再而衰”，倘若短期内不能在北方取胜，拖上几年，国家就可能被拖进大泥沼，深陷其中，难以自拔。曾国藩的表态令李氏兄弟安心。

同治六年六月初八日，赵烈文在《能静居日记》中记下了至暗时刻的情形：夜间，曾国藩与他长谈，说是昨天朝廷发下措辞严厉的谕旨，因为捻军窜至河南东部，全无堵截和防御，各大帅均遭斥责。曾国荃被摘去顶戴，与河南巡抚李鹤年均交吏部议处，李鸿章戴罪立功。谕旨中有“各疆吏于捻贼入境，则不能堵御，去则全无拦遏，殊堪痛恨。李某剿贼，已届半年，所办何事”的语句。辞气严厉，是近来所没有的。李鸿章和曾国荃胸怀未必能够含养包容，万一焦灼愤懑，以致另有意外，则国事更不堪设想。况且大局如此糟糕，断难在短期之内大有改观。我恐怕仍不免要北行。自觉精力衰颓，也不是了此困局的人选，唯有祈盼快死才好。曾国藩说话时神情凄楚，语气悲怆[②]。这回，朝廷动了真格的，除开湖北巡抚曾国荃被革职，与河南巡抚李鹤年一同交吏部议处，李鸿章戴罪立功，山东巡抚丁宝桢也被摘去顶戴、革职留任。八月初，李鸿章复奉严旨斥责，“糜饷殃民，实难辞咎”。究其原因，是李鸿章奏劾殷兆镛、王宪成，触怒了军机大臣，遭到报复。曾国藩担心，李鸿章和曾国荃素来刚强，恐怕咽不下这口窝囊气，会焦愤伤身。

当年，曾国藩决定在两江境内整顿吏治，但现实的难题客观存在，江苏布政使丁日昌是个浮在水面上的大贪官，曾国藩心知肚明，却并未参劾丁日昌。他向赵烈文解释道：你也知道我的苦心吗？丁日昌之流都是少荃的至交好友，我与少荃势同一家，他又暴露在外，身负艰巨的任务，丁日昌虽是小人，而筹集前敌费用精明快当，我又怎忍心不稍慰少帅的情意呢[③]？单看理财能力，丁

① 《曾国藩全集·书信之九》第30册，岳麓书社，2012年第2版，第153页。

② 赵烈文：《能静居日记》第2册，岳麓书社，2013年版，第1060页。

③ 赵烈文：《能静居日记》第2册，岳麓书社，2013年版，第1113页。

日昌确实是另一副面目的金安清，但他运气更好，攀上了李鸿章。倘若曾国藩借惩贪的名义修理丁日昌，就会往李鸿章的眼睛里扬沙子，不仅伤感情，还会对剿捻大计产生负面影响。官场先讲利害，后讲是非，就连曾国藩也跳不出这个怪圈。

同治六年十月初六日，曾国藩回复李鸿章："来示谓中外倚鄙人为砥柱，仆实视淮军、阁下为转移。淮军利，阁下安，仆则砥柱也；淮军钝，阁下危，则仆累卵也。"[①] 曾家、李家不仅利益捆绑在一起，就连安危也捆绑在一起，一荣俱荣，一损俱损。唯有两家共渡难关、共克时艰才是正办。

同治七年正月初八日，捻军进至保定西南二十里的大棘店，十天后，进至蠡县，窥伺涿州，离京城很近了。恰在此时，刘铭传负气弃军而去，受到朝廷诘问，以进兵迟延之过褫去李鸿章双眼花翎、黄马褂等。赵烈文感叹道："噫！赏功甚薄而责之甚厚，艰危之际，用人当如是邪？"[②]《曾国藩日记》同治七年四月二十四日："是日接奉廷寄。责成李少泉一人剿贼，限一个月，不灭，则重治其罪。克期剿贼是明末之弊政。既为大局虑，尤为少泉危，忧系无已。"赵烈文在《淮军平捻记序》中写道："……一溃而人心疑，再溃而群论变，三溃而物议嚣，成败甫形于目，得失已移于中，岂有他哉？……故曰：'谋之匪难而行之难，行之匪难而成之难。'"淮军屡败屡溃之后，李鸿章仍然坚持原议，以长墙防守运河，捻军窜入山东的计划彻底泡汤。淮军的最终胜利为曾老师解了愧，挣了脸。李同学剿捻功成，拜协办大学士，大家都跑到曾老师府上去道喜。曾国藩致书李鸿章，墨舞笔歌："协揆酬庸之命，恰如人人意中所欲出。此间朋好，多以李府之登庸，为曾氏之大庆，纷纷来贺，斯亦一时之佳话也。"[③] 李鸿章大拜，曾国藩赞赏与欣慰之意溢于言表。当初曾老师预言这位大弟子"将来建树非凡，或竟青出于蓝，亦未可知"，这才几年光景，就兑了现，成了真。

人才链环环相扣，谋国而忠的人往往能出以唯贤是举的公心，摒除任人唯

① 《曾国藩全集·书信之九》第 30 册，岳麓书社，2012 年第 2 版，第 245 页。

② 赵烈文:《能静居日记》第 2 册，岳麓书社，2013 年版，第 1148 页。

③ 《曾国藩全集·书信之九》第 30 册，岳麓书社，2012 年第 2 版，第 455 页。

亲的私念，时时留意人才的选拔，不使高明之士沉沦下僚。曾国藩之后，在晚清政治舞台上，头号主角非李鸿章莫属。这对师徒想千方设万计修补清王朝这艘行驶在江心的漏船，使之续航了更远的距离。然而救急于惊涛骇浪之中，进退无岸，终于计穷力绌，在他们死后，这艘漏船触礁而沉，天意如此，人谋何及！

同治九年七月二十七日，曾国荃写信安慰正在办理天津教案、身心苦楚的兄长："李揆相七、八月可到津门，自是和夷胜手。兄素推重高足，此次必能大得其力，九月当可了结一切。"[①] 李鸿章接过天津教案的扫尾工作，让恩师从那口烂泥潭中脱身而出。

曾、李谊同一家，确有实据。可以这样看：师徒一脉，薪火相传；也可以这样看：感情只是黏合剂，利益才会缔造共同体。两家结为姻亲更能说明问题，曾纪泽的长女是李鸿章的侄媳。曾纪泽娴于洋务，先后出使俄国、英国、法国，皆能折冲樽俎，李鸿章对他"弭兵息民之大功、临机制变之深略"都是心服口服的。光绪十六年，曾纪泽病逝，享年五十二岁。李鸿章回复倪文蔚，笔端颇带感情："劼侯忽逝，失一洋务人才。年来颇不得意，既为同官所排，又不得当路之助，郁郁蹙蹙，赍志以终。文正后人，骤难有继起者矣。昨具疏略为表扬，既抒故府之哀思，亦折时人之空谕耳。"总理各国事务衙门又称总署，由军机大臣徐用仪把持，张荫桓够强悍，也只能老实"藏拙"，随遇而安。曾纪泽是袭侯（一等毅勇侯的继承人），不甘受屈，难免抑郁。张荫桓写信告诉别人："劼侯每日与之水火，至愤郁以终。"这些内情，李鸿章肯定知道。谬悠之口足以铄金，李鸿章对此体会最深。同年，曾国荃在两江总督任上病逝，李鸿章在回复王文韶的信中写道："曾忠襄猝以微疾告终，抚事感时，可胜哀惋！……文肃、忠襄，并是故知，公义交情，亦云不负。至论同时之交，相得之深，七载如新，纤毫无间，则忠襄盛德尤过群公。举目遂无此人，拊膺可为太息。循绎来示，弥叹击磬之同心也。"由此可见，李鸿章以曾国藩为师，以曾国荃、曾纪泽叔侄为友，情谊之深，亲如一家。

---

① 《曾国荃全集·家书》第5册，岳麓书社，2006年版，第318页。

18 章　忌盈、恶贰、恐高和养晦

坊间传说花样百出，有特别好玩的：湘军攻克金陵后，曾国藩在两江总督署内大摆庆功宴，演剧助兴自不可少。剧单上有一部武戏《定中原》，他想当然就提笔点了它，及至众优伶粉墨登场，这才发现此剧演绎的是司马懿逼宫的故事，顿时大惊失色，立马叫停。也有不好玩的：钦命曾国藩以两江总督节制四省军事，于是他一时间精神恍惚，萌生了异心。王闿运多年精修帝王学，辩才无碍，极力怂恿曾国藩拥兵自重，称王乃至称帝，与清王朝、太平天国形成三足鼎立之势，以彼为鹬和蚌，听其相争，自为渔翁，坐收渔利。曾国藩是否怦然心动了？他向来都相信运气的，将人之皮囊喻为“运气口袋”，这个比喻太新颖了，细想更觉有味，“人生事无巨细，何一不由运气哉”，每遇困境他就感叹“运气一坏，万弩齐发”。曾国藩深知运气不可苛求，也不可强求，若称王称帝，完全有可能透支运气，招致杀身灭族之祸。咸丰七年十二月六日，曾国藩在家书中劝弟辈“早蹈中和一路”，他说自己性格褊激，“常恐蹈祸机”，以平生制行而言，自认为是汉代名臣萧望之、盖宽饶一流的人物，有可能因忠愤而自杀[①]。忠臣不可能谋反，王闿运舌灿莲花也没用。

曾国藩善弈，世事如棋局局新，要稳操胜券，并不容易。称王称帝绝对是臭棋篓子，示天下以私，身败名裂，沦为千古罪人，这类事故自古以来频发。何况曾国藩是一位成色十足的礼家，请注意，不是通常所说的理学家。据吴汝纶所述：“其学问宗旨，以礼为归。尝曰：‘古无所谓经世之学，学礼而已。’……

① 《曾国藩全集·家书之一》第 20 册，岳麓书社，2012 年第 2 版，第 319 页。

自文章政事外，大抵皆礼家言。”[①] 曾国藩师事周文王、周公旦、孔子、孟子……顾炎武、秦蕙田、姚鼐、王念孙等三十二位古今圣哲，忠孝观念沦骨浃髓。在《送陈岱云出守吉安序》中，他这样写道：“父母者，育我；天者，先父母而生我；君者，后天而成我者也。有不忍忘本于父母者，而后爱身以及子姓；有不忍忘本于天者，而后爱吾君以及人民庶物。故入而供弟子之职，出而力王家，勤民事。非直好为观美，内有所激发，不得已而为之者也。”[②] 在曾国藩看来，不忘本的人，忠君、爱民、泽物乃是源自天良，出于真情至性，无须诱导和强迫。他不是王莽那样的伪君子，也不是朱温那样的大奸贼。在乱世中，什么人觊觎君权，最想夺取帝位？当然是那些痴迷权势的强梁，唯有他们才包藏野心、崇尚武力、藐视纲常，才能够在第一时间下得去狠心，使得出辣手。曾国藩自命为“血诚儒者”，而且他用实际行动不断证明自己确实是血诚儒者，总而言之，他不肯做忘本的人。

花未全开月未圆

曾国藩从“天道忌盈”的角度考虑，把“求阙”看得很重。道光二十五年，他以此二字命名自己的书房，并撰写《求阙斋记》，道其旨趣：“凡外至之荣，耳目百体之耆，皆使留其缺陷。礼主减而乐主盈。乐不可极，以礼节之，庶以制吾性焉，防吾淫焉。若夫令闻广誉，尤造物所靳予者，实至而归之，所取已贪矣，况以无实者攘之乎？行非圣人而有完名者，殆不能无所矜饰于其间也。吾亦将守吾阙者焉。”[③] 求阙就须节欲戒贪，曾国藩对完名（完美的名誉）也很戒备，它会逼人装样子、摆谱子、端架子。咸丰十年九月二十六日，曾国藩在日记中写道：“是日因写手卷，思东坡‘守骏莫如跛’五字，凡技皆当知之。若一味骏快奔放，必有颠蹶之时；一向贪图美名，必有大污辱之时。余之以‘求阙’

---

① 《吴汝纶文集》下册，上海古籍出版社，2017年版，第333页。

② 《曾国藩全集·诗文》第14册，岳麓书社，2012年第2版，第238页。

③ 《曾国藩全集·诗文》第14册，岳麓书社，2012年第2版，第144页。

名斋，即求自有缺陷不满之处，亦‘守骏莫如跛’之意也。”[①] 由书法悟及人生，曾国藩悟道之径不寡。他经常告诫家中子弟“无好快意之事，常存省过之心”，也是求阙之意的扩展和延伸。

咸丰六年九月初，曾国藩致书罗萱，谈及军事上的成败利钝，写下这样一段话：“日中则昃，月盈则亏。故古诗‘花未全开月未圆’之句，君子以为知道。自仆行军以来，每介疑胜疑败之际，战兢恐惧，上下怵惕者，其后常得大胜。或当志得意满之候，各路云集，狃于屡胜，将卒矜慢，其后常有意外之失。”[②] 由此可见盈则易骄，骄则易败，天道忌盈，无处不验。

咸丰九年二月初，曾国藩回复左宗棠，真人面前不打诳语，着实掏了一回心窝子，打了几句“良心讲”：“然屡胜之余，极盛之后，恐亦如古人所称‘再实之木，其根必伤’。比来湘人应募者少，即营官、帮办亦多倦游，不知尚能支撑几年否。”同年四月初，曾国藩致书郭嵩焘，也是实话实说：“楚勇、湘勇皆同强弩之末，各弁名成利就，其锐于赴敌之心，远不如昔。”为何曾国藩密集发表此类感慨？从当时的情况来看，湘军征战多年，师老兵疲，暮气渐深，将士多半贪财好货。“人情之慕爵禄，如蚁慕膻。”无名无利时，他们可以为名利拼命；有名有利后，则保命、享福、封妻荫子头等要紧，自然雄心全无，难为大用。同期稍早，二月中旬，曾国藩回复胡林翼，谈到水师须操习陆战，冲出下游，以求“疲贼”和“误贼”，稳操胜算。他忧虑的是统领人选难得：“国藩浅见，窃以为：吏治，有常者也，可先立法而后求人；兵事，无常者也，当先求人而后立法。求人以统领为最难，营官亦颇不易得。厚庵自三河大变后，怆怀同志，度其情态，且如中钩之鱼、失配之鸟，势难强其另辟门面，重立规模。雪琴亦久疲思息，非复有朝气可用，纵强之使为统领，亦必不讨好。”[③] 杨岳斌和彭玉麟是湘军水师的两大统领，百战成名，尚且“非复有朝气可用”，由此可见曾国藩的悲观心态。

---

① 《曾国藩全集·日记之二》第 17 册，岳麓书社，2012 年第 2 版，第 88 页。

② 《曾国藩全集·书信之一》第 22 册，岳麓书社，2012 年第 2 版，第 570 页。

③ 《曾国藩全集·书信之二》第 23 册，岳麓书社，2012 年第 2 版，第 63、79、157 页。

咸丰十一年二月，曾国藩致书麾下猛将鲍超：“惟望阁下常守‘花未全开，月未全满’之戒，不稍涉骄矜之气，则名位日隆矣。”[①] 翌年四月，曾国藩又在信中劝导鲍超：“凡利之所在，当与人共分之；名之所在，当与人共享之。”持盈据满，适得其反，这方面的教训不胜枚举。鲍超麾下营头甚多，他却不肯放权让手下裨将分统，因此部下出逃外省者有之，同伴开仗者有之。曾国藩建议鲍超亲统五营，其他营头交给裨将宋国永等人分统，他特意打了个浅显的比方：“譬如大树高干，无枝则无叶无荫，必有大枝长条，乃有密叶浓荫，此一定之理也。”[②] 鲍超驭下威多恩寡，曾国藩也屡次致书告诫他，但鲍超久为“湘军之别派”，其长处特长，短处特短，比如其麾下文案马虎，财务混沌。曾国藩反复劝他改正，自始至终，鲍超都没认真对待。这位悍将能勇于杀敌，却不能勇于改过。

咸丰十一年夏，王闿运兴冲冲地写信给曾国藩，出了个大主意。咸丰皇帝驾崩了，肃顺等八人成为顾命大臣，两宫皇太后同省章奏，这种貌似平衡的局面其实极不平静。王闿运认为朝廷宜亲贤并用，由恭亲王主政，以辅幼君，曾国藩则有必要自请入觐，申明祖制，母后不得临朝，如此一来，可以阻断两宫皇太后垂帘听政的便捷门径，天下中兴尚存希望。可是曾国藩担心自己名位太盛，受朝廷猜忌，此时新获朝廷重用，根基未牢，岂肯强行出头，横断是非，毅然决然地投下胜负手，落下权臣干政的口实？曾国藩得书不报，王闿运的大计再次打了水漂。应该说，王闿运有貌似高明的策划，正如魏延献妙计自领奇兵出子午谷偷袭长安，但诸葛亮不许轻试，曾国藩同样不肯冒险犯难，孤注一掷。

事实胜于雄辩。两宫皇太后垂帘听政，正是借助恭亲王奕䜣的助力大加刑戮，蹚过血池，扫清障碍，他们才是实打实的利益共同体，残酷的政治斗争岂有兵不血刃的可能？倘若曾国藩主动搅进这个“神仙打架”的战团，阻止两宫皇太后垂帘听政，后果不堪设想。八位顾命大臣被团灭，对满朝文武都是严厉的警告。书生横议无须赌上身家性命，疆臣蛮行则无异于自寻绝路。虽然曾国

---

① 《曾国藩全集·书信之三》第 24 册，岳麓书社，2012 年第 2 版，第 175 页。

② 《曾国藩全集·书信之四》第 25 册，岳麓书社，2012 年第 2 版，第 238、239 页。

藩相信运气胜过相信圣贤书，但他决不会硬着头皮去做火中取栗的险事。“小心行得万年船”，曾国藩久历艰险，显然比年轻气盛的王闿运更深知这句民间谚语的底蕴。事后来看，曾国藩远离政争是明智的，当时就算他有改变朝局的奇思幻念，也根本没有改变朝局的夸父之力，扶泰山以超北海，容易吗？

同治元年五月十五日，曾国藩告诫胞弟国荃、国葆，用意更为深透：“日中则昃，月盈则亏，吾家亦盈时矣。管子云：‘斗斛满则人概之，人满则天概之。’余谓天之概无形，仍假手于人以概之。霍氏盈满，魏相概之，宣帝概之；诸葛恪盈满，孙峻概之，吴主概之。待他人之来概而悔之，则已晚矣。吾家方丰盈之际，不待天之来概、人之来概，吾与诸弟当设法先自概之。”[①] 要完全理解这段话，关键词是那个“概”字，概是旧时量谷物时用来平斗斛的刮板。斗和斛中的谷米多了，就用概把它刮平，不使谷米超出固定的计量。人要是富贵太甚，老天爷也会拿着无形的刮板来刮一刮。霍光权倾朝野，他死后刚两年，汉宣帝和大臣魏相就用“刮板”猛刮几下，霍家就被合族诛灭了。诸葛恪同样富贵已极，他瞪眼看着，吴主孙亮和大臣孙峻用“刮板”将他刮得血溅当场，一命呜呼。曾国藩熟读史鉴，能清醒地认识到富贵至极的绝大害处，又岂会心如茅塞，利令智昏？

苏东坡有一首趣诗，题为《送千乘、千能两侄还乡》，开头四句是：“治生不求富，读书不求官。譬如饮不醉，陶然有余欢。”曾国藩很喜欢，节取之后，添加四句，合成一首新诗：“治生不求富，读书不求官。修德不求报，为文不求传。譬如饮不醉，陶然有馀欢。中含不尽意，欲辨已忘言。”[②] 曾国藩忌盈满而迷恋“有余”和“不尽”，这首诗中二者齐备，值得反复玩味。

同治三年三月二十五日，曾国藩在日记中写道：“日内因户部奏折似有意与此间为难，寸心抑郁不自得。用事太久，恐人疑我兵权太重、利权太大，意欲解去兵权，引退数年，以息疑谤，故本日具折请病，以明不敢久握重柄之义。”[③]

---

① 《曾国藩全集·家书之二》第21册，岳麓书社，2012年第2版，第24页。

② 《曾国藩全集·诗文》第14册，岳麓书社，2012年第2版，第82页。

③ 《曾国藩全集·日记之三》第18册，岳麓书社，2012年第2版，第35页。

不贪权，不恋栈，大敌当前，危局未安，引退和告病都是作秀，曾国藩致书老九，强调此举专为金陵克复后兄弟引退张本。这个秀作与不作，这个本张与不张，其情势和后果大不一样。心迹不明则疑谤缠身，疑谤缠身则寸步难行，寸步难行则一事无成。

江南底定之后，曾国藩不仅推功诸将，而且数次递上奏章，沥陈胞弟曾国荃的病情——“心血过亏，万难再当大任，恐致偾事”“遍体湿疮”“肝火上炎，病势日增，竟不能握管作字”——说服朝廷恩准曾国荃开缺，回籍调养。此外，曾国藩急于遣散湘军主力，首先着手遣散的就是曾国荃统领的嫡系部队吉字营五万精兵，以此取信于天下。不过，据时人所著的多种野史渲染，吉字营上下充满骄兵气焰，对于封赏不公颇有怨言，鼓噪喧哗，日甚一日，与陈桥驿兵变的前奏颇为相似，如果真的跳出几个冒失鬼来，后果实难逆料。曾国藩日夜忧惧，要防患于未然，遣散湘军主力乃是当务之急。

“暮气”本为黄昏时的雾霭，兵家孙武借它指喻不振作不进取的状态和疲软泄沓的作风。《孙子·军争》：“是故朝气锐，昼气惰，暮气归。”湘军暮气之说颇具争议，王闿运即不以为然，他在《湘军志·曾军后篇》结尾写道：“国藩本以忧惧治军，自幸平洪寇，克江宁，如初起兵时所望，力言湘军暮气，不可复用，主用淮军，后以平捻寇。然席宝田、左宗棠仍募湘军征苗、回，竟定塞外，棱威天山，乌睹所谓暮气者邪？”[①] 所以说，“暮气”只是一个巧妙的借口，湘军主帅曾国藩真正害怕的是自己和九弟曾国荃手握重兵，将会沦为群疑众谤的标靶。

曾国藩为何要裁撤湘军？他在笔记《兵气》中有过明确的解释：“同治三年，江宁克复后，余见湘军将士骄盈娱乐，虑其不可复用，全行遣撤归农。”曾国藩将暮气产生的原因概括为“骄盈娱乐”四字，有点勉强，但他要的是朝廷放心。裁军的理由还有一个：“然余统兵已近十万，即半饷亦须三十万，思之胆寒。”[②] 在经济凋敝的战乱时期，每月要用三十万两白银军饷和数万石粮食养饱

---

① 王闿运：《湘绮楼诗文集·王志/湘军志/笺启》，岳麓书社，1996年版，第652页。

② 《曾国藩全集·家书之二》第21册，岳麓书社，2012年第2版，第191页。

一支如狼似虎的湘军，武器弹药的消耗尚须另计，这实在是太难应付了。王闿运等湘人对裁军之举不表赞同，那是局外人的想法，尽可忽略不计。

裁撤湘勇的好处非止一端，清代学者震钧在《天咫偶闻》卷六中称赞道：“曾文正公之所不可及，尤在深识大体。江南甫平，即撤兵，讲求吏治，兴复典礼，大乱十二年，一旦平定，即能使民不知兵，一归承平之旧，洵非他人所能及。”大乱之后，最宜休养生息，兵多饷繁，则民不堪命。胡林翼生前说过：“筹饷之精，即令如桑（弘）羊、刘宴、韩滉，总不如裁兵节流之为利甚大也。”对此意见，曾国藩举双手赞同。“富莫如节用，强莫如裁兵”，这是他的原话。“日来，自念耳目太短，不能察吏；心计太拙，不能筹饷，当此巨任，实不称职，心以为愧”，这也是他的原话。曾国藩用自己的廉俸资助过一些安贫乐道的读书种子，如苏州的陈奂、江宁的汪士铎、兴国的万斛泉。他说：“当兹剥复之交，保全善良，乃为天下留养微阳以俟元气之复。”他还推广自己的意愿，放眼全国，扩充其说：“兵兴以来，大吏有才者大抵皆奋发踔厉猛勇之气多，须更得浑厚者数十人，布于民上，培养元气，则可以长治久安矣。”以奋厉的猛人治军，以浑厚的仁人治民，曾国藩思虑周全，意愿是良好的。

同治四年，湘军平定江南后，曾国藩将两江总督署从安庆搬回江宁。他下令乡试开科，使东南士子重回正轨；设立忠义局，宣扬忠节正气；设立保甲局，维护城市治安，调解民间诉讼；设立书局，刻印《王船山遗书》和四书五经；设立普育堂，收养孤儿；设立义学，助失学者读书；设立粥厂，安置流民；补贴农户购买种牛，发展生产；恢复秦淮河的灯船，江宁织工三年不用交税，在江宁做木材生意的商人也是三年不用交税，此外还有许多优惠政策。一时间，百废俱兴，能工巧匠、坐贾行商皆萃集石头城，各行各业呈现出勃勃生机。光绪年间，名士何家琪为文追忆并感叹道：“凡江宁贫士下吏孤寡老疾，无一失所者。……公勋盖天下，而其政宽大如此！”

曾国藩一直恪守臣道。同治五年十二月十一日，曾国藩回复黄倬：“弟窃观古来臣道，凡臣工皆可匡扶主德，直言极谏，惟将帅不可直言极谏，以其近于鬻拳也；凡臣工皆可弹击权奸，除恶君侧，惟将帅不可除恶君侧，以其近于王敦也；凡臣工皆可壹意孤行，不恤人言，惟将帅不可不恤人言，以其近于诸葛恪也。握兵权者犯此三忌，类皆害于尔国，凶于尔家。”[1] 曾国藩是湘军大帅，既然深知握兵权者干政是触犯大忌，又怎会伸长脖子往刀口撞？他从来都不是那种拿身家性命博出位的冒险家。王闿运当年所有的奇谋秘计无一不是火中取栗的套路，他怎么可能采纳？

在中国社会，入世则难得糊涂，出世则难得清醒，知道自己几斤几两的觉悟者太少了，透过身份的油彩洞悉底蕴的人太少了。同治五年十二月二十六日，曾国藩回复朱蓂，一矢破百迷：“戏场一喻，语妙天下。凡做到十分热闹时，阁下谓看者之局将散，而不知唱者之兴已阑，凭他烈烈轰轰，惊天动地，究与自家本来丝毫无与。是以扮大富贵生脚未必可喜，扮极贫贱丑脚未必可悲也。”大家都是演戏的，关键在于你的角色代入感是否强烈，入戏深不深，出戏之后还能不能找到北。

天道恶贰，不越雷池

咸丰三年十二月二十一日，曾国藩上《沥陈现办情形折》，逐条陈明己见，虽不算高明，却获得了文宗奕詝的朱谕褒奖：“成败利钝固不可逆睹，然汝之心可质天日，非独朕知。”[2] 曾国藩“闻命感激，至于泣下”。曾国藩忠君，乃是遵从儒家的纲常准则，他给自己预设的历史角色绝对不是曹操那样的“白面奸雄”和王莽那样的“作伪高手”。他反复强调“上天忌贰”，又怎么可能做个言不由衷的二愣子，把自己的老脸打肿呢？

咸丰九年，曾国藩教诲九弟曾国荃，除了“恶巧”“恶盈”，还有“天道恶贰”。什么是“贰”？多猜忌、不忠诚、无恒心，都是犯贰，犯贰必生尤悔。

权臣之起贰心，则称王称帝的执念必定挥之不去。曾国藩如何敢紧握这道上掣九天、下入九地的闪电？

梁溪坐观老人著《清代野记》，其中有一则珍闻：安徽全境被湘军收复后，彭玉麟立刻派亲信差弁乘单舟送密件给曾大帅，全信寥寥十二字：“东南半壁无

---

① 《曾国藩全集·书信之八》第29册，岳麓书社，2012年第2版，第552、553页。

② 《曾国藩全集·奏稿之一》第1册，岳麓书社，2012年第2版，第117页。

主，老师岂有意乎？”当时，曾国藩身边只有亲信卫士倪人垲。他展读来信，立刻装出一副生气的样子，压低嗓门说：“不成话，不成话，雪琴还如此试我，可恶！可恶！”[1]话音未落，已将信纸撕成碎片，当作点心，囫囵吞下，以免贻人口实。多年后，倪人垲在江苏做官，把这件秘事告诉了好友欧阳润生。

杨度作《湖南少年歌》，述及恩师王闿运以纵横计、帝王术游说疆臣：“更有湘潭王先生，少年击剑学纵横。游说诸侯成割据，东南带甲为连衡。曾胡却顾咸相谢，先生笑起披衣下。”[2]王闿运与曾国藩交道不浅，他试图说服曾国藩光复汉家衣冠，于情于理都能够站得住脚的。但他只见其利，不见其害，几番口舌和笔墨都被曾国藩拒绝了。

事隔四十余年，王闿运告诉自己的门生、杨度的胞弟杨钧一段往事。他在与曾国藩私下议事时斗胆进言：“大帅功高望重，将士用命，何不乘机夺取江山，自己做皇帝，何苦白白替别人卖命出力？”后者坐在书案前，一边听他讲话，一边用笔写着东西。中途，曾国藩有事出去了一下。王闿运起身走到案前，看曾大帅到底写些什么，结果是满纸的“妄”字和“谬”字。等曾国藩回来，王闿运谈笑如故，但识趣也就无趣了，他自觉转换了话题。

王闿运诱导曾国藩“豪赌”，这种做法历史上早有失败的先例。秦亡未久，天下逐鹿，蒯通游说一代名将韩信（这人可不是胆小鬼），大意为：楚汉相争正酣，将军乃是胜负枢纽，全力助汉则刘邦坐收社稷，倾心援楚则项羽立得江山，拥兵自重则楚汉都要反过来瞧你的眼色行事，这正是建立霸业的千载良机。然而韩信并无政治野心，未能采纳蒯通的韬略，直到他被诱入长乐钟室，死于非命前，才万分痛心地叹息道：“悔不用蒯通之计！”当年，蒯通未能说服韩信，深恐大祸临头，他佯狂而走，隐姓化名。曾国藩不敢火中取栗，王闿运也感到极度失望，赶紧打点行装，拱手告别。说不定，他还像鸿门宴后亚父范增那样背转身，狠狠地骂了一句“竖子不足与谋”。

人与人之间有多层隔膜，要彼此理解，难度很大。王闿运娴习的是纵横术

① 梁溪坐观老人:《清代野记》，山西古籍出版社，1996年版，第5页。

② 《湖湘文库·杨度集》第1册，岳麓书社，2008年版，第94页。

和帝王学，想说服曾国藩“光复汉家衣冠”，但曾国藩却不愿做帝王，只想做豪杰。咸丰九年五月十四日，他在日记中激赞孟子：“思夫人皆为名所驱，为利所驱，而尤为势所驱。当孟子之时，苏秦、张仪、公孙衍辈，有排山倒海、飞沙走石之势，而孟子能不为所摇，真豪杰之士，足以振厉百世者矣！”①曾国藩倾心向圣贤看齐，王闿运偏要他倾力向御座靠拢，二者根本就不在一个频道上。

咸丰九年九月二十日，曾国藩在日记中总结“凡人凉薄之德约有三端”（幸灾乐祸、不安命、好议论），请留意第二端：“人受命于天，臣受命于君，子受命于父，而或不能受命，居卑思尊，日夜自谋置其身于高明之地，譬诸金跃冶而以镆铘、干将自命。”②一个打算立德的人肯定不会立此“居卑思尊”的凉德，王闿运劝曾国藩造反，真是找错了对象。

同治元年四月十一日，曾国藩在日记中留下了一则思想笔记，三观全在其中水落而石出：“静中细思，古今亿万年无有穷期，人生其间数十寒暑，仅须臾耳。大地数万里不可纪极，人于其中寝处游息，昼仅一室耳，夜仅一榻耳。古人书籍，近人著述，浩如烟海，人生目光之所能及者，不过九牛之一毛耳。事变万端，美名百途，人生才力之所能办者，不过太仓之一粒耳。知天之长而吾所历者短，则遇忧患横逆之来，当少忍以待其定；知地之大而吾所居者小，则遇荣利争夺之境，当退让以守其雌；知书籍之多而吾所见者寡，则不敢以一得自喜，而当思择善而约守之；知事变之多而吾所办者少，则不敢以功名自矜，而当思举贤而共图之。夫如是，则自私自满之见可渐渐蠲除矣。”③一个人能遇忧患横逆而隐忍、逢荣利争夺而退让、择善而约守、举贤而共图，又怎么会冒身败名裂的风险，干毁家灭族的祸事？

极盛时期，曾国藩牢牢掌握着东南战区的兵权和利权，称之为晚清封疆大吏中的头号权臣，毫不为过。功高震主，权重也震主，“群疑众谤，殊无自全之道”。历史上，权臣的下场多半是悲剧。南宋大儒朱熹告诉论敌陈亮一席至

---

①《曾国藩全集·日记之一》第16册，岳麓书社，2012年第2版，第437页。

②《曾国藩全集·日记之一》第16册，岳麓书社，2012年第2版，第471页。

③《曾国藩全集·日记之二》第17册，岳麓书社，2012年第2版，第280页。

言：“真正大英雄人，却从战战兢兢、临深履薄处做将出来。若是气血粗豪，却一点使不着也。”[1]可见真正大英雄慎思慎行，与纵横恣肆的江湖好汉完全不在同一个频道。同治元年七月二十八日，曾国藩写信给九弟曾国荃，头脑相当清醒，字字都渗透了理智：“然古来成大功大名者，除千载一郭汾阳外，恒有多少风波，多少灾难，谈何容易！愿与吾弟兢兢业业，各怀临深履薄之惧，以冀免于大戾。”[2]曾国藩显然要向千古名帅郭子仪看齐，自求多福，因此他不仅要根除自己的野心，而且还要及时打消胞弟曾国荃的非分之想。

《诸葛亮集》中有《兵要》十条，第三条是：“人之忠也，犹鱼之有渊，水失而鱼死，人失忠则凶。故良将守之，志立而名扬。”[3]岂止良将守之，古之良相亦守之。诸葛亮本人就是典范，《后出师表》的表白“鞠躬尽力，死而后已”，可总结他二十多年的军政生涯。倘若诸葛亮心怀异志，以他的威望和权势，取代后主刘禅，简直易如反掌。但他不僭越君臣名分，比王莽之流英明得多。曾国藩饱览史乘，深知兴亡之理，做忠臣，于立德、立言有百利而无一害，于立功也可进退裕如，做逆臣，做叛臣，则必须拎着脑袋瓜踏上一条成王败寇、极可能身败名裂的不归路，还要在外敌环伺之下，深涉五百年未有之大变局，步步走对才行，一失足就成千古恨。曾国藩自诩为“血诚儒者”，珍惜羽毛胜过一切，做忠臣才是稳赚不赔的生意，他怎么可能做逆臣和叛臣，上赌台孤注一掷撞鸿运？

曾国藩体弱多病，精力衰退得很快，这也是其野心归零的重要原因。早在咸丰九年，他致书姻亲、好友郭崑焘，就引用韩愈的诗句交了底：“昌黎所谓‘中朝大官老于事，讵肯感激徒𡡾𡣕’，吾非大官，亦渐老于事，锋芒钝矣。”[4]咸丰十年，朝廷令曾国藩署理两江总督，其后不久，就任命曾国藩为钦差大臣，实授两江总督，领兵部尚书衔，节制四省巡抚。他一则以喜，一则以惧，喜的是

---

① 《宋元笔记小说大观》第5册，上海古籍出版社，2001年版，第5314页。《鹤林玉露》丙编卷一。

② 《曾国藩全集·家书之二》第21册，岳麓书社，2012年第2版，第42页。

③ 《诸葛亮集》，中华书局，1960年版，第41页。

④ 《曾国藩全集·书信之二》第23册，岳麓书社，2012年第2版，第6页。

大权在握，好施展旋转乾坤的手段了，惧的是“位望愈隆，责备愈重，前乎此者，覆轨相寻”，最大的反面典型是前两江总督何桂清，失职之后，被革职拿问，最终遭到处决。所幸曾国藩吉人自有天相，数年之间他指挥湘军平定江南，然而精力耗损极大，“老底子”差不多都掏空了，好运气也差不多用光了。他要摆脱嫌疑唯恐不及，又岂会百丈高楼再上一层？

同治十年九月初二日，王闿运到金陵拜访曾国藩，与之相处了十六天，其间两人多次“久谈”，曾国藩翻阅了王闿运的几本著作，还写诗送给王闿运。这是他们最后一次雅聚，可以肯定的是，王闿运不会再游说曾国藩“勇创千秋大业”了——曾国藩糟糕的身体摆在那儿，淡定的态度也摆在那儿，王闿运不会再失言了。同治十一年三月初五日，王闿运白天陪友人观剧，夜间在日记中写道：“念曾侯魂归故山，真如大梦，惜其赍志有不敢行者，可惋也。”[①]这句话信息量很大。曾国藩“赍志有不敢行者”，那会是什么样的惊天大事？用脚趾头都能够想明白。问题并不在于他敢行与否，而是他果然有过此志吗？一次闪念甚或N次闪念真实存在过？并且被人精王闿运察觉到了蛛丝马迹？除了王闿运，还有许多人明里暗里都希望曾国藩光复汉家衣冠，但他始终不敢出手，乃是基于对极权和浮名清醒的认识、充分的戒惧，既然“及夫身没观之，彼与当日之厮役贱卒，污行贾竖，营营而生，草草而死者，无以甚异也”[②]，他又何苦去冒杀身之险，闯灭族之祸？庄子有言：“大惑者，终身不解；大愚者，终身不灵。”曾国藩是智者，四十岁前他已破除大惑，五十岁前他已消灭大愚，在这一点上，袁世凯瞠乎其后，望尘莫及，结局自然就天悬地远了。

光绪四年四月十二日，王闿运在日记中写道：“夜看曾书札，于危苦时不废学，亦可取。而大要为谨守所误，使万民涂炭，犹自以为心无愧，则儒者之罪也，似张浚矣。”[③]其时，王闿运正在撰写《湘军志》，翻阅的原始资料越多，对于曾国藩的评价就越低。曾国藩“谨守所误”指的是什么？王闿运并未明说，很可

① 王闿运：《湘绮楼日记》第1卷，岳麓书社，1997年版，第305页。

② 《曾国藩全集·诗文》第14册，岳麓书社，2012年第2版，第147页。

③ 王闿运：《湘绮楼日记》第1卷，岳麓书社，1997年版，第653页。

能指的就是他不敢光复汉家衣冠，结果便是“万民涂炭”，所以曾国藩的“心无愧”在王闿运看来乃是“儒者之罪”，只知忠君，不知爱民。王闿运将曾国藩视为南宋名臣张浚那样的二流角色，贬意显而易见。

如今，我们能够看得更清楚，曾国藩与王闿运各有所宗，相去甚远。曾国藩久处兵间，厌乱之心日甚一日。王闿运虽也间常走出书斋，四处游历，在旅途上亲眼见到过民间疾苦，但他要把“帝王术”这块好钢用在刀刃上，就得期望天下混乱才行，否则就不可能志行圆满。“光复汉家衣冠”是个大主题、好目标，但流血漂杵、积骨成山毕竟是个坏结果，在这一点上，曾国藩与王闿运的分歧不可调和：前者只盯紧结果，选择放弃野心；后者只盯紧目标，选择觊觎皇权。曾国藩的三恶（“恶巧”“恶盈”“恶贰”）全部以厌乱为基础，因此他要竭尽所能杜绝致乱之源，恢复秩序，维稳大局。到底谁真心爱民，谁假意爱民？聪明人不难做出自己的判断。

“恐高症”日久难愈

咸丰十一年十一月十四日，曾国藩写日记时颇露惶恐之状：“权太重，位太高，虚望太隆，悚惶之至！”二更醒来后，他接着写日记：“思陆放翁谓‘得寿如得富贵’，初不解其所以然，便跻高年。余近浪得虚名，亦不知其所以然，便获美誉。古之得虚名而值时艰者，往往不克保其终，思此不胜大惧。将具奏折，辞谢大权，不敢节制四省，恐蹈覆悚负乘之咎也。”① 于是他在十一月二十五日呈上《恳辞节制浙省各官及军务等情折》，力辞节制浙江军事之重任，力荐左宗棠督办浙江军务，称赞“其才实可独当一面”，他还说：“大抵用兵之要，贵得人和而不尚权势，贵求实际而勿争虚名。臣惟当与各僚属同心图治，共济艰难，以慰先皇在天之灵，上佐圣主中兴之业。”② 这道奏折很高明，与强手分担重负，总比一个人独担要好，否则被压伤了被累死了也没人同情。在官场，没有大权办不成大事，一旦大权到手，曾国藩更担心它变成双刃剑，运用

---

① 《曾国藩全集·日记之二》第17册，岳麓书社，2012年第2版，第227页。

② 《曾国藩全集·奏稿之三》第3册，岳麓书社，2012年第2版，第347页。

不当，拿捏不准，身受其害。这种居高自恐的心理，在其日记中流露得很明显也很充分。同治二年，曾国藩以“局面太大，统军过多，艰险相寻，精力日减”为由，第三次具疏请求朝廷简派会办大臣。这是一种稳妥的表现，不管朝廷派不派会办大臣，此举都可消减他揽权的嫌疑。他还上奏，道是“金陵未克，勿再加恩臣家”，这个表态也比较讨喜。

别人感叹高处不胜寒，曾国藩则感叹高处不胜热，他坐在虎皮太师椅上，忍受烈火猛烤，这是外人看不清楚或看不明白的。数年前，曾国藩设想过居高位之道，约有三端：一是“不与”，就好像跟自己没什么关系似的，看淡；二是“不终”，时刻记住享有富贵而能善终者太少，看清；三是“不胜”，认识自己的能力无法胜任，看衰。有此三端，就不会贪恋权势和地位了。说起来容易，做起来难，何况还有欲罢难休的情形。

对于曾国藩所患的“恐高症”，常人很难理解。换一个角度去看，就如同一位极限运动家徒手攀上了一座高耸入云的孤峰，很有征服感和成就感？他考虑的却是如何才能安全下到山谷——没有滑行伞，没有安全绳，别人都在山下仰慕和敬佩，他却早已冷汗涔涔。

同治二年正月初七日，许多人还在过年的喜庆气氛中访友会客，推杯换盏，曾国藩却在考虑大事情：“疏辞两席一节，弟所说甚有道理。然处大位大权而兼享大名，自古曾有几人能善其末路者？总须将‘权位’二字推让少许，减去几成，则晚节渐渐可以收场耳。今因弟之所陈，不复专疏奏请，遇便仍附片申请，但能于两席中辞退一席，亦是一妙。”[①] 当时，曾国藩身兼几大官职：钦差大臣、协办大学士、兵部尚书、两江总督，他想辞去两个要职和钦差大臣——大包大揽可不行，太招嫉恨了。曾国荃提出了什么建议？他的那封家书已佚，应该是不太赞同兄长自削大权，金陵尚未攻克，江南尚未平定，要软着陆，还早着呢，至少不能上专折，顺便一提足矣。曾国藩接受了九弟的建议，决定附片请求，不露痕迹。

同治四年三月二十八日，恭亲王被革职令曾国藩深受触动。他在日记中写

① 《曾国藩全集·家书之二》第21册，岳麓书社，2012年第2版，第108页。

道："是日早间阅京报，见三月八日革恭亲王差事谕旨，有'目无君上，诸多挟制，暗使离间，不可细问'等语，读之寒心，惴栗之至，竟日忡忡如不自克。"[①]恭亲王是皇室至亲，近年来大权在握，风光无限，但御史蔡寿祺一道劾奏、皇太后一道谕旨就将他打发回府。富贵直如梦幻，峣峣者易折，岌岌者可危，从高峰坠到地面只要一两分钟。曾国藩负重望，握大权，若以恭亲王为参照物，他又有什么避祸的优势呢？"惴栗之至，竟日忡忡不能自克"，一语道明，足见其心理受扰，忐忑不安。

同治四年九月初九日，赵烈文在日记中透露了曾国藩与军机大臣们不亲近、不热络的原因，这个显因背后另有隐因："涤相之为两江也，军机陋规，一不致送，每年寄都中年好炭金，自非沉滞下僚，不能自活，或寒士振振有声者，无所沾润。当枋者恶之切齿。……世事如斯，朝局如斯，不禁叹息流涕，初不为一人之私愤也。"[②]

赵烈文通常都是称呼曾国藩为"涤相"或"中堂"。清朝官场有许多陋规，比如馈赠别敬，地方官员给某些京官派送银两，就是潜规则之下半公开的拉关系。别敬的名目有许多种，夏天送红包叫冰敬，冬天送红包叫炭敬（又称炭金），给大官夫人、如夫人送红包叫妆敬。地方官员给某些京官送别敬，旨在联络感情，互通声气。倘若地方官员获准觐见皇上，还得给主事太监恭恭敬敬地奉送一笔数额不菲的陛见关节费。打点到位之后，主事太监才会高抬贵手，否则入见者连风都摸不着。两江总督是天下之大肥缺，枢廷部臣衣食所系，曾国藩不依陋规给军机大臣馈送厚礼，自然得罪了曹毓英。曹毓英虽是京城著名的路痴，"出门不辨南北"，但他唆使御史陈子怀朝向江东疯咬一气完全不成问题，曾国藩便被撕咬得体无完肤。

同治七年腊月，新晋直隶总督曾国藩入朝陛见。尽管他说过"余生平最怕以势利相接，以机心相贸"，但他到了京城这个"势利之薮"，还是不得不遵守早已约定俗成的官场潜规则，给籍属三江两湖的京官馈赠别敬，给主事太监奉

① 《曾国藩全集·日记之三》第18册，岳麓书社，2012年第2版，第157、158页。

② 赵烈文：《能静居日记》第2册，岳麓书社，2013年版，第935页。

送陛见关节费，单是别敬一项白银就高达一万四千余两，这笔公款数目可观，列入名单的那些京官既拿得开心，也拿得满意。曾国藩出手如此大方，显然是吸取了往年的教训，被迫在公关上加大力度。任凭你是国家的头号功臣，任凭你倔强清正，依然拗不过官场潜规则，不得不预留地步。

同治十年八月初十日，曾国藩病中更觉情绪低落，他致书四弟、九弟，难免要吐几口苦水："余两次在京，不善应酬，为群公所白眼，加以天津之案物议沸腾，以后大小事件，部中皆有意吹求，微言讽刺。……阅历数十年，岂不知宦途有夷必有险，有兴必有衰？而当前有不能遽释然者，但求不大干咎戾、为宗族乡党之羞足矣。"①曾国藩有操守，而官场中人有操守者甚少。曾国藩自认不善应酬，非不能也，是不为也，他不愿意做个大混子，有时间宁肯到安静的书斋里读书。如此一来，他贵为极品高官，在官场的融入度反而不如普通官员，因此被衮衮群公白眼、吹求、讽刺，那种感受不可能美妙。

除了自身要在高空走钢丝，曾国藩还有位个性极强的弟弟曾国荃要在高空走钢丝。同样位崇爵显、权势煊赫、名头响亮，曾国荃尚未学会低调，不头撞南墙是不会罢休的。曾国藩恐高，曾国荃不恐高，这个矛盾如何解决？

同治五年，曾国荃膺任湖北巡抚，负剿捻之责。尽管他立过奇功，封了伯爵，但由于资历太浅，湖广总督官文居然倚老卖老，"不以常礼待之"，在兵事、饷事等方面颇多掣肘，曾国荃极为不快，官文的庸鄙不职也令他心存反感。督抚同城，原本就容易产生矛盾、激化矛盾，毛鸿宾与郭嵩焘不和，瑞麟与郭嵩焘不和，都是如此。同治四年闰五月底，曾国藩致书郭嵩焘，感叹道："督抚同城，诚为两难，而胡文忠乃独得少行其志。世多言官帅休休有容，不佞观其用人行政，自度万难与之共事，然后知胡公所处极难耳！"②官文是旗人，两宫皇太后对他信任有加，胡林翼具备很高的政治智慧，膺任湖北巡抚时，尚且要把官文当作老太爷供奉，将他的姨太太认作义妹，该走的裙带路线必须走，绝无半点迟疑。曾国荃心高气傲，岂肯效仿胡林翼多方妥协、反复迁就以取自便？

---

① 《曾国藩全集·家书之二》第21册，岳麓书社，2012年第2版，第564页。

② 《曾国藩全集·书信之七》第28册，岳麓书社，2012年第2版，第533页。

他是秀才出身，武夫性情，只识得刀口之下七寸分明，就算牵动弹章，拼个鱼死网破，也无所顾惜。

曾国荃明知官文有无比强大的靠山，仍要与他掰腕子，因为他自信抓住了硬把柄，足以掀翻官文。老九有多莽撞？他动手之前，甚至都没有与大哥通一下气。硬把柄何在呢？湖北监道丁守存被官文打压，嫌隙颇深，寻思报复，他侦获了官文贪污腐败的确凿证据：从粮台提取四千两白银赠予钦差大臣、兵部侍郎胡家玉，此举属于公款私赠。曾国荃的弹章句句是实，无可辩驳，就算有人肯帮官文和胡家玉洗地，也不知从何洗起。官场倾轧，实属寻常，但曾国荃参劾的这哥俩太不寻常了。官文是慈禧太后的亲信，打狗岂能不看主人？胡家玉是恭亲王夹袋中的能员，已在军机大臣上学习行走；军机大臣曹毓英病故后，恭亲王有意让胡家玉顶上空缺。这下可好，曾国荃一道弹章，仿佛在官场中投下一颗重磅炸弹，不仅断送了胡家玉的大好前程，而且扫了慈禧太后的兴，抹了恭亲王的脸，后果很严重。钦差大臣谭廷襄查案时，发现丁守存在其中起到了激化督抚矛盾的作用。待官文解任北上，谭廷襄暂时署理湖广总督，便让人转告丁守存，要他“速自为计”。丁某只好告病辞职，算是搬起石头砸了自己的脚。

曾国荃性格较冲动，做事常欠考虑，对体例、掌故也不够熟悉。比如他密折奏劾湖北按察使唐荫云，折尾声称唐某系督臣官文得用之人，恐怕此举有失和衷之道，仅供皇上作为访闻云云，督抚奏劾司道从来无此种说法，已属笑谈。不及两个月，老九就直接奏劾湖广总督官文本人，所谓“和衷之道”不过如此，尤足沦为笑柄，令人大噱。

同治五年五月二十日，曾国藩翻阅新到的邸抄，发现御史佛尔国春参劾曾国荃，要点是此前曾国荃奏章中指斥官文为肃顺死党乃不实之词，谨依《大清律例》裁量，理应反坐。此事虽经谕旨平反开解，但留下的痕迹很重。曾国藩在当天的日记中感叹道：“吾家高爵显宦，为众人所侧目，思之悚栗！”[①] 这年八月二十四日，曾国藩致书老九，质疑道：“苟公事不十分掣肘，何必下此辣手？”

① 《曾国藩全集·日记之三》第18册，岳麓书社，2012年第2版，第407页。

曾国荃上章弹劾官文，巡抚向总督开炮，等于给朝廷出了一道大难题，牵动甚广，风险难控。曾国藩担忧老九此举如同蛮牛闯入瓷器店，结局不可收拾，在家书中叮嘱道："吾兄弟位高功高，名望亦高，中外指目为第一家。楼高易倒，树高易折，吾与弟时时有可危之机。专讲宽平谦巽，庶几高而不危。弟谋为此举，则人指为恃武功、恃圣眷、恃门第，而巍巍招风之象见矣。请缓图之。"曾国藩夜中写信，本已搁笔，意犹未尽，又把祖父星冈公曾玉屏"敬请"出来，摘其语录"晓得下塘，须要晓得上岸"和"怕临老打扫脚棍"敲打老九。当时，曾国藩率诸军剿捻不顺，生怕自己位高名重，会被打扫脚棍，重蹈陆建瀛、叶名琛、何桂清的覆辙，常思退休藏拙，老九这么一弄，群捻东窜这么一闹，他就不好请假，更不好请求开缺了[①]。曾国荃未征得兄长的同意，即率尔参劾官文，别人都不免怀疑曾氏兄弟私底下早就打好了商量，一个在明处，一个在暗处；一个在台前，一个在幕后。曾国藩百口莫辩，想在不受广泛关注的情况下"轻轻引退"已不可能。因此曾国藩叮嘱九弟"平平和和做一二年，送阿兄上岸后，再行轰轰烈烈做去"。这个愿望纯属奢望，老九压根就没有平平和和的脾气性格，想改也改不了。曾国荃意气用事，自己立足未稳，就想扳倒官文，给兄长出了一道难题。湘军集团内部的意见如何？称赞的少，非议的多。令人意外的是，曾国藩对老九"转不一字相责让"，听凭老九这一局赌赢赌输都认账。

官文被朝廷内召，离开了他盘踞多年的武昌。单从表面上看去，这次硬碰硬的正面交锋曾国荃占据了优势，殊不知暗流潜涌，后势危疑。官文的死党不会服帖，他们的杀手锏还没有使出。曾国藩担心"严谴顺斋讼太胜，则后患方深"，官文并无"顺斋"的别号，曾国藩在书信中以此指代，也是谨慎起见。曾国荃的好胜心得到了满足，忍不住在家书中标榜"自强者每胜一筹"，对此炎炎大言曾国藩并未喝彩。他回信告诫道："……斗智斗力之强，则有因强而大兴，亦有因强而大败。古来如李斯、曹操、董卓、杨素，其智力皆横绝一世，而其祸败亦迥异寻常。近世如陆、何、肃、陈亦皆予知自雄，而俱不保其终。故吾辈在自修处求强则可，在胜人处求强则不可。福益外家若专在胜人处求强，

---

① 《曾国藩全集·家书之二》第 21 册，岳麓书社，2012 年第 2 版，第 445 页。

其能强到底与否尚未可知，即使终身强横安稳，亦君子所不屑道也。”[①] 水性好的人也可能溺死，强者恒强的规律并不可靠。曾国藩列举古今强人其兴也勃，其亡也忽，就说明一味恃强取胜并不可取。“福益外家”指代的是谁？这个哑谜令人费解，钟叔河在其汇编校点的《曾国藩往来家书全编》里有个批注：“‘福益外家’疑谓左宗棠。”[②] 那么说，曾国藩对左宗棠恃强取胜实则不以为然。

同治五年十二月二十五日，曾国藩致书九弟曾国荃：“吾兄弟位太高，名太重，必须军务办得结实，乃不为见仇者所快。”[③] 老九劾官文后，曾国藩致书四弟曾国潢：“吾家位高名重，不宜作此发挥殆尽之事，米已成饭，木已成舟，只好听之而已。”同治六年正月十七日，曾国藩晓谕儿子曾纪泽：劾官相之事副作用大，李鸿章、丁日昌、李鸿裔皆不以为然，京师物论深责九叔而共恕官相。曾国藩还责怪道：“尔当时何以全不谏阻？”曾国荃构怨多，将来仕途易逢荆棘。

同治六年正月二十二日，曾国藩致书九弟曾国荃：“弟克复两省，勋业断难磨灭，根基极为深固。但患不能达，不患不能立；但患不稳适，不患不峥嵘。此后总从波平浪静处安身，莫从掀天揭地处着想。吾亦不甘为庸庸者，近来阅历万变，一味向平实处用功。非委靡也，位太高名太重，不如是，皆危道也。”[④] 这样劝告多次后，同治六年七月二十七日，曾国荃的回复就来了：“承嘱在平风息浪处用心，莫在掀天揭地处着想。弟在梦梦中过了半生，至今不知何者为掀天揭地，何者为息浪平风。大约运气佳者，掀天揭地亦是平风息浪；运气劣者，即平风息浪做去，亦是揭地掀天，此中有幸不幸之分焉。”[⑤] 这些话当然是气话。走了危道的老九讲起了运气，如此可免争执，不伤兄弟间的和气。

曾国荃在湖北剿捻连吃败仗，恭亲王和官文、胡家玉的死党有了现成的题材，于是群起而攻之。同治六年二月初五日，曾国藩写信告诉曾国潢：“沅弟近日迭奉谕旨，谴责严切，令人难堪。固由劾官、胡二人激动众怒，亦因军务毫

---

① 《曾国藩全集·家书之二》第 21 册，岳麓书社，2012 年第 2 版，第 449 页。
② 钟叔河汇编校点：《曾国藩往来家书全编》下卷，海南出版社，1997 年版，第 335 页。
③ 《曾国藩全集·家书之二》第 21 册，岳麓书社，2012 年第 2 版，第 474 页。
④ 《曾国藩全集·家书之二》第 21 册，岳麓书社，2012 年第 2 版，第 480 页。
⑤ 《曾国荃全集·家书》第 5 册，岳麓书社，2012 年第 2 版，第 266 页。

无起色，授人以口实；而沅所作奏章，有难免于讪笑者。计沅近日郁抑之怀，如坐针毡之上。”[①]

还有一个很不好的迹象：朝廷存心收拾湘籍高官。刘蓉已告病引退，忽奉严旨革职。就是说，他回到老家，原本可享受正部级待遇，却突然之间被削职为民。郭嵩焘被免去广东巡抚一职，并无降调明文，现在骤降三级授两淮运使。郭嵩焘怀抱郁郁，曾国荃心情大坏就不难理解了，朝廷下一个要收拾的湘籍高官就是他。曾国藩当然看清了险恶的现实。“大约凡作大官，处安荣之境，即时时有可危可辱之道，古人所谓富贵常蹈危机也。”有意思的是，曾纪泽劝父亲辞去两江总督，曾国藩回信说他已“思之烂熟”，和平时期，“辞荣避位，即为安身良策”，眼下是乱世，是战时，“仅辞荣避位，尚非良策也”。处高位亦恐，辞高位亦恐；进亦恐，退亦恐，然则何时而安？

有一种恐惧不仅关乎个人和家庭的荣辱浮沉，还关乎国难民瘼。曾国藩写信告诉老弟：“吾所过之处，千里萧条，民不聊生。当乱世处大位而为军民之司命者，殆人生之大不幸耳。弟信云‘英气为之一阻’，若兄则不特气阻而已，直觉无处不疚心，无日不惧祸也。”[②]两江绅民请求曾国藩回任，曾国藩还在犹豫之际，御史阿凌阿已弹劾曾国藩不肯回任为“骄妄”。怎么办？剿捻重担由李鸿章接肩，曾国藩重回金陵。

同治七年七月二十八日晚，曾国藩对弟子赵烈文说：“去年年终考察，吾密保及劾者皆未动，知圣眷已差，惧不能始终，奈何？”[③]他是个细心的人，也是个敏感的人，忧虑已溢于言表。一年后，曾国藩上奏，建言“勇丁帕首短衣，利于行间”，还有“责任宜专”一层，中有“总理衙门、兵部、户部层层检制”之语，结果惹恼了恭亲王，招来几位御史上纲上线的诋毁，指责他请求改变军装款式是妄图改变国家制度——这又是一记闷棍。[④]

---

① 《曾国藩全集·家书之二》第21册，岳麓书社，2012年第2版，第482页。

② 《曾国藩全集·家书之二》第21册，岳麓书社，2012年第2版，第484页。

③ 赵烈文:《能静居日记》第2册，岳麓书社，2013年版，第1198页。

④ 赵烈文:《能静居日记》第2册，岳麓书社，2013年版，第1277页。

养晦才是可长可久之计

孔子对人性了解得十分透彻，作为儒家宗师，他为徒子徒孙订立了三条戒规："少之时，血气未定，戒之在色；及其壮也，血气方刚，戒之在斗；及其老也，血气已衰，戒之在得。"曾国藩位极人臣，唯一要担心的是功高权重，君主猜疑。晚年，倘若他罔顾艰险，还想填平欲壑，还要得到新鲜的惊喜，就会直奔御座而去。所幸他的理智远远超过了勇气，及时刹车熄火，低调处世，明哲保身。他为朝廷卖命几十年，仍一如既往地韬光养晦，否则，虎跃鹰扬，志骄意满，徒然为疾速取祸之门。专制铁铡沉重而锋利，腰板挺得太直，仅换得回一声"咔嚓"。

早在道光三十年，曾国藩为好友刘蓉所居养晦堂作《养晦堂记》，便认为"终身幽默，暗然退藏"乃是君子处身之道，他还引用西汉文豪扬雄的警语"炎炎者灭，隆隆者绝，高明之家，鬼瞰其室"来强化自己的观点："若夫奔命于烜赫之途，一旦势尽意索，求如寻常穷约之人而不可得，乌睹所谓焜耀者哉？"[①] 曾国藩深知"天道忌满，鬼神害盈，日中则仄，月盈则亏"，因此从始而忌盈，至终而养晦，就连尽善之举、盛德之事尚且只求做得恰到好处，不敢稍稍僭越，何况冒天下之大不韪，干恶贯满盈的坏事。

据曾纪芬回忆，"忠襄公每克一名城，奏一凯战，必请假回家一次，颇以求田问舍自晦"。忠襄公是曾国荃，他不怕露富，也不怕别人议论他发了战争财，所谓"以求田问舍自晦"，仍然太过张扬，太露痕迹。同治元年五月下旬，曾国藩写信提醒曾国荃："若一面建功立业，外享大名，一面求田问舍，内图厚实，二者皆有盈满之象，全无谦退之意，则断不能久。此余所深信，而弟宜默默体验者也。"七月初，他再次提醒："良田美宅，来人指摘，弟当三思，不可自是。吾位固高，弟位亦实不卑，吾名固大，弟名亦实不小，而犹沾沾培坟墓以永富贵，谋田庐以贻子孙，岂非过计哉？"[②] 相比老九，曾国藩行事要低调得

---

① 《曾国藩全集·诗文》第 14 册，岳麓书社，2012 年第 2 版，第 147、148 页。

② 《曾国藩全集·家书之二》第 21 册，岳麓书社，2012 年第 2 版，第 28、38 页。

多，他向来不肯购置田宅。咸丰五年，曾国潢瞒着兄长代买衡阳良田数百亩，已算是超越权限。咸丰末年曾国藩嘱咐大弟曾国潢在湘乡老家建造藏书楼，名为“思云馆”。湘乡风俗自有讲究，筑新屋时必诵上梁文，工匠善谀，用湘乡土音大声颂祷：“两江总督太细哩，要到南京做皇帝。”湘方言谓小为细。乡愚无知，亦可见民心之一斑。同治六年，曾国荃赋闲在家，由他主持，曾纪泽协助，在湘乡县荷叶塘为曾国藩兴建毅勇侯府邸，名为“富厚堂”。据《曾宝荪回忆录》介绍，《汉书》功臣表中关于列侯记有“富厚如之”一语，曾纪泽据此为这座侯府取名。经考证，“富厚如之”最早出自司马迁《史记·高祖功臣侯者年表》：“汉兴，功臣受封者百有余人。天下初定，故大城名都散亡，户口可得而数者十二三，是以大侯不过万家，小者五六百户。后数世，民咸归乡里，户益息，萧、曹、绛、灌之属或至四万，小侯自倍，富厚如之。”[①]

同治七年腊月初七日，曾国荃写信给兄长（曾国藩正在赴任直隶总督的途中），感慨系之：“唯念老兄为高爵厚禄所羁，此时仆仆道途，他日茫茫前路，未知何年乃可歇息。吾今乃知官之一途，求退更难于求进，吾去年真天幸也。日月有盈即有亏，寒暑有往即有来，文武无张而不弛之道，权势无丽而不离之时。吾知抱道藏德之君子，一日不能去位即一日不能自安于其心，因此益叹兄今日之所处为独苦也。”同治六年，曾国荃剿捻连连失利，履职颇为艰难，于是他告病求退，朝廷竟无意慰留，老九因祸得福，返回湘乡老家，过起了闲云野鹤的日子。如今他从深心里同情兄长风尘仆仆远道赴任，身居高位欲罢难休。曾国藩在峰顶恐高，遥看老弟在山下天天过神仙日子，自然羡慕不已。

同治八年正月初五日，曾国荃致书兄长，笔下妙趣横生，昔日他做湖北巡抚，焦头烂额，现在当“猫界大王”，懒骨增生：“弟去年匆匆又懒一年，今且四十六岁矣。懒也懒不出一个明堂，做好汉也做不出一个明堂。未曾一日发愤，便要三日耳聋、五日背疼、七日心忡。惟全不问书和籍也，不理笔和墨，偏能一觉睡到大天光，一餐两个半碗饭，满行满走，快乐无忧。可见天生我，教我懒一世，且再懒四十六年，便是九十二岁，值得值得。懒得我此心活泼泼地，

① 司马迁：《史记·高祖功臣侯者年表》第3册，中华书局，1982年第2版，第877、878页。

大儒气象或亦不足过也。”至二月初九日，老九回复长兄，谐言趣语成堆：“弟懒拙如旧，每日不一课其子，至于自课，更无论也。以官法绳之，当记大过数次。幸尚勤于抱孙，或可酌委优缺一次。”曾国荃懒理世事，大开玩笑，抱孙子抱得也勤，睡觉睡得也宽心。老九还将一整套妙法完全交底：“余一味以懒养神，以糊涂涵养肝气，以风趣节适性情。”看看他的日常，看看他的状态，“吾安心为荷叶巡抚，升大屋里总督”“入园玩菜，临塘观鱼”“得懒一日且懒百年”“天不探，地不管”“以闲耍为正务”。[①] 曾国荃居家养晦，直养得心广体胖。这种日子无忧无虑，十分松活，曾国藩余生再也不可能享受到一天，想想也够悲哀的。

忌盈、恶贰、恐高、养晦，曾国藩照单全收。从其战战兢兢的表现不难看出，“信而见疑，忠而被谤”会造成大面积的心理阴影。他屡遭奏劾和申斥，导致恐惧感超标，安全感跳水，不得不慎，不得不畏，重压之下，艰于呼吸。许多年，曾国藩临深履薄，给后世留下一个真实的样本，大臣忠君，低首下心，谨小慎微，以求踏上趋安避险、趋福避祸的途径，想如愿以偿，并不容易。造化好，时运佳，再加上小心翼翼，此路尚可曲折通幽，否则后果难料，凶多吉少。

---

① 《曾国荃全集·家书》第 5 册，岳麓书社，2006 年版，第 278、280、284、285 页。

19章 “不信书，信运气”

晚唐诗人罗隐才华横溢，可是终其一生郁郁不得志，他对于时运的痛切感受结茧成诗，《筹笔驿》算是给现实世界来了个完全彻底的剧透：“时来天地皆同力，运去英雄不自由。”时运这个东西难得而易失，古人早已注意到它隐秘的存在。江湖术士假托北宋状元宰相吕蒙正的名义作《破窑赋》，道是“马有千里之程，无骑不能自往；人有冲天之志，非运不能自通”，讲道理更像讲常识。早期白话小说的作者每当黔驴技穷时就喜欢拎出俗语“运去金成铁，时来铁似金”，提醒诸位看官，时运比人强，人莫与命争。孔子周游列国，才智显山露水，却四处碰壁，原因是什么？自有命运在冥冥中主宰。孔子行经山径，看到雌野鸡自由翔集，羡慕之余，不禁感叹道：“山梁雌雉，时哉时哉！”连圣人都少不了时运的托举和帮衬，否则就会惶惶不可终日，比丧家之犬强不了太多。孟子重视天时、地利、人和，他一再向君王强调，要让民众过上安稳日子，先决条件是“无失其时”和“勿夺其时”，否则一切均为白忙活。合乎时宜则行好运，不合时宜则走霉运，鲜有例外。儒家讲求应时而动，道家讲求安时而静。庄子有名言：“安时而处顺，哀乐不能入也。”无论动静如何，时运都是不可或缺的枢纽，在这个节骨眼上，两家并无分歧。

好玩的是，古人在书面上强调“万般皆下品，唯有读书高”，口头上却另行排序，变成“一命二运三风水四积阴功五读书”，运气居然比读书重要得多。得时乘运者，幸致显宦，乐享洪福，百般如愿，似乎有神鬼自愿抬轿；失时背运者，沉沦下僚，布衣到老，一事难成，仿佛有挠钩暗中拖脚。

“君子有三畏：畏天命、畏大人、畏圣人之言。小人不知天命而不畏也，狎大人，侮圣人之言。”孔子把“畏天命”放在“君子三畏”之首，而天命傲慢之极，从来都只宣布结果，不肯解释过程，不肯提供公式，不肯揭示规律，小人逆天命固然找死，君子畏天命同样抓瞎。

古人十之八九相信宿命，存疑者不过十之一二。胡林翼大智大慧，居然也是一位宿命论者，他说：“升沉祸福有定命，进退行止有定时。”定数就像如来佛的手掌心，连孙悟空都休想一个筋斗跳出去。曾国藩好为人师，“教学经验”异常丰富，临到晚年，竟然秕糠平生所学，一改儒生面目，示友人以阴阳家的口吻。同治四年六月二十日，曾国藩正为剿捻伤脑筋，苦无良法，他回复欧阳兆熊，以一段玩笑话自解：“年来饱阅世变，觉身世之盛衰，名誉之隆替，朋旧之离合，爱憎之薄厚，皆若有冥冥者暗为尸之。乃知‘不信书，信运气’二语，实将来铭文中必不可少之句也。”① 曾国藩所说的“冥冥者”即运气，“暗为尸之”即暗中执掌这些事。

据朱克敏《雨窗消夏录》记载：“曾文正公尝谓吴敏树、郭嵩焘曰：我身后碑铭必属两君。他任君饰，铭词结语，吾自为之，曰：‘不信书，信运气，公之言，传万世。’”如此看来，这句话曾国藩不只对欧阳兆熊说过，知情者还有吴敏树、郭嵩焘。经考证，曾国藩起初嘱托碑铭的对象是郭嵩焘和刘蓉。同治五年正月二十二日，曾国藩回复郭嵩焘：“霞仙陈蔡之厄，虽无损于清望，然意兴岂能如常。两贤躬畔之说，虽雅志已决，然亦须事会适助成之。‘不信书，信运气，公之言，告万世’，铭辞在耳，遽忘之乎？”② 其中有一字之差，“传万世”应为“告万世”。正版在此，朱克敏的“盗版”瑕疵自现。曾国藩去世后，欧阳兆熊作挽联，下联有“将汗马勋名，问牛相业，都看作秕糠尘垢，开拓万古心胸”数语，“自谓道得此老心事出”。临到生命的暮晚时分，曾国藩传世的口诀竟是“不信书，信运气”，这说明他的内心深处早已产生信仰危机，怎不教儿女、友人、部属跌碎眼镜？曾国藩平日讲求的是孔孟儒道和程朱理学，经他不懈熏陶，别人已经深信不疑，至少也是半信半疑、将信将疑，这位导师内心却根本不予采信，还有比这更荒诞的事情吗？我倒觉得，曾国藩还算良知未泯，真诚未绝。

---

① 《曾国藩全集·书信之七》第 28 册，岳麓书社，2012 年第 2 版，第 595 页。

② 《曾国藩全集·书信之八》第 29 册，岳麓书社，2012 年第 2 版，第 74 页。

在生前，他肯揭破神圣的假面，拆穿真实的谎言，人之将死，其言也善，多少还讲求一点“临终关怀”（不是生者关怀濒死者，反过来，竟是濒死者关怀生者），难得难得！

不信书，尤其不信史书

道光二十三年二月十二日，曾国藩在日记中记下了好友邵懿辰（字蕙西）的药石之言。曾国藩称邵懿辰为直友，真是没错，这位直友直在哪儿？他指出曾国藩身上存在三大毛病：一是“慢”，二是“自是”，三是“伪”。“慢”（傲慢）则“交友不能久而敬”，“自是”（自以为是）则“看诗文多执己见”，“伪”（虚假）则“对人能作几副面孔”。曾国藩感谢邵懿辰专戳痛点，赞叹道：“直哉，吾友！吾日蹈大恶而不知矣！”[①]一个人有直友，确实胜过有家庭医生啊！

另一次，邵懿辰戏称历代史书只是一篇大账目，曾国藩的观点更偏激，直指史书等同于谣言，不足采信。曾国藩有一则笔记就叫《史书》，他用常识去推断，认为《史记》所叙韩信以木罂渡军破魏豹、以囊沙壅水破龙且二事“揆之事理，皆不可信”。韩信的军队不下万人，木罂比木船要小得多，就算渡过去二三百人，岂足以克敌制胜？沙囊堵水，下可渗漏，旁可横溢，河水大的时候塞不成，河水小的时候塞成了也无济于事。“叙兵事莫善于《史记》，史公叙兵莫详于《淮阴传》，而其不足据如此。孟子曰：‘尽信《书》，则不如无《书》。’君子之作事，既征诸古籍，诹诸人言，而又必慎思而明辨之，庶不至冒昧从事耳。”[②]《史记》是公认的信史，“木罂渡军”和“囊沙壅水”尚且违背常理常识，其他的可想而知。曾国藩重实证，敢质疑，经他点明，读者如梦方醒。有意思的是，他在战争期间得暇则开卷，并且大量购入古籍和新书，但他不信书的态度至老弥笃。曾国藩读书，长于证伪，功力不浅。他不信书的资本恰恰就在于读书多，内行看门道，谁也骗不了他。

咸丰十年七月十九日，曾国藩回复李元度，谈到兵事，仍坚持己见，史书

---

① 《曾国藩全集·日记之一》第16册，岳麓书社，2012年第2版，第155页。

② 《曾国藩全集·诗文》第14册，岳麓书社，2012年第2版，第495页。

中描写战阵的文字“皆文人以意为之，不知甲杖为何物，战阵为何物，浮词伪语，随意编造，断不可信”。曾国藩读《资治通鉴》时，习惯将那些不可信的地方一一标记。他听说营将吴士迈（字退庵）打算从“二十三史”中拣择著名战例，编辑成书，作为治军的蓝本，便直指这种做法“门径已差，难与图功”，还郑重叮嘱李元度：“阁下与之至交，须劝之尽弃故纸，专从事于点名看操、查墙子诸事也。”① 曾国藩既然认定史家不知甲杖、战阵为何物，谈兵之言为“浮词伪语，随意编造”，吴士迈采辑“二十三史”中的军事文献就等于问道于盲，求听于聋。这段话也是对李元度的侧面敲打。在传统文人中，能够像曾国藩这样具备怀疑眼光和实证精神的人少之又少。

同治四年六月二十七日，曾国藩回复尹耕云，结合现实论证史书之不可信，尤其令人折服：“国藩久处兵间，虽薄立功绩，而自问所办皆极拙极钝之事，于‘神速’二字几乎相背。即于古人论兵成法，亦千百中无什一之合。私心既深自愧叹，又因此颇疑古人之书皆事装饰成文，而不可尽信。敝部如塔、罗、李、鲍，外间有文人叙其战绩，已与当时实事迥不相符，窃疑古书亦复尔尔。”② 读书有疑，将历史与现实互证，高手的眼力毕竟不凡。最具说服力的一句话是：在外界文人笔下，当代名将塔齐布、罗泽南、李续宾、鲍超的战绩便与事实相去甚远，“迥不相符”，古书的可信度又能有多高？

如果说曾国藩是典型的疑古派，那么胡林翼就是典型的信古派。咸丰九年四月初七日，胡林翼致书曾国藩：“林翼至愚，当不自作聪明；亦惟林翼颇聪明，当不自用其愚。”这句俏皮话令人解颐。胡林翼钻研古代史书中的战例非常用心，这年四月十二日，他写信告诉左宗棠：“近日发愤著书，取《左传》《通鉴》之兵事、地理而编次之，兵事以智略为上，地理以释今为考证。”③ 胡林翼请其门生汪士铎（字梅村）协作修纂《读史兵略》和《读史兵略续编》，这两部兵书颇得后代兵家蔡锷的好评。

---

① 《曾国藩全集·书信之二》第 23 册，岳麓书社，2012 年第 2 版，第 666 页。

② 《曾国藩全集·书信之七》第 28 册，岳麓书社，2012 年第 2 版，第 611 页。

③ 《湖湘文库·胡林翼集》第 2 册，岳麓书社，2008 年版，第 81、87 页。

崇信运气，前后有所不同

曾国藩认为“自古成败利钝，皆由运气，而书册尽不足信”。壮年时，戎马倥偬，局势忽好忽坏，时好时坏，他的兴会无一晷刻不与运气挂钩。“吾尝举功业之成败，名誉之优劣，文章之工拙，概以付之运气一囊之中，久而弥自信其说之不可易也。然吾辈自信之道，则当与彼赌乾坤于俄顷，较殿最于锱铢，终不令囊独胜而吾独败。”在这段话中，曾国藩特别强调自信心，尽管他认为运气有一囊收尽的本领，但它还没有占据绝对上风。

曾国藩认定人谋不及天命，早有端倪。道光二十九年正月，他被朝廷擢升为礼部侍郎，他致书同年好友陈源兖：“正月之季，遂得滥厕春官，清夜扪心，实堪惭恧。回思善化馆中同车出入，万顺店内徒步过从，疏野之性，肮脏之貌，不特仆不自意其速化至此，即知好三数人，亦未敢为此不近情之称许，可见命数有定。李林甫、秦桧自以为得人之谋，而不知其纵不奔营，亦自得宰相，徒枉为小人丛诟骂也。”这段文字最有趣的部分在后面，李林甫是唐朝的头号奸相，秦桧是宋朝的头号奸相，曾国藩认为，命中注定他们能做宰相，就算他们不耍阴谋诡计也能做宰相，做那么多坏事反而遗臭万年，毫无必要。

咸丰五年，曾国藩听说曾国潢为他在衡阳五马冲购置了田产，感觉很不妥，毕竟父亲和叔叔尚未分家，江南尚未平定，此时突然弄出这么个幺蛾子来，谁脸上好看？于是腊月初一日他在家书中大谈命运：“子孙之贫富，各有命定。命果应富，虽无私产亦必有饭吃；命果应贫，虽有私产多于五马冲倍蓰什佰，亦仍归于无饭可吃。兄阅历数十年，于人世之穷通得失思之烂熟。”[①] 他希望四弟国潢将五马冲的田产设法出脱，或捐作祭田，或变现充作家用，只有不在自己和父亲的名下，他的心魂才能稍安。富贵贫贱自有命定，强求不得，这种宿命论的说法，你很难驳倒它，也很难验证它。

咸丰九年夏，胡林翼欲用曾国藩最小的弟弟曾国葆为将，曾国藩在回信中表示反对：“舍弟季洪为将似可不必，盖一则兵凶战危，不无戒心；一则战胜攻

① 《曾国藩全集·家书之一》第20册，岳麓书社，2012年第2版，第278、279页。

克，全凭运气。若事机不顺，口粮不继，恐难耐烦。”打仗不是要讲究战略战术吗？曾国藩却说“战胜攻克，全凭运气”，他的这个判断能够刷新众人的认知。

咸丰十一年四月初三日，曾国藩在信中提醒胞弟国荃：“吾辈但当尽人力之所能为，而天事则听之彼苍，而无所容心。弟于人力颇能尽职，而每称擒杀狗酋云云，则好代天作主张矣。”[①]运气由上天所主，在曾国藩看来，“尽人事，安天命”，便可交差。这年四月十一日，湖北城守粮台公局贫乏万分，到了山穷水尽的地步，阎敬铭忧危到废寝忘食，胡林翼回信安慰道：“须知时事艰难，吾辈所做之事，皆是与气数相争。然成败之数，盈虚之数，有天命焉。非忧思即能稍减也。”尽人事，听天命，这样或许能够离绝望稍远些。过了两个多月，胡林翼致书曾国藩，同时拨正了两人的观点：“若谓天心主之，国运主之，非人力所能为，似属旁人劝慰之言，非督兵大帅所宜出。”[②]大帅老是强调运气的重要性，必然会影响士气。

咸丰十一年九月二十五日，曾国藩回复湘军名将李续宜，开头部分全是“知命固不忧”的意思：“折件读过。贵恙干咳心悸，想系忧劳所致。比稍痊复否？向每谓沉闷非养生所宜，乃以润帅之轩昂豁达，亦复不登中寿，则知命之修短，事之成败，名之显晦，皆有冥冥者主持。吾辈但求大德不甚逾闲，此外政当委心任运，淡泊相遭。阁下劝我宽怀，仆亦愿阁下旷然自适也。”[③]李续宜比曾国藩小十一岁，体质虚弱，操劳太过，他的寿命比胡林翼更短，只活到四十二岁就驾鹤西归了。

曾国荃性喜与兄长抬杠，咸丰十一年十月，他在信中大唱反调：“弟自秋初随侍以来，侧闻兄之绪论，凡谈战胜攻取之役，多委之于运气之亨吉，此诚一定之理，但非所以训后辈也。以弟默观之，兵事之胜由于运气之吉，而其负也，则由于人事之不臧。自军兴以来，只有谋之未尽臧，而亦侥幸成功者，断未有谋之悉臧，而亦不幸以致败覆者。用兵与读书、作文、写字，事异而理同，诚

① 《曾国藩全集·家书之一》第20册，岳麓书社，2012年第2版，第609页。

② 《湖湘文库·胡林翼集》第2册，岳麓书社，2008年版，第825、864页。

③ 《曾国藩全集·书信之三》第24册，岳麓书社，2012年第2版，第543页。

苦心孤诣，按脉切理，穷究其利害得失，用一分工夫，便有一分效验，原不爽也。”[①] 除开军事，曾国荃还是承认“天之生人，才智均不甚相悬远，惟运气有高下之判”。曾家兄弟五人，运气就有好有坏：曾国藩、曾国荃的运气极好，得天独厚，曾国潢次之，曾国华、曾国葆的运气则极差。曾国华追随湘军的常胜将军李续宾，却在三河全军覆没。曾国葆跟着胞兄曾国荃围攻金陵，眼看大功告成，从此富贵，却在城破之前不幸病亡。

在湘军大系统中，对命运信少疑多的大角色可能只有胡林翼一个人。尽管他脑海中偶尔也会闪过“死生事关前定”之类的念头，但在写给弟弟胡枫翼的家书中讲得很明白：“命运之说，兄最不信。安分以待天时，不可与命争也，此乃枭雄安抚人心之语也。天下事诚不当不度德、不量力而一味盲进，然使委心任运，泄沓因循，何处寻场外举子？”[②] 秀才不踏入考场，注定成不了举人，运气再好也无济于事。范进中举之类的例子当然会有，但他总得入场完成整套科考流程才行。运气平白无故地降临在懒汉懦夫的头上，发生这类事情的概率微乎其微，运气只在敢作为的勇者和能作为的智者中挑选获奖者。

成功者的谦辞往往是运气好，失败者的借口往往是运气差。太平天国忠王李秀成在牢笼中撰写《自述》，即将成败归因为有福无福：“我主无福，清朝有福。曾帅大人坚心耐苦，将士齐心，曾家亦有厚福而辅清朝，得此城而威扬天下，实中堂之谋、九帅之才谋算，将相用命，而成全功也。”[③] 运气厚积则为福气，连李秀成都相信“曾家亦有厚福”，气数之说足以移人，复增此佐证。

面对外界的非议、恶评和劾奏，曾国藩的应对之法素来比较消极，主要靠运气去挡。运气好，百毒不侵；运气差，认打认罚，他硬着脖子抗辩的时候少之又少。同治四年六月，朝中王侍御劾奏李鸿章，措辞严厉，竟有“罪不容诛”的字样。李鸿章忍无可忍，上疏申辩。七月初二日，曾国藩回复李鸿章，论及

---

① 《曾国荃全集·家书》第 5 册，岳麓书社，2012 年第 2 版，第 116 页。

② 《湖湘文库·胡林翼集》第 2 册，岳麓书社，2008 年版，第 988 页。

③ 罗尔纲、王庆成主编：《中国近代史资料丛刊续编·太平天国》第 2 册，广西师范大学出版社，2004 年版，第 367 页。

此事，发表高论："鄙人本无子路好强之资，又恐运气不济，每讼辄输，用是敛手而退。阁下刚劲之质，度越时贤，而世乱言庞，讼端方多，运气之或济或否，究不敢必。其惟处于一张一弛、一龙一蛇之间乎？"[①] 曾国藩希望李鸿章能看得开，不必太在意别人的胡说八道，如果每讼必辩，那就太烦太累了。

同治五年正月初五日，曾国藩回复刘成忠，用历史的眼光看待运数："强秦引河灌大梁而魏破，智伯引汾灌晋阳而赵不破，成败亦尚有数存焉。若在在如此过虑，则畏首畏尾，天下殆无可办之事矣。"梁武帝堰水灌寿阳城，数十万兵民漂没入海，未能损敌，先以自害。李自成决黄河灌汴梁城，则是效仿巡抚高名衡，以其人之道还治其人之身。这些史例告诉曾国藩，运数自有天定，杞忧大可不必。

曾国藩的契弟刘蓉撰《祭黄忠壮公文》，历数咸丰年间凋零的名将（江忠源、塔齐布、罗泽南、王鑫、李续宾），对莫可究诘的天命连连发问，大意是：倘若上天果真无意于善待人世，非要降下祸殃不可，那就听任红尘间纷乱扰攘，归于澌灭就行了，何必降生数十位奇人，使他们遭遇厄运，蒙受死难？既然上天已经默许他们诞生于这个世界，就应当使他们展示久积素有的才能、竭尽忠君爱国的谋虑，完全发挥其智慧、胆力，驰骤经营，至于十年八年，直到势穷祸极，他们各自拼光了本领却依然无法挽救沉沦的世道，然后再让他们一死了之，以此告知天下后世，天命已经预先确定，绝对不是人力所能争胜的，如此一来，也就足以服死者之心、绝生者之望。为何上天偏要使魁杰之士早早地赍志以没，或者仅仅测试一下他们的身手就急忙夺去他们的生命，徒然使忠臣兴白骨之悲、烈士抱黄泉之恨？苍天有眼，居心何在？刘蓉的这几条天问[②] 注定没得答案。

上天仁慈吗？竟然坐视生灵涂炭、奇才异能之士赴大义如坠深谷。上天不仁慈吗？毕竟曾国藩历数劫而犹幸存。

曾国藩饱读圣贤书，尚且崇信运气，这说明什么？整个社会缺乏公平公正的价值评估体系。君子靠挺不够，还要熬；小人靠混不够，还要钻；甚至挺、熬、

---

① 《曾国藩全集·书信之七》第 28 册，岳麓书社，2012 年第 2 版，第 628、629 页。

② 《湖湘文库·刘蓉集》第 2 册，岳麓书社，2008 年版，第 231 页。

混、钻依然不够，还须赌。你想有些出息，就得将满把角子逐枚塞入“老虎机”。科场是赌场，官场是赌场，商场是赌场，情场是赌场，凡是社会上肉眼可见的“场”几乎处处都是赌场，而战场更胜于赌场，乃是修罗场。若非乱世倒逼着朝廷更改规则，许多奇才异能之士必然埋没于蒿莱。就算有人侥幸走到了台前，那套逆天的价值评估体系必定卡脖锁喉，运气等同于新鲜空气，凡人可顺畅呼吸才能活命，然而时不时地需要补氧，岂不可怕？

成大事，人谋天意各占几成

中国人喜欢讲“谋事在人，成事在天”，这就等于承认了“天”的重要性高于“人”，人谋再强，天意不允，也是白搭。换个角度去看，人若不谋，躺赢躺获的概率同样不高，那么人谋与天意到底各占几分？这就是一道很受智者欢迎的讨论题。

同治二年七月下旬，曾国荃正在金陵城下率军鏖战。关于人谋与天意五五开，曾国藩有如下讲解，相当透彻：“凡办大事，以识为主，以才为辅；凡成大事，人谋居半，天意居半。往年攻安庆时，余告弟不必代天作主张。墙濠之坚，军心之固，严断接济，痛剿援贼，此可以人谋主张者也。克城之迟速，杀贼之多寡，我军士卒之病否，良将之有无损折，或添他军来助围师，或减围师以援他处，或功隳于垂成，或无心而奏捷，此皆由天意主张者也。”人谋可自主，天意最难凭。在军功至上的汉代，飞将军李广居然至死未封侯。在诗赋取士的唐朝，“诗圣”杜甫居然至老未折桂。这该怎么解释呢？曾国藩以科举考试为例，进一步阐述人谋与天意的关系：“譬之场屋考试，文有理法才气，诗不错平仄抬头，此人谋主张者也。主司之取舍，科名之早迟，此天意主张者也。若恐天意难凭，而必广许神愿，行贿请枪；或恐人谋未臧，而更多方设法，或作板绫衣以抄夹带，或蒸高丽参以磨墨。合是皆无识者之所为。”科举考试中，举子为赴琼林宴，竟不惧峻法而舞弊，真能如愿以偿的究竟有几人？为了一个很低的概率，去冒很高的风险，根本不值得。曾国藩并不担心曾国荃人谋不臧，只担心他代天主张，急于图功，风险失控。长兄提醒老九：“弟现急求克城，颇有代天主张之意。若令丁道在营铸炮，则尤近于无识矣。愿弟常存畏天之意，而慎静以缓图之，则善耳。”[①]

同治三年夏，曾国荃率领湘军主力部队攻克金陵，声威直达巅峰，“幸而有成，皆归功于己”，他在兄长面前从不掩饰自己的得意。曾国藩便及时提醒九弟：“汝虽才能，亦须让一半与天！”歌词有“三分天注定，七分靠打拼”，在曾国藩看来，至少七分天注定，奋力打拼的人多的是，功成身泰的何其少。

无独有偶，左宗棠与曾国藩并世齐名，也对运气颇感迷惑。同治四年三月中旬，他从福建写信给次兄左宗植汇报近况，其中有这样一段话：“见在大局虽稍有名目，然戡乱之人实不多觏。而运气却好，亦不可解。岂古来所谓命世英豪亦半凭运气耶？抑国家景祚方隆，群盗固应数尽耶？”[②] 曾国藩于同治六年六月二十三日傍晚对赵烈文说的是“天下大事，运气主其六，人事主其四，至富贵利达，则运气所主尤多”。运气的重要性，不管是七分、六分，还是五分，其占比之高都足够惊人了。

同治八年十二月二十二日，曾国藩在日记中写道：“日内，思古来圣哲名儒之所以彪炳宇宙者，无非由于文学、事功。然文学则资质居其七分，人力不过三分；事功则运气居其七分，人力不过三分。”人力所为不敌资质、运气，这个结论令人不安，曾国藩晚年不再争强好胜，望峰息心才是稳妥，他说：“人生着力之处，当于自占七分者黾勉求之，而于仅占三分之文学、事功，则姑置为缓图焉。庶好名争胜之念可以少息，徇外为人之私可以日消乎。”[③]

同治九年正月末，曾国藩回复亲家刘蓉，将三七开阐述得更加眉目分明：“国藩之愚，以为事功之成否，人力居其三，天命居其七。苟为无命，虽大圣毕生皇皇，而无济于世。”他还将三七开推而广之，文之兴衰与道之行废概莫能外：“文章之成否，学问居其三，天资居其七，秉质之清浊厚薄，亦命也。前世好文之士不可亿计，成者百一，传者千一，彼各有命焉。孔子将斯文之将丧归之天命，又因公伯寮而谓道之行废由命。孟子亦以圣人之于天道归之于命。

---

① 《曾国藩全集·家书之二》第 21 册，岳麓书社，2012 年第 2 版，第 189、190 页。

② 《左宗棠全集·家书 / 诗文》第 13 册，岳麓书社，2014 年第 2 版，第 88 页。

③ 《曾国藩全集·日记之四》第 19 册，岳麓书社，2012 年第 2 版，第 246 页。

然则文之兴衰、道之能行能明，皆有命焉存乎其间。命也者，彼苍尸之，吾之所无如何者也。”[①] 既然如此，一个人除了认命，还能有多大的主观能动性？早在咸丰六年九月底，曾国藩就把这个答案告诉了儿子纪泽：“凡富贵功名，皆由命定，半由人力，半由天事。惟学做圣贤，全由自己作主，不与天命相干涉。”[②] 那时候，曾国藩比较乐观，给出的人力与天事的比例为五五开，这个解答较为普适。如何学做圣贤？宋朝时程颢、程颐兄弟就问过大儒周敦颐这个问题，周敦颐给出的标准答案是“寻孔颜乐处”，单是从《论语》中就可以寻到的孔颜乐处数十条，“有朋自远方来，不亦乐乎”正是，“贫而乐，富而好礼”正是，“乐而不淫，哀而不伤”正是，“贤哉，回也！一箪食，一瓢饮，在陋巷，人不堪其忧，回也不改其乐。贤哉，回也”正是，“知之者不如好之者，好之者不如乐之者”正是，还有很多条，全找出来，逐一去践行，把“学为圣贤”的工夫做到家了，也就距离圣贤不再遥远了。

曾国藩过分强调运气，似乎忽略了个人的主观能动性，其实不然。同治三年六月中旬，湘军攻克金陵。七月初一日，曾国藩到龙膊子观看了轰开城墙之处，“所掘两洞，距城极近，不过十余丈耳”。他在日记中总结了成功的三个因素：“此次地道破城，一在炮火极多，猛攻极久，使城贼立脚不住；二在附城极近，掘洞极速，仅五日而成功，出于贼所不意；三在沅弟精诚所格，五万人并力用命。以是知人力可夺造化之权，凡事不得尽诿诸气数也。”[③] 这就对了，人与气数相争，未必次次都输。

国有国运，官有官运

这个传说由来已久，不复能辨其源头所在：清世祖爱新觉罗·福临入关之初，哲布尊丹巴胡图克图来朝。福临探询将来事，活佛以八字作答：“我身不缺，我国不灭。”又问国祚，活佛的回答则如同打哑谜：“十帝在位九帝囚，还

---

① 《曾国藩全集·书信之十》第 31 册，岳麓书社，2012 年第 2 版，第 133 页。

② 《曾国藩全集·家书之一》第 20 册，岳麓书社，2012 年第 2 版，第 289 页。

③ 《曾国藩全集·日记之三》第 18 册，岳麓书社，2012 年第 2 版，第 69 页。

有一帝在幽州。”当时都误以为清朝皇位共有二十传。待到谶语揭盅，果然灵验，光绪皇帝（清朝第九位皇帝）被囚于瀛台，宣统皇帝逊位于幽州（北京），清朝皇帝只有十传。宣统皇帝名溥仪，仪的繁体字为“儀”，按照清廷的避讳规则，臣民固然要敬避帝名，但刻书例外，“儀”字的处理方式为“我”字缺末笔。所谓“我身不缺，我国不灭”即由此而成。溥仪是天阉，这也是我身有缺的附加铁证。传说太烧脑了，虽然处处能自圆其说，但它的真实性一直受到质疑。预言偶中，自古有之，如“亡秦者，胡也”“明年祖龙死”之类，奇则奇矣，怪则不怪。

翻阅赵烈文的《能静居日记》即可知悉，曾国藩确实与这位幕僚在私底下议论过清朝的运数和国祚。

同治六年六月二十日夜，曾国藩与赵烈文畅聊，他转述京中来人的所见所闻：“都门气象甚恶，明火执仗之案时出，而市肆乞丐成群，甚至妇女亦裸身无裤，民穷财尽，恐有异变。”赵烈文凭借其理性判断作出惊人的预言：“天下治安，一统久矣，势必驯至分剖，然主威素重，风采未开，若非抽心一烂，则土崩瓦解之局不成。以烈度之，异日之祸，必先根本颠仆，而后方州无主，人自为政，殆不出五十年矣。”曾国藩问道：“然则当南迁乎？”赵烈文的推测是：“恐遂陆沉，未必能效晋、宋也。”事后来看，赵烈文的预言奇准。更要命的是，曾国藩内心显然认同这个预见，他说：“吾日夜望死，忧见宗祏之陨，君辈得毋以为戏论？”[①]谁会以此为戏言呢？种瓜得瓜，种豆得豆，不知情者心中无数，难道播种者会不清楚？曾国藩三番五次强调“吾以夙死为愈”，就是担忧宗庙倾覆的奇祸及身而见。果然未出五十年，清朝经甲午之败和庚子之变的抽心一烂很快就土崩瓦解了，进入民国后，多年军阀混战（“方州无主，人自为政”）直接造成生民倒悬、国家危亡的局面。

国有国运，官有官运。同治六年冬，广东巡抚蒋益澧受劾罢官，曾国藩在回信中感慨官运难测：“宦海风波，极无常态。得时则一岁九迁，失势则一落千

① 赵烈文:《能静居日记》第2册，岳麓书社，2013年版，第1068页。

丈。绛侯提师百万，尚畏狱吏之尊；李广才气无双，尚为醉尉所辱。”[①] 剿捻诸将中，无论以劳苦论，以功高论，刘铭传都应该排在第一，结果朝廷赏给他的世职仅为三等轻车都尉，跟安徽巡抚英翰相等，二者的劳绩相差万倍。遇上这种不公正的对待，刘铭传极感郁闷，却无可奈何。同治七年二月二十八日，曾国藩写信安慰他：“虽劳浮于赏，中枢或不深察，而全功出于阁下一人，则远近皆知。寻常名位，万不足以歆动阁下之心，而彼苍玉成豪杰了此一大快事，则阁下未尝不可自慰自庆也。”[②] 实惠不够虚名补，这是终极解决方案，刘铭传是个老实人，认命则个，请假调养，修补心情。同治七年闰四月初九日，刘铭传假期已满，气犹未消，迟迟不肯启程。曾国藩写信去催去劝，安慰的话极其动人：“古之英雄，几人能度坦荡之岁月，成顺适之功名？大抵皆千磨百折，困心横虑。造物者若摧之，若不终摧之，若成之，若不终成之，而后愈磨愈光，世皆叹为不可及也。”[③] 运气太好的人都做不成英雄，英雄也不可能境遇太顺，正推理和逆推理都能成立。同治七年夏，刘铭传统领淮军全歼西捻军首领张宗禹的残部，一仗而收全功，终于得膺一等男爵，虽说较之鲍超于同治三年所封的子爵差了点意思，但已勉强说得过去。

曾国藩以六字真言“不信书，信运气”传世，玩的是不是黑色幽默？中国传统读书人口口声声不离孔孟之道，真心认可的却只是孟子的那句“尽信《书》，则不如无《书》”。他们往往以儒家精神吹响冲锋号（“天行健，君子自强不息”），却以道家精神鸣金收兵（“夫唯不争，故天下莫能与之争”）。临到晚年，血气既衰，斗志瓦解，他们回望来路，多半会惊得冷汗浃背；倘若运气再差些许，比九死一生更糟糕的结局将是一瞑不复视。三十多岁时，曾国藩在《小池》诗中放过“男儿未盖棺，进取谁能料”的豪言，在《酬李生》诗中也发过“男儿万事须尝胆，讵肯侥幸呼卢枭”的议论[④]。但四十岁后他两次战败，由于绝望而跳水自尽，幸而未死，幸而转运，度越劫波，大功告成。正因为阅历更具说服力，他才竭尽善意，给后人留下六字真言——“不信书，信运气”。这与他强调过

①②③ 《曾国藩全集·书信之九》第30册，岳麓书社，2012年第2版，第308、352、394页。
④ 《曾国藩全集·诗文》第14册，岳麓书社，2012年第2版，第56、62页。

的“困而修德，穷而著书”自相矛盾，但并不奇怪——他始终都是个矛盾体。

同治十年二月十四日，曾国藩回复李士棻：“运气之说，贤哲所不屑道，而鄙人则笃信不疑。故常劝人委心任运，静以俟之。《周易》‘屯’‘否’‘蹇’‘困’等卦，但教人居之以裕，守之以贞，未闻有猝出艰危之道。不知命，不足以为君子，前哲固已计之稔矣。”①

诚然，曾国藩是一个丰富无比、硕大无朋的矛盾聚合体，“不信书，信运气”只是其中的一块切片，已足够令人惊奇。

① 《曾国藩全集·书信之十》第 31 册，岳麓书社，2012 年第 2 版，第 427 页。

20章　风水之谜，莫诘其义

中国的神秘文化高深莫测。管辂自知会死在本命年，郭璞自知会死在两棵柏树之间，他们的预测相当准确，因此被赞为神人。李淳风、袁天罡的《推背图》，刘伯温的《烧饼歌》，均在疑似之间，研究者多方附会以求效验，虽不能尽如所愿，“作者”仍旧被尊奉为大师。

乱世凶多吉少，宿命论者比比皆是。古代读书人中，未看过相的，未摸过骨的，未求过签的，未扶过乩的，未占过蓍的，未卜过卦的，未推过八字的，未看过风水的，未拜过神佛的，恐怕找不出几人来。曾国藩的祖父曾玉屏（星冈公）是资深农民，识字不多，却具备常识，很有见地，他“不信医药，不信僧巫，不信地仙，卓识定志，确乎不可摇夺”“故凡不近情理之言不敢向之开口”。曾国藩的父亲曾麟书相信神佛，年轻时去南岳大庙烧香，掣得一签，签文是“双珠齐入手，光彩耀杭州”，预示他“当有二子官浙”。日后，曾国藩和曾国荃均在两江总督（曾国荃还做过浙江巡抚）任上病故，南岳大庙的签文应验无误。咸丰十一年四月，曾国荃邀请兄长到安庆附近的盐河相见，曾国藩一口拒绝，因为他担心触忌，对安庆的攻势不利。曾国藩带兵十余年，有一个顽固的迷信想法挥之不去：“凡围攻最要紧之处，余亲身到场，每至挫失，屡试屡验。余偏不信，三月攻徽，又试往一行，果又验矣。此次余决不至安庆，盖职是故。”[①] 话说明白了，九弟当然能体谅兄长的苦心。同年八月初一日卯时，曾国荃率军攻克坚城安庆，“是日恰值日月合璧、五星联珠。钦天监于五月具奏，

---

① 《曾国藩全集·家书之一》第20册，岳麓书社，2012年第2版，第621页。

以为非常祥瑞"，怎么就这么巧呢？彩头和忌讳有诸多讲究，谁能解释清楚？

曾国藩说自己不信僧巫，不信地仙，这两方面颇能遵守祖训。他明明知道秦始皇、唐太宗、明嘉靖皇帝、本朝雍正皇帝误于仙丹，韩愈误于壮阳药，陶澍误于补药，却做不到不信医药，在其日记中，吃人参、鹿茸之类的补药次数不少，"弗药"之戒他始终没能严格执行。咸丰十年三月，曾国藩在家书中对此有一个解释："吾生平颇讲求'惜福'二字之义，近来亦补药不断，且菜蔬也比往年较奢。自愧享用太过，然亦体气太弱，不得不尔。"[①] 除了吃补药，问题还在于，他并非不信地仙。

咸丰八年四月，刘昌储请乩仙下凡。一开始，乩仙就下判词说："赋得偃武修文，得闲字。"这个字谜的谜底是一个"败"字，曾国藩正惊讶"败"不知何指时，乩仙又作出判词："为九江言之也，不可喜也。"当时，李续宾已攻克九江，气机正盛，曾国藩不知道乩仙为何会将"败"字与九江关联。乩仙给他的提示是："为天下，即为曾宅言之。"结果当年十月就有三河之败，湘军参战部队全军覆没，曾国华阵亡，身首异处。同治八年七月十八日，曾国藩回忆往事，感慨系之："天下万事皆有前定，丝毫不能以人力强求。纷纷思虑，亦何补耶？以后每日当从'乐天知命'四字上用功，治事则日有恒课，治心则纯任天命。两者兼图，终吾之身而已。"[②]

曾国藩对于占卜近乎上瘾，他多次在军营中占蓍开卦，单是咸丰九年正月就有三次见于日记。其一在初三日，"早，清理文件。饭后请次青占驻扎九江，不吉；占凯章攻景德镇，吉"[③]；其二在十六日，"早，清理文件。饭后占卦，因昨夜梦左手指刀削见血，占之"[④]，未言吉凶；其三在十七日，"闻贼将由浮梁绕乐平，抄截我军后路，殊可危虑，心绪焦灼。占二卦，尚平稳"[⑤]。军中占卜，若非见于曾国藩日记，谁会相信？

同治十年三月初五日，庞际云（字省三）告诉曾国藩，前年在马新贻（字

---

① 《曾国藩全集·家书之一》第 20 册，岳麓书社，2012 年第 2 版，第 475 页。

② 《曾国藩全集·日记之四》第 19 册，岳麓书社，2012 年第 2 版，第 203 页。

③④⑤ 《曾国藩全集·日记之一》第 16 册，岳麓书社，2012 年第 2 版，第 399、401、402 页。

毅山）厅上同坐，梁上忽然落下一条大蛇，长四尺许。曾公认为这是马新贻遇刺前一个不祥的预兆。如果说占卜只是点对点，风水则是点对面，关乎家运，丝毫马虎不得。一些予智予雄的大人物都在这方面陷溺很深，曾国藩信比疑多。同治十年元宵节，他写信给国潢、国荃："至于阳宅阴基风水之说，确有是理。然有缘则可遇，强求则不得，亦定理也。"[①] 世间多有强求者，既弄得神秘兮兮，又弄得紧张兮兮。

讲孝道难免信风水

湘中名士刘蓉对南方人迷信风水地仙有一个综合分析：形家的堪舆说起始于汉代，盛行于唐朝、宋朝之间。秦朝之前，儒者从不讲究这一套。上古的圣贤绝大多数生于北方，土壤厚实，地势高亢，没有泉水、蝼蚁扰害阴宅，营葬者只需谨于礼数就万事大吉。长江、淮河以南的地区情形则大不一样，士子要安葬长辈亲人，往往小心翼翼，必须慎择佳壤，即便如此，犹惧不当。假如周公、孔子生于江淮以南，也不能举形家之说而废除。事实上，风水宝地无法靠智力巧取，往往要靠祖上数代积德行善才能遇着[②]。刘蓉的这个分析足够圆活，但它令人抓狂。如果德能旺地，地又能旺人，那何必附加许多讲究？既然风水宝地可遇不可求，那为何求之者如饥似渴？刘蓉的说法未能形成逻辑闭环。

魏源是道光、咸丰年间的湘籍大名家，他在《海国图志》中提出"师夷长技以制夷"的主张，为中国近代洋务运动指明了方向。他于书无所不窥，认真研究过堪舆学，对自己鉴识风水宝地的眼力相当自信。道光二十八年清明节前后，魏源将父亲魏邦鲁的遗骸从江苏宜兴县西南张渚镇大贤山迁葬至上元县蛾眉岭。嗣后，他又将母亲陈氏的遗体安葬于句容县北龙潭镇的莲山上。偶然在附近觅得另一块吉地，竟不惜耗钱耗力耗时，将祖母匡氏的棺椁从邵阳迁葬到句容来。风水宝地的作用如何？咸丰年间，魏源因"迟误驿报""玩视军机"被革职，晚年心灰意冷。凭仗风水祈福可谓茫如捕风，魏源的直系子孙也未见

---

① 《曾国藩全集·家书之二》第 21 册，岳麓书社，2012 年第 2 版，第 551 页。

② 《湖湘文库·刘蓉集》第 2 册，岳麓书社，2008 年版，第 214 页。

谁兴旺发达，魏光焘是其族侄孙，做过左宗棠的部下，在刘锦棠之后，做过新疆巡抚，还做过两江总督、总理各国事务大臣，但他的官运亨通肯定不是靠魏源善卜阴宅得来。

何绍基是曾国藩的好友，凡事认真，不肯马虎。他中年失怙，于道光二十年护柩回长沙，决意寻获一块风水宝地，安葬父亲文安公（何凌汉做过户部尚书，死后谥文安）。于是他不惮烦劳，煞费苦心，钻研唐代风水师杨益（字叔茂，号筠松）的《疑龙经》《撼龙经》。等到心里有了一点谱，何绍基便与同道友人李载庵结伴出行，跋山涉水，手捧罗盘，走遍长沙县东西南北四乡，最终择定长沙河西九子岭，安葬父亲文安公的楠棺。何绍基亲书墓志铭，烧制成两块瓷板，置于墓穴中。他还撰写了一篇《梦地记》，叙述整个择地过程，最终相中的那块风水宝地竟先期出现在他的梦境中，着实不可思议。同治十年四月初六日，曾国藩致书金藻，道是“何贞翁挈眷东游，徜徉山水，江浙名流，迎迓恐后，诗兴郁勃，子肖孙贤，春意盎然，将来年寿殆不可量，令人健羡”[①]。何贞翁即何绍基，何家“子肖孙贤”，莫非立竿见影，这么快就已明显受益于风水？谁知道呢。

信运气者必信风水。有趣的是，曾国藩学有本源，屡引祖训“不信地仙”之语昭告子弟，实则他本人一直信比疑多。

道光二十一年七月二十七日上午，曾国藩邀湖南老乡王继贤（字翰城）一同看房子。王继贤在圈内有“风水大师”的名声，他说曾国藩在棉花六条胡同的房子冬天不可居住，讲了些风水上的道理，曾国藩“不免为所动摇”，决定另寻住宅，这说明曾国藩是相信风水的。道光二十八年正月，曾国藩致信同年好友陈源兖，有一段关于墓地风水的文字：“年伯母葬地不必汲汲（总在今年卜葬，早晚无妨），要须妥善，乃无后悔。善化有言梅里者，闻亦精此而无流弊，何不一求之？所最要者，但求安先人之体魄，而无毫发富贵之见者，存此人子心根上工夫，当与鬼神相质证者。此宜时时自省。与君至交，不敢以常言告也。”陈源兖葬母后，写信告诉曾国藩，慈母佳城有沙水环抱，无陵谷之患。曾国藩

---

① 《曾国藩全集·书信之十》第31册，岳麓书社，2012年第2版，第481页。

颇感欣慰。至八月，他致信陈源兖："年伯母佳城，未经言梅里手定，不知良可靠否？樾翁极称梅里朴诚恳至，今之古人，故其当大事，倚之如手足，信之如金石。晓岑当大事，亦恃如长城。二君皆十分慎重，其筑土之法，亦向未经人道，而阁下不坚求之，毋乃未知其详乎？为堂上事求人，要须低头下气，死心塌地，万不可稍存意气。宅兆所在，冥冥中自有主之者，非人力所能与。惟筑作坚实之法，则能求梅里，或以书细询晓岑，斯大善矣。"① 曾国藩给陈源兖介绍了堪舆高人言梅里，陈源兖葬母时未去请教对方，曾国藩还有些不满意。

道光二十五年夏，曾家多人患热毒，生疮疡，曾国藩写信回家："闻四弟言家中连年生热毒者八人，并男共九人，恐祖坟有不洁净处，望时时打扫，但不可妄为动土，致惊幽灵。"② 病毒感染与祖坟风水直接挂钩，这个脑洞开得有点大。

道光二十七年六月初，曾国藩被破格提拔为礼部侍郎，连升四级。他写信回家报喜，不忘交代："祖母大人葬后，家中诸事顺遂，祖父之病已好，予之癣疾亦愈，且骤升至二品，则风水之好可知，万万不可改葬。若再改葬，则谓之不祥，且大不孝矣。"③ 这还叫不信地仙吗？由此看来，有好事，有坏事，曾国藩都信风水，只有平淡度日才不去想它。

道光二十九年三月下旬，曾国藩写信给诸弟，更坐实了他迷信风水："九弟生子大喜，敬贺敬贺！自丙午冬葬祖妣大人于木兜冲之后，我家已添三男丁，我则升阁学，升侍郎，九弟则进学补廪。其地之吉，已有明效可验。我平日最不信风水，而于朱子所云'山环水抱''藏风聚气'二语，则笃信之。木兜冲之地，予平日不以为然，而葬后乃吉祥如此，可见福人自葬福地，绝非可以人力参预其间。"④ 曾国藩津津乐道，把家中各种喜事吉事都与祖坟的风水联系在一起，以"福人自葬福地"来作总结。这说明，他并非不相信风水地仙，只不

---

① 《曾国藩全集·书信之一》第22册，岳麓书社，2012年第2版，第43—44、50页。
② 《曾国藩全集·家书之一》第20册，岳麓书社，2012年第2版，第111页。
③ 《曾国藩全集·家书之一》第20册，岳麓书社，2012年第2版，第133页。
④ 《曾国藩全集·家书之一》第20册，岳麓书社，2012年第2版，第165页。

过不肯费力营求罢了。

咸丰三年九月，曾国藩写信给湖广总督、座师吴文镕，详细报告近况，信中有这样一段话："国藩以去秋差次闻讣旋里，其时长沙之围未解，乡里讹传，草木皆怖，仓皇葬母于居室后山。风水之说，慎终之礼，诸多未讲，只积罪疚。"[1]葬母未讲风水，他心里久久过意不去。那年月，讲风水才是正常的，不讲风水就太奇怪了。

咸丰八年三月，曾国藩致书郭崑焘："先严、慈葬地，自须急求改卜。来示所云，盖古人所称'利不什，不变法；害不什，不易制'，先君葬域，人多谓其凶煞。果若所云，是在'害什'之科；而'利什'者，又不可以卒求，斯亦疚心之一端耳。"八月初十日，他在家书中指示四弟国潢和季弟国葆为父母觅善地改葬。曾国潢向来不信风水之说。曾国葆在诸弟中最年轻，居家无事，曾国藩要他留心学习一下这方面的知识。

咸丰九年八月中旬，曾国荃回湘乡改葬父母，特意寄了一块穴土给兄长。曾国藩在九月初二日的日记中描述道："看土似石非石，色似朱非朱，不躁不润，应尚安吉也。"精细考量土质到这种程度，也算难得了。这块吉地原属夏家，曾国荃花高价购得，但动工时开穴太大，侵及紧邻的洪家地面。洪家为此扰攘，索取重金。曾国藩得悉此事后，在腊月初十日的日记中发表了自己的看法："大抵吉地乃造物所最秘惜，不容以丝毫诈力与于其间。世之因地脉而获福荫者，其先必系贫贱之家，无心得之，至富贵成名之后，有心谋地，则难于获福矣。吾新友中，如长塘葛氏既富后则谋地，金兰常氏既贵后而谋地，邵阳魏默深既成名后而谋地，将两代改葬扬州，皆未见有福荫，盖皆不免以诈力与于其间。造物忌巧，有心谋之则不应也。"曾国藩的观点很有意思，吉地多由贫贱者无意间得之。已发了大财的葛家，已做了大官的常家，已出了大名的魏家，刻意谋求吉地，反而无能为力，因为上天反感诈谋和巧取。他的这个说法无异于当头一棒，敲碎了富贵人家世袭罔替的美好梦想。

胡林翼原本对风水不太留意，咸丰八年，胡母病逝，他回到益阳，视察父

---

① 《曾国藩全集·书信之一》第22册，岳麓书社，2012年第2版，第194页。

亲胡达源的墓地，有水啮的痕迹，既悲恸，又自责，急寻吉壤改葬，却因三河之役震荡全局，朝廷强令他墨绖从戎，他未能办妥改葬事宜就返回了湖北。咸丰十年二月初，曾国藩写信告诉家中的四弟、九弟："陈作梅极善看地，余请其二月至家。……作梅有道之士，深于《易经》，医理亦精。"陈鼐字作梅，是曾国藩的幕僚。这年闰三月，曾国藩请陈鼐给郭嵩焘家看风水，随后写信给郭崑焘，要他敦劝陈鼐去益阳走一趟，为胡林翼的父母另寻一块上好的合葬墓地。曾国藩担心陈鼐归志勃发，会令胡林翼失望。其后数日，溧阳（陈鼐的家乡）失守，曾国藩瞒住这个消息，没有写信告诉他，"一则欲其至益阳少与勾留，一则告之无益，适以扰其心耳"。胡林翼对此处理办法当然是领情的。翌年，曾国藩回复胡林翼，则有异词："作梅学道多闻，而其医理、地理，侍却不甚佩服，以其高妙而稍稍蹈空也。"但从同治元年七月他写给九弟国荃的信来看，胡林翼、李续宜都对陈鼐的医术"深信之"，因此"恐贻误不浅也"。胡林翼与李续宜所患重病似肺结核，在当时是绝症，陈鼐倒未必贻误了他们。曾国藩向胡林翼推荐陈鼐，到头来他犯了嘀咕，这算哪码子事？后来，陈鼐家老的小的接连死掉好几口人，曾国藩慨叹道："作梅善人，而家运极坏，有人所难堪者。"陈鼐连丧二子，他到处给别人看风水，自家的风水倒没能顾上？有一种说法是，风水大师把好地看走了，造化之神必定要降灾殃祸患于他名下。早在道光二十三年六月的家书中，曾国藩就劝阻其小舅子欧阳凌云帮人看地，他说："地仙为人主葬，害人一家，丧良心不少，未有不家败人亡者。"到底有没有这么可怕？

风水与气运谁先谁后

对于风水，曾国藩在亲友间津津乐道，尚可理解，于公牍中大谈特谈，则彰显其持信既深且固。同治四年七月二十三日，曾国藩在安徽凤阳府城外参观明皇陵（明太祖朱元璋的祖坟）："罗围之内南北三十里，东西约四十里，大致则浑圆，非椭圆也。……登坟一望，四面之山十余丈、廿余丈者，皆若俯出其下，天光极为圆聚，信异地也。"[1] 明朝祖陵是朱元璋称帝后圈定和扩充的，风水之

---

① 《曾国藩全集·日记之三》第18册，岳麓书社，2012年第2版，第202页。

说其实勉强。同治五年，道员王勋向曾国藩呈递《湘乡县治亟宜创造城垣禀》，曾公批复道："湘乡本无城池，相安已久，今忽欲办此数百年未有之事，本部堂不甚以为然。同治元、二年间，议于安庆建立贡院，业已买地平基，购木簰，开砖窑，费钱三万余矣。以其为向来所无，恐风水不利，卒未敢主张办成。今本邑正盛之际，不知修城是否有碍风水，本部堂亦不敢主张也。"如此重视风水，仅言习俗易人，未免简单了。凡所兴建，都是从无到有，曾国藩以"向来所无"为由，不同意王勋在湘乡建城；安庆贡院则备料已齐，花费不菲，他仍然不肯兴造，担心的就是一旦风水遭到破坏，运气就会转移。

曾国藩受益于与陈鼐的长期交往，增长了堪舆学方面的知识。同治五年六月初八日，曾国藩去山东嘉祥南武山拜谒宗圣庙。曾氏族谱注明曾国藩是宗圣曾参的第七十世孙，因此他对此行郑重其事，记载甚详。曾参墓发现很晚："明成化初，山东守臣奏：嘉祥县南武山有渔者陷入一穴中，得悬棺，有石镌'曾参之墓'。弘治十八年，山东巡抚金洪奏请建享堂、石坊，即今林也。"有趣的是，曾国藩当起了风水先生："余观山石顽犷，地势散漫，不似葬圣贤者，殊以为疑。"其实，曲阜的孔林气象万千，是因为历代修造所致，并非天然如此。

同治年间，湖北巡抚曾国荃率性触犯顶层权贵，参劾恭亲王的亲信胡家玉和树大根深的湖广总督官文，再加上本省境内剿捻不断吃下败仗，一时间焦头烂额。曾国藩写信提醒九弟，湖北巡抚衙门风水太差，于主官不利，至今十余任，非死即败，敦劝他赶紧移居贡院，那里地势高敞，面对两山若阙。巧合的是，城内的火药库爆炸，全城百姓近千人身亡，伤者更多，被摧毁和损坏的民居不计其数，贡院也被震塌了。这种祸事，同治元年春在江西南昌也发生过一次，火药被焚七万斤，震损皇殿贡院及民间房屋不少，伤毙数百人。如此一来，曾国荃在湖北巡抚任上未能久安其位，只从风水方面找原因，能偷不少懒。

同治七年夏，扬州绅士呈递公函给两江总督曾国藩，请求官方拨款重修甘露寺铁塔，说是修复这座废毁于战争的唐朝铁塔，必能保佑商民出行大吉。曾国藩的回复颇为睿智："甘露寺铁塔镇伏海潮，形家厌胜之法，事或有之。阁下议及兴修，欲于运库存修金山项下先行借款，亦未始不可行。惟风水之说，鄙人向不深信。虽万历间偶应童谣，究非至理。李卫公未建此塔以前，数千岁未必年年皆水，则从今不修此塔，以后数千岁亦可决其未必年年皆水矣。若云以壮观瞻，则俟两郡物力稍丰，再行筹办，似不为晚。”[①] 单从这个回复来看，曾国藩对道家法术是存疑的，道家法师自称能禳灾祓邪，连海潮也可改变。曾国藩不肯信他，主要原因还是战后恢复期公款支绌，不可开此先例。

同治九年，左宗棠在陕西、甘肃平乱，正室周诒端在长沙病故，由四个儿子合力经办丧葬事宜。左宗棠在家书中多方指点，谈及阴宅风水，总在“情理”二字两面兼顾，不必刻意求吉壤福地，先看同治九年七月初二日与孝威兄弟的家书：“玉池山一带数十里山脉均来自平江，在湘阴县东数十百里，逆湘水而上。此一带山势稍厚，枝脚亦多，得地较易。但得平稳夷旷之区，可避五患，即佳壤也，不必深求（愈求精愈致误，必然之理，倒是葬坟要紧）。将来亦不必丰碑大冢，致遭异患。吾前过北邙，仅见白杨数树，碑碣俱无。渡渭而北，见陵墓尤多，陪葬大冢亦复累累在目。然皆禾黍高低、牛羊践履而已。千百年陵谷变迁，圣贤仙佛均不可复问，几见体魄之长存乎？”[②] 这样通透洒脱的见解，当时实非庸陋者所能发。同年闰十月十六日，左宗棠又在家书中教导孝威、孝宽：“吾生平于风水、选择两事不甚信，然不谓其无是理，只是人家气运所致。当其将盛，自能遇着好地好日；当其将衰，自遇着凶地凶辰。此中自关天事，非人所及。至人子为其亲谋，总必求心之安而后止，固不可以亲之体魄为求荣市利计，然亦何忍以亲之体魄置诸凶砂恶水中也。”[③] 究竟是风水决定气运还是气运决定风水，左宗棠认为是后者。待到周夫人改葬时，左宗棠虑及自己百年后与之合葬，又在家书中叮嘱儿子：“得地既如此之难，我意但求平冈干净处所可免水蚁者营葬即是，不必讲堪舆也。”“堪舆家言断不可信，而水蚁宜避，虽达观者不得无动于衷。”如此看来，为了选中上好的阴宅，魏源、何绍基与曾国荃大费周章，确实是过犹不及；左宗棠的见解较为通脱，思想也较为开明。

风水总像一团疑云，笼罩在大人物的头顶。光绪七年，左宗棠以长信回复

---

① 《曾国藩全集·书信之九》第 30 册，岳麓书社，2012 年第 2 版，第 421 页。

② 《左宗棠全集·家书 / 诗文》第 13 册，岳麓书社，2014 年第 2 版，第 135、136 页。

③ 《左宗棠全集·家书 / 诗文》第 13 册，岳麓书社，2014 年第 2 版，第 137 页。

杨昌濬，其中一节涉及风水：“曾沅帅近又抱丧明之戚，前疏请开缺，有旨赏假三个月，恐未必能来。曾氏后嗣迭遭此惨，或言风水所致，未必无因，令人难以为怀。”[①] 所谓“丧明之戚”，即丧子之戚，左宗棠将它归因于风水，曾家子孙殇亡者确实有点多，这是现成的归因法，以风水求发达毫无把握，让风水背锅则轻而易举。

① 《左宗棠全集·书信三》第12册，岳麓书社，2014年第2版，第663页。

21 章 “世间尤物不敢妄取”

苏东坡收到老乡和好友鲜于子骏赠送的厚礼——吴道子手绘的佛像，他特意赋诗答谢对方，开头两句是“贵人金多身复闲，争买书画不计钱”。贵人们挥金似土，且不乏闲情雅致，购买名家书画只是小意思，收受奇珍异宝才是大趣味。自古以来，贵人与书画结缘，舍得买，更乐得收，至于奇珍异宝，则往往来者不拒，多多益善。

道光年间，曾国藩做京官，不肯收受重礼，晋升为礼部侍郎之后，更加廉洁自守，不肯接受贿赂。道光二十七年六月下旬，他致书诸弟，深入分析：“将来万一作外官，或督抚，或学政，从前施情于我者，或数百，或数千，皆钓饵也。渠若到任上来，不应则失之刻薄，应之则施一报十，尚不足以满其欲。故兄自庚子到京以来，于今八年，不肯轻受人惠，情愿人占我的便益，断不肯我占人的便益。将来若作外官，京城以内无责报于我者。”[①] 中国人讲求礼尚往来，别人送厚礼哪有白送的道理？迟早要还，而且要十倍奉还。官员一旦动用公共资源，就会污损廉名，太不划算。曾国藩宁愿让别人占便宜，也不想占别人的便宜，这说明他早有定见，要做个清官。

及至咸丰末年，曾国藩膺任钦差大臣、两江总督，擢协办大学士，挂兵部尚书衔，节制四省军事，高位和威名全摆在那儿，醒目之至。不少将领和地方官员总琢磨着“近水楼台先得月”，但曾国藩居官清廉，从不收受厚礼重礼。据

① 《曾国藩全集·家书之一》第 20 册，岳麓书社，2012 年第 2 版，第 135 页。

曾纪芬回忆："文正在署中无敢以苞苴进者，故太夫人无珍玩之饰。"[1] 中国社会是个典型的人情社会，拒人于千里之外未免失之鲁莽，于是曾国藩收礼便颇有讲究，退礼的技巧尤其高超。临财不苟，原本就不容易，面对各路络绎而至的"尤物"，曾国藩能够制伏心魔，不使它跳踉而出，足见其定力非常人所及。

名将鲍超，字春霆，是湘军霆字营统领，被左宗棠称为"尤难驾驭"的骁将，但他对湘军大帅曾国藩礼貌周全。咸丰十一年十月初九日，曾国藩在日记中写道："鲍春霆来，带礼物十六包，以余生日也。多珍贵之件，将受小帽一顶，余则全璧耳。"曾国藩的生日是农历十月十一日，鲍超提前两天送礼祝寿，礼物多为贵重物品。送礼者是麾下大将，曾国藩怎样做才能既不伤廉又不失礼？他采取折中而兼顾的手法，收下一顶小帽，将余下的贵重礼物悉数璧还。鲍超保全了面子，曾国藩保全了里子，可谓两全其美，皆大欢喜。

咸丰九年十一月二十六日，"宿松绅士送猪三十六只，米七十二石，受半辞半"，曾国藩将猪和米统统拨给了军营。他这个"受半辞半"或叫"半受半辞"的规矩执行到位率蛮高，屡次见于日记和书信。

同治元年正月，曾国藩收到李瀚章的礼物，"谨登其六而璧其四"，也是收下便宜的，退还贵重的。同年四月，他收到湘军将领蒋凝学赠送的佳茗，"谨领一篓两瓶，余均奉璧"。他还收到庐州知府唐景皋赠送的大批家具和日用物品，"谨领草席七种，取'借茅无咎，连茹汇征'之象，且祝灾区遗黎咸登衽席，颂使君生成之绩也。余件奉璧，即希查收"，也是只收下最便宜的草席，还说这草席的寓意好啊，灾区的百姓能睡个安稳觉是你的功劳。同治二年四月初，李鸿章派人送礼物给恩师，曾国藩收下蜜制食品，人参则只收一半，回信中说："往昔胡文忠以此物饷我，亦曾半受半辞。"

如果是就地取材的美食，曾国藩倒是来者不拒，甚至主动索讨。同治二年冬，他回复水师统领彭玉麟，打趣道："迭奉手书，并惠糟蟹二坛，拜领。惟尚嫌其少，能再致二坛为妙。不送反得清静，一送反惹是非，君得无悔乎？"彭

---

[1] 《曾宝荪回忆录　附：崇德老人自订年谱》，岳麓书社，1986年版，此处为曾纪芬《崇德老人自订年谱》第14页。

玉麟平乱尚且胜任，办蟹又有何难？不到一个月，糟蟹又登上了曾国藩的餐桌。他回复彭玉麟，将玩笑继续往下开："承惠糟蟹三坛，既过于所望，兼羡其富足，来年主顾一定不误。"曾国藩的文案为彭玉麟代办过两道谢恩折，彭玉麟送上梅花、水仙六盆和食品十种，以为润笔之资。曾公调侃道："以后再有代办折件，冬间请以醉蟹酬我可也。"醉蟹即糟蟹，看样子，曾国藩真就好上了这一口。此后，彭玉麟每年冬天都给曾国藩寄送糟蟹。同治四年冬，曾国藩驻节徐州，彼此相隔两千多里，彭玉麟仍让水师统领黄翼升（字昌岐）照寄不误。同治四年六月，曾国藩回复两江总督马新贻，卒彰显其志："龙井茶，浙之佳品，因便乞惠寄少许，求其好，不求其多。"曾国藩还打趣道：这是不枉法的礼物，希望不要舍不得送我啊！到了同治五年底，曾国藩收到了彭玉麟寄来的腌肉，吃过之后很喜欢，"宛然故乡风味"，六字赞得妥帖。

每个人都有自己的软肋，不爱金钱的人可能爱美色，不爱美色的人可能爱古董，不爱古董的人可能爱字画。送礼者投其所好，一旦探明对方的软肋所在，就能够"一击而中"，脱靶的概率大大降低。

冯志沂是晚清有名的清官，爱书爱酒不爱钱，在曾国藩辖区做过皖南道，死后曾国藩亲自为他治丧。冯公嗜好碑版书画，有人献上北宋碑拓，以文梓为匣，以古锦为裹，冯公叫随从立刻送还。其好友劝他开匣欣赏一番再退不迟，冯公说："一见则不能还矣。此著名之物，不启视，尚可以赝本自解，若果真而精者，我又安忍不受乎！受则为彼用矣。不见可欲，其心不乱，故不如不见为妙。"冯志沂很诚实，他担心自己抵挡不住尤物的诱惑，索性一眼也不瞧。由此可见，制伏清官的难度还是蛮高的，尤物都送到眼前了，只隔着一个匣子和几层装裹，送礼者本就是投其所好，自然把准了他的好奇心，只要他开启包装，只要他欣赏实物，就很难抵挡诱惑。冯志沂的"不见可欲，其心不乱"，难度约等于悬崖勒马。

论廉明，曾国藩的段位不低于冯志沂，其软肋又是什么？他特别热爱书法。在曾国藩的日记中，他梦见父母的次数较多，梦见朋友的次数较少，而他梦见乾隆朝名臣刘墉（字崇如，号石庵，俗称刘罗锅）共计三次，并且在梦中"畅谈数日""周旋良久"，这岂不是令人奇怪吗？原因只有一个：刘墉是曾国藩特别喜爱和崇拜的书法大家，在其心目中占有不可替代的位置。

咸丰十年九月二十七日，曾国藩在日记中写道：“黎寿民送手卷，系刘石庵、翁覃溪二公乾隆四十八年在顺天闱中所写，各临《兰亭》一本，又书诗跋甚多。余以其物尤可珍贵，璧之。”黎寿民是已故监察御史黎樾乔的公子黎福畤，黎樾乔是曾国藩的老友。故人之子赠送手卷，其中还有他最喜爱的书法家刘墉临摹的一本《兰亭集序》，就算他笑纳这份厚礼，也不能叫收受雅贿，但曾国藩欣赏过此帖之后，当即璧还原主。既见可欲，其心不乱，曾国藩的定力超过了冯志沂。

过了三个多月，曾国藩的定力又受到一次更高强度的测试。咸丰十一年正月二十二日，他在日记中写道：“是日，休宁瞿令福田送右军帖一本，王梦楼跋断为淳化祖本，且定为唐刻，考核未必确凿，而神采奕奕，如神龙矫变，不可方物，实为希世至宝。余行年五十有一，得见此奇，可为眼福。瞿令又送赵侍制仲穆所画飞白竹，上有施愚山、沈绎堂诸先生题跋，亦可宝也。余以世间尤物不敢妄取，审玩片刻，仍亦璧还。去年，黎令福畤送刘石庵、翁覃溪二公在闱中所书手卷，余亦璧却。此三件可称祁门三宝。”休宁县令瞿福田将祖传的镇宅之宝、唐刻淳化祖本王羲之法帖赠送给顶头上司曾国藩，其求官干禄的用意不言自明。曾国藩一眼就看出此帖是“希世至宝”，人间不可多得。然而曾国藩的定力着实令人惊异，“审玩片刻，仍亦璧还”；其定见则更加令人敬佩，“世间尤物不敢妄取”，取则夺人之爱，取则伤己之廉。这与苏东坡《前赤壁赋》中所表达的卓见一脉相承，“且夫天地之间，物各有主，苟非吾之所有，虽一毫而莫取”。世间尤物，不可贪求，更不可贪占，非分而取，必受其殃，这样的例子，目击古今，比比皆是。

同治三年正月，何栻在京城为曾国藩购得殿本《二十四史》，精雅绝伦。他还赠给曾国藩藏本《史记》《五礼通考》和程君房墨雅制印泥，更有两幅极名贵的古画。“……唐、仇两画尤为希世之珍，拙性素不解此，谨以奉缴。璧仍完于英蔺，剑更返于丰城。虽神物之倏归，实隆情之靡替。”[①] 唐寅、仇英是

① 《曾国藩全集·书信之六》第27册，岳麓书社，2012年第2版，第429页。

明四家中的杰出代表，得其真迹难之又难。曾国藩不肯掠人所爱，欣赏完毕，双双璧还。

同治五年六月十七日，曾国藩回复洪汝舟：“承惠《汤文正公集》，谨以拜登。苏文忠、董文敏墨迹，宋商丘藏墨，皆久远罕见之物，并以奉璧，交来使带转，即希察收。”苏东坡（谥文忠）、董其昌（谥文敏）的书法作品很珍贵，康熙年间大才子宋荦（商丘人）的藏墨很稀罕，曾国藩饱过眼福之后，照例原璧奉还。这年十一月二十四日，曾国藩回复金藻：“承惠名迹各种，宝光照座。拜登唐陶山先生对联，藉慰企慕乡贤之意，余当璧还，永作家珍。”[①]金藻赠送的名家手迹不少，曾国藩只收下清代学者唐仲冕的一副对联，因为这位陶山居士是湖南善化（今长沙）人，是曾国藩的前辈乡贤，可慰仰慕之意；其他各件物归原主，曾国藩怎肯收下金藻的传家宝呢？于心不安的事他不做。

同治六年三月初一日，曾国藩到丁日昌（字雨生）家吃午饭。饭后，由主人引导，参观藏书楼。丁日昌是咸（丰）同（治）年间江南四大藏书家之一，收藏之丰富在江苏官绅中首屈一指，最精华的有宋刻世彩堂本《韩愈文集》《东都事略》等书，丁日昌出手大方，要将这两部宋刻本赠送给曾国藩。在晚清，宋刻本即是珍稀之物，曾国藩向来不夺人之好，于是舍而取其次，收下了明刻《内经》、东雅堂本《韩愈文集》《笠泽丛书》三种，带回府去。丁日昌将两部宋刻本送给资深读书人曾国藩，就等于将西施、王嫱送给资深好色者登徒子，不照单全收太难了，可是曾公恪守自己的原则，再次拒绝了尤物的诱惑。

曾国藩不收受贵物，更不收受尤物，能够长期做到这一点，是因为他看得透，想得开。同治六年八月二十六日，他致书外甥王镇墉，实话实说：“尝谓督抚等贵人，无不好服参茸珍奇之药，而却病长年者殊不多见；无不好收苏、黄、赵、董之书，米、倪、唐、仇之画，而真赏实迹者殊不多见。故余于此二事，不甚笃好，不欲假充内行，亦稍变富贵人之积习耳。”[②]曾国藩多病，贵重药物偶尔也用，但无依赖性；曾国藩大雅，名家字画有缘也赏，但不充内行。这样

① 《曾国藩全集·书信之八》第29册，岳麓书社，2012年第2版，第298、509页。

② 《曾国藩全集·书信之九》第30册，岳麓书社，2012年第2版，第216页。

就很好，贵物和尤物虽魔力十足，却敌不过曾公的佛性。

廉者自洁，贪者自污，曾国藩决心在官场做个干净人，既有这样的定见，也有这样的定力，他的防火墙密不透风，软肋处无懈可击。从以上数例窥之，可见一斑，也可见他很不一般。

世事无绝对，曾国藩也不是什么人赠送的礼物他都一概拒绝。他就笑纳过雷以諴侍郎赠送的韩瓶砚，此砚极其名贵，他还忙里偷闲，将收藏者的次第考证得清清楚楚。左宗棠撰《名人书画册跋后》，这样写道："沅浦曾九以所得桐城张氏旧藏明代及国朝诸老书画扇面视余，盖雪琴观察得之兵燹中以赠涤生侍郎，侍郎举以贶沅浦者也。"① 咸丰年间，湘军水师统领彭玉麟从战火中搜寻到一批名人字画，赠送给曾国藩，曾国藩欣然收下，然后转赠给九弟曾国荃。交情有深有浅，行事有分有寸，曾国藩收下深交的礼物，退还浅交的礼物，能做到这样，也算是不错了。

"世间尤物不敢妄取"，曾国藩说到做到。如果有人送来世间猛物，曾国藩怎么办？同治十年四月二十二日，有人从湘乡到金陵，用木笼抬来一只老虎，送到总督署内，闲人纷纷跑来围观，说是傅敏才从家中带来的，曾国藩在日记中记录了此事，却忘了交代这只猛虎的下落。

---

① 《左宗棠全集·家书/诗文》第13册，岳麓书社，2014年版，第248页。

22 章　滑稽之雄，妙语连珠

清朝的大臣多有看家功夫，单论幽默感，纪晓岚认了第二，就没人敢认第一。乾隆皇帝视之为词臣，更视之为弄臣——有了这个脑筋超级灵光的大活宝不断供应荤素不一的雅谑，大把的闲暇时光蛮好打发。乾隆皇帝能够活成寿星，纪晓岚作出了巨大的贡献。想想看，笑一笑，十年少，纪晓岚本人也活到八十多岁，幽默感就是长寿基因之一。乾隆年间，许多令人捧腹的段子都归集在纪晓岚名下，他照单全收，李伯元的《南亭笔记》中有一则笑话，纪晓岚节取王羲之《兰亭集序》为《祭妻文》，可谓极荤而雅，聪明人会意之余莫不捧腹喷茶。话说乾隆皇帝听闻纪公丧妻，于召对之暇慰问道："闻卿伉俪之情甚笃，际此悼亡，必有悱恻动人之作，可得闻乎？"纪公应答："老年夫妇，一旦乖离，情何能已？然为文祭之，又苦于下笔难成只字。不得已，节《兰亭集序》数行，聊以塞责。"于是他清了清嗓门，朗诵道："夫人之相与一世，或取诸怀抱，晤言一室之内，或因寄所托，放浪形骸之外。当其欣于所遇，暂得于己，快然自足，不知老之将至。及其所之既倦，情随事迁，感慨系之矣。向之所欣，俯仰之间，已为陈迹，犹不能不以之兴怀。古人云：'死生亦大矣。'岂不痛哉！"[①] 乾隆皇帝起初未解，稍后恍然大悟，立刻发为狂笑。拿悼亡这么严肃的事情讲荤笑话，太不严肃，肯定会有人大喊吃不消，直呼受不了；然而文中无一字露出淫形痞态，以此雅谑解颐，百试百灵。

单凭想象，曾国藩似乎是典型的苦行僧，与纪晓岚那种油炸快活鬼截然相

---

① 李伯元：《南亭笔记》，山西古籍出版社，1999 年版，第 108 页。

反，他表情严肃，心思缜密，既勇于自我批评，又勤于教训亲友和部下。其实，一人总有多面。曾国藩颇具幽默感，并非整天板着一副苦瓜脸，他与僚友谈笑，常常满座春风。郭嵩焘撰《八贤手札跋》，道是“曾文正善诙谈”，他被称为“滑稽之雄”，并不奇怪。

藏“私盐”，露趣笔

年轻时，曾国藩自承“心甚不收”，他看过小说《绿野仙踪》之类的闲书。同治六年六月十三日，赵烈文去曾国藩内室聊天，在几案上的书堆中瞧见坊本《红楼梦》，吃惊之余，他调侃道：“督署亦有私盐邪？”[①]清朝规定盐为官办官卖之物，禁止商人走私。《红楼梦》被官方定性为淫书，犹如私盐，不在公开许可之列，曾国藩却有兴趣翻阅，由此可见他并不是老古板。其实，曾国藩早在咸丰十年十一月三十日就接触了《红楼梦》，“树堂因时事日非，愤闷异常，阅看《红楼梦》。余亦阅之”。这天的日记告诉我们：何以解愤？何以解闷？唯有“红楼”。同治五年五月二十五日，曾国藩“旋看《红楼梦》三卷”，可见上次没看完，意犹未尽。翌日，“阅《红楼梦》二卷”。此后，便是阅小说若干页或阅小说一卷，多日如此，不知是不是《红楼梦》。倘若朝廷中的那些磨牙吮血的御史知道曾国藩在剿捻期间阅读《红楼梦》，战绩惨淡就更没办法交代了。及至赵烈文在两江总督署曾国藩内室“查抄私盐”，《红楼梦》应该早已读完。

有意思的是，曾国藩对《水浒传》的兴趣不亚于《红楼梦》。同治四年十一月底，他开始阅读此书，十二月初七日读毕此书，可惜他在日记中没有留下只言片语的评点。绿林好汉是曾国藩心目中必须锄除的豪强，从他历来主张杀降的表现来看，其兴趣点很可能并非招安。

有趣的是，对《红楼梦》《水浒传》批得最狠的不是别人，正是曾国藩的好友胡林翼。咸丰十年，他致书严树森：“吾辈不必世故太深，天下惟世故深误国事耳。一部《水浒》，教坏天下强有力而思不逞之民；一部《红楼梦》，教坏天下之堂官、掌印、司官、督抚司道首府及一切红人，专意揣摩迎合，吃醋捣鬼。

① 赵烈文：《能静居日记》第2册，岳麓书社，2013年版，第1063页。

当痛除此习，独行其志。阴阳怕懵懂，不必计及一切。”[①] 真没想到，这两部小说在清朝影响面如此之宽，看样子，也是不禁不走，越禁越走，对民间和官场的腐蚀作用居然到了这步田地，实出乎今人之意料。

为了“散闷”，在同治七年闰四月，曾国藩还读过《儒林外史》。难能可贵的是，这回他留下了一句重要评点：“是书极诋士人多穿窬之行，丑态百出，览之足以解颐，亦用自儆。”[②]《儒林外史》对儒林中的败类、丑类、马屁精、害人精、糊涂虫、可怜虫、吝啬鬼、伪君子极尽挖苦讽刺之能事，曾国藩读了并未产生抵触感，倒是认为它“足以解颐，亦用自儆”。由此可见，曾国藩深心里对当时的儒林也是偏向于负评和差评的。除此之外，曾国藩读过的笔记小说，见诸日记的，还有纪晓岚的《阅微草堂笔记》。办理天津教案期间，事事棘手，日日焦灼，稍有闲暇，“仅阅笔记小说，而此心实未半刻恬愉也”，痛失幽默感的日子才是他最糟心的日子。同治十年五月，曾国藩在家书中向胞弟国潢、国荃推荐此书：“《阅微草堂笔记》系纪文达公所著，多言狐鬼及因果报应之事。长沙如有可买，弟亦可常常阅之。”[③] 兄弟年纪大了，读圣贤书已兴趣索然，读点趣味小说更能颐养天年。

在曾国藩的某些诗文中，常有诙谐之语一跃而出，令人会心而笑，捧腹而笑。道光二十二年冬，他赋诗《琐琐行戏简何子敬乞腌菜》，试看其中数句：“苦思乡国千里月，梦想床头一瓮云。君家腌菜天下知，忍不乞我赈朝饥？丈夫岂当判畛域，仁者况可怀鄙私！炯炯余心天所许，堂堂此理君莫疑。”曾国藩的这首谐诗是写给晚清诗人、书法家何绍基（字子贞）的弟弟何绍祺（字子敬）的。何氏兄弟与曾国藩是湖南老乡，交情不浅，小京官薪俸低，灰色收入少，诚如曾氏小令《浪淘沙》中所诉，“十载帝城边，命与贫缘”[④]，他写诗向好友讨些腌菜下饭，开的是风雅玩笑。

---

① 《湖湘文库·胡林翼集》第2册，岳麓书社，2008年版，第491页。

② 《曾国藩全集·日记之四》第19册，岳麓书社，2012年第2版，第51页。

③ 《曾国藩全集·家书之二》第21册，岳麓书社，2012年第2版，第559页。

④ 《曾国藩全集·诗文》第14册，岳麓书社，2012年第2版，第20、95页。

何绍基是曾国藩的翰林前辈，曾国藩向何绍墓索字，久不见偿，即赋诗《赠何子贞前辈》去催讨。起首夸赞道，“九嶷山水天下清，中有彦者何子贞”；继之以同情，“可怜四十好怀抱，空使九州播书名”；卒章露本意，“去年一诺今未偿，旧迹已陈谁复记？世间万事须眼前，须臾变态如云烟。烦君一挥清我室，驱逐毒热无烦煎。高堂巨壁蛟龙走，鄙夫白昼欹枕眠”。[1]这意思够明白，子贞前辈的书法既得山水之清，又得人文之素，请你赶紧履行去年的承诺，赐幅墨宝给我啊，炎天溽暑，我好将它挂在房间里，驱除热毒，睡个好觉。

道光二十四年夏，曾国藩的好友冯卓怀、周寿昌、郭嵩焘于会试落第、大挑未得之后一同投考教习，试期内遭逢大雨，考棚漏得厉害，坐卧不宁。曾国藩赋诗调谑道：“脱屣漂流不可觅，笔床茶臼何有哉！冯君枯坐但闭目，急溜洒面不曾开。周侯仰天得画本，倚墙绝叫添喧豗。郭生耐寒苦索句，饥肠内转鸣春雷。……明朝日晴各转斗，老罴战罢还归来。为君广沽软脚酒，泥污不洗且衔杯。”[2]此诗以诙谐取胜，毫无道学气味，读来妙趣横生。

曾国藩佩服左宗棠的军事才能，乐意与之交往，采纳良谋。咸丰三年冬，他从湖北田家镇写信给左宗棠，露诙谐之语：“惟弟智虑短浅，独立难撑，欲乞左右野服黄冠，翩然过我，专讲练勇一事，此外概不关白于先生之前。先生欲聋两耳，任先生自聋焉，吾不得而治之也。先生欲盲两目，任先生自盲焉，吾不得而凿之也。先生若果惠然不弃，则请携老筠俱来田镇一走。”[3]老筠是郭嵩焘（字筠仙）。

咸丰八年腊月，曾国藩为欧阳兆熊已故的儿子欧阳勋作《欧阳生文集序》，胪列并世文章名家时，有“既而巴陵吴敏树南屏称述其术，笃好而不厌”一语，吴敏树（字南屏）发现那些名家都是桐城派的，心里不乐意了，写信给李鸿章，对此错配发了几句牢骚。于是曾国藩由远及近，开起了玩笑：“李耳与韩非同传，诚为失当，然赞末一语曰：‘而老子深远矣。’子长胸中固非全无泾渭。……吾

① 《曾国藩全集·诗文》第14册，岳麓书社，2012年第2版，第24页。
② 《曾国藩全集·诗文》第14册，岳麓书社，2012年第2版，第36、37页。
③ 《曾国藩全集·书信之一》第22册，岳麓书社，2012年第2版，第292页。

乡富人畏为命案所污累，至靡钱五百千摘除其名。尊兄畏拙文将来援为案据，何不捐输巨资，摘除大名，亦一法也。”[1] 此语的大意是：司马迁著《史记》，将老子与韩非子置于同传，确实不太匹配，但太史公称赞老子深远，还是于合体之外有所区分的。我将你与桐城派文章名家相提并论也是如此。我家乡的富人怕被命案污损名誉，受到连累，肯花五百贯钱去消除案底，你要是怕我的文章将你列入桐城派变成实据，何不捐笔巨款以摘除名字呢？这也一个好办法。曾国藩雅谑而有妙趣，实为幽默大师。咸丰九年十月二十日，曾国藩回复欧阳兆熊，道是“南屏不愿在桐城诸君子灶下讨生活，真吾乡豪杰之士也。……南兄识得鄙意，曰侍郎之心殊未必然，所谓搔着痒处，固当相视而笑，莫逆于心也”，这段话仍是此前那个玩笑的流波余韵。

咸丰十年夏，曾国藩将湘军大本营驻扎于安徽祁门，城在山下，地形地势局蹙不可守，曾国藩决定推倒城墙，没想到本地乡绅获悉此令，无不乐从。原因很简单：自从康熙年间江西某人来祁门做县令，修造此城，一百多年间无一位祁门秀才再中举人。于是曾国藩下令拆除城墙，构筑碉堡，以资守御。事后，祁门士绅禀请大帅令人撰写碑记，曾国藩便在禀牍上作四句谣谶：“拆开西北门，年年发科名。东南留一节，岁久永不歇。”谣谶随即传开，其效竟如立竿见影，甲子科乡试祁门中了三名举人，丁卯科乡试祁门又中了两名举人。

咸丰十一年正月十七日，由于湘军在上溪口刚打了胜仗，曾国藩心情大好，致书胡林翼时开了个玩笑：“去年侍初至祁门，军威颇盛，于是言符瑞者竞进，至有谓岁星临祁门者。至徽、宁并陷，建德、鄱阳、浮梁迭失，于是言灾异者蜂起，谓祁门不可以一朝居。顷得历口、洋塘、上溪口三次胜仗，说者谓符瑞仍臻，岁星仍临。侍口占一绝云：‘天上岁星也起霉，掉头一去不归来。忽闻打破上溪口，又向祁门走一回。”湘军处境好的时候，拍马者排队驾到；湘军处境差的时候，唱衰者扎堆而来。岁星是中国人眼中的福星和幸运星，曾国藩拿它说事，打趣调侃那些风派分子，令人捧腹。

曾国荃围攻安庆两年，打了许多场恶仗，未能攻破坚城，只因城外还有四

---

① 《曾国藩全集·书信之二》第23册，岳麓书社，2012年第2版，第331页。

座敌垒，迟迟未能拔除。咸丰十一年春，鲍超率军清理外围，至四月底已破三垒，杀掉“真正悍贼千余人”，只剩刘玱琳一垒仍在负隅顽抗。曾国藩写信给九弟国荃，甚是诙谐：“若决长濠以围玱琳先生之营（敬其人，故称先生），断无不破之理，但须严密巡逻，无令玱翁一人脱逃耳（爱其人，故称翁）。”括号中的文字是书信中原有的。对于劲敌，曾国藩有可能“敬”“爱”吗？此中意味相当复杂，就像一大杯烧酒，他能笑着看你喝下肚去。

打趣亲友，满含善意

咸丰三年春，曾国藩回复江忠源，于信中夸赞刘长佑：“印渠大可倚，淳实而有深谋，时辈哪得见此！”其后，他写信给江忠源，称赞刘长佑率兵疾速驰援通城，文字颇为劲爽：“如神鹰度漠，一击千里，令人爱敬不已。”咸丰十一年，时任广西巡抚的刘长佑不知误听何人所传，说是曾国藩上密疏保举了他，出于感激之情，他想换帖改称曾国藩为“恩师”。现成的便宜，到底捡不捡？同治元年二月，曾国藩在回信中如实相告：胡林翼为了保湘，将骆秉章留在湖南巡抚任上，曾举荐刘长佑出任四川总督去平蜀，此事胡林翼告知过曾国藩，是否在奏章中附列其名则不清楚。“仅有与议之实，岂得冒居荐贤之名？且荐达以微时识拔为贵，若勋名已显，位列开府，岂复更烦推毂”，总之一句话，他无功不受赏，对此尊称万不敢当。何况顾炎武先生下过“弥谦弥伪”的结论。“阁下但知谦之为美德，独不畏人之疑其为伪乎？”这就叫来而不往非礼也，玩笑照样要开下去，曾国藩叫刘长佑以广西所产之治伤妙药三七见赠，用它来捐免“晚”“教”二字。[1]刘长佑也是个相当有趣的人，真的复信寄赠了两斤三七，封面上写明“捐缴三七若干，请饬局核明给奖”字样。曾国藩便将门生帖完璧奉还，“以代实收部照，不改称谓，仍为友朋如初”。他还在回信中叮嘱道：“如有善政，彼此互相师友；如有过失，互相规诫。去称谓之浮文，求切磋之实益。”谐趣之中不乏诚恳态度。

说到捐免，还有二例。水师统领彭玉麟既是曾国藩的部下，也是他的弟子，

---

① 《曾国藩全集·书信之四》第25册，岳麓书社，2012年第2版，第108页。

以擅长画梅花著称。咸丰十一年冬，曾国藩回复彭玉麟来信，调侃道：“再，来缄仍称‘谨禀’字样，万不敢当。至谦不过称‘启’字足矣，阁下英侠盖世，愚劣本不足以为师；纵以师论，督抚于师前亦不称‘禀’，京官则翰、詹、科、道于师前概不称‘禀’，此皆通例，众所共知者。阁下纵过执㧑谦，而国家体式不可违也，特此奉商，以后望勿再施。或画梅屏六幅见惠，捐免‘禀’字，即以此纸预发执照何如？”[①] 刘长佑要捐免二字，须赠曾督帅三七两斤，已经兑现。彭玉麟要捐免“禀”字，须赠曾督帅梅屏六幅。后来雪帅实赠梅屏九幅，曾国藩赞其墨梅“生气远出，变态万端”，继续开玩笑说：“不特应捐免‘禀’字，并应捐免‘启’字，以后用‘顿首’二字代之可也。”赵烈文要捐免“门生”二字，须赠曾督帅什么？同治四年闰五月十五日，赵烈文写信要拜曾国藩为师，六月十八日，曾国藩便在回信中讲了刘长佑的故事，援例要赵烈文惠赠张惠言（字皋文）的《仪礼图》初印本，以捐免“门生”称呼。“贤如子厚，不敢为众人之师；贵如卫青，亦岂无长揖之客？请存此义，留作一段佳话可也。”[②] 赵烈文铁心拜师，旋即将门生帖寄了回去，后来还真的搜觅到了张惠言的《仪礼图》，为这段妙趣横生的佳话打上了圆满的句号。

青年时期，曾国藩与郭嵩焘、刘蓉结拜为兄弟，砥砺廉隅，切磋学问，规谏过失，三人绝非泛泛之交。曾国藩集苏东坡诗句为联赠刘蓉：“此外知心更谁是？与君到处合相亲。”可谓“以子由相视”，兄弟情全在其中。曾国藩还有诗句“我思竟何属，四海一刘蓉”，可算得上格外高看。咸丰年间，刘蓉在曾国藩幕府中帮忙，彼此相处融洽。同治末年，刘蓉作《曾太傅挽歌百首》，其中穿插了不少轶事，谐趣层见叠出。有三则值得说道：

曾国藩在宴会上喜欢开玩笑，以示旷达，庄子如何如何是标准格式。及至遇事，则神色严肃，用心精细，终夕惕厉，于是刘蓉打趣道：“何不唤取庄生来呢？”其时，曾国藩将刚出炉的文章拿给刘蓉过目，刘蓉读完，调侃道：“只作得半截韩退之耳！”曾国藩愿闻其详，刘蓉便朗诵韩愈《答李翊书》中的句子，

---

① 《曾国藩全集·书信之三》第 24 册，岳麓书社，2012 年第 2 版，第 581 页。

② 《曾国藩全集·书信之七》第 28 册，岳麓书社，2012 年第 2 版，第 580、581 页。

“当其取于心而注于手也，惟陈言之务去，戛戛乎其难哉”，能够做到这半截，文章必有新意。曾国藩高兴了，又火力全开，玩笑一个接一个，刘蓉便戏称他为“全身东方朔”。韩愈字退之，是唐宋八大家之首，苏东坡赞誉他“文起八代之衰，道济天下之溺”。东方朔字曼倩，是汉武帝的侍臣，以出语诙谐著称，婉讽和巧谏的功夫堪称顶尖。刘蓉以“半截韩退之”“全身东方朔”为戏谑之词，曾国藩照单全收。

咸丰五年秋，刘蓉久客军中，想回老家湘乡省亲，曾国藩苦苦遮留，说是要等郭嵩焘来了才准走。郭嵩焘到了江西，曾国藩对刘蓉说：“仍想挽留你，难于措词，我作一首诗表达挽留的诚意何如？”这倒是新鲜，刘蓉提出一个条件，你的新诗必须逗我一笑才能挽留成功。于是曾国藩赋《会合诗一首赠刘孟容郭伯琛》，笔下诙诡生趣，刘蓉读至“老夫苦多须，须多老可鄙。二子苦无髭，无髭亦可耻”，不禁哑然失笑，于是践守诺言，仍留在幕府效力。

湘军克复湖北黄州，曾国藩在残书堆中拾获一本南朝祖冲之所著的《述异记》，里面说是孔门贤弟子端木赐（子贡）在天庭主掌文衡，司马迁、班固、韩愈三人充当考官。但凡名士死后都必须参加甄别考试，成绩优异的派入文昌府，成绩差火的直接黜落，放回人间寒窗十载。曾国藩阅罢，当即调侃刘蓉：“我老师是考官，我肯定无忧，你就有麻烦啰！”曾国藩为文一向自许为韩愈的私淑弟子，故有此说。刘蓉的回复也颇为机智：“人生遇合无常，要是主考官端木先生亲自搜寻落卷，怎知不会录取愚弟黜落贤兄呢？”他们相视而笑。

曾国藩总是惦记着给亲人写家书，碰上军务稍松、心情大好的时候，就会跟守家的四弟曾国潢开开玩笑，这种家书读来亲切有味：“下首台上之线瓜、娈瓜今年有收否？冬塘肥鱼望烘几个寄营，一笑。”国潢在湘乡是“影子县令”，管得很宽，曾国藩便打趣他：“江南老名士今年亦极忙矣！湘乡防堵，以曾沅甫第一，朱岚轩第二，岂老名士反居第三耶？阅卷大臣似亦不甚公平。”曾国藩与九弟最亲近，他欣赏曾国荃有胆识，有决断，攻坚能力举国第一，还极顾家，因此老九的直谏他多半采纳。但曾国荃难免有前言不搭后语的时候，比如说，他先劝兄长兼听则明，要多听人言，后又劝兄长要有主见，不要博采人言。胡林翼欲留鲍超的霆军驻扎集贤关，以待安庆之克，老大便调侃老九：“此次究应听乎？不应听乎？乞决之。”当然军事上不能开玩笑，曾国藩建议老九与名将多隆阿商量，再作决定。

左宗棠出生于嘉庆十七年十月初七日，曾国藩出生于嘉庆十六年十月十一日，前者正好比后者小整整一岁。清朝的官场规矩甚严，大臣拜命大学士入阁后，其他平辈的官员也要自称“晚生”或简称“晚”。同治元年，两江总督曾国藩获授协办大学士，入阁之后，便可名正言顺地享受待遇了。毛鸿宾是曾国藩的进士同年，而且是湖南巡抚，也得按规则出牌。曾国藩回信时，让他一切照旧，多年情分要紧，且看这段文字：“（阁下）屡用全柬，常有客气见外之意，以后千乞屏除，并恳改‘晚’称弟，无以一日忝窃之位而忘多年交契之情，至祷！至祷！”曾国藩让毛鸿宾改回原样，后者还未必肯改。左宗棠的性格又自不同，他任浙江巡抚，按惯例，致书曾国藩必须放低身架，头顶一个“晚”字才算合乎礼节。但他主动向曾国藩讨个便宜：“依例应晚，惟念我生只后公一年，似未为晚，请仍从弟呼为是。”[①] 左宗棠担心曾国藩入阁之后身份被拔高，会造成不必要的隔膜，疏远了彼此间的友好关系，他想一如既往称兄道弟。曾国藩的回信相当诙谐：“承示‘弟’而不‘晚’云云，尝记演戏每出有云‘官卑职小，不敢有坐’，则应之曰‘恕你无罪，尽管坐下’，此可援以为例。”[②] 那时候，曾国藩与左宗棠的友情非常融洽。光绪元年，左宗棠晋升为协办大学士，曾国荃循例称“晚”，左宗棠就原原本本地给他讲述了十多年前的这个故事，让曾国荃继续称弟，以免彼此生疏。

曾国藩屡次写信催促姻亲、好友郭崑焘到大营帮忙，郭崑焘答应新年前来，却毫无动静。曾国藩致信调侃道：“前屡言新年可来敝处，此书乃不提及，何也？玉体亦云肥矣，将食言以求更肥耶？”将体胖与成语食言自肥挂上钩，谐趣尽出。

咸丰十年五月中旬，曾国藩回复郭崑焘，开起了玩笑，大意是：次青（李元度）已去衢州、信州执行防剿任务，筱泉（李瀚章）在江西办厘金，少泉（李鸿章）在淮扬办水师，我现在孤立无助。季公（左宗棠）要是来不了，请阁下

① 《左宗棠全集·书信二》第11册，岳麓书社，2014年第2版，第481页。

② 《曾国藩全集·书信之四》第25册，岳麓书社，2012年第2版，第78页。

赶紧命驾启程，速来敝营报到。恳请你预先告知二亲家母（郭崑焘夫人），不要派人到敝营来征召追呼，声震遐迩。不久前季公在我大营，我逗他说：“意城（郭崑焘）讥笑你怕老婆。”季公说：“他最怕老婆，却反过来乱说我怕老婆。”你们两人到底谁更怕老婆，我将以此行谁快谁慢来推断。两个月后，曾国藩回复郭氏兄弟，旧话重提：“意城亲家既不入蜀，千求速来一助。八月底到营，帮我三月，年终归家，决不食言。求之不可必，惟有高声念佛而已。”曾国藩念佛也没用，“不闲和尚”（曾国藩给郭崑焘取的绰号）依旧无意远游。

刘蓉（号霞仙）与曾国藩既是好友，又是姻亲，闹起别扭来也挺吓人，他一度将曾国藩拉入黑名单，连来信也不回复。咸丰十一年二月初七日，曾国藩致书郭嵩焘、郭崑焘兄弟，谈到冯卓怀（字树堂）负气离开大营、刘蓉置气不回信这两件事，以“挺”字总结其倔强精神，饶有谐趣：“树堂一挺而去，终已不顾。去岁六月，鄙人寄霞仙一书，终不作答，颇怪其挺之不情；此次树堂之去，尤觉其挺之寡味。此二挺者，非同小可。渠已安排十年挺木、百年挺人之计，仆亦自具挺世三十、挺年八百之量。直至黄泉相见之日，则仿王小二拜年之法，笑指相呼曰：‘尔输矣。’”[①] 曾国藩崇尚“挺”字诀，宣称要编一部《挺经》，所以这里用“挺”字来形容刘蓉和冯卓怀的倔强。

善谑者多自嘲

曾国藩有个与众不同的习惯，每隔一段时间（十天半个月）就将自己的日记誊抄一份，附在信件中寄给几位弟弟传阅，以方便他们收集和掌握更多的信息。诸弟夸赞兄长的日记可与顾炎武的《日知录》等量齐观，曾国藩自愧不如，回信中讲了个笑话：你们说我的日记册可与顾先生的《日知录》媲美，未免恭维太过。四川有一位秀才，与卓海帆相国（名秉恬，字静远，四川成都人）同年同月同时出生，只小一日，又是同年入学。后来卓海帆相国官至一品，这位秀才感叹命不如人，寄诗自嘲道：“只因日上差些子，笑向蜀江作钓翁。”我的日记与顾先生的《日知录》相比较，恐怕也是“日上差些子”，差一点，差得

---

① 《曾国藩全集·书信之三》第 24 册，岳麓书社，2012 年第 2 版，第 165 页。

远啊！曾国藩有自知之明，仇敌骂他他不怕，亲友夸他他不飘。

咸丰九年正月，曾国藩回复刘蓉，纵笔自嘲，雅趣满满：“国藩此次在外，无不答之信，无不批之禀。官场庆吊，酌量送礼；家乡庆吊，亲族本家，亦少为点缀；余皆率往常规模不变。‘巧言、令色、足恭’三者，有志学步，质既鲁钝，学又作辍，数月以来，毫无效验。或劝先难后获，宜再卑抑，以俟大效，仆则抱‘七必不堪’，仍将修吾初服，免使陈咸头触屏风也。”[①] 细读这段文字，“巧言、令色、足恭”是儒家视为乡愿的恶德，孔子下过“左丘明耻之，丘亦耻之”的结论，曾国藩自嘲处境艰难，只能以恶德讨好各方神魔，以图存活，但他不够聪明，时学时停，毫无效果。所以要先破心理难关，忍受官场的种种不堪，还得去讨好巴结上司才行。要品出这段自嘲文字的诙谐意味，就必须了解典故“七必不堪”和“陈咸头触屏风”讲的是什么。魏晋时期名士嵇康撰《与山巨源绝交书》，其中将自己不愿做官的原因总结为“七必不堪”和“二不可”，且看“七必不堪”的完整内容：“原卧喜晚起，而当关呼之不置，一不堪也。抱琴行吟，弋钓草野，而吏卒守之，不得妄动，二不堪也。危坐一时，痹不得摇，性复多虱，把搔无已，而当裹以章服，揖拜上官，三不堪也。素不便书，又不喜作书，而人间多事，堆案盈机，不相酬答，则犯教伤义，欲自勉强，则不能久，四不堪也。不喜吊丧，而人道以此为重，己为未见恕者所怨，至欲见中伤者，虽瞿然自责，然性不可化，欲降心顺俗，则诡故不情，亦终不能获无咎无誉如此，五不堪也。不喜俗人，而当与之共事，或宾客盈坐，鸣声聒耳，嚣尘臭处，千变百伎，在人目前，六不堪也。心不耐烦，而官事鞅掌，机务缠其心，世故繁其虑，七不堪也。”当官有此“七必不堪”，所以嵇康不愿伸长脖子被套。曾国藩就不同了，唯有忍受这些不堪，才能把事业进行到底。“陈咸头触屏风”的典故出自班固的《汉书》，更好玩。陈万年是汉宣帝时期的大臣，有一回他生病了，把儿子陈咸叫到病榻前，要他跪下听训，啰里啰嗦讲到三更。陈咸听烦了，打起瞌睡来，额头碰触到屏风。陈万年大怒，要用手杖打他，骂道：“老父训诫你，你却睡觉，不听我的话，为什么？”陈咸叩头回答：“训

---

① 《曾国藩全集·书信之二》第23册，岳麓书社，2012年第2版，第23页。

诚全明白了，中心思想就是教我要巴结讨好上司。”陈万年这才放心，不再啰唆。讨好上司的巧活，曾国藩一向干不好，为此他受了不少罪，吃了不少苦。

咸丰年间，曾国藩作《水师得胜歌》和《陆师得胜歌》，以鼓舞士气，还作了《爱民歌》和《解散胁从歌》，以爱民、怜民、救民为主调。他认为自己的《陆师得胜歌》“冗长而欠精当”，却有不少人称赞，真正的得意之作《解散胁从歌》却受到冷遇，“不获一字之褒”。他推断道：“即此一端，亦足见人心之不平，而天心未必厌乱矣。”咸丰十一年五月二十八日，曾国藩回复李续宜，在信中拿自己的病作喻：“贱躯亦遍身疮痒，几无完肤，若得真善赞者搔着痒处，或少愈乎？然何可得哉！”所谓“搔着痒处”，当然就是要夸赞他四个月前所作的《解散胁从歌》写得好啰，这就有点孩子气，令人忍俊不禁了。到了六月十六日，他回复李续宜，仍有接着上次的玩笑往下开的兴致：“润帅病可全愈，大慰！大慰！天祚圣朝，必寿此人。敝疮亦小愈，然手不停搔，颇以为苦。郑板桥有言：‘隔靴搔痒，赞亦可厌；入木三分，骂亦可感。’阁下既吝此‘隔靴’之赞，鄙人当自为‘入木’之爬。何如何如？”[①]胡林翼去世后，左宗棠作《祭胡文忠公文》，寄示曾国藩，曾国藩赞之曰：“几欲与韩昌黎、曾文节鼎足而三。”韩愈、曾巩是唐宋文章高手，左宗棠得到的酬奖如此优渥，自然嘴都笑得合不拢。好玩的是，曾国藩的奏章《沥陈前湖北抚臣胡林翼忠勤勋绩折》乃其精心之作，却“阒然未闻世人一字之赞”，曾国藩感叹“人之多吝”，这又是孩子气发作。

咸丰年间，曾国藩回复好友郭嵩焘，谈及后者所荐佳士李榕，讲了个笑话：“惠书称申夫有揽辔澄清之志，只愧尺波不足以纵巨鳞，陋邦不足以发盛业。昔有巨盗发冢，椎掘方毕，棺中人忽欠伸起坐，曰：‘我乃伯夷，何为见访？’盗逡巡去。易一丘，方开凿墓门，见前欠伸者随至，曰：‘此舍弟叔齐冢也。’今将施巨钩，犗饵于蹄涔之水，是犹索珠襦、玉匣于伯夷之垅，多恐有辜荐贤之盛心。至于推诚扬善，力所能勉，不敢或忽。”伯夷、叔齐兄弟俩是商朝末期的贤人，因不肯食周粟，双双饿死于首阳山。可想而知，他们的坟墓中不会有值钱的陪葬品，摸金校尉找错了地方，必然一无所获，空手而归。当时，曾国藩

---

① 《曾国藩全集·书信之三》第 24 册，岳麓书社，2012 年第 2 版，第 434、454、455 页。

处境艰难，湘军的粮饷常无着落，郭嵩焘将佳士李榕推荐给曾国藩，希望他能在湘军大本营获得发展，就好比想在饿鬼冢中找到珠玉，在牛蹄印大小的浅坑中钓到大鱼，必然失望。曾国藩喜欢自嘲，借此苦中作乐，这个例子很典型。

咸丰十一年冬，曾国藩在家书中感叹道："昔太无权，今太有权，天下事难得恰如题分也！"同治元年二月初一日，他在日记里写下一段趣话："公牍中所刻余官衔，字数太多，因删去十四字，令其另刻。戏题一绝云：'官儿尽大有何荣？字数太多看不清。删去几条重刻过，留将他日写铭旌。'"当时，曾国藩的官衔共有五个：太子少保、协办大学士、兵部尚书、钦差大臣、两江总督。这些显赫的官衔加起来共有二十多个字。叠床架屋何妨，多多益善才好，别人求之不得，能拥有其中一个头衔就足以光宗耀祖，曾国藩却要删繁就简，只求一目了然。相比两年前他要权没权、要饷没饷的困苦境遇真有霄壤之别。

同治三年七月初八日，朝廷恩旨传至金陵，曾国藩获封一等毅勇侯，世袭罔替。赵烈文入府内贺喜，打趣道："此后应当称中堂，抑称侯爷？"曾国藩笑着回应："君勿称猴子可矣！"[①]封侯是人生得意事，但楚人沐猴而冠的成语摆在那儿，始终是一块心病，倒不如自己戏说。曾国藩的雅谑文化含量高。

湘军克复金陵乃是赫赫武功，颂扬、庆贺的诗文纷至沓来，曾国藩照单全收，令书记汇抄成为一大编，亲自题签为"米汤大全"。湘人将拍马屁、讲奉承话统称为灌米汤，可谓戏谑意味十足。

有一次，曾国藩与机要秘书赵烈文说笑，他乐意接受好友邵懿辰赠送的谥号"文韧"，视之为量体裁衣，再合适不过了。曾国藩死后谥为"文正"，这是朝廷对于文官的顶格美谥，清朝二百六十多年，获此哀荣者屈指可数，却终究不如"文韧"能够突出曾国藩百折不挠的精气神[②]。

勇于自嘲的人必定有真趣、有雅量，也必定能克服心魔，不想踞坐于云端。同治七年十月初，曾国藩回复李榕，自嘲道："鄙人久不作诗，前因南屏东来，旧友会合，兴之所至，涉笔成章。初不计较工拙，而同人或谬加米汤，来示又

---

① 赵烈文:《能静居日记》第2册，岳麓书社，2013年版，第811页。

② 赵烈文:《能静居日记》第2册，岳麓书社，2013年版，第1098、1099页。

继之以醍醐，虽知非至言而心颇内喜，势位所在，谁敢讥贬？所谓‘官大好吟诗’也。”正是这个道理，高官吟诗，就算是庸作、劣作，也会有一大票马屁精和势利眼将它夸赞到天上去，谁敢出言讥贬？曾国藩洞悉外情而仍然内喜，乐趣就不全由别人的吹捧而来，实因以诗会友本身就能够带给他久违的快感。

同治八年初，曾国藩在直隶总督任上，诸事棘手，刑名案件堆积如山，多年未决者最伤脑筋。咸丰初年，曾国藩署理过刑部侍郎，因此他回复黄倬时自嘲道：“弟虽曾署刑部，而于律例素未研究，今乃如八十阿婆初学作羹，既食性之不谙，且捩手而辄覆，自愧亦自笑也。”有幽默感的人乐得自嘲，无趣的人喜欢抱怨。有别于很多装神弄鬼的高官，曾国藩不怕露出短板，不肯冒充内行，这太不容易了。

不以恶谑伤人

易宗夔著《新世说》，其中记录曾国藩言行，寥寥数笔，往往传神。有一次，曾国藩与幕僚开玩笑：“拼着老命艰苦创业，这不是常人能力所及，但也未可一概期待贤者大包大揽。应当在德行、文学、言语、政事四科之外，另设一科，叫‘绝无良心科’。”这句玩笑话貌似在传递负能量：一个人要干成大事，先得脸厚心黑，将良心流放塞外才行。实际上他是在讽刺那些忘恩负义的高官大吏。据说，曾国藩幕府内部全票推举沈葆桢为绝无良心科的状元，理由是：曾国藩保举此公为江西巡抚，他却以截留厘金来报答恩人，直弄到反目。

雅谑和恶谑有实质上的区别：前者是善意的调侃，可保全对方的体面；后者是恶意的嘲弄，必刺痛对方的自尊。曾国藩素以雅谑见长，对恶谑则深为忌讳。清人汪诗侬著《所闻录》，其中一则最见曾国藩的雅人深致：曾国藩任两江总督时，巴蜀才子李鸿裔游于幕府中，倜傥风流，不拘小节，曾国藩非常欣赏他，视同子侄。当年曾国藩幕府人才济济，有“三圣七贤”的名目，曾国藩给他们提供读书治学的条件，吃住全包，还派送零花钱，至于繁杂的行政事务，很少让他们沾边。某日，曾国藩与李鸿裔在书房中闲谈。曾国藩中途出去见客，李鸿裔留在房间，从书桌上翻看到一篇《不动心说》，是池州进士杨长年的手笔——这位老儒颇有名气，在“三圣七贤”之列。李鸿裔的好奇心被激活了，他倒要看看道貌岸然的杨长年怎样自圆其说。文章是这样写的："使置我于妙曼蛾眉之侧，问吾：'动好色之心否乎？'曰：'不动。'又使置吾于红蓝大顶之旁，问吾：'动高爵厚禄之心否乎？'曰：'不动。'"李鸿裔读完这几句，顿时反胃作呕。宋学派的伪君子个个紧跟在朱熹屁股后面，整天唱响"存天理，灭人欲"的高调，沦为榆木疙瘩，竟乐不可支。这篇《不动心说》只可欺骗三岁小孩子，用它来欺骗中等智商的成年人不免捉襟见肘。李鸿裔决定狠狠地嘲弄一下杨长年，他拈起笔来，在空白处题写了一首打油诗："妙曼蛾眉侧，红蓝大顶旁。尔心多不动，只想见中堂。"题完诗，李鸿裔便离开书房，自寻快活去了。曾国藩会完客，回来看见这首打油诗，全明白了。曾国藩立刻派人持手令去召回李鸿裔，最终在秦淮河边画舫上找到了他，他拥妙曼蛾眉吃花酒吃得正欢。李鸿裔原以为只是戏谑几笔，没想到闯下大祸，心里忐忑不安。曾国藩责问道："这首打油诗是你写的吗？"李鸿裔老实承认，并不抵赖。曾国藩说："我也知道，这些宋学派的陋儒纯属盗取虚名的角色，他们言行相悖，知行脱节。但这些人长期猎取丰厚的待遇，全靠虚名撑起门面，如今你斗胆揭破他们的谎言和假面具，阻断他们的财路，那么他们仇视你、痛恨你，又岂是寻常的睚眦之怨可比？可能会埋下令你家破人亡的祸根。你何不收敛一下直率的性子？"李鸿裔听完曾国藩的教训，仿佛冷水浇背，如同当头棒喝，顿时清醒过来，从此深自敛抑，不再以恶谑为快事。有人可能认为曾国藩太世故、太圆滑了，但他也是吃过许多暗亏之后才明白过来：正直者的生存之道并不是时时处处与伪君子、真小人硬碰硬，明智的做法是尽可能绕开"路障"，在有限的空间里做一番事业。如果你总是站在那些伪君子、真小人的对立面，向他们宣战，他们所施加的阴险打压和野蛮报复就会令你烦恼无穷，痛苦不休——捅了马蜂窝之后的那种境遇，可不是一般人能够承受得了的，除了害惨自己，还可能连累家人和朋友。人心险恶，世道坎坷，曾国藩一语唤醒梦中人，李鸿裔乐意受教，这是他的福气①。

① 这个故事又见于《清代野记》中《道学贪诈》一篇，李鸿裔的讽刺诗字句与《所闻录》中多有不同，是为："二八佳人侧，鸿炉大鼎旁。此心皆不动，只要见中堂。"

23 章　学未完卷愧叹多

有人统计过，《论语》两万多字，其中共有十六个"好学"。孔子讲到"好学"，令人印象尤为深刻的是这样两次："子曰：'十室之邑，必有忠信如丘者焉，不如丘之好学也。'"世间忠信者多，好学者少，孔子结结实实自豪了一回，半点不谦虚。"哀公问：'弟子孰为好学？'孔子对曰：'有颜回者好学，不迁怒，不贰过。不幸短命死矣，今也则亡，未闻好学者也。'"孔子将颜回视为门下大弟子，主因是颜回好学，次因是颜回贫而不改其乐。好学者居然少到这个地步，令人咋舌。

曾国藩一生好学。道光年间，他与"南北二刘生"（刘蓉、刘传莹）探讨学问，书信往还，不嫌其慢，不惮其烦。现在阅读《刘蓉集》，看到他与曾国藩切磋学问的长信，不禁感叹，从二十多岁到三十多岁，他们之间有疑必问，有惑必解，那种好学精神迥非常人所能及！可惜曾国藩的全集不全，道光二十一年前的书信片纸未存。中年时期，曾国藩在军旅之中仍旧夜篝读书灯。不同于孔子的是，他始终认为自己算不上好学，早年在学问方面用功不勤，下力太少，所获有限。晚年，他右眼失明，愧叹之声更频。

《庄子·内篇·养生主》有言："吾生也有涯，而知也无涯，以有涯随无涯，殆已。"庄周是读书无用论的倡导者之一，以短暂的生命去无涯的学海中扬帆，确实有些抓狂，但考虑到乐趣所在、价值所在，还是应该追求的。不妨换个场景和对象来看，一位渔民这么说：我的生命是有穷的，而鱼虾是无穷的，用有穷的生命去捕捞无穷的鱼虾，真要完蛋了。逻辑不通啊！你也许会说知识是虚的，鱼虾是实的，不能简单替代。知识并不虚，其实用价值远高于鱼虾。

曾国藩毕生好学，即使他相信运气胜过相信书籍，如果惩罚他的酷刑是一月不准他读书，还不用那么久，哪怕一天不让他温故而知新，估计他也受不了。

同治八年十一月十三日，曾国藩创作韵语自箴，末尾四句是：“记篡遗忘，歌泣文史。且愤且乐，死而后已。”虽一再说自己“心如废井，汲之无水”“衰惫已甚，不能服官，亦不能从事于学矣”，他照旧黾勉从公，发愤好学。翌年，曾国藩回复好友吴廷栋：“弟昔有志学文，际会多事，扰攘兵间，未遑致力。忽忽衰老，百无一成。”满把遗憾，令人动容。

刘禺生撰《世载堂杂忆》，其中有一则《王湘绮之遗笺零墨》，结尾写道：“湘绮谓张孝达是看书人，曾涤丈是读书人。所谓读书人者，能通经以致用；看书人则书是书，人是人，了不相涉，即所谓记问之学，博而寡要者也。”[①]王闿运（号湘绮）扬曾国藩，抑张之洞（字孝达），其意自明。何谓看书？何谓读书？曾国藩在咸丰八年七月二十一日的家书中教导儿子纪泽，打了几个很好的比方：“譬之富家居积，看书则在外贸易，获利三倍者也；读书则在家慎守，不轻花费者也。譬之兵家战争，看书则攻城略地，开拓土宇者也；读书则深沟坚垒，得地能守者也。看书如子夏之‘日知所亡’相近，读书与‘无忘所能’相近，二者不可偏废。”依曾国藩的见解，看书人善攻，读书人善守，二者各有所长，难分高下，根本不存在褒贬，与王闿运褒读书、贬看书的意思全无半点交集。

同治十年，曾国藩赋诗《赠李眉生》：“无学臻衰耄，但为时所镌。谁言所遇顺？抚衷百虑煎。”[②]曾国藩谢世之前，尚以“无学”为大憾。此老原是天选之子，打理人间苍生事，至于学问，他念念不能忘怀，上天却吝予高寿和余力。“一代完人”面对未完之卷、未了之愿，竟不由自主，徒唤奈何。

早年力学，转益多师

道光二十一年七月，曾国藩以同乡后辈的身份登门拜访前辈学者唐鉴（字镜海），虔诚请教“检身之要，读书之法”。镜海先生告诉他，应当以《朱子全集》

---

① 刘禺生：《世载堂杂忆》，中华书局，1960年版，第78页。

② 《曾国藩全集·诗文》第14册，岳麓书社，2012年第2版，第91页。

为宗。又说治经宜专治一经，一经果能通，则诸经可旁及。还说为学只有三门：曰义理，曰考核，曰文章。唐鉴的指点要言不烦，曾国藩受益匪浅。他一度决定以程朱理学为长期治学的目标。

钱大昕是乾嘉年间的学术大师，他有一副自撰联为人称道："有酒学仙，无酒学佛；刚日读经，柔日读史。"所谓"刚日读经"，即在阳光灿烂、心情舒畅、精神饱满的日子读经书；所谓"柔日读史"，即在阴天、雨天、下雪天和心情郁闷、精神低落的日子读史书。经书传达的信息是积极的，因此与刚日相匹配。史书传达的信息是消极的，因此与柔日相匹配。"经则专熟一经，史则专熟一代，读经史则专主义理，此皆守约之道，确乎不可易者也。"因此曾国藩于经有惑，于史有疑，总认为是自己不专所致。后来，曾国藩将一天的时间分为两段，读书计划也就更加细化了：从早晨至中午是第一段，"辰后，单日读经，双日读史，至午正"；从午后至天黑是第二段，"未初起，单日读史，双日读集，至天黑止"。夜间通常都是会友或应酬，一群书生聚在一起，谈天说地，可以增广见闻，弥补案头功夫之不足。

道光二十二年，曾国藩读经、读史仍处于摸索阶段，肯下工夫，但收效不显。当时，曾国藩与好友邵懿辰、吴嘉宾、何绍基、陈源兖住在城外，好友吴廷栋敦劝曾国藩搬进城里来住，城里有镜海先生（唐鉴）可以为师，有艮峰先生（倭仁）、兰泉先生（窦垿）可以为友，得师友夹持，即使是懦夫也能够立志。这当然是个好建议，曾国藩决定采纳，以便"屏除一切，从事克己之学"。曾国藩在修身治学方面的师友圈太强大了："讲恭行心得"，则有唐鉴；"诚意工夫颇严"，则有倭仁；"格物工夫颇深"，则有吴廷栋；"一言一事，必求至是"，则有窦垿；"处处痛痒相关"，则有陈源兖；"讲诗、文、字而艺通于道"，则有何绍基；"穷经知道"，则有邵懿辰、吴嘉宾；"进功最猛"，则有冯卓怀；"英气逼人，志大神静"，则有黄彭年。曾国藩在家书中向诸弟详细介绍这些朋友，"虽所造有浅深，要皆有志之士，不甘居于庸碌者也。京师为人文渊薮，不求则无之，愈求则愈出"。

曾国藩的朋友参差多样，并非个个无可挑剔，比如湘籍文士汤鹏（字海秋）就是令大家头痛的角色。他"才气奔放"，心血之作《浮邱子》四十余万言，通论治道学术，洋洋可观。但他喜欢骂人，嘴巴绑剃刀，笔端插梭镖，谁都受不了。曾国藩在日记中对汤鹏颇有微词："其人诞言太多，十句之中仅一二句可信。""同乡汤海秋与杜兰溪，子女已过门而废婚，系汤家女儿及父母并不是。"汤鹏之死最是出奇。据李孟符《春冰室野乘》所载，某日众友在汤家雅集，有人说大黄不可轻尝，某某被庸医所误，服下大黄后一病不起。唯独汤鹏唱反调，他说："大黄有何害处？我以前没病时也常常服用它。你们要是不信的话，请让我试给你们看。"汤鹏叫仆人赶紧去药房购买大黄数两，众友苦苦劝阻，他不听劝告。等大黄买来了，汤鹏一连服用了六七钱，众友合力夺走他手中的大黄，他居然还抢到一块最大的塞进嘴里，一边咀嚼，一边骂骂咧咧。众友不欢而散。到了傍晚，汤鹏腹泻不止。天亮后，朋友们陆续赶来汤家探望，他已于凌晨吹灯拔蜡，得年仅四十四岁。大黄药性极凉，良医皆慎用，汤鹏并非无知，却非要打这样一个盲赌，死于荒唐[①]。

曾国藩撰《祭汤海秋文》，起首四句是"赫赫汤君，倏焉已陈。一呷之药，椓我天民"，说的就是他吃大黄而死。曾国藩的祭文有几处值得留意："我行西川，来归君迓。一语不能，君乃狂骂。我实无辜，讵敢相下？骨肉寇仇，朋游所讶。……君不能释，我不肯输。一日参商，万古长诀。"道光二十二年秋，曾国藩充任四川乡试主考官，他办完闱差，回到京城，汤鹏为他设宴洗尘。谁知一言不合，汤鹏狂性发作，对曾国藩破口大骂。曾国藩自觉无辜，岂肯忍气吞声？他们绝交之后两年，汤鹏谢世，曾国藩这才猛然意识到"吾实负心"，为何这样讲？"凡今之人，善调其舌；君则不然，喙刚如铁。锋棱所值，人谁汝容？直者弃好，巧者兴戎。"世间甜嘴多，像汤鹏这样铁齿铜牙不饶人的少，因此他处处树敌。性格刚直的就会与他绝交，性情虚浮的就会与他掐架。"昔余痛谏，君嘉我忠。曾是不察，而丁我躬"[②]，曾国藩以激切的言语劝谏过汤鹏，汤鹏夸赞他是忠直可靠的良友。但汤鹏一时失察，冲着曾国藩大光其火。曾国藩在祭文中表达了自己的悔意，对待这位刀子嘴的正直朋友，应该选择释怀原

① 李孟符：《春冰室野乘》，山西古籍出版社，1996年版，第54页。

② 《曾国藩全集·诗文》第14册，岳麓书社，2012年第2版，第272、273页。

谅，而不是负气绝交。

朱熹说过，治学如熬肉，先须用猛火煮，然后用慢火煨。曾国藩认为自己治学一直未用猛火煮过，虽略有见识，只是悟性较好，偶尔用功，也不过是悠游玩索而已。他悟到“妙来无过熟，颜渊未达一间，只是欠熟”，颜渊比孔子差一些，只是因为他阅人经事较少，识见和境界不够圆熟。曾国藩批评自己“掘井多而无泉可饮”，是由于不专心。庄子称“用志不纷，乃凝于神”，肯在旱地耐心深挖，耐烦久掘，必定能够汲取泉源。在众多益友的影响下，曾国藩读书治学脚踏实地，不敢一毫自欺，也不敢一毫欺人。道光末年，曾国藩仕途颇顺，声望大起，诸弟写信告诉他，在省城长沙他已是大名人。曾国藩回信道：“我在京师，惟恐名浮于实，故不先拜一人，不自诩一言，深以过情之闻为耻耳。”他对浮名虚誉始终保持警惕，并未飘飘欲仙。

军旅好学，鲜有中辍

咸丰九年四月二十一日，曾国藩在家书中晓谕儿子纪泽：“余于‘四书五经’之外，最好《史记》《汉书》《庄子》《韩文》四种，好之十余年，惜不能熟读精考。又好《通鉴》《文选》及姚惜抱所选《古文辞类纂》、余所选《十八家诗钞》四种，共不过十余种。早岁笃志为学，恒思将此十余书贯串精通，略作札记，仿顾亭林、王怀祖之法。今年齿衰老，时事日艰，所志不克成就，中夜思之，每用愧悔。”好学者多半务博，曾国藩却只想返约，多而杂不如少而精，其实他开列的古代典籍也不算少了，能够精研一番，终生受用毫无问题。

咸丰十年十月下旬，太平军逼近大洪岭，距离祁门只有六十里，曾国藩做好了最坏的打算——“断不临难苟免”。他致书诸弟，相当于遗嘱：“回首生年五十，除学问未成，尚有遗憾外，余差可免于大戾。贤弟教训后辈子弟，总以勤苦为体，谦逊为用，以药佚骄之积习，余无他嘱。”[①] 这位湘军统帅回首五十年人生历程，唯一遗憾的居然是学问未成。这就是曾国藩，也只有他会这样想。

翌年正月上旬，太平军进犯石门桥，距离祁门只有十八里，湘军大营危迫

---

① 《曾国藩全集·家书之一》第20册，岳麓书社，2012年第2版，第536页。

于呼吸之间。二月二十四日，他致书诸弟，心态更为坦然："余自咸丰三年冬以来，久已以身许国。愿死疆场，不愿死牖下，本其素志。近年在军办事，尽心竭力，毫无愧怍，死即瞑目，毫无悔憾。"此番表白与之前的"遗嘱"似乎略有冲突，治学须在牖下，而曾国藩说他"愿死疆场，不愿死牖下"，危险面前他别无选择，脱险之后，他就继续好学。

同治四年冬，曾国藩回复朱孔阳，大谈文字学。嗣后，他回复李鸿裔，仍大谈文字学。两次回信，篇幅可观。这就不免令人猜想：曾国藩不做大帅，不做总督，很可能会做学问家，或做文学家，因为他的识趣、才力皆近于此。

方宗诚著《柏堂师友言行记》，有关曾国藩的笔墨颇多，以下的文字专写曾国藩好学："同治五年，予奉召至济宁行营，见曾公每日清晨辄起，食后行三千步，步毕，乃治公牍。凡奏疏、批牍、书札皆手自为之，事毕，则与幕友围棋一局或二局，以为消遣。棋毕，即读书两卷或三卷。有客至，随时召见，午后亦如是，晚亦如是，日以为常。虽佳时令节，无稍变也。若行军时，舟车之间，治牍读书，亦无旷废。尝曰：'吾日治军事吏事，若不兼读圣贤之书，则心不能养，理不能明，何以能知人？何以能应事？古往今来膺大位而颠蹶者，皆不学之过也。"这番话中有至理，好学而明理，许多蠢事就不会去做，许多糗事无暇去做，好学则自知不足；居大位而不好学，政治智慧必趋近于零，无知者无畏，则以骄狂跋扈为快事，不颠蹶不肯罢休。

曾国藩为学，好明辨是非。同治五年八月中旬，他回复朱兰："承示阅《明人学案》，讲道多胶于一偏。大率明代论学，每尚空谈，惟阳明能发为事功，乃为后儒掊击，不遗余力。阳明与朱子指趣本异，乃取朱子语之相近者，攀附以为与己同符，指为晚年定论。整庵、高陵杨园、白田诸公尽发其覆，诚亦不无可议，乃并其功业而亦议之，且谓明季流寇祸始于王学之淫诐，岂其然哉！彼一是非，此一是非，天下之无定论久矣。"[①] 掊击王阳明的人都是在立德、立功、立言方面远不如王阳明的人，空论一堆，无关宏旨。曾国藩鄙视明朝以来的陋儒，屡见乎日记、书信。

---

① 《曾国藩全集·书信之八》第29册，岳麓书社，2012年第2版，第341页。

有人将曾国藩称为理学家，实际上这是误会。他早年钻研过宋学，对宋学的评价却是高开低走，他于当代推重经世之实学，于古代推重淑世之礼学。他认为古人讲礼就是讲经世之学。中国自宋而有理学，束缚思想、摧残人性，曾国藩与郭嵩焘多次讨论理学的弊端。在郭嵩焘看来，“南渡至今，以言路持兵事之长短”，最令智者灰心、勇者泄气。曾国藩还有更大的不满：“性理之学愈推愈密，苛责君子愈无容身之地；纵容小人，愈得宽然无忌。如虎飞而鲸漏，谈性理者熟视而莫敢谁何，独于一二朴讷之君子，攻击惨毒而已。”同治六年四月，他对理学的反感又增加了新内容：“国藩尝谓晚近讲理学者，论人则苛责君子，包庇小人；论事则私造典故，臆断是非；近责我保荐乔君，又不免私造典故也。”刘蓉好讲理学，曾国藩批评的正是他。“霞老去冬怨我不派兵援秦，盛气诘责，已不免臆断是非；近责我以保荐乔君，又不免私造典故也。”[①] 乔君即乔松年，时任安徽巡抚，并非曾国藩保举。

曾国藩勉励少年好学者，通常不讲返约，只讲务博：“为学要器量大，不可得少自足，盖学问无穷，深一层尚有一层，高一重尚有一重，无满时也。若能读破万卷书，自视若无有。”至于博观而约取，取精而用宏，那是四十岁以后的事情。方宗诚闻言感叹道：“斯真豪杰也！”

同治二年十月十八日，曾国藩为东皋书院撰写对联一副：“涟水湘山俱有灵，其秀气必钟英哲；圣贤豪杰都无种，在儒生自识指归。”这个“指归”是什么，曾国藩没明讲，仁义道德是少不了的，就这四项，儒生将它们识透了的并不多。

同治六年正月十五日，适值元宵节，曾国藩过节的方式与众不同：“在舆中读《上林赋》千余字，略能成诵。少年所深以为难者，老年乃颇能之，非聪明进于昔时，乃由稍知其节奏气势与用意之所在，故略记之。然衰年读书，不数月亦必忘矣。”曾国藩喜好记诵，读书既要朗诵，又要默记，还要玩味再三，“惟老年记书，微觉头晕”。这年三月初七日，“诵《离骚》三十余句，凡《离骚》三百二十四句诵毕。老年读生书成诵，稍补少壮之缺陷，亦一乐也”。乐趣有

---

① 《曾国藩全集·书信之九》第30册，岳麓书社，2012年第2版，第108页。

兴趣护驾，就稳妥了，三百二十四句《离骚》亦可成诵，其成就感并不逊于商人发一笔横财。

到了晚年，曾国藩还在强逼自己补课，一日为学霸则终身为学霸。他要补的课有天文，“中饭后阅《观象授时》十叶。余于天文全无所解，故茫然不入，特好秦味经之条理井然，故须遍观一过耳”。他苦于不解书中“推步法”“勾股割圜记”，感到很羞耻。他要补的课还有音乐，“余素不解音乐，殊以为愧”，于是阅读《五礼通考》中关于音乐的内容，“拟写《律吕》表以明之”。“余本不善算，强为法算之，殊以为困”，“旋以所算未毕，令鸿儿代为一算”。曾纪鸿喜欢数学，在这方面很有天赋为父代劳，完全胜任。

曾国藩重视实学，已掌握的不可抛荒，未掌握的还要补课。“因《瀛寰志略》关系现办通商事件，拟再看一遍，又将首卷看二十叶。……兼画其图，抄其节略。”《圣武记》《皇朝经世文编》之类的大部头，他也都要重读，这需要大量的时间和精力才行，需要强烈的饥渴感才行。值得一提的是，曾国藩与魏源同为湘贤，却找不到他们交集的任何痕迹。有一种说法是：曾国藩出于军机大臣穆彰阿之门，魏源却因倨傲，不屑入穆彰阿门墙，得罪了穆党。曾国藩对魏源的简评见诸赵烈文同治六年五月初六日的日记：“又言魏默深诗、《书古微》皆不尽善，其著作当推《圣武记》，文集为最下云云。”[①] 很奇怪，《海国图志》一书提都没提。曾国藩的余暇和精力很有限，由求知欲鼓动的饥渴感倒是并未与年俱减。肯定会有人感到疑惑，富贵荣华曾国藩全都有了，身体多病，眼力不行，何必还要读书自苦？应该说，好学也会成瘾，深根难拔，轻易戒不掉。

同治七年三月二十五日夜间，曾国藩与儿子纪泽论为学之道，他说：“不可轻率评讥古人，惟堂上乃可判堂下之曲直，惟仲尼乃可等百世之王，惟学问远过古人乃可评讥古人而等差其高下。今之讲理学者，动好评贬汉唐诸儒而等差之；讲汉学者，又好评贬宋儒而等差之，皆狂妄不知自量之习。譬如文理不通之童生而令衡阅乡试、会试之卷，所定甲乙岂有当哉？善学者于古人之书一一

① 赵烈文：《能静居日记》第2册，岳麓书社，2013年版，第1048页。

虚心涵泳，而不狂妄加评骘，斯可矣。”[①] 一个人有谦逊之心方能转益多师，贬低古人和今人并不能抬高自己，唯有将自己放平放低，才能学有所得，学有所成。

暮年困学，愧憾不绝

曾国藩到保定直隶总督署接印半月后，同治八年二月十八日，他写信给纪泽：“公事较之江督任内多至三倍，无要紧者，皆刑名案件，与六部例稿相似，竟日无片刻读书之暇，做官如此，真味同嚼蜡矣。”官迷不能理解曾国藩，倒是书痴能理解他：封疆大吏摆脱事务纠缠、寻求好享用不难，何时何地，读书从轻奢变成了极侈？曾国藩若不写你会想得到吗？

曾国藩晚年作文，自叹“文思大退，精力大减”。同治八年六月他撰《李忠武神道碑》，怅恨“枝枝节节为之，竟无一字是处”。别人把《明日歌》翻出来自嘲，可以理解，他居然也感慨“少壮不努力，老大徒伤悲”“深以精力衰老、学问无成为恨”。

《曾国藩日记》同治八年六月二十八日：“念余平生虽颇好看书，总不免好名好胜之见参预其间，是以无《孟子》‘深造自得’一章之味，无杜元凯‘优柔厌饫’一段之趣，故到老而无一书可恃，无一事有成。今虽暮齿衰迈，当从‘敬静纯淡’四字上痛加功夫，纵不能如孟子、元凯之所云，但养得胸中一种恬静书味，亦稍足自适矣。”[②] 杜预字元凯，是魏晋时期将帅中的大学者，著有《春秋左氏传集解》和《春秋释例》，死后牌位被文庙和武庙同时接纳。曾国藩佩服杜预上马能打仗，下马能做学问。七月二十六日，“念年老读书，如旱苗叶已枯槁而汲井以灌溉，虽勤无益。古人所以戒时过而后学也，然果能灌溉不休，则禾稼虽枯而菜蔬或不无小补耳。”[③] 一个阶段做一个阶段的事，年老好学，功利之念淡到无形了，追求曾国藩所说的“恬静书味”，这倒是纯粹读书人爱做的事情。

《曾国藩日记》同治九年正月二十四日：“夜，温《古文·辞赋类》潘岳至

---

① 《曾国藩全集·日记之四》第 19 册，岳麓书社，2012 年第 2 版，第 32 页。

②③ 《曾国藩全集·日记之四》第 19 册，岳麓书社，2012 年第 2 版，第 197、198、205 页。

唐宋各篇，又温杜诗五古，爱其句法瘦劲，变化通于古文造句之法。恨吾能知之，而不能为之耳。”正月二十七日：“二更四点，梦在场中考试，枯涩不能下笔，不能完卷，焦急之至，惊醒。余以读书科第，官跻极品，而于学术一无所成，亦不能完卷之象也，愧叹无已。”这年二月底，曾国藩右眼失明，左眼亦昏，读书的时间大幅削减。就算如此，他仍坚持阅读《朱子年谱》《范文正集》，重温《易经》《资治通鉴》。有缺陷的人生才是真实的人生，有遗憾的人生才是现实的人生，曾国藩屡屡感叹学未完卷，这样的人生也算是有缺陷和遗憾的人生。他不可能想到，其日记、书信所具备的历史、文化价值丝毫不逊色于任何学术著作，许多人从中汲取到精神力量，重新调整自己的人生坐标。《曾国藩日记》七月初十日：“思此生一无所成，欲发愤一为晚盖，而为目病所困，感叹不已。”[①] 所谓“晚盖”即以后善掩前恶，即弄个大器晚成，现在右眼失明了，左眼也已昏蒙，这个打算必将落空。

曾国藩临终告诫儿子：“吾学未成，诗文但存示子孙，慎勿刊刻传送。”葛虚存的《清代名人轶事》中有一篇《曾文正铭词结句》，引用此言，感慨系之：“豪杰多讳言数，勋臣每耻无文，而公言如此，可想见其胸中浩落矣。”[②] 所谓“胸中浩落”便是胸中坦荡，曾国藩并非无文，而是他将鹄的张之甚高，要写出能与韩愈相颉颃的雄文来，要著成超过本朝学人的学术著作来——这是他好胜心至老尚未化尽的又一明证。

到了暮年，一个人的好胜心能让位于理性判断就算不错了，曾国藩便是如此。除了阅读古人书，他还阅读了不少同时代人的作品，比如反复研读长辈梅曾亮（字伯言）的《柏枧山房集》，认真细读同辈吴敏树（字南屏）的《柈湖文录》，都很服气。《曾国藩日记》同治十年六月十四日：“阅吴南屏《柈湖文录》，数十首，叹其少而能文，老而不倦，为不可及。”相比自己的“文思之钝，精力之衰”，愧叹再三。他致书郭嵩焘，自承“近世达官无如余之荒陋者”，郭嵩焘回信“力雪此语之诬”。

---

① 《曾国藩全集·日记之四》第19册，岳麓书社，2012年第2版，第292、293、336页。

② 葛虚存：《清代名人轶事》，山西古籍出版社，1997年版，第191、192页。

同治九年五月二十日，曾国荃回复兄长，大吹法螺，兼加劝慰："近数十年伟人多矣，孰有能如兄之德业、文章、勋名乎？后五百年能企及者，断不过一二人。得天独厚如此，亦足以自娱，又何必憧憧思虑，以不逮周、孔为耻乎？"[①]同治十一年二月初一日，曾国藩去世前三天，他在日记中留下了十分消极的感喟："余精神散漫已久，凡遇应了结之件，久不能完，应收拾之件，久不能检，如败叶满山，全无归宿。通籍三十余年，官至极品，而学业一无所成，德行一无可许，老大徒伤，不胜悚惶惭赧！"[②]曾国藩修身极苦，律己极严，告别这个世界之前仍自谓"学业一无所成，德行一无可许"。旁人都认为他过于谦虚，殊不知，这是他的至诚之言。

"人谁不死，只求临终心无愧悔耳。"曾国藩在咸丰十年四月的家书中说过这句话，他不肯降格以求，单是学未完卷这一点，就够他抱憾入地，负愧终天了。

曾国藩去世后，其门生梅启照撰写了一副挽联："武乡可拟，汾阳可拟，姚江亦可拟，潇湘衡岳，间气独钟，四十年中外倾心，如此完人空想象；相业无双，将略无双，经术又无双，蒋阜秦淮，大星忽陨，二十六载门墙回首，代陈遗疏剧悲哀。"挽联和墓志铭难免于谀，适度无妨，梅启照谀之太过，有点帮倒忙，令人着急。他将曾国藩比作诸葛亮、郭子仪、王阳明，称之为"完人"，尚不至起大争议，但要将曾国藩纳入无双谱，夸他"相业无双，将略无双，经术又无双"，吹破了牛脬，又有何益？

曾家印制门生故吏名册，竟自作主张，将王闿运列入曾文正公弟子行。别人求之不得，王闿运却嗤之以鼻。同治十一年三月初一日，他"作书唁曾劼刚，并送曾侯挽联"，联语暗含讥刺："平生以霍子孟、张叔大自期，异地不同功，戡定仅传方面略；经学在纪河间、阮仪征之上，致身何太早，龙蛇遗憾礼堂书。"[③]曾国藩固然是大学士（有宰相之名），却不曾入值军机处（有宰相之

① 《曾国荃全集·家书》第5册，岳麓书社，2006年版，第312、313页。

② 《曾国藩全集·日记之四》第19册，岳麓书社，2012年第2版，第532页。

③ 王闿运：《湘绮楼诗文集·词/联语/说诗》，岳麓书社，1996年版，第1981页。

权），也没有留下专著（按老规矩，奏折、日记、书信不能算数），这两大人生遗憾均被王闿运信手拈出，真可谓哪壶不开拎哪壶。王闿运将曾国藩与汉代权臣霍光（字子孟）、明代权臣张居正（字叔大）作比，霍、张二人死后均遭抄家之奇祸，显兆不祥。难怪曾家人乍见此联即忿然作色，斥责王闿运“真正狂妄”，纪念册中刊落此联也就不用多讲了。

曾国藩是劳人，是苦人，是病人，他绝对不会自诩为完人、圣人。在书信中，他多次引用郑板桥的诗句“隔靴搔痒赞可厌，入木三分骂亦佳”。论写挽联，他是公认的大师，九泉之下有灵，品评以上两副挽联，王闿运的得分肯定更高。

24章　斯人而有斯疾

李鸿章有一副对联在民间流传甚广："享清福不在为官，只要囊有钱，仓有粟，腹有诗书，便是山中宰相；祈寿年何须服药，但愿身无病，心无忧，门无债主，即称地上神仙。"这门槛说高不高，说低不低。说它不高，普通人努一把力也能做到。说它不低，李鸿章的恩师曾国藩贵为一品大臣和一等侯爵，却被忧病纠缠了大半辈子，忧尚可解，病魔作祟则防不胜防，治无可治。如假包换的宰相（清朝将拜命大学士的疆臣称为"使相"和"节相"）居然做不成地上神仙，莫非这就是另类风味的"公平"？

法国记者皮埃尔·阿考斯与瑞士医学博士皮埃尔·朗契尼克合著过人物传记《病夫治国》。在他们的笔下，二十世纪西方国家的主要领袖几乎个个都是病夫，若非肉体有病，就是精神有病。我们将目光投射到中国近代，"病夫治国"的现象尤为突出。国家危如累卵时，道光皇帝、咸丰皇帝、同治皇帝全是病夫，寿命一个比一个短促，慈禧太后固然活了七十多岁，但她也是贵恙不离身，晚年愈加贪享安逸和尊荣，竟然挪用军费，令举国受其害。

在名义上，曾国藩并非国家领袖，但从他旋转乾坤和作育人才的功效来看，视之为晚清时期政界、军界、学界的精神领袖，一点也不过分。曾国藩对疾病特别敏感。在他的日记和书信中，涉及睡眠、痛痒的内容触目可见，有时连篇累牍，就像翔实的病历一般。曾国藩对于自己身心的观察可谓数十年鲜有间断，似此不厌其烦，实堪称古今第一人。

同治元年七月二十二日，曾国藩回复安徽巡抚李续宜（字希庵）："吾辈当自爱其身，而后精力足以报国。否则空怀忠君之心，全无耐劳之实，则尤悔日多矣。”把身体健康与忠君报国联系在一起，曾国藩不玩假大空。

曾国藩认定养生须先养心，将求神进补以求身安体健视为妄想。他特别强调“养生以少恼怒为本”，写信教导儿子纪泽，“胸中不宜太苦，须活泼泼养得一段生机”。同治四年十月十八日，曾国藩致书李鸿裔：“凡病在根本者，贵于内外交养。养内之道，第一将此心放在太平地方，久久自有功效。”无数事实证明，适当的心理疏导可以减少疾病的侵袭、减轻疾病的折磨，少计较，多包容，便可将心放平。曾国藩在五十五岁之前时不时还会露出愤激的情绪；五十五岁之后，尤其是办理天津教案之后，心就放得很平了。把世事人情看通透了，于己于人的悲悯就会让他平静下来，到处都是缺陷和漏洞，富人贵人看到的缺陷、漏洞更大，与其愤激伤身，倒不如心平气和地做一些实事来改变现状。

同治四年十月二十四日，曾国藩回复徐子苓：“来书以治病为喻，深切著明。夫未病之时，桓公遇扁鹊，弗之信也。既病之后，又委诸庸医，施治失序。针药杂试，攻伐溃烂，乃别求一新医而试之。则疗治之疾徐甘苦，宜壹听新医家主张，而他人不得道谋。乃病家之妇孺臧获，竟欲掉舌伸指，指麾新医，使听命焉。虽俞、扁亦难为功，况智识短浅不如俞、扁者乎？”[①]

这番话不只是针对疾病而言，世间万事大多如此。扁鹊三兄弟为医，老大医术最好，老二次之，老三扁鹊最末，名气却是老三扁鹊最大，老二次之，老大寂寂无闻。有人称赞扁鹊为神医，他说：“我的医术根本比不上我的仲兄，相比长兄更是望尘莫及。人之初病，长兄即予施治，药到病除，人以为易，不以为功。人之已病而尚轻，仲兄疗之，霍然而愈，病人虽谢却不以为奇。及至病已大作，我施以针砭，投以药石，或死或生，死者不怨，生者感激，遂获盛名。我的医术比长兄、仲兄差得太远了。”世界之大，“名医”之多，实情原来如此。

苏东坡重视养生，贵在顺其自然，以庄子名言“闻在宥天下，不闻治天下也”为法门，曾国藩对此理论崇尚有加。同治五年二月下旬，曾国藩教谕纪泽、纪鸿兄弟：体弱多病只宜清静调养，不宜胡乱求医吃药，“若服药而日更数方，无故而终年峻补，疾轻而滥施攻伐、强求出汗，则如商君治秦、荆公治宋，全

① 《曾国藩全集·书信之七》第28册，岳麓书社，2012年第2版，第764页。

失自然之妙。柳子厚所谓‘名为爱之，其实害之’，陆务观所谓‘天下本无事，庸人自扰之’，此其义也”。顺其自然，易说难做，常人喜欢瞎作为，喜欢妄作为，而不以为瞎，不以为妄，用上好的补药，请顶尖的名医，就能安心和放心吗？

曾国藩秉持传统的中医理论，有时也会钻入死胡同。同治五年五月二十五日，他写信晓谕纪泽、纪鸿兄弟：“汗者，心之精液，古人以与精血并重。养生家惟恐出汗，有伤元气。泽儿则伤风初至即求发汗，伤风将愈尚求大汗。屡汗元气焉得不伤？腠理焉得不疏？”现在看来，纪泽、纪鸿兄弟体质虚弱，都是因为缺少锻炼所致，怕出汗是个大问题。曾国藩听说纪泽伤风后反复发汗，很紧张，把发汗等同于折损元气。

曾国藩喜欢赠联给朋友和老部下，他赠给陈士杰多副对联，其中一副很值得玩味，上联是“爱身每戒玉抵鹊”，下联是“养气要如刀解牛”。什么意思？爱惜身体切忌大材小用（“玉抵鹊”意为以贵逐贱），涵养正气要游刃有余。

同治七年六月二十一日，曾国藩回复陈湜（字莲舫），将道理讲得极透：“惟古人患难忧虞之际，正是德业长进之时，其功在于胸怀坦夷，其效在于身体康健。圣贤之所以为圣，佛家之所以成佛，所争皆在大难磨折之日，将此心放得宽，养得灵，有活泼泼之胸襟，有坦荡荡之意境，则身体虽有外感，必不至于内伤。”① 曾国藩一生被癣疥之疾所纠缠，直到暮年才有个别部位发生器质性病变（右眼失明），可能就是他说的“将此心放得宽，养得灵”的缘故吧。他仅得中人之寿，实为积劳所致。

同治十年，曾国藩赋诗《赠李眉生》，感慨良多，“多病无安食，多悔少佳眠。无德居高明，众鬼瞰瑕愆”，暮年景状亦复如此。人之所艳羡之富贵究竟能够增福几何？曾国藩多病而多思，多思而多悟。病痛固然折磨了他，伤害了他，也提供了许多教益，并且引导他去洞悉生命深层空间的奥秘，这样的体验显然是普通病人和健康人都欠缺的。

曾国藩不仅是个苦人，也是个病人。在疾病面前，荣华富贵全都黯然失色，甚至会变成食之无味、弃之也未必可惜的鸡肋。

---

① 《曾国藩全集·书信之九》第30册，岳麓书社，2012年第2版，第435页。

道光二十年七月初一日，曾国藩移寓北京果子巷万顺店，与湘潭籍书生欧阳兆熊（字晓岑）同住。三伏天病情加剧，连服清火药无效，“口渴无似，舌胎一日数变”，幸得欧阳兆熊时时诊视，经理护持。好友吴廷栋（字竹如）通医术，可保万无一失。“多服犀角、地黄汤，以滋阴解邪热，又间服大黄、芒硝，以廓荡内热。势甚危急，甚赖服药不差，又有晓岑时时检点，至八月初旬，渐有好机。……共十七天，除药水外，一无饮食。”他病后孱弱之极，每日靠人搀扶才能走上几步。这次大病后，曾国藩与欧阳兆熊结为好友。

《曾国藩日记》道光二十三年正月初十日：“早起，吐血数口。不能静养，遂以斫丧父母之遗体，一至于此；再不保养，是将限入大不孝矣！将尽之膏，岂可速之以风？萌蘖之木，岂可牧之以牛羊？苟失其养，无物不消，况我之血素亏者乎！今惟有日日静养，节嗜欲、慎饮食、寡思虑而已。”[①] 功夫在诗外，功夫也在病外，欲治病，先安心，这是正理。

道光二十五年七月，曾国藩遍体热毒大发，白疮成堆，大者如钱，小者如豆，起初是七八十颗，尔后不计其数。医生以治癣之法治之，说是“肺胃两家之热发于皮毛”。由于癣疥之疾迟迟不愈，“头上面上颈上并斑驳陆离，恐不便于陛见”，翌年曾国藩果断放弃了考差的机会。

道光二十六年春间，曾国藩头面斑白，皮肤病加重，一位桑姓中医采取以毒攻毒的疗法，用药太酷，以致癣疾未愈而元气大伤，因此曾国藩深陷困境，两个月杜门不出。嗣后，他请了一位张姓名医，花了大价钱，说是包管成功，治疗了两个多月，确实有效，痊愈了六七分，但拔本塞源的可能性仍微乎其微。曾国藩害怕此病终身难以断根，因此心境颓唐，“搁笔不为一字，束书不观一叶”。治癣的药物弄得浑身疼痛，体无完肤。这年七月，曾国藩致书陈源兖和郭嵩焘：“贱恙已好去十之八九，然一分终是难除，或遂不可芟矣。”曾国藩担心皮肤病拔不了根，还会复发。到了九月中旬，曾国藩的癣疾好到九分。他采用民间偏方，“将石灰澄清水，用水调桐油揸之，则白皮立去”，这样一来，头面上全然看不见瘢痕了，曾国藩视腿以下为空闲地方，任其骚扰。

---

① 《曾国藩全集·日记之一》第16册，岳麓书社，2012年第2版，第147页。

癣疾对曾国藩的身心实施了双重打击。他答复欧阳兆熊的来鸿，有“颜面支体，斑然无状，官牵私系，遂成废物”的感叹。官场重视头面，官员患癣疾有碍观瞻。曾国藩先后更换了数十位名医，花费了数百两银子，吃的药、搽的药、泡洗的药花样繁多，由春到秋，由冬到夏，年复一年，失眠的折磨非常人所能堪。道光二十九年，名医邹墨林给曾国藩开的黄芪附片有显著疗效，他满以为彻底痊愈了，可是到了咸丰年间，癣病猛烈反扑，黄芪附片竟不再灵验。

咸丰三年，曾国藩回复湖南巡抚骆秉章：“江岷樵又已病，真可浩叹！侍日内亦病，肝气作痛。旧有肺疾，一发则周身癣痒，抓至见血，几无完肤，顷又大发。”曾国藩受癣疾折磨，常常夜不成寐，肝病和肺疾同来助纣为虐。

咸丰八年正月，曾国藩在家守制，从他写给好友郭崑焘的两封信来看，健康状况可谓堪惊而又堪忧。“心血积亏，夜罕佳眠，或通夕不寐，目光昏花，看字不能过四页。”“目光昏花，自丁未年已用增光镜，近则虽有镜而无甚裨益。或看书作字，雾里采花，濛濛无似，何其惫也。往事之悔，盖亦以兴举太大，号召过多。公事私事，不乏未竟之绪；生者死者，犹多愧负之言。用是触绪生感，不能自克；亦由心血积亏，不能养肝。本末均失其宜，遂成怔悸之象。”曾国藩处于千难万苦的境地，欲将事业做大做强，与此同时，疾病和愧负也在滚雪球，冲他而来，令他避无可避。

咸丰八年七月，曾国藩已返回江西湘军大本营，他写信告诉九弟曾国荃：“军中办事，纯须精神完足，余向不服贵药，此次当略服之。”他服用的贵药是鹿茸。这年九月初五日，曾国藩在信中告诉毛鸿宾：“弟在外数年，百无一成，而精力日耗，目光眵昏，便如七十许人，虽径尺大字，亦须用极老花镜，不知何以早衰若此。”[①] 视力差了，很难逆转，曾国藩采用桑叶熬水洗眼等土方子治疗白内障，效果并不明显。积劳而多病，使人早衰，解纽之法唯有优哉游哉，曾国藩在军中执掌戎机，绞尽脑汁，耗亏心血，不仅无法解纽，而且越扣越牢。

这年十月初八日，曾国藩写信告诉老友冯卓怀：“贱躯托庇粗适，惟目光眵昏，日以滋甚。癣疾亦洎不愈，自腰以下，殆无完肤，夜不成寐。偶得佳眠，

---

① 《曾国藩全集·书信之一》第22册，岳麓书社，2012年第2版，第650页。

亦不能久。老态笼东，便似六七十人。”[1] 曾国藩说自己早衰，不止一次两次，精力衰减令他办事时总有力不从心之感。往年起草奏稿，他自办为多，现在精力竭蹶，眼花不能写小字，“每作字三四行，即须停笔少息，殊以为苦”。奏稿难免废搁，请朋友和幕友代办，乃是迫不得已。老境逼人，药力无法挽回，那些贵重补药只会越帮越忙。

不过四十八岁，曾国藩就自觉严重早衰了，他在日记中写道：“眼花而疼，足软若不能立者，说话若不能高声，衰惫之状，如七十许人。”何栻（字廉昉）为他诊脉，认为“肺气太虚”，要多加静养。

咸丰九年三四月间，曾国藩写信告诉老友刘蓉和郭嵩焘：他的胆气变弱了，听见枪响也会吃惊，夜不成寐，睡下就怔忡不安，总是心有余悸，牙齿已松动，头发已花白，衰态很明显。世事艰难，如何可济？着实惭对知己。

咸丰十年七月二十一日，曾国藩回复李宗羲，总结对付疾病的方法，仍是强调精神的作用，而不是药物的作用：“凡沉疴在身，而人力可以自为主持者，约有二端：一曰以志帅气，一曰以静制动。人之疲惫不振，由于气弱，而志之强者，气亦为之稍变。如贪早睡，则强起以兴之；无聊赖，则端坐以凝之。此以志帅气之说也。久病虚怯，则时时有一畏死之见憧扰于胸中，即魂梦亦甚不安恬。须将生前之名、身后之事与一切妄念铲除净尽，自然有一种恬淡意味，而寂定之余，真阳自生。此以静制动之法也。愿阁下于药物调养之外，更将此两法体验一番，久之必有小效。仆精力日惫，权位日崇，陨越之虞，深为可虑。但以‘勤劳’二字自励，冀少补于钝拙。”[2] 即使精力日惫，仍要勤劳，曾国藩在“挺、拼、混、隐”四种活法中独独中意“挺”的活法，他深知身体一病犹可为，心气一泄万事休。

咸丰十一年，曾国藩被疾病折磨得够呛，浑身疮疡热毒百路齐发，奇痒无比，“爬搔不能稍停”，“两手两臂皆烂而痛”，造成“不便行走”“睡不成寐”“通夕不成眠”的困顿，真是“愁闷之至”“寸心忧灼之至”“胡中丞日内吐血极多，

---

① 《曾国藩全集·书信之一》第 22 册，岳麓书社，2012 年第 2 版，第 674、675 页。

② 《曾国藩全集·书信之二》第 23 册，岳麓书社，2012 年第 2 版，第 672 页。

而余之狼狈反更甚焉”。夜间，他用水晶界尺熨帖皮肤，用竹片揩痒，用荆芥、银花熬水洗澡，煎土茯苓汤洗脚至膝以上，办法用尽，效果并不明显，再加上溽暑难当，直似“火云蒸肉山”，其生趣能有几何？就这样，他还要挺，还能挺，真是令人佩服。

咸丰十一年五月十一日，曾国藩得悉湖北巡抚胡林翼吐血甚多，颇感惊惧。曾国藩亲眼见过湖南巡抚骆秉章六十岁后大吐血，虽惊险而无危害，但愿胡林翼也是因为目前劳累所致。他提醒胡林翼先断药一段时间，静验病根。几天后，曾国藩写信告诉李鸿章：“鄙人遍身热毒，内外交病，诸事废搁，不奏事者五十日矣。”曾国藩手上敷药后，不能写字，“为疮癣所苦，不着袜者已四月矣”。想想看吧，病魔对曾国藩下起狠手辣手来，才不管他膺任钦差大臣、两江总督、协办大学士，才不怕他节制四省军事，病魔的权柄更大。咸丰十一年十二月十四日，曾国藩致书欧阳兆熊：“癣疾日剧，彂甫处方以珍珠研末为丸，外配四五味皆凉血养阴之品，亦未遽收成效。殆将忍而与之终古。”曾国藩吟诵杜甫的诗句“吾兄睡稳方舒膝，不巾不袜踏晓日”，异代不同时，徒有羡鱼情。

《曾国藩日记》同治元年正月初一日：“三更睡，癣痒，竟夕爬搔，不能成寐。念养生之道莫大于眠食，眠不必甘寝酣睡而后为佳，但能淡然无欲，旷然无累，闭目存神，虽不成寐，亦尚足以摄生。余多年不获美睡，当于此加之意而已。”大年初一日，喜庆的日子，别人都在热闹，曾国藩却在思考如何把觉睡好。到了这年二月，在曾国藩日记中，“美睡”二字已可屡见，但这种“繁荣”是短暂的。

同治元年八月，曾国藩回复左宗棠：“弟日内右手背酸痛，不能执笔，即拈箸亦甚木强，二日不克作字。昨日贴膏药而愈，乃克治事如故。年过五十，行将大还，时时示我朕兆，不足怪也。”《淮南子·天文训》：“（日）至于女纪，是谓大还。”女纪是古天文学所划分的太阳运行十六所之一，即十一所，位在西，时为酉。酉时为下午五点至七点，日落西山，因此“大还”有归西的意思。五十岁刚出头，曾国藩的书信中就有“行将大还”的字样了，但他并未惊恐，颇为淡定。

《曾国藩日记》同治三年六月初六日：“傍夕至幕府一谈，在庭中立谈稍久，忽然昏晕，几至堕地。”此后，“头晕，几于倾跌”之类的文字屡见于日记。为了改善睡眠质量，他每天分散睡眠，“小睡片刻”的字样一日数现。

同治五年正月十九日，曾国藩致书庞际云：“再，左臂疼痛，前已痊愈，近又为风所侵，亦不复医治。庄生有言：‘浸假而化，予之左臂以为鸡。’贾生有言：‘化为异物，又何为患？’鄙人虽不能如古人之达，亦颇遗外形骸，不甚沾沾矣。”曾国藩左臂疼痛，即引用《庄子·内篇·大宗师》中的话“浸假而化，予之左臂以为鸡”，可谓无缝幽默，再加上贾谊《鹏鸟赋》中那句“化为异物兮，又何足患”，可谓天作之合。病痛来袭，曾国藩能挺得住，达观是其要领。

同治五年四月二十六日，曾国藩在卧室中发现了外敌入侵。“因昨夕痛痒极苦，命人寻捉床铺，得大臭虫四五，形扁而阔，比寻常臭虫大至倍许。或曰：‘此去冬蛰伏之虫，今年新出，故饥而悍也。’竟日遍身奇痒，不欲治事。”此后便是数日“牙疼殊甚”，用偏方，“食地黄炖肉而稍愈”“以金银花、卜荷煎水服之，牙疼稍愈”。五月初九日，臭虫卷土重来，“本日又奇痒难耐”。曾国藩被臭虫所咬不止一次，同治九年六月初六日也有“竟夕被臭虫所齧”的字样。

慢性皮肤病患者畏惧炎热。曾国藩害怕夏天，早已不是什么秘密，“余自腰以下，无寸肤不癣”“余畏热年甚一年，不能治事”。同治五年夏天，曾国藩开始实行每天散步三千步的健身计划，后来他认为“散步三千太多，断难有恒”，改为每日散步二千步。到七月底之后，日记中不再见“散步”字样，不知是否“无恒”的毛病又发作了。同治年间，国人看西医已不是稀罕事。《曾国藩日记》六月初六日：“沅弟脚疾痊愈，洋人医药奇效，为之大慰，而又以其太速疑之。”这就有趣了，曾国藩明知西医西药有奇效，却又怀疑它见效太快，因此他自己的顽固牛皮癣也好，或是别的疾病也好，都不试西医。观念这个东西真是比钢钉穿门板还要牢不可拔，曾国藩算是较为开明了，仍旧如此。同治十年三月，欧阳夫人病情危笃，曾纪泽延请西医诊治，曾国藩“心甚非之，而姑听之”，他对此持保留态度。

同治七年正月初十日，曾国藩回复李鸿裔：“耳鸣，静坐则止，话言则作，于官场应接自不相宜。来示‘与其使人厌其不去，毋宁使人诧其不来，光明直截，可质鬼神’等语，可谓磊落豁达丈夫，不受人怜。鄙人平生所以自处与所期于知好者，正是如此。”[1] 好汉不受人怜，曾国藩被病魔百般侮弄，但他从不寻求别人的同情和怜悯。

《曾国藩日记》同治九年二月二十九日：“眼蒙殊甚。令纪泽视吾目，右眼黑珠，其色已坏，因以手遮蔽左眼，则右眼无光，茫无所见矣。纪泽言瞳仁尚好，可望复明，恐未必然，因闭目不敢治事，酉初即睡。灯后起，亦闭目静坐，不阅一字。”自此以后，右目既废，左目亦昏，“闭目静坐”和“闭目久坐”常见于日记，为了便于在黑暗中久坐，甚至用布和芦席遮蔽窗牖。有人送来《光明经咒》，说是“持诵万遍，眼可复明”，曾国藩勉强行之，并未坚持，估计是不相信这种说法。江苏巡抚丁日昌送来墨晶镜，有点像是给和尚送梳子，派不上什么用场。丁日昌还送来空青，凿开此物取水点睛，据说可以复明，然而试用后未能奏效。许振祎送来玛瑙，颇似空青，中空积水，“纪泽命匠以金刚钻钻之，取水点于余右目中，闭目少许”，同样未见效果。杨文会送来佛经数种，曾国藩翻阅后，“全不能入”。同治十年正月底，吴廷栋（字竹庄）送来《佛十三经》，曾国藩阅《金刚经》和《指月录》，没再说读不进，但也再无下文。与此同时，欧阳夫人的身体越来越差，“筋皆拘挛，竟日久睡”，全家都是一种“昏息衰颓之气”。

曾国藩晚年有立言之志，右眼失明后，自承：“究其所以郁郁不畅者，总由名心未死之故，当痛惩之，以养余年。”恰在这般病况和心境下，同治九年四月初八日，曾国藩读到《范文正公年谱》中范仲淹劝其中舍三哥排遣忧愁的帖子，多有见道之言：“千古圣贤，不能免生死，不能管后事，一身从无中来，却归无中去。谁是亲疏？谁能主宰？既无奈何，即放心逍遥，任委来往。如此断了，既心气渐顺，五脏亦和，药方有效，食方有味也。只如安乐人忽有忧事，便吃食不下，何况久病，更忧生死，更忧身后，乃在大怖中，饮食安可得下？请宽心将息。”曾国藩读罢，在日记中写道：“余近日多忧多虑，正宜读此一段。”[2]

神药无效，奇门偏方便出。曾国荃告诉兄长：“近闻点高灯愿心极有效验，

---

① 《曾国藩全集·书信之九》第30册，岳麓书社，2012年第2版，第318页。

② 《曾国藩全集·日记之四》第19册，岳麓书社，2012年第2版，第313页。

且安置方位合法，可以明目，何不仿而行之？”李榕（字申夫）还提供了更离谱的民间验方：“狗肉良可已疾，试之未为不可，申夫极美之也。”狗肉能治眼病，可谓海外奇闻。同治九年八月初二日，曾纪泽写信告诉父亲：“李佛生言，渠昔年在京染患伤寒病甚剧，病愈而两目不见，人教以食狗肉。试啖一碗，逾日而目光遽开，有黑影大于盂，往来飞动。又啖一碗，黑影缩小如豆。又啖二碗，豁然复明。此食品无损于人，其他益处甚多，大人能试食之否？犬色以黑为上，黄次之，花犬有臊气，不可食也。”[1] 四碗狗肉就能解决千古难题，信不信由你。曾国藩未必真信，但他不愿拂了亲友好意，回复纪泽时是这样说的：“犬肉苟可医目，余亦不难食之。惟宰杀难于觅地，临食难于下喉。”[2]

目暗，不能用眼；头晕，不能用心。曾国藩悲叹道：“心眼并废，则与死人无异，以是终日忧灼，悔少壮之不努力也。”同治九年五月，黄静轩教曾国藩学内视之法：静坐凝神，以目光内视丹田。要诀是“但凝空心，不凝住心；但灭动心，不灭照心”，更玄乎的是“未死先学死，有生即杀生”。什么意思？“有生”即指“妄念初生”，“杀生”即指“立予铲除”。黄静轩说此功与孟子的“勿忘勿助”相通，曾国藩也说此功与朱子（朱熹）的“致中和”相通。理解上没有障碍，但诸念要空，诸觉要静，谈何容易。黄静轩是一位道家养生学名家，著有《福寿金鉴》，曾国藩读毕，未予置评，读后感换成一副对联：“战战兢兢，即生时不忘地狱；坦坦荡荡，虽逆境亦畅天怀。”这仍属于孔子“君子坦荡荡，小人长戚戚”的外延。从此，曾国藩日记中“静坐数息”四字屡见不鲜。为了配合练功，他在饮食上也作出大改变，口味清淡，而且断荤。后来，有人送给他美味八宝鸭，他也只是出于礼貌“略一沾唇”。

同治九年五月，曾国荃的来信颇为风趣，健康气息洋溢于字里行间：“迩来乡居有人呼我为‘财主’，则欣然以喜；有人赞我‘不装大，极和气’，则欢然如配享圣庙一次。然则志气隳颓，于学业虽不大相宜，而于保体则得之矣。所望兄以优游自得之趣涵养天怀，勿以学问、文章、事业、勋名争胜于前一万年、

① 钟叔河汇编校点：《曾国藩往来家书全编》上卷，海南出版社，1997年版，第254页。
② 《曾国藩全集·家书之二》第21册，岳麓书社，2012年第2版，第538页。

后三万年，斯期颐之寿可必耳。”[1] 曾国藩读了老九的这封信，心头很可能是苦涩的：就算不争，就算把一切都放下了，但身心早已透支，仍是去日已远，来日无多。

曾国藩遍寻名医和偏方之后，发现不靠谱的太多，靠谱的太少，唯有周虎文治眩晕症确有实效。病急乱投医的事，曾国藩也做过，很可笑。两江总督署中有一位守备叫马昌明，自称精于道家内功，能治疗曾国藩的目疾。具体做法是：两人对坐，马守备运气抵达曾国藩的五脏六腑，打通七筋八脉。从同治十年七月初九日开始，曾国藩每日与马守备对坐三四刻钟，从日记来看，很少有间断。七月二十日，“马昌明来，与余对坐三刻许。至是坐十一日，而目光毫无效验”，这说明气功疗法又失败了。嗣后，曾国藩仍继续坚持了一段时间，八月初二日，“马昌明来，对坐三刻许。自是坐二十一日之期已满，而目光毫无效验”。眼疾没疗效也就罢了，数日后曾国藩又患上了新病：“脚肿愈甚，常服之袜不能入，肥而复硬，且似已肿过膝上者。大约作文及看新书俱嫌用心太过，有损于血，而气不能运化，故致于此。”及至这年十月二十一日，“二更五点睡，梦中小解，竟湿被褥。甚矣，老年衰弱乃至此极”[2]。尿床这种糗事，一般人都不会记入日记中，曾国藩却并不讳言。十一月初三日，“五更醒时，腹胀欲泄，急起大解，而裤已先污矣”，小便失禁后又有大便失禁。身体的局部失控是一个强烈的信号，曾国藩自知大限将临。

《曾国藩日记》同治十一年正月二十三日：“钱子密来一谈。语次，余右脚麻木不仁，旋即发颤，若抽掣动风者。”进入内室后，他对二女儿曾纪耀说：“吾适以为大限将至，不自意又能复常也。”钱应溥字子密，是曾国藩信任的幕僚，估计他被曾公疑似中风的症状吓了一大跳。三天后，曾国藩到城外迎接河道总督苏廷魁（字赓堂），“在途中已觉痰迷心中，若昏昧不明者，欲与轿旁之戈什哈说话，而久说不出。至水西门官厅，欲与梅小言方伯说话，又许久说不出，如欲动风者。然等候良久，而苏赓翁不至。又欲说话而久说不出，众人因劝余

① 《曾国荃全集·家书》第5册，岳麓书社，2006年版，第313页。

② 《曾国藩全集·日记之四》第19册，岳麓书社，2012年第2版，第455、458、461、493页。

先归。到署后，与纪泽说，又许久说不出，似将动风抽掣者”。一连数个“许久说不出”①，曾国藩想说话却说不出话，发不出声，不知医学上如何解释这种病状。曾国藩吃药之后即貌似霍然痊愈了。

曾纪芬在《崇德老人自订年谱》中详细描述了父亲曾国藩去世前后的情形。“……众以请假暂休为劝，公曰：‘请假后宁尚有销假时耶？’”曾国藩幽死神一默，若请假后谢世，他当然就不用销假，也不用开缺了。俞樾《与壬甫书》中也记录了一则相关的趣闻：梅方伯劝曾公休假，曾国藩回答：“吾不请假矣，恐无销假日也。”梅方伯是梅启照（字筱岩），系曾国藩晚年喜爱的门生，时任江宁布政使。曾国藩决定履职到最后一刻，等到一瞑不复视了，自然可以休他个肚皮朝天一万年。曾国藩的生命之钟行将停摆，但他的幽默感依然丰沛。曾国藩询问欧阳夫人，父亲竹亭公（曾麟书）逝世时的病况如何。知悉其痛苦多日，缠绵病榻，受了不少折磨，曾国藩说：“吾他日当俄然而逝，不至如此也。”

同治十一年二月初四日，午饭后，曾国藩到内室小坐，曾纪耀、曾纪芬姐妹“剖橙以进”，曾国藩只尝了尝味道，接着与儿女一起去总督署西边的花园中散步，花园很大，满园走遍了，他还想登楼，因为施工未毕而止步。散步时间久了，曾国藩的步态有些蹒跚不稳，曾纪泽在身旁问道：“是鞋子没穿好吗？”曾国藩说：“我觉得腿脚有些麻木。”曾纪泽赶紧叫随行的戈什哈（警卫）搀扶，没多久曾国藩就走不动了，开始抽筋，众人立即将他扶坐在太师椅上，抬入花厅，家人都簇拥在周围。曾国藩中风后已不能开腔说话，端坐三刻，至戌时（晚间七点到九点之间）谢世，与他父亲去世的日子完全相同，竟如此巧合。二女儿曾纪耀孝意坚诚，“祷天割臂”，已于事无补。曾纪芬原本婚期将近，也因热孝展延。

治病良方，唯有一死。曾国藩悲乎？乐乎？

① 《曾国藩全集·日记之四》第19册，岳麓书社，2012年第2版，第530、532页。

赘语

01

按常理说，人死百年后，盖棺已久，恩怨已尽，论定不难，然而曾国藩是个特殊的例外。时至今日，“誉之则为圣相，谳之则为元凶”[①]（章太炎语），各执一端而相持不下，这种局面并无显著的改观。褒之以为圣，贬之以为魔，捧之入青云，挤之落粪坑，荣辱都似鬼上身。像曾国藩这样身价暴涨暴跌，又暴跌暴涨的人物，你掰掰手指，总共能数出几个来？历史的“大盘”潜藏变数，我们勉强看得清楚，唯独这支忽儿狂飙、忽儿疾泻，又忽儿疯涨的“妖股”，让人看得眼也花了，心也乱了，不知该拿它如何处置。

围绕曾国藩，打量他的所作所为，别急于评骘善恶好坏，论定正邪忠奸，别再偷懒，脸谱化地框定一个人。曾国藩既会唱红脸，又会唱白脸，还会唱黑脸，观众激赏也好，反感也罢，他照常演出，不会塌台。你能否心悦诚服地接受这位老戏骨的表演？那就得看你站在何种立场细加玩味了。

02

“春秋责备贤者，造物计校好人。一点莫留余滓，十分成就全身。”宋朝理学家汤汉以诗自儆，蛮有意味。

在史学家中，梁启超是朵奇葩，他盛赞贤者素来不遗余墨，且看他如何评

---

① 转引自萧一山《曾国藩·引子》，湘潭大学出版社，2011 年版，第 1 页。

价曾国藩："曾文正者，岂惟近代，盖有史以来不一二睹之大人也已；岂惟我国，抑全世界不一二睹之大人也已。"在《新民说·论私德》中，他讲出了当时语境下颇难讲出的一句心里话："曾文正者，近日排满家所最唾骂者也，而吾则愈更事而愈崇拜其人。吾以为使曾文正生今日而犹壮年，则中国必由其手而获救矣！彼惟以天性之极纯厚也，故虽行破坏可也；惟以修行之极严谨也，故虽用权变可也。"① 这样的褒赞，就算不是天下最高，也是次高。他还在《曾文正公嘉言钞·序》中称赞曾国藩："一生得力在立志自拔于流俗，而困而知，而勉而行，历百千艰阻而不挫屈，不求近效，铢积寸累，受之以虚，将之以勤，植之以刚，贞之以恒，帅之以诚，勇猛精进，卓绝艰苦，如斯而已。"梁启超对曾国藩的志向、趣致、性格、胸怀和百折不挠的精神充满敬意。

如果说梁启超算新派人物，他的粤籍老前辈容闳比他更新，毕竟他在欧美待的时间更长，与曾国藩正面打过交道，受曾国藩委托出洋办过差。在《西学东渐记》中，容闳对曾国藩的评价毫无保留："曾文正公为中国历史上最著名人物，同辈莫不奉为泰山北斗。其才大而谦，气宏而凝，可谓完全之真君子，而为清代第一流人物，亦旧教育中之特产人物。"②

学问家辜鸿铭以脾气古怪著称，他对近世人物多有讥刺。湖广总督张之洞是他多年的上司，也难入其法眼。民国总统袁世凯在他看来只不过像北京街头涮马桶的三河县老妈子，见识有限。然而辜鸿铭对曾国藩肃然起敬，他说："微曾文正，吾其披发左衽矣。"这句话深层的意思是：没有曾国藩，华夏文明早已蒙尘落难，我只能做个野蛮人。由此可见，曾国藩存亡继绝，最讨喜的原因并非挽救了没落的清王朝，而是保卫了中华民族五千年来形成的道德文化，使之免于一场浩劫。与其说儒士尊崇曾国藩是尊崇一位将文明重新纳入正轨的领袖人物，倒不如说他们敬重曾国藩是敬重一位薪火传递者。

众所周知，蒋介石出身于上海青帮，并非读书种子，其案头却长年摆放着两部必读书：一部是《圣经》，另一部就是《曾文正公全集》。对于后者，他情

---

① 梁启超：《新民说》，中州古籍出版社，1998 年版，第 212 页。

② 转引自萧一山《曾国藩·引子》，湘潭大学出版社，2011 年版，第 4 页。

有独钟，并且多次公开表示，他“平生只服膺曾文正公”。《蒋介石日记》（手稿本）中有这样一段话：“民国三、四年间，余自觉进德不浅，专在‘悔’字上，注重每悟昨非，而今犹不足也。曾文正、王阳明、胡林翼全集研究至再，觉有心得，甚至梦寐之间亦不忘此数书也。回沪后，乃即东渡亡命，专攻理学，力求品性，亟思悔改昔日之非也，曾文正全集看完，而目力亦伤矣。”蒋介石研读曾国藩的全集，很下了一番工夫，连视力都受损了。只可惜，他没有做学问的兴趣，这方面的专书和专论付之阙如，仅在日记中留下散珠似的感悟。

1922 年岁首，蒋介石节录曾国藩的嘉言以为借鉴：“韬光养晦，忍辱负重。”“以志帅气，以静制动。”“事亲以得欢心为本，养生以少恼怒为本，立身以不妄言为本，居家以不晏起为本，做官以不爱钱为本，行军以不扰民为本”。“八本”中的这六条是他特别欣赏的。《蒋介石日记》1925 年 2 月 10 日：“终日在常平站，候车，看曾文正日记，公以‘勤’‘恕’‘敬’三字相戒，可为规范矣。”1926 年 3 月 8 日：“昨今二日，看曾公《嘉言钞》，乃知其拂逆之端，谤毁之来不一而足。而彼劝其弟以咬牙立志，悔字诀与硬字诀，徐图自强而已。”[①] 取法乎上，可得其中，就算蒋介石只学到皮毛，未获精髓，他在抗日战争中所表现出来的百折不挠的精神，仍有一部分是拜曾国藩所赐。对此，他是乐于承认的。

03

晚清名臣刘坤一向来不以诗文著称，他的《补过斋诗集》中有一首《怀曾文正公》颇能刻画出曾国藩的特质：“事事不能及古人，立身窃与古人类。事事无殊于今人，居心却与今人异。画鹄画虎在我为，呼牛呼马凭人戏。卓哉唯有湘乡翁，纷纷诸子谁能媲！”[②] 若非知之久者，知之深者，实不能道出此意。

曾国藩规模远大，综理密微，以勤廉为本，奉守“慎独则心安，主敬则身强，求仁则人悦，习劳则神钦”的原则，一辈子活得真够累的、真够苦的。“精神愈用而愈出，智慧愈苦而愈明”，这是他的心得。曾国藩一介书生，手无缚

---

① 引自《蒋介石日记》（手稿本），美国斯坦福大学胡佛研究所档案馆藏。

② 刘声木：《苌楚斋随笔 / 续笔 / 三笔 / 四笔 / 五笔》下册，中华书局，1998 年版，第 753 页。

鸡之力，却练成了中国历史上最为强劲的民兵组织（湘军），他饱尝艰辛，终成大功，时代也没有亏负他。

04

有人说，晚清官场黑如锅底，这是部分真实。由于清流始终存在，儒家精神的正向作用也始终存在，黑中之白就更加醒目。同治元年四月二十日，曾国藩回复李鸿章，除了教其如何领兵，还郑重叮咛道："大难未平，吾辈当为餐冰茹蘖之劳臣，不为肠肥脑满之达官也。"曾国藩完全做到了，李鸿章则打了折扣。

道光二十六年，曾国藩致书黄廷瓒："苏垣为仕宦鳞萃之场，以弟所闻，大抵挥霍者蒙卓声，谨守者沉散秩；生辣者鹊起，和厚者蠖伏；标榜者互相援引，务实者独守岑寂。"官场就是那个样子，但曾国藩这样的人才依然能够在三十七岁时晋升为礼部侍郎。

咸丰三年正月，曾国藩回复湘籍易学家彭申甫，对其信中所言"今日不可救药之端，惟在人心陷溺，绝无廉耻"，他表示认同，并且借题发挥："窃尝以为无兵不足深忧，无饷不足痛哭，惟举目斯世，求一攘利不先、赴义恐后、忠愤耿耿者，不可亟得。或仅得之，而又屈居卑下，往往抑郁不伸，以挫，以去，以死。而贪饕退缩者，果骧首而上腾，而富贵，而名誉，而老健不死。此其可为浩叹者也。"[①]乱世随即到来，铁血交飞之际，人才的上升通道被迫打开，生灵涂炭，代价高昂，岂不令人唏嘘！

咸丰三年腊月，曾国藩回复湖南巡抚骆秉章，抨击江南大营主帅向荣，言辞激烈："今日有一舍亲，魏姓，在江南大营向公处充当粮台委员，九月十九病故，其家人扶榇回衡。据称向营兵勇五万余，自三月至十月并未开仗。此人误尽天下大事，遗祸于江、皖、两湖，参之，肉其足食乎？而至今多言其勇者，公道之不明如此，可痛恨也。"完全可以这么讲，当年的癣疥小疾变成心腹大患，都是当初向荣在广西应对失策所致。据左宗棠、郭嵩焘合撰的《江忠烈公行状》所记："永安城小而固。贼首多广东潮、嘉各郡积匪，素习械斗及守村庄

① 《曾国藩全集·书信之一》第22册，岳麓书社，2012年第2版，第102页。

法，又能以严酷行其令，故坚忍悍鸷异诸贼。方官军围永安时，金田贼尽聚一城，人数不及万，官军数倍过之，若以锁围法深沟高垒困之，贼食尽援绝，必死矣。广西提督向公荣时统诸军扼贼北窜，谓围城缺一乃相传古法，必纵贼出击。……其年四月，贼果由北路窜。官军追之大冲口，四镇败殁，贼趋桂林。”[①] 向荣仿学古兵法围城，只围三面，故意留下一个缺口，等敌人仓皇出逃再攻击；深沟高垒的锁围法最实用最有效，他却弃之不取。这就有点像宋襄公胶柱鼓瑟，自诩仁义之师，见敌军半渡不击，见敌阵不整不击，沦为千古笑柄。太平军从永安突围后，占领了广西省会桂林，从桂林突围后，由全州杀向湖南，再从道州一路向北，包围长沙。若不是江忠源在全州下游蓑衣渡鏖战两昼夜，用大炮轰毙南王冯云山，重创太平军先锋部队，长沙城得以保全的概率将会大大降低。向荣一着失误，清军满盘皆输。对这种祸国殃民的败军之将，清政府非但不杀，反而继续重用，因此引起了一系列的连锁效应，战将望风而逃，守将弃城而走，三千里河山都被鲜血染透。曾国藩之所以义愤填膺，原因就在这里：向荣误尽天下大事，遗祸江南数省，理应被参劾，人得食其肉而寝其皮，现在却还有很多人称赞他勇敢，是非公道不明，一至于此，令曾国藩出离了愤怒。

同期，曾国藩回复龙启瑞：“二三十年来，士大夫习于优容苟安，揄修袂而养婀步，昌为一种不白不黑、不痛不痒之风。见有慷慨感激以鸣不平者，则相与议其后，以为是不更事，轻浅而好自见。国藩昔厕六曹，目击此等风味，盖已痛恨次骨。”曾国藩回复黄淳熙：“国藩从宦有年，饱阅京洛风尘，达官贵人优容养望，与在下者软熟和同之象，盖已稔知而惯尝之。积不能平，乃变而为慷慨激烈，斩爽肮脏之一途。思欲稍易三四十年来不白不黑、不痛不痒、牢不可破之习，而矫枉过正，或不免流于意气之偏，以是屡蹈愆尤，丛讥取戾，而仁人君子固不当责以中庸之道，且当怜其有所激而矫之之苦衷也。”[②] 官场环境

---

① 《左宗棠全集·家书/诗文》第13册，岳麓书社，2014年第2版，第269页。据《郭嵩焘日记》咸丰十一年十月十一日所记，此文由左宗棠、郭嵩焘合撰而成，故二公全集中皆收入此文。

② 《曾国藩全集·书信之一》第22册，岳麓书社，2012年第2版，第397、413页。

不好，曾国藩并没选择妥协，更没选择同流合污，这就是他难能可贵的地方，宁可狂狷矫激，决不乡愿。

咸丰九年十月下旬，曾国藩致吴廷栋："近年军中阅历，益知天下事当于大处着眼，小处着手。陆氏但称先立乎其大者，若不辅以朱子铢积寸累工夫，则下梢全无把握，故国藩治军，摒去一切高深神奇之说，专就粗浅纤悉处致力，虽坐是不克大有功效，然为钝拙计，则犹守约之方也。所最难者，近日调兵拨饷、察吏选将，皆以应酬人情之道行之，不问事势之缓急、谕旨之宽严，苟无人情，百求罔应，即举劾赏罚，无人情则虽大贤莫荐，有人情则虽巨憝亦释，故贼焰虽已渐衰，而人心殊未厌乱。每独居深念，憾不得与阁下促膝密语，一摅积愫。"[①] 社会上处处讲人情，乱理乱法，可谓流弊无穷。

05

欧阳兆熊识曾国藩于微时，两人交往数十年，他根据自己的观察，总结曾国藩在写字、治学和办事方面均为一生三变："书字初学柳诚悬，中年学黄山谷，晚年学李北海，而参以刘石庵，故挺健之中，愈饶妩媚。其学问初学翰林词赋，既与唐镜海太常游，究心儒先语录，后又为六书之学，博览乾嘉训诂诸书，而不以宋人注经为然。在京官时，以程朱为依归，至出而办理团练，又变而为申韩。尝自称欲著《挺经》，言其刚也。……此次出山后，一以柔道行之，以至成此巨功，毫无沾沾自喜之色。"[②] 柔道即老庄之道，行之可笼络人心，亦可淡泊名利，应对灾厄。曾国藩一生有此三变，诸学杂陈，都是他的"武库"。用他本人的话说，则是"吾学以禹、墨为体，庄、老为用"，禹、墨重勤俭，庄、老重静虚，修己和治人，两得其宜。身处乱世，曾国藩参乎多门而究乎一心，单纯的仁义，孔丘、孟轲尚且在春秋战国时期玩不转，何况余子。但曾国藩常用勾兑法，三个阶段只是大致划分，并非泾渭分明。咸丰九年十一月初四日，他在日记中写道："吾人当以不言者为体，以所言者为用；以不言者存诸心，以所言者勉诸身；以庄子

---

① 《曾国藩全集·书信之二》第23册，岳麓书社，2012年第2版，第281页。

② 欧阳兆熊、金安清：《水窗春呓》，中华书局，1984年版，第17页。

之道自怡，以荀子之道自克，其庶为闻道之君子乎！”[①] 在道与儒之间自由切换，并不相妨，这样才可避免顾此失彼。咸丰十年冬，曾国藩在书信中批评过欧阳兆熊“舌端或有弹射，笔端也颇刻酷”，但从欧阳兆熊的多则笔记来看，他对曾国藩足够尊重，道出真情实感，具有较高的认识价值。

治军可平天下，为文即为宗师，曾国藩自有过人之处。黄侃颇具其师章太炎的风范，于政坛人物罕见推许，衡文不重作者之势位，乃是眼界极高的酷评家，他评价曾国藩的文章，有这样一段话：“姚氏既没，弟子治其术者，渐不能自振。晚有曾氏，自任狡黠，既以军功显于当世，其文章又颇能自异。声气既广，趋附者兹多，其势盖视姚氏为盛矣。然其功力故有过绝人者。”姚氏即姚鼐（字姬传），是桐城派的文章大家。曾国藩以功力为文，以阅历为文，自是不同凡响，以其名望地位，号召则远近相应。

06

入世者处功名之际，最忌投机取巧，操之过急。咸丰四年，曾国藩致书诸弟，郑重告知：“名者，造物所珍重爱惜，不轻以予人者。……古人谓无实而享大名者，必有奇祸。吾常常以此儆惧。”[②] 咸丰十一年四月，曾国藩回复胞弟国荃：“凡好名当好有实之名，无实则被人讥议，求荣反辱。”国荃欲上呈词，为胞兄国华在省城长沙建专祠，曾国藩认为刘腾鸿的功劳超过国华，也只在江西瑞州立祠，国华若立祠长沙，则必定招惹非议，适得其反。

07

曾国藩治军，极重士气。士气何由而至？在于强烈的好胜心。好胜心何由而至？在于视死如归的血性。可以这么说，缺乏血性的军队只是一群乌合之众，将帅诱逼他们赴沙场杀敌与驱市人而战没什么不同。曾国藩有一段解说词：“军事最贵气旺，必须有好胜之心，有凌人之气，酷羡英雄不朽之名，兼慕号令风

---

① 《曾国藩全集·日记之一》第16册，岳麓书社，2012年第2版，第483、484页。

② 《曾国藩全集·家书之一》第20册，岳麓书社，2012年第2版，第252页。

雷之象，而后兴高众附，有进无退。”

在河决鱼烂的咸丰、同治年间，曾国藩反复强调“血性为主，廉明为用”，视忠义男儿为国家瑰宝，与之联镳飞盖，转战江南，平大乱，除大憝，创造了令人瞩目的奇迹。曾国藩多次表态，他最欣赏的将领必具备两点素质：一是“有血性而不忘本”，二是“有诚意而不扰民”。咸丰十年五月中旬，曾国藩回复彭玉麟，畅论血性与官气：“连日与希庵畅谈楚军水陆之好处，全在无官气而有血性。若官气增一分，则血性必减一分。八、九两年余过湖口时，彼此皆不免有官气。此次余与厚庵及阁下皆当力戒，以挽风气。”[①] 湘军将领中有“六庵”，个个著名，迪庵是李续宾，希庵是李续宜，厚庵是杨岳斌，克庵是刘典，馀庵是陈大富，退庵是吴士迈。前五人皆具足血性，不怕死，不贪财，唯独吴士迈较为逊色。咸丰初年，他受湖北巡抚常大淳差委，在岳阳收集渔船、商船，在洞庭湖设防。可是他疏于训练和管理，太平军还未到岳阳城下，部众即望风溃散，将两三千条大小船只悉数留给了太平军，太平军能够那么快顺江而下，攻克金陵，拜他所赐。“其弊亦在高亢，然品行究不卑污”，曾国藩给吴士迈的评语倒不算太差，但曾国荃认定“吴舍人本非带勇之才”。咸丰十年闰三月，胡林翼写信告诉阎敬铭：“退庵在岳州见，十日不发一言，弟运神力慧眼，决其必不可用。”果然被胡林翼料见。同治年间，吴士迈追随左宗棠，效力于西北，造化不大，病故前神经颇失常度，还干出了一桩大祸事，以七品中书擅杀二品记名总兵朱德树。

青少年时期，曾国藩就听从祖父严训，以懦弱无刚为大耻，其血性非无来由。具血性者必刚直纯朴勇毅真诚，具官气者必装腔作势端架摆谱，曾国藩在咸丰八年九月初十日的日记中夸赞睽违六年的老友刘长佑“仍是朴讷书生气象，未染军营气息，亦无官场气息也”[②]。他一直希望湘军将士具足血性而警惕官气，以此提升战斗力。他回复胡林翼，称赞湘军将领叶介唐“有血性而无官气，的是有用之才”；他回复左宗棠，称赞属员姚体备“正派而有血性”；二者都绝非

---

① 《曾国藩全集·书信之二》第23册，岳麓书社，2012年第2版，第577页。

② 《曾国藩全集·日记之一》第16册，岳麓书社，2012年第2版，第351页。

泛泛之评语。

血性不可无，官气则不可有。曾国藩要去湘军水师检阅将士，派人提前通知水师统领杨岳斌："国藩赴水营，请阁下诰诫各营，无迎接，无办席，无放大炮。……方今东南糜烂，时局多艰，吾辈当摒去虚文，力求实际。"咸丰十年六月中旬，曾国藩回复李元度，信中再论官气之败坏营风，直接举绿营为例："国家养绿营兵五十余万，二百年来所费何可胜计。今大难之起，无一兵足供一割之用，实以官气太重，心窍太多，离朴散淳，真意荡然。湘勇之兴，凡官气重、心窍多者，在所必斥。历岁稍久，亦未免沾染习气。"[①] 曾国藩对官气保持警惕，多加防范，经常让将领提醒手下办差人员"不可沾染官气，宜常守朴实规模"。这方面，他的顾虑很多，屡屡形诸笔墨。"有操守而无官气，多条理而少大言"，他以此法则衡人，不易走眼。后来，他将这十四字定为择吏之道，"从吏治人心上痛下工夫，涤肠荡胃"，也相当稳妥。

与官气相对应的是什么？是乡气。对官气和乡气如何区处？曾国藩也有很好的解释和指点："求人之道，须如白圭之治生，如鹰隼之击物，不得不休。又如蚨之有母，雉之有媒，以类相求，以气相引，庶几得一而可得其余。大抵人才约有两种：一种官气较多，一种乡气较多。官气多者好讲资格，好问样子，办事无惊世骇俗之象，语言无此妨彼碍之弊。其失也奄奄无气，凡遇一事，但凭书办家人之口说出，凭文书写出，不能身到、心到、口到、眼到，尤不能苦下身段去事上体察一番。乡气多者好逞才能，能出新样，行事则知己不知人，语言则顾前不顾后，其失也一事未成，物议先腾。……吾欲以'劳苦忍辱'四字教人，故且戒官气而姑用乡气之人，必取遇事体察、身到、心到、口到、眼到者。"乡气不佳，官气更差，曾国藩"姑用乡气之人"，说明他对官气之人的好感度甚低。

曾国藩的好友胡林翼也讨厌官气，他说："吏治之坏，由于官气太重，不复知有民情。"官气还会与客气打成一片。咸丰十年七月下旬，曾国藩回复李瀚章，叮咛再四："阁下今既补赣南实缺，尤可不必过涉客气，凡正话、实话多说几句，

---

① 《曾国藩全集·书信之二》第23册，岳麓书社，2012年第2版，第616页。

久之人自能亮其心，即直话亦不妨多说，但不可以讦为直，尤不可背后攻人之短，除此二戒外，概宜知无不言，言无不尽。”李瀚章在江西办理厘金颇有实绩，曾国藩欣赏他的执行力，但李瀚章性情柔和，难免处处客气。曾国藩要他多讲正话、实话和直话，便是指点他在务实的道路上还可以迈出更大的步子。日后，李瀚章成为封疆大臣，主人翁意识肯定更足了，但他从未像李鸿章那样顶撞过曾老师，直话总是拐着弯说。他知道，直性子在曾老师面前不会吃瘪，但在别人面前会吃瘪，这仍是官气在暗中起阻碍作用，官气的头号“体表特征”就是世故。

同治二年九月下旬，曾国藩回复左宗棠，即对诸将身上的暮气有所觉察：“军兴日久，诸将视贼如先世之夙债，得偿固佳，欠亦不恶，催之不动，责之不畏，敝部观之，殆无可以平贼之理。”[①] 淮军锐气足却不免骄矜，楚军习气不深是因为左宗棠约束较好，曾国藩对湘军的表现较为失望，故有此言。同治三年秋，曾国藩鉴于湘军将士血性已衰，暮气已重，毅然裁撤掉大部分兵员，说到底，由官气到客气，由客气到暮气，他也扭转不过来，只能挥刀割爱。撤湘军，用淮军，这符合他的认知——“湘勇久同强弩之末，淮勇尚在发硎之际”。

近代名将蔡锷对曾国藩、胡林翼的德量、才智、功业推崇备至，他亲手编纂《曾胡治兵语录》，加以评点，作为陶冶官兵思想情操和提高军事素养的教科书。在序言中，蔡锷对两位湖南先贤赞不绝口：“曾、胡两公，中兴名臣中铮佼者也，其人其事，距今仅半世纪。遗型不远，口碑犹存，景仰想象，尚属非难。其所论列，多洞中窍要，深切时弊。爰就其治兵言论，分类凑辑，附以按语，以代精神讲话。我同袍列校，果能细加演绎，身体力行，则懿行嘉言，皆足为我师资，丰功伟烈，宁独让之先贤？”他对先贤的馨香崇拜是发自内心的，但并非只停留于崇拜，而要实行和超越。

蔡锷评点“将材之用”，特别表彰了曾国藩和胡林翼的“良心”和“血性”。他说：“咸同之际，粤寇蹂躏十余省，东南半壁沦陷殆尽。两公均一介书生，出身词林，一清宦，一僚吏，其于兵事一端，素未梦见。所供之役，所事之事，

---

① 《曾国藩全集·书信之六》第27册，岳麓书社，2012年第2版，第186页。

莫不与兵事背道而驰。乃为良心、血性二者所驱使，遂使其‘可能性’发展于绝顶，武功烂然，泽被海内。按其事功言论，足与古今中外名将相颉颃而毫无逊色，得非精诚所感，金石为开者欤？苟曾、胡之良心、血性而无异于常人也，充其所至，不过为一显宦；否则亦不过薄有时誉之著书家，随风尘以殄瘁已耳！复何能崛起行间，削平大难，建不世之伟绩也哉！”以爱国爱民的赤诚而论，蔡锷不遑多让，因此他对曾国藩的高度认可是值得采信的。

08

有人义形于色，质问道：“清王朝究竟有什么值得留恋的？眼看它就要蹬腿断气，就让它尽快蹬腿断气好了，别人都把‘药箱子’盖上，耷拉着脑袋，束手无策，噤声退到一旁，曾国藩却硬要将死马当成活马医，居然起死回生，将命若游丝、奄奄一息的清王朝从奈何桥边抢救回来，使其苟延残喘数十年光景。这不是反动，什么是反动？”殊不知，曾国藩在《讨粤匪檄》中给出的理由非常雄辩：将中华民族传统的道德、文化、宗教扫地以尽之后，凡是具备基本理性的中国人在废墟之上究竟还能收获怎样的快慰和成就？因此他挺身而出，并非铁了心要为没落的清王朝做心肺复苏术，其主观愿望是要为中国传统的道德、伦理、文化、宗教延续命脉。历史早已证明：在理性普遍缺失的年代，绝大多数破坏都与建设毫无关联，暴起的新兴势力采用野蛮的手段摧毁传统的道德、伦理、文化、宗教，代之以丛林法则，势必使中华民族元气大伤，重建之难，复兴之难，难于登天。表面上看去，曾国藩竭力要挽救的是一个日薄西山的腐朽王朝，实际上他执意要挽救的乃是世道人心，至于传统文化被狂飙扫翻在地，甚至连根拔起，儒家士子早已义愤填膺，曾国藩驰檄江北江南，号召他们保卫列祖列宗的精神遗产，出现一呼百应的局面并不奇怪。湘军由儒将领兵，其内因和外因可谓环环相扣。

09

曾国藩身上既有光明温暖的一面，也有阴暗冷酷的一面，其特质很难用“正邪”二字简单概括。他的人生观是入世的，而非出世的，所以赵烈文屡次劝他学佛，粗涉之后，不复深入。国情世道如此，纯粹的君子干不成大事，纯粹的小人也干不成大事，唯有混合君子、小人特质于一身的人才能够干成大事。曾国藩认为，没有一成不变的君子，也没有一成不变的小人，官场尤其如此。李宗吾大讲特讲厚黑学，揭示的就是一长串简单明了的事实：中国历代建大功、立大业的人物都是既善舞君子剑又善舞小人剑的顶尖高手。

晚清七十年最怪异的事实是：力保社稷者恰恰是力掘坟墓者，曾国藩如此，李鸿章如此，张之洞也是如此。唐浩明评点《曾国藩日记》，其中有这样一段精辟的议论："所以要追溯大清王朝灭亡的原因，曾氏难辞其咎。他的胜利，不仅造就了数以百计拥兵自重不听中央调遣的湘、淮地方文武，也在民间广播数以万计与朝廷离心离德的强悍种子。他们直接或间接与革命党联合，共同推翻了清朝廷。这当然不是曾氏的愿望，但大势如此，他无法阻挡。"[①] 有些史学家将曾国藩称为"近、现代中国军阀的开山鼻祖"，也是就其直接后果而言。

① 《唐浩明评点曾国藩日记》，岳麓书社，2014 年版，第 357 页。

阅读须知

本书是纯粹的历史读物，涉及的年号纪年、人物姓名字号别称繁多，为了保证行文流畅和体例统一，正文内未能一一标注，这里将涉及的年号纪年与公元纪年加以对应，并且列出本书中重要人物的姓名、字号、谥号、绰号、别称，以方便读者对照。

其一，本书中的年号纪年对应公元纪年：

嘉庆元年—嘉庆二十五年（1796—1820）；

道光元年—道光三十年（1821—1850）；

咸丰元年—咸丰十一年（1851—1861）；

同治元年—同治十三年（1862—1874）；

光绪元年—光绪三十四年（1875—1908）。

此外，书中某月某日皆为农历某月某日，读者可从万年历中查询对应的公历某月某日。

其二，本书中人物的姓名、字号、谥号、绰号、别称，以及他们与曾国藩的关系：

曾玉屏（生卒年待考），字星冈。湖南湘乡人。曾国藩的祖父。

唐鉴（1778—1861），字镜海，号翕泽，人称镜海先生，谥确慎。湖南善化人。官至太常寺卿。理学家。曾国藩的精神导师之一。

穆彰阿（1782—1856），字子朴，号鹤舫，别号云浆山人。隶属满洲镶蓝旗。

官至军机大臣、文华殿大学士。曾国藩的恩师。

曾麟书（1790—1857），字竹亭。湖南湘乡人。曾国藩的父亲。

季芝昌（1791—1861），字云书，号仙九。江苏江阴人。官至闽浙总督。追谥文敏。曾国藩的座师。

骆秉章（1793—1867），原名骆俊，字籲门，号儒斋。谥文忠。广东花县人。官至四川总督、协办大学士。湘军最重要的支持者。

祁寯藻（1793—1866），字叔颖，一字淳甫（因避讳改为实甫），号春圃、息翁。谥文端。山西寿阳人。官至礼部尚书、体仁阁大学士。诗人、书法家。

汤鹏（1801—1844），字海秋，自号浮邱子。湖南益阳人。学者、诗人。曾国藩的早期好友，后反目。

官文（1798—1871），字秀峰，人称官相。谥文恭。隶属满洲正白旗。官至直隶总督、内大臣。

何绍基（1799—1873），字子贞，号东洲居士，晚号蝯叟。湖南道州人。官至四川学政。学者、诗人、书法家。曾国藩的好友。

倭仁（1804—1871），字艮峰。谥文端。隶属蒙古正红旗。官至工部尚书、文渊阁大学士。理学家。曾国藩的早期好友，后疏远。

张亮基（1807—1871），字采臣，号石卿。追谥惠肃。江苏铜山人。官至云贵总督。

罗泽南（1808—1856），字仲岳，号罗山，自称老亮。谥忠节。湖南湘乡人。学者。湘军名将。湘军创建者之一。曾国藩的好友和亲家。

朱孙贻（1807—1866），字石翘（一作石樵）。《清史稿》上名为孙贻。江西清江人。官至浙江盐运使。湘军创建者之一。

邵懿辰（1810—1861），字位西，或称蕙西，浙江仁和人。官至济宁知府。经学家。曾国藩的好友。

曾国藩（1811—1872），字伯涵，号涤生，绰号曾剃头，又称涤公、涤帅、涤相、涤翁、涤老、涤丈、长公、曾侯、文正公、曾湘乡。爵封一等毅勇侯。谥文正。湖南湘乡人。官至两江总督、直隶总督、武英殿大学士。湘军最重要的创建者。政治家、军事家、晚清桐城派散文家。

毛鸿宾（1811—1868），字寅庵，又字翊云、寄云，号菊隐。山东历城人。官至两广总督。曾国藩的进士同年、好友。

江忠源（1812—1854），字常孺，自号岷樵。谥忠烈。湖南新宁人。官至安徽巡抚。军事家。老楚军创建者。曾国藩的好友。

胡林翼（1812—1861），字贶生，号润芝，又称咏公、润公、润帅、文忠公。谥文忠。湖南益阳人。官至湖北巡抚。政治家、军事家。曾国藩的至交好友。

左宗棠（1812—1885），字季高，号朴存、湘上农人，自称今亮、老亮，自署柳庄居士、退宜轩主人，又称季公、季帅、季相、诸葛公、太冲、左伯、左侯、左伯侯、左湘阴、文襄公。爵封二等恪靖侯。谥文襄。湖南湘阴人。官至军机大臣、东阁大学士。政治家、军事家。新楚军创建者。曾国藩的好友，后反目。

陈源兖（1815—1853），字岱云。湖南茶陵人。官至安徽池州知府。曾国藩的好友和亲家。

彭玉麟（1816—1890），字雪琴，号退省庵主人、吟香外史，又称雪芹、雪帅。授一等轻车都尉世职。谥刚直。湖南衡州人。官至兵部尚书。湘军名将。诗人、画家。

刘蓉（1816—1873），字孟蓉，号霞仙，自称小亮。湖南湘乡人。官至陕西巡抚。学者、诗人。曾国藩的好友和亲家，晚年疏远。

欧阳氏（1816—1874），湖南衡州人。曾国藩的夫人。

塔齐布（1817—1855），字智亭。谥忠武。隶属满洲镶黄旗。官至湖南提督。湘军早期名将。

多隆阿（1818—1864），字礼堂。追赠一等轻车都尉世职。谥忠勇。隶属满洲正白旗。晚清名将，与鲍超齐名，人称“多龙鲍虎”。

刘长佑（1818—1887），字子默，号荫渠（一作印渠）。谥武慎。湖南新宁人。官至直隶总督。曾国藩的好友。

郭嵩焘（1818—1891），字伯琛，号筠仙，别号玉池山农、玉池老人，又称云仙、筠轩、长公、南岳长老。湖南湘阴人。官至大清国驻英、驻法公使。学者、诗人、外交家。曾国藩的好友和亲家。

冯卓怀（生卒年待考），字树堂。湖南善化人。学者。曾国藩的好友，后疏远。

欧阳兆熊（生卒年待考），字小岑，又为晓岑。湖南湘潭人。作家。曾国藩的好友。

李续宾（1818—1858），字迪庵，又字克惠，又称迪公。谥忠武。湖南湘乡人。官至浙江布政使。湘军名将。

李榕（1818—1890），原名甲先，字申夫（又作申甫、申皋）。四川剑州人。官至湖南布政使。学者、书法家。出身于曾国藩的幕府。

方宗诚（1818—1888），字存之，号柏堂。安徽桐城人。官至枣强县令。作家。

沈葆桢（1820—1879），原名振宗，字幼丹，又字翰宇。谥文肃。福建侯官人。官至两江总督、南洋通商大臣。出身于曾国藩的幕府，后反目。

曾国潢（1820—1886），原名国英，字澄侯。湖南湘乡人。曾国藩的胞弟。

李瀚章（1821年—1899年），字筱泉（一作小泉），晚号钝叟。谥勤恪。安徽合肥人。官至两广总督。出身于曾国藩的幕府。

李元度（1821—1887），字次青，晚号超然老人。官至贵州布政使。湖南平江人。学者、作家。曾国藩的重要幕僚之一。

杨岳斌（1822—1890），原名载福，避同治皇帝讳，改名岳斌，字厚庵。授一等轻车都尉世职。谥勇悫。湖南善化人。湘军名将。官至陕甘总督。

曾国华（1822—1858），字温甫。谥愍烈。湖南湘乡人。曾国藩的胞弟。湘军将领。

李鸿章（1823—1901），字子黻，号少荃，又称少泉、少帅、李中堂、李二先生。爵封一等肃毅伯，追赠一等肃毅侯。谥文忠。安徽合肥人。官至直隶总督、北洋通商大臣、文华殿大学士。政治家、军事家、外交家。曾国藩的弟子。

胜保（？—1863），字克斋。隶属满洲镶白旗。官至兵部侍郎。清末将领。因罪被诛。

李续宜（1824—1863），字克让，号希庵。谥勇毅。湖南湘乡人。官至安徽巡抚。曾国藩的好友。

郭崑焘（1823—1882），字仲毅，号意城，自号樗叟，绰号“不闲和尚”。

湖南湘阴人。官至四品卿，加三品衔。曾国藩的好友。

曾国荃（1824—1890），字沅甫，绰号曾铁桶，又称沅帅、九帅，曾伯、忠襄公。爵封一等威毅伯。谥忠襄。湖南湘乡人。曾国藩的胞弟。官至两江总督、通商事务大臣。湘军名将。

陈士杰（1823—1892），字隽丞（一作俊臣）。湖南衡州人。官至山东巡抚。出身于曾国藩的幕府。

王鑫（1825—1857），原名开作，字家宾，改字璞山，自号四愿居士、养拙子、返璞山人，又称朴山。谥壮武。湖南湘乡人。湘军名将。曾国藩的好友，后反目。

鲍超（1828—1886），初字春亭，后改春霆。爵封一等子爵加一云骑尉世职。谥忠壮。四川夔州人。官至湖南提督。湘军名将，与骑将多隆阿齐名，人称“多龙鲍虎”。

程学启（1830—1864），字方忠。谥忠烈。安徽桐城人。淮军名将。

曾国葆（1829—1862），字季洪，易名贞幹，字事恒。谥靖毅。湖南湘乡人。曾国藩的胞弟。湘军将领。

刘坤一（1830—1902），字岘庄。追封一等男爵。谥忠诚。湖南新宁人。官至两江总督、南洋通商大臣。

陈鼐（？—1872），字作梅。江苏溧阳人。官至直隶清河道。堪舆家。出身于曾国藩的幕府。

李鸿裔（1831—1885），字眉生，号香严，又号苏邻。四川中江人。官至江苏按察使。曾国藩的重要幕僚之一。

赵烈文（1832—1894），字惠甫，号能静居士。江苏常州人。官至直隶易州知州。诗人、作家。曾国藩、曾国荃的重要幕僚之一。

刘松山（1833—1870），字寿卿。谥忠壮。湖南湘乡人。湘军名将。

王闿运（1832—1916），字壬秋，号湘绮，又称壬老、湘绮先生。湖南湘潭人。学者、诗文家。曾国藩的忘年交。

李世忠（？—1881），原名昭寿，或为兆受。河南固始人。官至江南提督。晚清时期反侧无常的将领。光绪七年被安徽巡抚裕禄处死。

陈国瑞（？—1882），字庆云。湖北应城人。官至总兵。晚清悍将。

刘铭传（1836—1895），字省三，自号大潜山人，绰号“刘六麻子”。封一等男爵。谥壮肃。安徽合肥人。官至台湾巡抚。淮军名将。

薛福成（1838—1894），字叔耘，号庸盦。江苏无锡人。官至出使英、法、意、比四国公使。散文家、外交家。“曾门四弟子”之一。

曾纪泽（1839—1890），字劼刚，又称曾袭侯。袭爵一等毅勇侯。谥惠敏。湖南湘乡人。曾国藩的长子。官至户部左侍郎。外交家。

吴汝纶（1840—1903），字挚甫，或称挚父。安徽桐城人。官至京师大学堂总教习。散文家。“曾门四弟子”之一。

曾纪静（1841—1870），字孟衡。湖南湘乡人。曾国藩的长女。嫁给袁秉桢。

袁秉桢（生卒年待考），字榆生。湖南善化人。袁芳瑛之子，曾国藩的大女婿。

曾纪耀（1843—1881），字仲坤。湖南湘乡人。曾国藩的次女。嫁给陈远济。

陈远济（生卒年待考），字松生。湖南茶陵人。陈源兖之子，曾国藩的二女婿。

曾纪琛（1844—1912），字凤如。湖南湘乡人。曾国藩的三女。嫁给罗兆升。

罗兆升（生卒年待考），字允吉。湖南湘乡人。罗泽南之子，曾国藩的三女婿。

曾纪纯（1846—1881），湖南湘乡人。曾国藩的四女。嫁给郭刚基。

郭刚基（1849—1869），字依永。湖南湘阴人。郭嵩焘之子，曾国藩的四女婿。

曾纪鸿（1848—1881），字栗诚。湖南湘乡人。曾国藩的次子。

郭筠（1847—1916），字诵芳，晚号艺芳老人。湖北蕲水人。郭霈霖之女，曾国藩的次媳，有咏絮之才。长沙艺芳女校创办者。

曾纪芬（1852—1942），号崇德老人。湖南湘乡人。曾国藩的幺女。嫁给聂缉椝。暮年撰成《崇德老人自订年谱》，具备史料价值。

聂缉椝（1855—1911），字仲芳。湖南衡山人。官至浙江巡抚。曾国藩的幺女婿。

主要参考书目

《曾国藩全集》（全三十一册），岳麓书社，2012 年第 2 版；

《左宗棠全集》（全十五册），岳麓书社，2014 年第 2 版；

《湖湘文库・胡林翼集》（全五册），岳麓书社，2008 年版；

《湖湘文库・江忠源集 / 王鑫集》，岳麓书社，2013 年版；

《湖湘文库・刘蓉集》（一、二），岳麓书社，2008 年版；

《湖湘文库・刘长佑集》（一、二），岳麓书社，2011 年版；

《曾国荃全集》（全六册），岳麓书社，2006 年版；

《彭玉麟集》（上中下），岳麓书社，2003 年版；

《郭嵩焘全集》（全十五册），岳麓书社，2012 年版；

《吴汝纶文集》（上下），上海古籍出版社，2017 年版；

《湘绮楼诗文集》（全四册），王闿运著，岳麓书社，1996 年版；

《曾国藩往来家书全编》（上中下），钟叔河汇校，海南出版社，1997 年版；

《晚清文选》（上下），郑振铎编，中国社会科学出版社，2002 年版；

《清史稿》（全四十八册），赵尔巽等著，中华书局，1977 年版；

《剑桥中国晚清史》（上下），（美）费正清、刘广京编，中国社会科学出版社，1985 年版；

《中国近代史丛刊资料续编・太平天国》（全十册），罗尔纲、王庆成主编，广西师范大学出版社，2004 年版；

《清史大纲》，萧一山著，上海古籍出版社，2008 年版；

《中国现代学术经典・钱基博卷》，河北教育出版社，1996 年版；

《林则徐集·日记》，中华书局，1962 年版；

《能静居日记》（全四册），赵烈文著，岳麓书社，2013 年版；

《李兴锐日记》，廖一中、罗真容整理，中华书局，2015 年版；

《湘绮楼日记》（全五卷），王闿运著，岳麓书社，1997 年版；

《曾纪泽日记》（全五册），中华书局，2013 年版；

《曾宝荪回忆录　附：崇德老人自订年谱》，曾宝荪、曾纪芬著，岳麓书社，1986 年版；

《唐浩明评点曾国藩日记》，岳麓书社，2014 年版；

《曾国藩》，（美）黑尔著，李宁、李振扬译，东方出版社，2013 年版；

《曾国藩》，萧一山著，湘潭大学出版社，2011 年版；

《骆文忠公自订年谱》，骆秉章著，光绪年间编印；

《庸盦笔记》，薛福成著，江苏人民出版社，1983 年版；

《水窗春呓》，欧阳兆熊、金安清著，中华书局，1984 年版；

《柏堂师友言行记》，方宗诚著，1926 年版；

《庚子西狩丛谈》，吴永口述、刘治襄笔记，中华书局，2009 年版；

《国闻备乘》，胡思敬著，中华书局，2007 年版；

《新民说》，梁启超著，中州古籍出版社，1998 年版；

《眉庐丛话》，况周颐著，山西古籍出版社，1996 年版；

《餐樱庑随笔》，况周颐著，山西古籍出版社，1996 年版；

《世载堂杂忆》，刘禺生著，中华书局，1960 年版；

《药裹慵谈》，李详著，江苏古籍出版社，2000 年版；

《汪穰卿笔记》，汪康年著，中华书局，2007 年版；

《苌楚斋随笔 / 续笔 / 三笔 / 四笔 / 五笔》（上下），刘声木著，中华书局，1998 年版；

《春冰室野乘》，李孟符著，山西古籍出版社，1996 年版；

《清代名人轶事》，葛虚存著，山西古籍出版社，1997 年版；

《南亭笔记》，李伯元著，山西古籍出版社，1999 年版；

《清代野记》，梁溪坐观老人著，山西古籍出版社，1996 年版；

《新世说》，易宗夔著，山西古籍出版社，1997 年版；
《凌霄一士随笔》，徐凌霄、徐一士著，山西古籍出版社，1997 年版；
《一士谈荟》，徐一士著，山西古籍出版社，1996 年版。